Cornelia Franke
Dominic Franke

Tougard

Seelenseher

CORNELIA FRANKE DOMINIC FRANKE

TOUGARD

SEELENSEHER

papierverzierer
DARK EDITION

1. Auflage, Papierverzierer Verlag, Essen
Lektorat, Herstellung, Satz,
Umschlaggestaltung: Papierverzierer Verlag
Coverbild: Arndt Drechsler
Druck und Bindung: CPI books GmbH

Printed in Germany.

MIX
Papier aus verantwortungsvollen Quellen
FSC® C083411

ISBN 978-3-944544-42-7

papierverzierer
VERLAG

www.papierverzierer.de

Bibliografische Information der Deutschen Nationalbibliothek
Die Deutsche Nationalbibliothek verzeichnet diese Publikation in der Deutschen Nationalbibliografie; detaillierte bibliografische Daten sind im Internet über http://dnb.dnb.de abrufbar.

Juni 2015

Für Claudia!

Finde deine

besondere Gabe!

C. Franke

INHALT

Unsere Sehnsüchte sind unsere Möglichkeiten.
(Robert Browning)

PROLOG

Versteckt in Tougards Katakomben standen fünf Statuen. In ihrem Marmor waren Seelenfragmente der herausragendsten Begabten verankert, die ihnen dadurch Leben eingehaucht hatten. Die Statuen sprachen, sie bewegten sich, doch bis auf jene, die Illias genannt wird, konnte keine ihren Sockel verlassen. Einst sollten sie ihr Wissen und ihre Erfahrung mit nachfolgenden Generationen teilen, mittlerweile verirrten sich nur noch selten Besucher in ihre prunkvolle Halle, so dass sie sich eine neue Lieblingsbeschäftigung gesucht hatten: das Nörgeln.

»Wann taucht denn der Junge endlich auf?«, fragte Thybalt und versuchte, den steinernen Faltenwurf seines Schottenrocks glatt zu streichen.

Alle Statuen sahen Perikles, den Ersten, erwartungsvoll an. »Ich habe zwar die Portale erschaffen, sehe aber nicht voraus, wann man sie benutzt.« Perikles rieb sich ächzend den Rücken, da er für gewöhnlich in der Position des Denkers verharren musste. »Oh, mein Kreuz.«

»Wann schmerzt das mal nicht?« Sandrine, einstige Baroness im Mittelalter, lächelte hämisch, während sie sich auf ihrer Chaiselongue räkelte.

Illias setzte sich auf sein Podest und ließ die Beine baumeln. Zu Lebzeiten hätte der griechische Hauptmann dies nie gewagt. »Der vorletzte Seelenseher ist vor fünfhundert Jahren aufgetaucht. Eine recht lange Zeit, um in eurer Gesellschaft auszuharren.«

»Du kannst frei herumlaufen«, bemerkte Thybalt und spielte an den Amtszeichen seiner Kette. »Niemand zwingt dich, hier unten zu bleiben. Du könntest durchs Schloss streifen oder im Wald leben. Sogar auf dem Meeresgrund. Wenn du nur wolltest. Ich dagegen kann nur meinen Sockel umdrehen lassen, hören müsste ich euch dennoch.«

»Ich könnte all dies.« Illias schenkte ihm ein Stirnrunzeln. »Jedoch haben wir eine Aufgabe zu erfüllen. Hier an diesem Ort und an keinem anderen.«

»Ihr habt keinen Grund, euch zu beklagen. Ich bin derjenige, der leidet.« Perikles wandte sich um, so weit es ging, veränderte dabei seine Haltung aber nur minimal. »Wäre ich ein Mensch, mein Rücken wäre mein Grab.«

»Du fühlst keinen körperlichen Schmerz mehr«, schnappte Sandrine.

»Das sagst du.« Perikles kniff die Augen zusammen. »Schon mal von Phantomschmerz gehört, meine Liebe?«

»Dreimal die Woche, alte Memme.«

Der Oberste Tougards, einziger Mensch in der Runde, füllte derweil die Öllampen auf. Während im Saal immer Licht brannte, versank der Großteil der Katakomben in tiefer Dunkelheit. Der Gedanke, in einem Kellergewölbe zu verstauben und in Vergessenheit zu geraten, bereitete den Statuen Angst. Und diese Angst wuchs mit jedem Tag, da sich kaum mehr jemand in ihre Halle verirrte.

»Wann kommt denn nun der Junge?«, wiederholte Thybalt.

»Bald«, warf der Oberste ein. »Geben wir ihm noch etwas Zeit, er wird es schwer genug haben, wenn er hier erscheint.«

»Sagt dir das deine Seherin?«, fragte Sandrine und schob sich in eine aufrechte Position.

Der Oberste setzte sich auf einen mitgebrachten Stuhl, verschränkte die Hände hinter den Kopf und schmunzelte. »Ja, aber sie ist nicht so zuverlässig wie Schweiger.« Mit einem Nicken wies er auf eine der Statuen und der Angesprochene ließ die Schultern hängen. Nachdem man seine Zunge abgebrochen hatte, verständigte er sich durch Gesten, was seine Vorhersagen nur bedingt verständlich machte.

»Emrond wird ihm eine schwere Prüfung auferlegen«, bemerkte Perikles. »Wenn er es bis dorthin schafft.«

»Er könnte alles vergessen, das ihn mit seiner Welt verbindet!« Thybalt barg den Kopf zwischen den Händen und schluchzte.

Sandrine verdrehte prompt die Augen. »Du bist viel zu theatralisch.«

»Stellt euch vor, ihr wüsstet nicht mehr, woher ihr stammt! Mir würde das Herz in der Brust zerreißen, wenn …«

»Vielleicht geschehen diese Dinge«, bemerkte der Oberste ruhig. »Vielleicht auch nicht.«

Illias betrachtete sein altes Schwert, das an seinem Podest lehnte. »Wären wir noch Menschen, dann hättet ihr den neuen Seelenseher verhätschelt. Ihr vergesst, dass das Leben ein nie endender Kampf ist, den jeder allein ausfechten muss.«

Die fünf dachten an ihre Zeit in Tougard zurück und sogleich erhob sich nachdenkliches Gemurmel. Tausend Jahre oder länger, sie würden ihre Geschwätzigkeit nie verlieren.

»Wollt ihr nicht wissen, was mit Rufus ist?«, fragte der Oberste. Drei Köpfe schnellten in seine Richtung, während Perikles schmerzhaft aufstöhnte und Schweiger stumm lächelte.

»Gibt es Neuigkeiten? Sind seine Männer bereits auf dem Weg zu uns?«

»Höchstwahrscheinlich.«

»Dann wollen wir nicht länger ausharren!« Thybalt klopfte auf seinen runden Bauch. »In der Stunde der Not kann Tougard sich auf unsere Weisheit verlassen.«

Sandrine fuhr mit den Fingern über ihr makelloses Gesicht. »Wir könnten bei einem Angriff beschädigt werden. Oder zerschlagen.«

»Oh, wir können auch von hier unten aus helfen«, murmelte Thybalt, woraufhin Illias seufzte. Seine großen Erfolge als Krieger gehörten zu einem früheren Leben, in dem Heiler in verarzteten und nicht zusammenkleben mussten.

Eine erdrückende Stille legte sich auf den Saal, lediglich unterbrochen von den Atemzügen des Obersten. Die Statuen hingen ihren Gedanken nach, denn die Zukunft Tougards fächerte sich in einer Vielzahl beunruhigender Möglichkeiten auf, deren Eintreten niemand herbeisehnte.

»Ob der neue Seelenseher etwas gegen Rufus ausrichten kann?«, fragte Perikles schließlich. »Ich habe meine Zweifel.«

Thybalt seufzte. »Er wird viel zu unerfahren sein.«

Schweiger schnippte gelangweilt Staub von den Ärmeln seines Marmorfracks, so als wüsste er genau, was passieren würde.

»Wenn er überhaupt überlebt«, kommentierte Illias und schwang sich von seinem Sockel. »Die Chancen stehen gut, dass seine Gabe ihn in den Wahnsinn treibt.«

»Illias!«, herrschte Sandrine ihn an. »Wir sollten überlegen, wie wir ihm helfen können. Dein Pessimismus bringt uns nicht weiter.«

»Ich habe bereits einen Plan.« Der Oberste schritt zwischen den Statuen umher. »Wir haben noch Zeit.«

»Ja, wir. Du strebst auf dein Ende zu, mein lieber Frederick.«

Plötzlich wedelte Schweiger wild mit den Armen, aber niemand verstand seine Zeichen. Ob Warnung, Protest oder ein Hilferuf – es hätte alles sein können.

»Die Zukunft ist ein schrecklicher Scherbenhaufen«, sagte Illias. »Bunt und so verlockend glitzernd, dass man sofort nach ihr greifen will. Doch man schneidet sich schnell, wenn man nicht auf die scharfen Kanten achtet.«

»Du vergisst, dass man oft etwas Unerwartetes in diesem Scherbenhaufen entdeckt«, erwiderte der

Oberste mit einem Schmunzeln. »Genau das macht das Leben spannend.«

Eine Falte bildete sich auf Perikles' Stirn. »Ich spüre etwas.«

»Abgesehen von deinen Schmerzen?«, fragte Sandrine.

Perikles verfiel in ein seltenes, fröhliches Grinsen. »Ein neues Portal öffnet sich.«

Der Oberste klatschte freudig in die Hände. »Folglich sollte ich hochgehen und Beitee aufsetzen.«

»Dank der Zeitverschiebung dauert es noch Stunden«, warf Illias ein. »Verrate uns lieber, ob es der Junge ist!«

Doch der Oberste wurde bereits von der Dunkelheit verschluckt, so dass die Statuen ihm hilflos nachsahen. Sie konnten nur auf Neuigkeiten warten und auf den Tag hoffen, an den sich der Seelenseher in ihren Saal verirrte.

»Er muss es einfach sein«, murmelte Perikles und konzentrierte sich auf das geöffnete Portal. »Selbst wenn Frederick das Gegenteil behauptet, Tougard läuft die Zeit davon.«

Kapitel 1

FLUPP, WEG WAR ER

Der größte Wunsch von Charlie Andrews war es, Teil einer Gruppe zu sein. Gleichzeitig konnte er sich nichts Schlimmeres vorstellen.

»Wir spielen heute Basketball«, verkündete der Sportlehrer und riss Charlie aus seinen Gedanken. »Bildet vier Mannschaften.«

Seine Mitschüler jubelten, doch er sackte auf der Holzbank zusammen und betrachte eine Staubfluse am Boden. Er wusste, was gleich passieren würde. Die Beliebtesten seiner Klasse erhoben sich zum Anführer und wählten die Sportler, ihre Freunde, selbst die Mädchen verteilten sich über die Teams. Charlie wartete still, während jeder aus seiner Klasse aufgerufen wurde – jeder, bis auf ihn. Es sollte ihn stören, vielleicht sollte er wütend sein, aber er spürte nichts davon. Er sah die Dinge realistisch. Gruppen bestanden immer aus einem Anführer. Der scharrte Gefolgsleute um sich, die ihm nützlich waren oder blind hinterherliefen. Charlie war weder das eine noch das andere.

»Charlie«, rief sein Sportlehrer, als er zum Schluss übrig blieb. »Da du die Regeln am besten kennst, machst du den Schiedsrichter auf der anderen Seite.« Was auch sonst. Er gehörte wie immer zu denen, die den Spaß nur von der Seitenlinie aus beobachteten.

Der Lehrer überreichte ihm eine Trillerpfeife, bevor er in den hinteren Teil der Halle davonjoggte. Zum Schiedsrichter ernannt zu werden, war noch demütigender, als Ersatzspieler zu sein. Niemand – wirklich niemand – mochte Schiedsrichter. Wobei seine Mitschüler ihn so oder so nicht leiden konnten, schon seit dem ersten Tag des Gymnasiums hatten sie ihn zum Außenseiter abgestempelt. Charlie war der Junge gewesen, der flüssiger Englisch als Deutsch sprach, der besser zeichnen konnte als der Kunstlehrer.

Seine Mitschüler zogen sich rote und blaue Leibchen über, bevor sie jedoch ihre Positionen eingenommen hatten, schnappte sich der rote Kapitän den Ball und startete den ersten Angriff. Mit einem Pfiff unterbrach Charlie die Partie.

»Was willst du?«, beschwerte sich Kapitän Rot.

»Der Ball wird eingeworfen, damit beide Seiten eine Chance haben.«

Kapitän Rot verdrehte die Augen. »Lass uns einfach spielen.«

»Wir fangen nicht mit einem Foul an. Der Ball geht an Blau.«

Das Spiel lief keine Minute, als Charlie erneut in die Pfeife blies. »Schrittfehler! Rot hat den Ball.«

Seine Mitschüler schüttelten die Köpfe, einige sahen ihn sogar an, als hätte er einen Fehler begangen. Genervt bauten sich beide Mannschaftskapitäne vor Charlie auf. »Willst du jetzt spielen oder rumpfeifen?«

»Echt mal. Was für'n Mist pfeifst du überhaupt zusammen?«

Ich halte mich an die Regeln der Liga, dachte Charlie mürrisch. Theoretisch hätte er den Basketball mit einer schnellen Bewegung in seinen Besitz bringen können, um ihnen zu zeigen, wer das Sagen hatte.

»Lass es einfach bleiben und halte dich an unsere Regeln«, stellte Kapitän Rot fest.

»Aber das ist …«

Auf den Versuch einer Erwiderung knallte Kapitän Blau Charlie den Basketball gegen die Stirn und auf die kurze Distanz hatte er keine Chance auszuweichen. Charlie stolperte, stürzte nach hinten und zog sich dabei eine Schürfwunde zu, aber das interessierte keinen. Typisch.

»Gute Leistung. Wenn du es schaffst, den irgendwann zu fangen, kommst du vielleicht ins Team. Bis dahin werden wir hier alleine weiterspielen – ohne dein Gepfeife.« Kapitän Rot warf den Ball einem Mitspieler zu und die beiden setzten die Partie ohne Schiedsrichter fort. Nicht mal den Sportlehrer interessierte das.

»Hoch mit dir, Charlie.« Ein Mädchen ergriff seine Hand und zog ihn auf die Füße. Ann – eigentlich Annabelle, aber Charlie gefiel der Spitzname – zählte zu seinen Freunden, solange er zurückdenken konnte. »Wenn du die Jungs nicht unter Kontrolle hast, kann mein Team nicht gewinnen.«

Ein verliebtes Lächeln stahl sich auf seine Züge, was sie wie immer nicht bemerken wollte.

»Probier's mit kurzen Schritten. Wie ich es dir gezeigt habe«, riet Charlie ihr, bevor sie wieder auf das Spielfeld rannte und er einen Moment ihrem langen, leuchtend orangefarbenen Haar nachsah, das sie zu einem Zopf geflochten hatte. Bis er sich darauf besann, dass er als Schiedsrichter eingesetzt worden war.

Trotz Anns Bitte bekam Charlie das Spiel nicht in den Griff, dafür hielt ihm sein Sportlehrer am Stundenende eine Predigt, wie er sich in die Klasse einbringen könne. Er hatte auch leicht reden: Mit dem Druckmittel der schlechten Noten wäre selbst Charlie besser behandelt worden. »Du bist heute mit Aufräumen dran«, verkündete sein Lehrer schließlich, bevor er selbst aus der Halle verschwand. »Trödel nicht, ich will rechtzeitig absperren und nach Hause.« Über die Lautsprecheranlage hallte mittlerweile der letzte Schulgong und Charlie stimmte mit einem Seufzen ein. Ein weiterer Tag war ihm wie Sand durch die Finger geglitten.

Obwohl er niemanden hörte, sah Charlie sich nach allen Seiten um. Erst dann griff er nach einem Basketball, dribbelte und landete einen glatten Netzwurf von der Drei-Punkte-Line.

Charlie lächelte zufrieden.

»Ich sag den Leuten immer, dass sie dich ins Team wählen sollen. Mit dir würden wir locker gewinnen«, rief Ann, die in die Halle zurückgekehrt war, um ihm zu helfen. Ihre Mitschüler hatten die Leibchen über die gesamte Halle verteilt und so würde er noch eine Weile brauchen, sie einzusammeln. Charlie konnte sich kaum etwas Ekligeres vorstellen, als verschwitztes Polyester anzufassen, allerdings würde er seine Wut darüber in Anns Anwesenheit unterdrücken.

»Warum lässt du dich so herumschubsen?«, fragte sie und stopfte die Bälle zurück in einen Schrank.

Charlie zuckte mit den Schultern. Rasch versteckte er seinen Arm hinterm Rücken, damit sie die Schürfwunde nicht bemerkte.

»Du bist tausendmal besser als der Rest von uns!«, regte Ann sich auf. »Wenn die Jungs das wüssten, würden sie dich akzeptieren.«

»Das glaube ich kaum«, widersprach er.

Ann funkelte ihn an. »Dein Verein hat letzte Saison den Vizemeister geschafft.«

Daraufhin lächelte Charlie gequält. Kurz vor dem entscheidenden Spiel hatte er sich durch ein Missgeschick den Arm gebrochen. Sein Team hatte es ihm nicht übel genommen, dennoch machte er sich Vorwürfe, dass er sie nur von der Bank aus unterstützt hatte.

»Kommst du nach dem Training zu mir?«, fragte Ann. »Du könntest mir bei Englisch helfen.«

»Ich versuch's.«

Vorher war er jedoch zu einer Abschiedsfeier im Basketballverein eingeladen, wobei das nur die halbe Wahrheit war. Schließlich handelte es sich um seine eigene Feier.

Als Charlie die Haustür aufschloss, hatte seine Laune einen erneuten Tiefpunkt erreicht. So schlimm er die Schule auch fand, dass er Ann und die Spieler aus seinem Basketballteam bald verlieren würde, quälte ihn von Tag zu Tag mehr. Aber nicht einmal der Verlust der ihm liebsten Dinge hatte seine Eltern umgestimmt. In zwei Wochen würden sie ihm alles genommen haben.

»Ich bin wieder da«, rief Charlie. »Mum?«

Keine Antwort.

Der Hausflur lag dunkel da. Charlie stellte sein Fahrrad ab und warf seine Sachen zu Boden. Es war so still, sein Herzschlag klang wie eine Trommel in seinen Ohren.

»Dad?«

Irgendwo tickte eine Uhr.

Charlie schlurfte in die Küche, in der er wenigstens eine Notiz seiner Mutter fand. *Eine Fertigpackung steht in der Mikrowelle.* Er spähte in den Edelstahlkühlschrank und die leeren Einlegebretter starrten kläglich zurück. Mit knurrenden Magen griff er nach einer Wasserflasche. Bevor Charlie Nudeln mit dem sogenannten Fleisch aß, das jahrelang haltbar blieb, hungerte er lieber.

Er stieg über die gläserne Treppe in den ersten Stock hinauf und passierte Bücher- und Kleidungskisten, die demnächst abtransportiert werden sollten. Unmengen von Kisten flankierten seinen Weg. Kisten. Kisten. Kisten. Seine Eltern hatten ihr gesamtes Leben in diesen Pappschachteln verpackt. Der letzte Raum, den die Umzugsvorbereitungen verschont hatten, war Charlies Zimmer. Kisten existierten hier nicht, nur das Flugticket nach London an seiner Pinnwand erinnerte ihn daran.

Charlie setzte sich an seinen ausladenden Schreibtisch und schaltete den Laptop ein, der gehorsam piepste und hochfuhr. Ansonsten blieb es beunruhigend still.

Widerwillig schlug er das letzte Kapitel seiner Englischlektüre auf. *Was nützt es, sich um Hausaufgaben zu kümmern, wenn ich im nächsten Herbst nicht mehr auf der Schule sein werde?*, fragte er sich und trank einen Schluck aus der Wasserflasche. Sein Blick heftete sich auf die blanke Leinwand, die in einer Ecke verstaubte. Seit Wochen hatte er keinen Pinsel angerührt. Zu sehr beschäftigte ihn die Frage, wie er seiner Freundin die Wahrheit sagen sollte.

»Konzentrier dich«, ermahnte Charlie sich und las ein paar Zeilen, ohne dass ein Wort hängen blieb. Frustriert warf er das Buch von sich. *Mir läuft die Zeit davon, ich muss es Ann endlich sagen.*

Da vibrierte das Handy in seinem Rucksack. Ein Lächeln stahl sich auf sein Gesicht, als auf dem Display ihre Nummer blinkte.

»Ja?«

»Dein Training ist seit einer Stunde vorbei«, meldete sich Ann. »Wenn du mir nicht bei Englisch helfen willst, kannst du das auch sagen.«

»Es hat länger gedauert«, wich Charlie aus. Sein Team hatte darauf bestanden, einen letzten Dunking-Contest auszutragen.

»Diese Idioten aus unserer Klasse haben mir die Fahrradreifen aufgeschlitzt. Das war das zweite Mal in diesem Monat«, beschwerte sich Ann. »Da du mich nicht nach Hause fahren konntest, musste ich laufen und meine Ma wollte eine Erklärung.«

»Und was hast du gesagt?«

»Dass ich dir beim Aufräumen der Turnhalle geholfen habe und es länger gedauert hat. Du verrätst mich doch nicht, oder?«

Jedes Mal musste Charlie versprechen, nichts zu sagen. Diese Streiche, wie es die Lehrer nannten, reizten ihn mehr als Ann. Außerdem würde sie nicht zugeben, wie sehr es sie ärgerte. Und er? Er war bald nicht mehr da, um es mitzubekommen.

»Erde ruft Charlie? Bist du noch dran?« Anns Stimme dröhnte in seinem Ohr. »Ich habe für dich ein Stück Lasagne vor meinen gefräßigen Brüdern verteidigt. Diese Schlacht kann nicht umsonst gewesen sein!«

»Schon gut. Bis gleich.«

Der Gedanke an Nudeln, frisches Hackfleisch und zerschmolzenen Käse ließ Charlie wie von selbst seinen Rucksack packen und sich auf sein Fahrrad schwingen.

Ehe er sich versah, verschwand das Gebäude, das er Zuhause nannte, am Ende der Straße. Er grüßte im Vorbeifahren einen Nachbarn, der jedoch keine Notiz von Charlie nahm, als wäre er unsichtbar.

Rein äußerlich stach Charlie nicht aus der Masse heraus. Braune Haare, braune Augen, mittelgroß. Obwohl die meisten ihn nicht wahrnahmen, sah er stets die Dinge, die anderen verborgen blieben. Wenn Charlie den Reparaturdienst Kreuz & Kreuz betrat, bestaunte er nicht das zur Werkstatt umfunktionierte Wohnzimmer der Familie oder wie Anns Vater flink an einem Föhn herumschraubte. Zunächst fielen ihm die dunklen Schatten unter seinen Augen auf, doch zog er still seine Schlüsse, warum Herr Kreuz so hart arbeitete. Bevor er Anns Vater noch störte, huschte Charlie durch den halb offenen Vorhang, der den Wohnbereich abtrennte.

»Mama!«

Eine Wolke aus blonden Haaren wirbelte an ihm vorbei. »Claire hat meiner Prinzessinnenpuppe die Haare abgeschnitten!«

Charlie folgte den vorstürmenden Zwillingen, im Flur vermischte sich das Rütteln einer altersschwachen Spülmaschine mit Radiomusik.

»Gar nicht wahr!«, beschwerte sich Claire, den Puppenzopf allerdings in der Hand schwenkend.

»Hatte ich nicht gesagt, ihr sollt mit euren Spielsachen pfleglicher umgehen?«, schalt ihre Mutter prompt.

Frau Kreuz hegte eine Sammelleidenschaft, die ihr eine bunt zusammengewürfelte Küche bescherte und Charlie beim Eintreten jedes Mal in Erstaunen versetzte. Sie besaß Teller in allen erdenklichen Farben und mit Mustern aus bestimmt zehn verschiedenen Geschirrsets.

»Hallo Frau Kreuz«, sagte er leise, während die Zwillinge schmollend aus dem Raum marschierten. »Es hat etwas länger gedauert.«

»Nenn mich doch endlich Julia, Junge. Oder Ma – von mir aus.« Frau Kreuz schloss ihn in die Arme, so wie jedes ihrer Kinder, das nach Hause kam und hing seinen

Rucksack über eine Stuhllehne. »Wir haben auf dich gewartet, aber du weißt ja, wie ungeduldig die Kleinen immer sind.« Das Ereignis, wenn sich neun Personen auf Schüsseln, Schalen und Töpfe stürzten, hatte Charlie oft genug miterlebt. Anfangs hatte es ihm ein wenig Angst gemacht, das Hin- und Herreichen zu beobachten, mittlerweile mochte er das hektische Treiben. Viel mehr als die Stille bei ihm zu Hause, wenn sein Vater am Tisch den Immobilienteil studierte und seine Mutter Fragen stellte, deren Antworten sie nur beiläufig interessierten.

»Lass es dir schmecken.« Anns Mutter servierte eine Portion Lasagne auf einem weißen Teller und ein Glas selbstgemachte Zitronenlimonade.

Charlie setzte sich und griff nach seinem Löffel. »Danke.«

»Mama!« Meg erschien in der Küche. »Kannst du mir bei Mathe helfen?«

»Sofort, Süße. Mama muss nur …«

»Mama!«, rief Claire aus dem Nebenraum. »Caro hat meiner Puppe auch die Haare abgeschnitten!«

Anns Mutter bedachte Charlie mit einem zerknirschten Blick, dann wandte sie sich an Meg: »Setz dich schon mal an den Tisch.«

»Ich gehe nach oben«, meinte Charlie rasch und griff seinen Rucksack. Bevor er mehr von ihrer eh schon wenigen Zeit in Anspruch nahm, würde er seine Lasagne bei Ann verzehren und dem Geruch nach mit Sicherheit genießen.

Schweigend machte er sich an den Aufstieg zu Anns Zimmer unter dem Dach. Das Haus der Kreuzens ging über drei Etagen. Unten im Erdgeschoss befanden sich nur die geräumige Küche, das Geschäft sowie der lang gezogene Flur, in denen sich Jacken, Mäntel und Schuhe wild übereinanderstapelten. Die Teppiche waren von vielen Füßen abgescheuert und die alte Blümchentapete schälte sich an einigen Stellen von den Wänden. Und dennoch Charlie schätzte dieses Haus über alle Maßen.

Du wirst es ihr jetzt sagen, nahm er sich vor, als Anns zerkratzte Zimmertür in Sichtweite kam. *Was mache ich, wenn sie weint? Oder mich anschreit, weil ich es ihr verheimlicht habe?*

Er atmete tief ein und aus, um sich Mut zuzusprechen. *Sie wird mich garantiert anschreien.*

Oben angekommen klopfte Charlie vorsichtig und öffnete.

»Hallo Charlie.« Sogleich sah Ann von ihrer Werkbank auf. Außer ihr kannte Charlie niemanden, der so eine Bank in seinem Zimmer aufgestellt hatte oder wie Ann im Blaumann in der Schule auftauchte, weil sie zuvor in der Werkstatt ihres Vaters ausgeholfen hatte. Ihre Besonderheit war ihre Leidenschaft für Mechanik, Elektrotechnik, Mathe – Naturwissenschaften sowieso. Obwohl die anderen in der Schule hinter ihrem Rücken tuschelten: Ann war stolz darauf, eine Mischung aus MacGyver und verrückter Erfinderin zu sein.

»Was ist das an deinem Arm?«, fragte Ann besorgt.

»Was?« Er hatte den Ärmel seiner Sweatshirt-Jacke hochgeschoben. »Ach das … halb so schlimm.«

Ehe Charlie sich versah, saß er neben Ann auf ihrem struwweligen Teppich. Seine Freundin schubste seinen Rucksack in eine Ecke und holte einen Erste-Hilfe-Koffer unter dem Bett hervor, um seinen Arm mit bunten Pflastern voller Raketen, Monden und Robotern zu bekleben. Sie kam ihm viel zu schnell viel zu nah und Charlie hoffte, dass Ann seinen rasenden Puls nicht bemerkte. Eine Strähne war aus ihrem unordentlichen Zopf gerutscht und er widerstand dem Wunsch, die Haare hinter ihr Ohr zu streichen. Zu dumm, dass er noch den Teller in der anderen Hand hielt.

»Was bastelst du da?«, fragte Charlie, anstatt seinen Umzug anzusprechen. So lange wie möglich wollte er den Verlust seines Alltags hinauszögern. Stattdessen die Lasagne löffeln, das Muster betrachten, das das Sonnenlicht auf Anns Haare warf, und jede Sekunde in ihrer Nähe genießen.

»Keine große Sache. Mein Lichtschalter hat einen Wackelkontakt.« Sie wies auf das Stück freigelegte Tapete und machte sich wieder an ihre Arbeit. »Ich bin gleich fertig.«

»Lass dir Zeit. Nachher steckst du die Tapete in Brand.«

»Das letzte Mal, als ich etwas in Brand gesteckt habe, ist Jahre her. Ich bin wirklich gleich fertig.«

»Soll ich messen, wie lange ›gleich‹ dieses Mal dauert?«

»Mach doch. Danach gibt's was zum Nachtisch.« Ann öffnete eine Schublade mit eindrucksvollem Schloss und holte eine Schokoladentafel heraus.

Plötzlich knallte die Zimmertür gegen die Wand. Claire und Caro stürmten hinein.

»Ann, spiel mit uns!«, brüllten sie im Chor.

»Raus!« Ann sprang wütend auf. »Wir lernen! Und klopft gefälligst an!«

»Oh, ihr habt Schokolade?«, fragte Claire erstaunt.

»Raus, sofort!« Ann bekräftigte ihren Befehl mit ausgestrecktem Zeigefinger. Einen Moment versuchten die beiden, ihre Schwester mit mitleiderregenden Blicken zu überzeugen, aber das funktionierte bei Ann nie.

An Geschwistern besaß Ann lärmende sechs Stück und demnächst erwartete ihre Mutter den nächsten Familienzuwachs. Ann hatte nichts erwähnt, aber Charlie hatte es deutlich gesehen.

»Lernen tun wir nicht unbedingt.« Er würde Ann morgen über seinen Umzug einweihen. Oder nächste Woche.

»Das wissen die Kleinen nicht.« Ann nahm ihre Englischlektüre zur Hand. »Wie wäre es mit ›About a Boy‹?«

»Was verstehst du denn nicht?« Charlie stand auf, um seine eigene Ausgabe aus seinem Rucksack zu holen, übersah jedoch einen verirrten Schraubenzieher und verdrehte sich den Fuß.

Reflexartig schluckte er den aufbrandenden Schmerz hinunter, sein Knöchel hämmerte und glühte, so dass Charlie zu Boden sackte.

»Das Thema an sich.« Das Buch lag bereits vergessen auf der Werkbank, da Ann weiter an ihrem Schalter schraubte. »Keine Ahnung, was daran so gut sein soll.«

Konzentrier dich auf einen Punkt. Er umklammerte den Teller, der neben ihm auf dem Teppich ruhte, bis die Fingerknöchel so weiß wie das Porzellan hervortraten. *Weiteratmen. Ein. Aus. Dann geht es von allein vorbei.*

»Außerdem ist es echt unrealistisch, mit einem ganzen Brot eine Ente zu erschlagen. Ich hab's schon mit der deutschen Fassung probiert, aber die ist nicht viel spannender. Wir könnten uns am Wochenende den Film aus der Videothek leihen?«

»Klar«, schnaufte er. »Können wir.«

Charlie hatte gelernt, mit Schmerz umzugehen, aber der verdrehte Knöchel war wie ein metaphysischer Kinnhaken, der ihn an den Rand der Bewusstlosigkeit schickte. Ein gewaltiger Sog erfasste ihn und riss ihn in die Tiefe, er wirbelte durch einen endlosen Strudel, drehte, überschlug sich, bis Übelkeit ihn ergriff. Im nächsten Moment krachte er bäuchlings gegen ein Hindernis. Etwas klirrte viel zu dicht an seinem Ohr.

Charlie tastete mit den Fingern über eine glatte Oberfläche, deutete sie als festen Boden und stutzte. Wo war der Teppich hin?

Ächzend rollte Charlie sich auf den Rücken. Seine Knochen schmerzten, als wäre er mit Höchstgeschwindigkeit gegen eine Betonwand gerannt. Dann schlug er die Augen auf.

Schatten flackerten über eine hohe, holzvertäfelte Decke, die Charlie alles andere als bekannt vorkam. An diesem Ort war er definitiv noch nie gewesen. Überladene Bücheregale erstreckten sich an den Wänden. Hier und da tauchten Öllampen anstelle von Glühbirnen den Raum in orangerotes Licht. Es wirkte wie das Arbeitszimmer eines Direktors aus der viktorianischen Ära.

Charlie richtete sich vorsichtig auf. Sein Blick fiel auf die Scherben des Tellers, den er noch umklammert hatte.

»Meine Lasagne ...« Hackfleisch, Soße und schrecklich viel geschmolzener Käse waren auf den Holzboden geklatscht.

»Willkommen in Tougard«, grüßte ihn eine rauchige Stimme. Keine Armlänge entfernt saß ein alter Mann in einem Sessel, bekleidet mit einem moosgrünen Hausmantel. Genüsslich nippte er an einer überdimensionalen Tasse. »Darf ich dir eine Tasse Beitee anbieten?«

»Wo bin ich?« Charlies Verstand hechelte der Situation hinterher. Zuerst war er mit dem Fuß umgeknickt, dann hatte er einen Sturz wie Alice in ihr dämliches Wunderland zurückgelegt, nur um daraufhin wie sie Tee zu trinken? Und das Wort Tougard hatte er auch noch nie gehört. »Und was ist Beitee?«

»Der Tee wird aus den getrockneten Blättern des Beikrauts gewonnen«, dozierte der Alte und beugte sich zu Charlie herunter, als wäre alles in Ordnung. »Die Pflanze wuchert wie verrückt. Durch Zufall hat Perikles, der erste Begabte, die gelben Blätter mit heißem Wasser übergossen. Daraufhin wurde der Tee zu unserem Lieblingsgetränk.« Der Mann genehmigte sich einen weiteren Schluck. Charlies plötzliches Auftauchen schien ihn keineswegs zu stören. Er lächelte sogar vergnügt. »Schmeckt wirklich hervorragend.«

Eisiger Wind pfiff durch eine versteckte Ritze und Charlie unterdrückte ein Niesen. Es war Juni, nicht wahr? Warum kroch ihm eine schleichende Kälte über die Arme?

Auf der Suche nach einem Anhaltspunkt blickte Charlie sich verwirrt um. Das Büro des Alten schien nur aus Regalen und Büchern zu bestehen. Daneben gab es noch eine Holztreppe, die sich in einer Ecke in die Tiefe wand und wahrscheinlich zu weiteren Büchern führte, die in Regalreihen bis unter die Decke gestapelt wären. Innerhalb dieses Traums hatte Charlies Fantasie sich wirklich Mühe gegeben.

»Ich heiße Frederick Trench«, stellte sich der alte Mann vor und reichte ihm die Hand. »Ich bin der Älteste

Protektor in Tougard und wahrscheinlich auch der verkalkteste.«

»Charlie Andrews«, ließen ihn seine guten Manieren antworten, während der Rest von ihm noch die Situation zu erfassen versuchte und er daher nur zögerlich die Hand entgegenstreckte. »Äh, die Sache mit dem Teller tut mir leid.«

»Ich habe deutlich schlimmere Ankünfte miterlebt.« Trench ergriff seine Hand und drückte für sein Alter erstaunlich fest zu. »Schön, dich kennenzulernen, Charlie.«

»Wie bin ich überhaupt hergekommen?«

»Ja, diese Frage stellt mir jeder.« Trench lachte. »Es ist so: Ein Portal öffnete sich zwischen deinem Standort und meinem Büro und du wurdest hineingesogen. Die erforderliche Transportenergie lässt allerdings nach, weshalb du so unsanft gelandet bist.« Er runzelte die Stirn und wirkte im schwachen Licht des Kaminfeuers plötzlich uralt. Doch sein unordentliches graues Haar, der im Gegensatz dazu sorgfältig gestutzte Bart und die vielen Lachfalten verliehen ihm das Aussehen eines liebevollen Großvaters. Sein Opa hatte ihn auch immer mit blitzenden Augen über den Rand seiner Brille gemustert, fiel Charlie bei diesem Anblick ein.

»Man kann auch sagen: Du bist *gefluppt*.« Dabei griff Trench nach einer Teekanne, die auf einem Beistelltisch neben seinem Sessel stand, und goss Tee in eine zweite bereitstehende Tasse ein.

»*Gefluppt?*« Hatte Charlie sich beim Sturz den Kopf zu heftig angeschlagen? Verrückter Traum! War es das denn – ein Traum?

»Ja, es gibt keine entsprechende Terminologie für den Vorgang, wenn ein Begabter zum ersten Mal in dieser Dimension erscheint oder seit Neuestem aufschlägt.« Mit einem Schmunzeln reichte Trench Charlie die dampfende Tasse Tee. Sie wärmte seine Fingerspitzen und der süße Duft des Beikrauts stieg ihm in die Nase.

»Daher habe ich mir ein eigenes Wort dafür ausgedacht. *Fluppen.*«

Vor lauter Verwirrung vergaß Charlie sein Misstrauen, setzte sich in den zweiten Sessel und nahm einen Schluck. Zu seinem Erstaunen schmeckte das Getränk wirklich gut.

Da schoss ihm ein Gedanke durch den Kopf. Charlie sprang erschrocken auf und der heiße Tee schwappte ihm auf die Jeans. »Wo ist Ann? Ich war doch noch eben in ihrem Zimmer!«

»Ann ist in der Realität geblieben, aus der du gekommen bist«, erklärte Trench gelassen und füllte seine Tasse erneut.

»Ich träume.« Charlie setzte sich wieder und atmete ruhig ein und aus. Wenn er aufwachte, wäre seine Freundin wieder bei ihm. Ann würde ihn auslachen, weil er sich mit einem Sturz in die Bewusstlosigkeit befördert hatte.

»Du hast jede Menge Fragen«, meinte der Protektor. »Das sehe ich an deinen Augen, Charlie.«

Da all das nur ein Trugbild seines Geistes war, würde er seiner Neugier genauso gut nachgeben können, fand Charlie. Die Details konnten sich noch als brauchbar erweisen, zum Beispiel wenn er wieder mit dem Zeichnen anfangen würde. Außerdem erschien ihm die Situation nicht gefährlich.

Er holte tief Luft und fragte: »Was genau soll ein Begabter sein?«

Trench zeigte auf die Überbleibsel der Lasagne, die sich augenblicklich in Luft auflösten. »Bei Begabten handelt es sich um Menschen mit einzigartigen Fähigkeiten.«

Charlie genehmigte sich einen weiteren Schluck Tee, bevor er den Alten anstarrte. »Und was ist dann dieses Tougard?«

»Eine Gabe kann sich in jedem Alter zeigen und es gibt unzählige Arten. Damit Begabte sich in ihrem alltäglichen Umfeld nicht überfordert vorkommen oder die Öffentlichkeit auf sie aufmerksam wird, lernen sie in Tougard, ihre Fähigkeit zu beherrschen. Danach besteht keine Gefahr mehr, für verrückt erklärt zu werden. Sie können ihr altes Leben ungestört weiterführen.«

Charlie stand auf, wanderte durch den Raum und inspizierte ein riesiges Regal mit handgeschriebenen Büchern. »Illusionen für Fortgeschrittene«, »Geheimnisse der Gedanken« – er kannte keinen einzigen Titel. »Wieso habe ich noch nie davon gehört?« Seine Augen schweiften über einen mit Papieren beladenen Schreibtisch aus glänzendem Kirschholz. Der Älteste Protektor kam an seine Seite und staunte selbst über das Durcheinander.

»Tougard liegt in einer Paralleldimension.« Trench hielt inne und schmunzelte. »Wenn du ein Jahr in Tougard bleibst, vergeht ungefähr ein Tag in deiner Welt.«

»Schön und gut«, erwiderte Charlie und war insgeheim ein wenig stolz darauf, sich einen so detaillierten Raum ausgedacht zu haben. Hätte er doch nur einen Stift dabei. »Es gibt nur ein Problem. Ich besitze keine besondere Gabe.«

»Oh doch. Sonst wärst du nicht hier.«

»Und was bitte soll das sein?«

Trench maß ihn mit sorgsamem Blick und tippte sich auf die Nase. »Du kannst heilen.«

»Von wegen«, widersprach Charlie. »Das würde ja bedeuten, ich hätte meinen Arm heilen können. Dann hätte ich nicht das wichtigste Basketballspiel meines Lebens verpasst!«

»Damals war deine Gabe noch nicht erwacht«, erklärte Trench. »Was ist passiert, bevor du dich in meinem Büro eingefunden hast?«

»Ich wollte …« Skeptisch hielt Charlie inne. »Ich bin gestolpert und umgeknickt.« Er machte einen Schritt zur Seite, aber sein verletzter Knöchel verursachte keine Schmerzen mehr.

»Überrascht?«, fragte Trench mit einem Lachen.

»Ja …«, rutschte es Charlie heraus und staunte über sich selbst. Sein Unterbewusstsein war phänomenal.

Der Protektor klopfte ihm auf die Schulter. »Vielleicht sollte ich dir eine mitternächtliche Führung angedeihen lassen, damit du dir ein Bild von Tougard machen kannst.«

»Ja, aber wie …« Charlie kämpfte mit den Worten. Einerseits hatte er nicht vor, sein Misstrauen abzulegen. Andererseits schien Trench derjenige zu sein, der alle seine Fragen beantworten konnte.

Trench wickelte seinen Hausmantel enger und schlüpfte in abgewetzte Lederschuhe. Aus einem Schrank zog er ein Paar Pantoffeln und reichte sie Charlie, obwohl sie zu groß für seine Füße sein würden. Ihm dämmerte, dass er auf Socken über den kalten Steinboden unterwegs war. Seine Turnschuhe warteten noch immer bei Ann im Hausflur. Also schlüpfte Charlie in die flauschigen Pantoffeln und startete seine ersten Gehversuche. Er rutschte, stolperte und trat falsch auf, doch dafür, dass es ein Traum war, reichte es aus.

Charlie stellte seine Tasse ab und gelangte zu einer Doppeltür.

»Öffnest du sie, so betrittst du eine völlig neue Welt, mein Junge«, sagte Trench feierlich.

Als er nach einer der beiden Klinken greifen wollte, bemerkte er, dass ihn vom Türrelief ein Auge anstarrte, das zu dem Abbild eines Zwerges gehörte. Abgelenkt von dem sehr echt wirkenden Auge, drückte er die Klinke, zog daraufhin aber gleich wieder die Hand zurück, da sie von einer hölzernen Hand verdeckt wurde. Dann blinzelte das Auge und das Relief zog die Hand zurück.

»Tyram, also wirklich!« Trench lachte herzlich. »Macht es dir immer noch Spaß, Neuankömmlingen einen Streich zu spielen?«

»Oh ja, mein alter Freund«, sagte das Relief und löste sich von der Tür. Es war ein hölzerner Zwerg, der Charlie bis zum Bauchnabel reichte. »Jedes Mal freue ich mich auf ihre erschrockenen Gesichter.«

Trench und Tyram grinsten sich verschwörerisch an.

»Das ist ein Türmännchen«, meinte der Protektor, da Charlie immer noch schwieg.

»Schönen Abend noch, Frederick.« Tyram kam seiner Lebensaufgabe nach, drückte die Klinke herunter und öffnete schwungvoll die Tür.

Türmännchen, erfuhr Charlie vom Ältesten Protektor, bewachten jede Pforte in Tougard. Zum größten Teil bestand ihre Aufgabe darin, diese Pforten zu öffnen und zu schließen. Es war noch nie vorgekommen, dass jemand vor dem Eingang eines Türmännchens warten musste. Die Silbe *Tyr* beschrieb ihr Alter. Jüngere Generationen begannen ihre Namen mit *Port* oder *Dor* und waren weitaus stabiler. Denn je mehr Jahre ein Türmännchen zählte, desto brüchiger und morscher wurde auch das Holz seiner Pforte.

Die völlig neue Welt, die Trench angepriesen hatte, entpuppte sich als der lange Korridor eines Fachwerkhauses. Gleichförmige Gänge erstreckten sich in alle Richtungen wie in einem gewaltigen Labyrinth. Der Geruch von Holz und Pergament milderte den beißenden Gestank der Öllampen, die die langen Schatten an die Wände warfen.

»Das ist das Haus der Protektoren, in dem sich auch ihre privaten Bereiche befinden«, eröffnete ihm Trench. »Im Erdgeschoss haben wir Klassenräume, in denen der Einzel- und Gruppenunterricht abgehalten wird.«

»Tougard ist eine Schule?«, rutschte es Charlie heraus.

»Hatte ich das nicht bereits erklärt?« Trench schritt beinahe lautlos über die verzierten Bodenfliesen auf eine Treppe zu. »Begabte lernen mit Hilfe von uns Protektoren, ihre Fähigkeiten zu meistern. Als Lehrer würde ich uns allerdings nicht bezeichnen. Wir wissen nur Antworten auf den Großteil eurer Fragen.«

»Sollten wir nicht leiser sein?« Charlie passierte ein Fenster und blickte in pechschwarze Nacht. »Sonst wecken wir noch jemanden im Haus auf.«

»Eine hervorragende Idee.« Trench setzte seinen Weg auf Zehenspitzen fort, während ihm Charlie folgte und den Blick dabei wandern ließ. Das große Tor zog seine Aufmerksamkeit auf sich, doch anstatt den schnarchenden Wächter des Haupttores zu wecken, wählte Trench einen kaum erkennbaren Seitenausgang. Das dort ausharrende Türmännchen öffnete ihnen voller Eifer seine Pforte. Ein Windstoß pfiff durch den Flur und ließ die Ölmäntel auf den Kleiderständern flattern. Trench reichte ihm einen und warf sich selbst einen über.

Charlie fröstelte und zog sich die Kapuze über den Kopf, als er ins Freie schritt. Sturmböen peitschten schwere Regenwolken über den Nachthimmel und ein Bindfadenregen prasselte auf ihn herab. Jeder Tropfen fühlte sich wie ein eisiger Nadelstich an, so dass Charlie sich ein Handtuch oder einen Rollkragenpullover wünschte. Oder gleich beides.

»Leider regnet es hier sehr oft. Aber bei Tageslicht kann man von den Zinnen die herrliche Aussicht über den See und das Tal genießen«, erzählte Trench fröhlich. Ein schmaler, gepflasterter Weg verband das Haus der Protektoren mit einem weiteren Gebäude. Er rechnete jeden Moment damit, in seinem warmen Bett aufzuwachen. »Bei gutem Wetter kann ich dir einen Ausflug nach Taun sehr empfehlen.«

»Scheint die Sonne denn so selten?« Im Grunde hatte Charlie nichts gegen verregnete Tage. Denn dann konnte er immer viel Zeit mit Ann verbringen.

»Jeder in Tougard hofft auf die Ankunft eines Begabten, der das Wetter beherrscht.« Trench lachte erneut und wurde Charlie irgendwie immer sympathischer. »Den lassen wir nie wieder gehen!«

Im nächsten Gebäude verschachtelten sich auf mehreren Etagen Aufenthaltsräume mit kuscheligen Sesseln, Sofas und kleinen Tischen. Arbeitszimmer mit Schreibtischen zogen wie an einer Schnur aufgereiht an ihnen vorbei. Trench erzählte auch von der unendlichen Bibliothek und dem Sportfeld, das hinter einem Bannkreis versteckt lag. »Wie ich sehe, genießt Mrs. Peel ihr Mitternachtsmahl.« Trench winkte einer fülligen Dame zu. Im leeren Speisesaal goss sie sich ein Glas Rotwein ein und schloss für einen Moment die Augen. Wie aus dem Nichts erschien in diesem Moment ein Stück Schokoladentorte mitsamt Teller auf dem Tisch.

»Du warst soeben Zeuge der Gabe unserer lieben Gladys«, eröffnete ihm Trench.

»Ist es nicht ungesund, so spät zu essen?«, erwiderte Charlie und wandte sich von Mrs. Peel ab. Ihr freundliches Lächeln rief in ihm das Bild von frischgebackenen Keksen und Pfefferminztee mit Milch hervor. Genau wie bei seiner Oma Grace.

»Aber nein. Da Begabte kaum etwas essen müssen, gönnt Mrs. Peel sich nur noch das, worauf sie richtig Heißhunger hat.«

»Wie das?« Hätte er wirklich eine neue Schule besucht, wären Charlie niemals so viele Fragen über die Lippen gekommen.

»Solange du in dieser Dimension weilst, altert dein Körper nur sehr, sehr langsam und verbrennt wenig Energie. Aber weil einige Begabungen wiederum sehr kräftezehrend sind – wie Pyrokinese zum Beispiel –, müssen einige Begabte trotzdem essen. Übrigens essen auch einige einfach regelmäßig weiter, um einen gewohnten Alltag beizubehalten. Es dauert zwar ein bisschen, aber der Stoffwechsel passt sich der neuen Ernährung an.« Trench musterte ihn eindringlich. »Gewohnheiten sind in Tougard sehr wichtig, Charlie. Auch wenn dein Körper fünf Tage oder noch länger wach sein könnte, braucht dein Geist trotzdem eine Erholungspause.«

Zuallerletzt zeigte Trench Charlie Gebäude, die ein gutes Stück entfernt lagen; abgetrennt von einer Wiese. Dort wohnten und schliefen die Begabten, die noch mitten im Studium ihrer Fähigkeiten steckten. Glücklicherweise hatte der Regen aufgehört, doch im tropfnassen Gras waren Charlies Hausschuhe nach wenigen Metern durchgeweicht.

Ob er schlief oder nicht, Charlie musste weiterhin vorsichtig sein. Der alte Mann war ein Fremder, den er noch keine Stunde kannte. Charlie sollte ihm lieber nicht leichtgläubig vertrauen.

Ein Riss bildete sich in der Wolkendecke und Charlie erkannte im Mondlicht eine massive, mehr als fünf Meter hohe Außenmauer. Hinter ihn entpuppte sich das angebliche Fachwerkhaus, von dem sie ihren Rundgang gestartet hatten, als gotische Burg. Der Mond verschwand erneut, aber Charlie hatte längst alle Details erfasst. Tougards Ausmaße übertrafen die eines Schulinternats bei weitem, so wie er sie aus England in Erinnerung hatte.

Wie viele Begabte leben hier?, wollte Charlie wissen, traute sich aber nicht, es laut auszusprechen.

»Mit dir mitgezählt?«, antwortete Trench dennoch. »Zweihundertvierundzwanzig Begabte.«

Charlie stutzte. Träume waren seltsam. Noch nie hatten sie seine Fragen von alleine beantwortet.

Ob es viele in meinem Alter gibt?, überlegte Charlie als nächstes. Zuhause kam er nicht gut mit seinen Mitschülern aus, aber vielleicht würde sich das in seinen Träumen ändern.

»In der Regel liegt das Alter zwischen zwölf und fünfundzwanzig. Jedoch haben die Protektoren die Vierzig schon lange hinter sich gelassen«, sagte Trench und schmunzelte. »Ich selbst lebe seit über hundert Jahren in Tougard.«

Charlie stoppte erstaunt. »Wie machen Sie das?«

Trench lächelte verschmitzt. »Ich lese deine Gedanken, Junge.«

Unmöglich!

»Doch. In Tougard ist alles möglich.«

Charlie musterte Trench skeptisch durch den wiedereinsetzenden Regen. Eigentlich hätte er sich so lange in den Arm zwicken müssen, bis er aus diesem Rätsel erwachte. Er sollte sich von dem alten Mann hintergangen fühlen, der ohne Erlaubnis in Charlies Kopf stöberte.

Aber er konnte es nicht.

Er wollte Trench gegenüber nicht misstrauisch oder zornig sein. Ein schalkhaftes Lächeln, und alle seine Bedenken lösten sich in Rauch auf. Unheimlich. Aber Charlie kam es *richtig* vor.

»Hundert Jahre sagten Sie? Wie alt sind …« Selbst für einen Traum ging diese Frage zu weit. Er verstummte und dachte rasch an etwas Unverfängliches. »Bleibt denn jeder Begabte so lange?«

»Aber nein.« Trench schüttelte den Kopf. »Bis die Ausbildung beendet ist, können Monate, aber auch Jahre vergehen. Das liegt am Eifer jedes Einzelnen.«

Der Älteste Protektor wies auf zwei Gebäude in der Ferne, in dessen Fenstern noch vereinzelt Licht brannte. »Dort sind die Mädchen und Frauen untergebracht. Die Türmännchen Portmal und Tyrgram gewähren keinem Mann Zutritt. Auf der gegenüberliegenden Seite liegen die Wohnhäuser der Jungen und Männer. Dort wirst du einziehen.«

Vorerst jedenfalls, stellte Charlie fest, schalt sich jedoch für seinen Gedanken.

»Das sind die Grundregeln für das Leben in Tougard. Den Rest wirst du von allein herausfinden«, schloss Trench. Der alte Protektor wünschte Charlie noch eine gute Nacht und wies eines der Türmännchen an, ihm den Rest zu zeigen.

»Direkt am Eingang steht ein Kerzenhalter für dich bereit«, brummte Dormat mürrisch, weil es wegen Charlie aufgeweckt worden war. »Nimm die erste Treppe, dann geht's rechts in den Gang und dann die dritte Tür links. Kannst es nicht verfehlen.«

Zwar fiel es Charlie leicht, sich in der fremden Umgebung zurechtzufinden, aber der von Dormat beschriebene Gang nahm kein Ende. Reihen von Postern mit Schauspielerinnen und Sportwagen zogen an ihm vorbei, die nur von schlafenden Türmännchen unterbrochen wurden. Charlie hätte genauso gut den Gang eines Studentenheims entlanglaufen können.

Am Ende rannte er mehrmals an seinem Schlafraum vorbei.

»Ähm … Türmännchen?«, fragte Charlie unbehaglich. »Kannst du mich einlassen?«

Die hölzerne Figur öffnete ein Auge. »Dich hab ich hier noch nie gesehen.«

»Charlie.« Er redete mit einer Holzfigur! »Ich möchte bitte eintreten.«

»Zu spät. Regeln sind Regeln.«

»Ich habe eine halbe Stunde gebraucht, um den richtigen Weg zu finden«, bettelte Charlie. *Wann wache ich denn endlich auf?*

»Neuer?« Das Türmännchen gähnte knarrend.

»Ja.« Charlie zögerte keinen Moment, als die Tür aufschwang, und trat erleichtert über die Schwelle. In dem Schlafraum waren drei Etagenbetten und ein paar Schränke an den Wänden verteilt. Eine kleine Waschecke versteckte sich hinter einem halb offenen Vorhang.

Ein Junge streckte seinen Kopf unter der Decke hervor und blinzelte verschlafen. »Bist du gerade erst angekommen?«

»Nee. Ich hab mir nur den Kopf gestoßen und bin irgendwie in dieser Traumwelt gelandet«, entgegnete Charlie.

»Ich bin Shikagawa, Daisuke. Vierzehn Jahre. Blutgruppe B.« Daisuke hielt ihm eine Hand hin. »Schön, dich kennen zu lernen.«

Charlie trat wortlos ans Bett unter Daisukes. Als er die Decke zurückschlug, erwartete ihn ein blauer Schlafanzug, der seinem eigenen bis auf die letzte Faser glich.

»Du hast nicht zufällig die neuste Ausgabe der *Weekly Shônen Jump* dabei?«, fragte Daisuke. »Ich warte seit drei Monaten auf die nächsten Kapitel. – Ach, falls du dich wunderst, warum du deine eigenen Sachen vorfindest, das liegt an Trench. Eigentlich ist das irgendwelche Kleidung, aber der Älteste Protektor manipuliert sie entsprechend deiner Erinnerungen, damit du in der ersten Nacht gut schlafen kannst.«

»Er manipuliert … hä?«

Daisuke unterdrückte ein Gähnen. »Das wirst du bald verstehen.«

»Daisuke, sei endlich still!«, sagte jemand irgendwo in der Dunkelheit des Raumes, aus der Richtung, aus der auch ein Bettdeckenrascheln erklang.

»Lass uns morgen weiter reden.« Über ihm rüttelte und quietschte die Matratze. »Sonst weckst du Xiao Bao, Roberto und Sean auf.«

»Wir sind schon wach!«, antwortete eine weitere Stimme.

Charlie sank in die weiche Matratze und löschte die mitgebrachten Kerzen. Ein kleines bisschen Wehmut keimte in ihm auf. Wenn er aufwachte, würde Tougard wie jeder andere Traum verblassen. Eine Erinnerung, die eigentlich viel zu interessant war, als dass man sie vergessen durfte.

Kapitel 2

WILLKOMMEN CLAIRE

»Guten Morgen.«

Die halbe Nacht hatte Charlie wach gelegen und darauf gewartet, mit schmerzendem Knöchel im Krankenhaus hochzuschrecken. Stattdessen hatte er ein paar Stunden Schlaf gefunden.

»Ann?«, fragte er in sein Kopfkissen.

»Hier gibt's keine Ann.« Die Stimme klang ein wenig vertraut. »Weil du mitten in der Nacht aufgetaucht bist, hat Flemyng-san dich ausschlafen lassen. Sie kommt gleich, um dich zu deiner ersten Stunde abzuholen.«

Charlie fühlte sich wie gerädert. »Träume ich immer noch?«

»Tut es weh, wenn du dich kneifst?«

Zur Probe kniff Charlie sich in den Handrücken und zog scharf die Luft ein. Spätestens jetzt musste er die Augen öffnen, ob er wollte oder nicht.

»Willkommen in dieser Realität«, scherzte Daisuke mit breitem Grinsen, das seine mandelförmigen Augen wie Schlitze erscheinen ließ. »Wie heißt du?«

Charlie rührte sich kein Stück. »Charlie Andrews.«

»Darf ich dich Charlie-kun nennen?«, fragte der Japaner. »Oder eher Andrews-kun?«

Charlie dämmerte allmählich, dass Tougard doch kein Traum war. Vielleicht sollte er sich damit abfinden, verrückt geworden zu sein. Zunächst nahm Charlie sich vor, aus dem Bett zu steigen und jene Ms. Flemyng zu treffen. Danach würde er weitersehen. Doch der Morgenmuffel in ihm zog sich die Bettdecke über den

Kopf und weigerte sich beharrlich aufzustehen – ganz egal, ob Traum oder Wirklichkeit.

»Warum kann ich dich überhaupt verstehen?«

»Das liegt an Tougard.« Daisuke zuckte mit den Schultern. »Egal, aus welchem Land du stammst, jeder andere Begabte spricht die gleiche Sprache wie du. Für mich beherrschen alle perfekt Japanisch.«

Charlie erinnerte sich, dass vor Jahrhunderten angeblich alle Menschen die gleiche Sprache gesprochen haben sollen. Aber mehr als Sushi, Samurai und Sayonara fiel auch ihm nicht auf Japanisch ein.

»Ninja«, sagte Charlie leise.

»Ninja?«

»Ach nichts. Ich habe nur laut gedacht.«

»Wenn ich du wäre, würde ich deine Uhr neu einstellen. Wir haben halb neun«, riet Daisuke ihm.

»Danke.« Charlie rieb sich über die Augen und versuchte, sich zu orientieren. Gestern Nacht hatte er nicht wahrgenommen, dass er Portemonnaie, MP3-Player und Handy auf den Nachttisch gelegt hatte. Er griff nach seinem Handy und wählte rasch Anns Nummer. Ein ernüchterndes »Kein Verbindungsaufbau möglich« erklang als Antwort und laut Display hatte er auch gar keinen Empfang.

»Wenn mein Traum mich schon nicht telefonieren lässt, warum habe ich überhaupt ein Handy?«, seufzte Charlie.

»Alles, was du direkt am Körper trägst, fluppt mit dir nach Tougard. Aber Handys funktionieren nicht und MP3-Player nur so lange, wie der Akku reicht«, erklärte Daisuke. »Übrigens, in den Schubladen unter deinem Bett findest du Schreibzeug und eine Tasche, falls du eine brauchst.« Daisuke öffnete einen der großen Kleiderschränke. »Der ist noch frei. Du kannst ihn haben.«

Den Schrank inspizierend stöberte Charlie durch warme Kleidungstücke. Ein gefütterter Mantel, Hemden ohne Knöpfe und feste Winterstiefel. Nach Hochsommer wirkte das nicht.

Daisuke stieß mit dem Fuß gegen einen überquellenden Karton. »Den Rest kannst du dir hier raussuchen oder wir besuchen den Beschaffer.«

Wieder ein neues Wort. Beschaffer, Protektoren – was mochte noch kommen? *Ein gutes Anzeichen dafür, dass das kein Traum sein kann.*

Charlie öffnete den Karton und ein Sammelsurium aus Hawaiihemden und bunten Shorts quoll ihm entgegen. Nicht gerade unauffällig. Während er den Inhalt durchwühlte, beobachtete ihn Daisuke unschlüssig.

»Woher stammt die Kleidung?«

Der kleine Japaner strahlte, vermutlich, weil er sein Wissen einbringen konnte. »Das sind aussortierte Sachen von anderen Begabten. Oder alte Stücke von denen, die Tougard verlassen haben. Keine Angst, Charlie-kun, ich habe selbst dafür gesorgt, dass sie gewaschen wurden.«

Charlie warf einen mit Rentieren bestickten Rollkragenpullover zur Seite. Nicht einmal in seinem Traum würde er *das* tragen. »Ich frage lieber nicht weiter nach.« Er hatte zwei ausgewaschene Jeans beiseitegelegt sowie ein, zwei Pullover und Hemden, die einem farblich nicht sofort ins Auge sprangen. Hauptsache, die Ärmel reichten über seine Handgelenke. Sorgfältig verstaute Charlie die Kleidung. Dabei fiel sein Blick auf ein Paar Turnschuhe, die auf dem Boden des Schrankes warteten.

»Das ist meine Größe!«

»So ist Trench-san«, erklärte Daisuke. »Er macht jedem Begabten ein Willkommensgeschenk. Ich bekam meinen Lieblingspulli, aber in neu. Ein paar andere haben Fotos von ihren Familien vorgefunden. Der Älteste Protektor ist sehr einfallsreich.« Daisuke setzte sich auf Charlies Bett. »Sag mal: Welche Gabe besitzt du?«

»Ähm …« Was hatte Trench letzte Nacht noch gesagt? »Ich kann heilen.«

»Sugoi!« Daisuke sah ihn bewundernd an. »Soweit ich weiß, gibt es nur vier Heiler in Tougard. Du bist der Fünfte.«

»Willst du eigentlich zusehen, während ich mich umziehe?«, fragte Charlie abweisend. »Oder warum bist du noch hier?«

»Oh, entschuldige, Charlie-kun.« Daisuke schritt zur Tür. »Wir sehen uns nachher.«

Charlie war Daisuke zwar dankbar für seine Hilfsbereitschaft, aber er wollte sein Vertrauen nicht gedankenlos verschenken. Das tat er nicht mehr. Er griff nach einem frischen Hemd und fuhr mit den Fingern über das Geflecht aus Striemen, das sich über seinen rechten Unterarm wand. Schnell zog er sich seine verwaschene Sweatshirt-Jacke über, die weit über seine Handgelenke reichte. Mit der Zeit waren die dicken, brennenden Wulste zu einem roten Gitternetz verblasst, das sich nur noch wenig von der gesunden Haut abhob. Die Schmerzen waren jedoch nicht das Schlimmste daran gewesen, sondern der Vertrauensbruch, der mit ihnen einher ging, und all die Kinder, die ihn auf seine Narben reduzierten. Als er in England lebte, nannten sie ihn »Scars« oder – später in Deutschland – »Kraterkind«, da sein Arm wie eine zerfurchte Kraterlandschaft aussah. In der Mittelstufe wurden die Sprüche sogar noch schlimmer – das erste Mal, als die Jungen seiner Klasse die Narben an seinem Handgelenk entdeckten, hatten sie ihm »Wenn du dich das nächste Mal umbringen willst, gib dir mehr Mühe!« zugerufen und sich köstlich darüber amüsiert.

Nicht der Quallenübergriff hatte Charlie gezeichnet, sondern wie seine Mitmenschen seitdem mit ihm umsprangen.

Ms. Flemyng wartete in der Eingangshalle des Wohnhauses auf ihn. Sie war die einzige Frau zwischen all den Begabten und stach Charlie sofort ins Auge. Das lag aber hauptsächlich daran, dass sie ihre Kleidung so auffällig war. Noch nie hatte Charlie jemanden gesehen, der einen regenbogenfarbenen Pullover mit der Aufschrift »Peace« mit einem Faltenrock kombinierte. Ihre Stiefel mussten in einem früheren Leben einer Sturmtruppe gehört haben. Doch ihr neues Regiment sprach sich offenbar für Blümchen statt Panzer aus.

»Guten Morgen, Charlie.« Ms. Flemyng musterte ihn durch die fingerdicken Gläser ihrer Hornbrille.

»Die Türmännchen haben Sie eingelassen, Ms. Flemyng?«, fragte er.

»Hast dich noch nicht eingewöhnt, was?« Sie lächelte freundlich. »Die meisten sind nach ihrer Ankunft in Tougard ein wenig verwirrt. Aber das legt sich.«

»Nein, ich meine es ernst.« Charlie räusperte sich. »Der Älteste Protektor sagte doch, dass ich nicht ins andere Wohnhaus darf. Wieso dann Sie?«

»Diese Regel gilt nur für unsere Herren. Als Protektorin hat man überall Zutritt«, grinste Ms. Flemyng, warf ihren Paillettenschal über ihre Schulter und stupste Charlie wie ein Kind auf die Nase. »Nenn mich Joy.«

Charlie fühlte sich unsicherer denn je. Ms. Flemyng hatte bereits die Vierzig überschritten und trug mausgraues Haar. Außerdem hatte keiner seiner Lehrer ihm jemals vorgeschlagen, ihn beim Vornamen zu nennen. Sie hätte eine Arbeitskollegin seiner Mutter sein können, aber niemand, den er mit seinem Vornamen ansprach.

»Wir gehen runter zum See«, entschied Ms. Flemyng und setzte sich in Bewegung, bevor Charlie widersprechen konnte. »Man sollte die letzten Sonnenstrahlen so lange wie möglich genießen.«

Sobald sie die Tore Tougards hinter sich gelassen hatten, konnte sich Charlie an der Schönheit der Natur kaum sattsehen. Saftig grüne Hügel durchzogen die Landschaft in gemütlichem Auf und Ab, das nur von einem dichten Wald unterbrochen wurde. Abgesehen vom kräftigen Wind herrschte tatsächlich herrliches Wetter und Ms. Flemyngs Paillettenschal flatterte fröhlich mit. Charlie zog den Kragen seines Mantels höher.

Unwillkürlich dachte er an seinen Irlandurlaub ein paar Jahre zuvor.

»Was, ähm«, Charlie suchte nach den richtigen Worten, während Ms. Flemyng wie bei einem Marathonlauf vorausstürmte, »werden Sie mir beibringen?«

Die Protektorin verzog bei seiner höflichen Anrede das Gesicht. »Ich werde dich zu einem ordentlichen Heiler ausbilden. Zwar ist Heilen nur meine zweite Fähigkeit, aber es wird schon gehen. Beim ersten Schüler darf sich ein Protektor Fehler erlauben. Schließlich lernt man nie aus.«

Das Ziel ihrer kleinen Wanderung entdeckte Charlie erst, als er mit einem Fuß in flaches Wasser trat. Der See spannte sich wie eine Plane zwischen die grünen Hügel. Sein sumpfiges Ufer säumten Büsche, so dass man nie wissen konnte, wann man mit dem Fuß im Schlamm steckte. Charlie nahm neben ihr auf einem gefällten Baumstamm Platz und versuchte, unverfänglich zu klingen, auch wenn sein Misstrauen gegenüber Fremden nicht verstummte. Außerdem fragte er sich, was er seinem Unterbewusstsein noch über Tougard entlocken konnte.

»Man kann mehrere Fähigkeiten besitzen?«, fragte Charlie.

»Aber ja doch«, erwiderte Ms. Flemyng. »Protektoren geraten oft an einen Punkt, an dem sie ihre Begabung nicht weiter entwickeln können. Dann versuchen sie, sich eine neue anzueignen.«

Auf der anderen Seite des Sees wanderte ein Junge über das Wasser. Erstaunt sah Charlie genauer hin, aber er hatte sich nicht getäuscht. Der Begabte schwebte eher eine Handbreit über der Oberfläche, anstatt zu laufen.

»Im Levitationskurs wird heute einen Ausdauertest veranstaltet«, erklärte Ms. Flemyng. Kaum hatte sie das ausgesprochen, versank der Begabte auch schon mit einem Platschen im Wasser. Der Rest des Kurses lachte ausgelassen. »Das war gar nicht schlecht.«

»Was beherrschen Sie noch, Ms. Flemyng?«

»Ich bin dank meiner hellseherischen Fähigkeiten hierher gelangt.« Sie sah ihn von der Seite an. Es sollte wohl mysteriös wirken. »Aber meine Vorhersagen waren eher verschwommen und stets voller Leid. Also widme ich mich lieber dem Heilen. Ich habe es mir fest gewünscht, damit ich den Menschen etwas Positives geben kann.« Ms. Flemyng öffnete ihren Schulterbeutel, auf dem »Woodstock 1969« prangte, und reichte Charlie einige Bücher.

»Die Anatomie des Menschen. Erster Band: Knochen und Gelenke«, las Charlie und überflog die restlichen Titel. »Die Haut – unser größtes Organ. Ich dachte, ich soll Heiler werden, kein Medizinstudium beginnen?«

»Grundsätzlich sollst du lernen, deine Gabe zu begreifen und richtig anzuwenden.« Ms. Flemyng rieb sich die scheinbar kalten Hände. »Als Hellseherin musste ich wie alle anderen meine Konzentration schulen. Doch ich durfte auch Traumdeutungen, Psychologie und mystische Symbole pauken.«

»Ich kann also nicht die Hand auflegen und alles ist wieder in Ordnung?«

»Leider nein«, entgegnete Ms. Flemyng. »Du musst genau wissen, was du tust. Allein deine Hand besteht aus über dreißig Knochen. Wusstest du das?«

»Nein.« Biologie war noch nie Charlies Stärke gewesen.

»Wenn du eine gebrochene Hand heilst, musst du jeden Knochen richtig zusammensetzen, Nerven und Sehnen anordnen. Erlaubst du dir einen kleinen Fehler, kann dein Patient keinen Finger mehr bewegen.«

Charlie ließ die Bedeutsamkeit ihrer Worte auf sich wirken. Er hatte sich das sehr viel einfacher vorgestellt.

»Du stellst dir die einzelnen Prozesse vor. Bei einer Schnittwunde konzentrierst du dich darauf, dass die Blutung zum Stillstand kommt. Dann flickst du die betroffene Ader und lässt die Haut zusammenwachsen. Rein theoretisch zumindest.« Sie überlegte einen

Moment. »Dafür musst du deine Kenntnisse über den menschlichen Körper erweitern. Knochen, Muskeln, Organe, Blutkreislauf. Am Anfang kann man sich nicht vorstellen, wie viele Verletzungen sich Menschen zufügen.« Ms. Flemyng schüttelte traurig den Kopf. »Oft ist das weitaus schlimmer, als was die meisten Krankheiten können.«

Charlie schluckte. Das klang nicht, als würde er bald nach Hause kommen. »Gibt es Grenzen?«, fragte Charlie.

»Natürlich. Es ist verboten, den Kopf zu heilen – so etwas wie Schizophrenie oder Vergesslichkeit. Genauso können wir auch nichts gegen physische Krankheiten ausrichten oder Menschen helfen, die sich bereits aufgegeben haben.«

»Was ist mit Krebs?«

»Bei Krebs handelt es sich um eine Mutation der Zellen. Das fällt nicht unter den Begriff ›Krankheit‹. Aber ich bin bei den neusten Entwicklungen nicht auf dem aktuellen Stand. Ich werde das noch einmal nachlesen.«

»Und Aids?«

»Diese Frage stellst du am besten Mr. Peel im Basisunterricht.«

Ob er nun an seinen Traum glaubte oder nicht, Charlies Neugier war geweckt.

Der nächste Begabte versuchte, über den See zu laufen, kam jedoch keine zwei Meter weit.

Hoffentlich muss man als Heiler nicht solche Tests ablegen, argwöhnte Charlie in Gedanken. »Und wie kann ich meine Gabe anwenden?«

»Zunächst musst dir klar sein, dass du deine Kraft nicht von heute auf morgen beherrschst. Du wirst dir eine Menge Hintergrundwissen aneignen müssen, bevor ich als dein persönlicher Protektor erlaube, die kleinste Verletzung zu heilen.«

»Was sind diese Protektoren überhaupt?« Dieses Wort war irgendwie verwirrend. Trotzdem spürte er, wie er fortlaufend sein Misstrauen ablegte. Wenn Ann ihn sehen könnte …

»Du kannst uns Protektoren als Beschützer sehen.« Sie schnipste mit dem Zeigefinger ein paar lose Pailletten von ihrem Schal. »Wir achten darauf, dass unsere Schützlinge keinen Unsinn anstellen.«

Charlie beließ es dabei und schwieg. Diese Welt bestand aus so vielen Ungereimtheiten, dass er noch immer rätselte, wie alles zusammenpasste.

»Für heute habe ich dich genug verwirrt.« Ms. Flemyng lächelte munter und erhob sich. »Auf dem Rückweg kannst du mir etwas aus deiner Realität erzählen. Ich bin nicht ganz auf dem Laufenden.«

»Ich dachte, wenn man ein Jahr in Tougard bleibt, vergeht nur ein Tag in der Realität«, erinnerte Charlie sich an die Worte des Ältesten Protektors.

»Nach ungefähr zehn bis zwanzig Jahren verfliegt diese Wirkung. Dein Körper passt sich nach und nach dem Zeitfluss der Realität an und man altert wieder normal.«

»Aha«, meinte Charlie, obwohl er es überhaupt nicht verstand. Dann platzte er heraus: »Wie lange leben Sie schon in Tougard?«

»Seit über vierzig Jahren.« Einen Moment war sie sehr still. »Wie sieht es in deiner Realität aus? Herrscht immer noch Krieg? Gab es Fortschritte in der Medizin?«

Charlie berichtete der Protektorin, was ihm zu ihren Fragen einfiel. Zumindest versuchte er, ihr einen kurzen Abriss der wichtigsten Ereignisse zu geben. Jedoch fühlte er sich dabei seltsam leer. *Wow.* Er hatte noch keinen Tag in dieser Dimension verbracht und schon überkam ihn heftiges Heimweh. Wie er Wochen oder gar Jahre ohne Ann leben sollte, konnte Charlie sich nicht vorstellen.

»Und – ähm – Sie haben nie darüber nachgedacht, zurückzukehren?«

»Als die erste Vision kam, trampte ich mit Freunden quer durch Amerika. Wer weiß, in welchem Bundesstaat wir uns herumgetrieben haben. Ich war viel zu …«, Ms. Flemyng hielt inne. »Es gibt gewisse Dinge, bei denen ich froh bin, sie hinter mir gelassen zu haben.« Charlie schaute für einen Moment in ihre Augen, in die sich eine tiefe Traurigkeit schlich. »Wahrscheinlich ist das eine gute Lektion für dich, damit du verstehst, wie schwer ein normales Leben für Begabte ist.« Sie versuchte ein zaghaftes Lächeln, das in Schwermut endete. »Ich habe gesehen, wie der Bus, in dem wir saßen, verunglückte.«

Charlie fand keine passende Erwiderung. Ein paar Wolken trieben über ihren Köpfen davon. In der Ferne platschte es erneut, danach erklang ein Lachen.

»Und Musik?« Überstürzt wechselte er das Thema. »Wollen Sie wissen, was es für neue Musik gibt?«

»Oh ja! Wie heißt Santanas aktuelle LP? Was ist mit Janis Joplin?«

»Was sind LPs?«, fragte Charlie. Ausgerechnet Janis Joplin!

»Gibt es denn keine Musik mehr?«

»Doch. Überall. Man kauft CDs oder lädt sich die Musik aus dem Netz auf dem PC oder MP3-Player.«

»Das Netz.« Ms. Flemyng runzelte die Stirn. »Darüber redet ihr jungen Begabten ständig.«

»Ohne das Internet geht eigentlich nichts mehr«, meinte Charlie. »Wir kaufen ein, hören Musik, schicken E-Mails – alles nur über das Netz. Eigentlich kann man gar nicht mehr ohne.«

»Füllen Computer immer noch ganze Räume?«

Charlie wusste von den Riesenmaschinen, die in den siebziger Jahren genutzt wurden. »Computer passen eigentlich mittlerweile in die Hosentasche.« Charlie holte sein Handy hervor und hielt es der Friedensaktivistin Ms. Flemyng unter die Nase.

»Ernsthaft? Das ist ein Computer?« Voller Zweifel zeigte sie auf das kleine Gerät.

»So etwas in der Art.« Charlie lächelte sanft, als müsse er einem Kind erklären, warum der Himmel blau ist. »Gab es in Ihrer Zeit schon Mobiltelefone oder – wie hießen die Dinger noch gleich? – Autotelefone?«

»Mein letztes Telefon war einen gefühlten Zentner schwer und hatte eine viel zu kurze Strippe«, murmelte sie etwas verlegen. »Nie lang genug, um sich ein ungestörtes Plätzchen zu suchen.«

»Wenn Sie wollen, leihe ich Ihnen mein Handy – so heißt das Gerät. Dann können Sie es sich mal ansehen.« Sie griff zu, bevor Charlie seinen Satz beendete.

»Sagen wir bis morgen?«, schlug die Protektorin vor. »Wenn wir uns zur nächsten Stunde treffen, gebe ich es dir zurück.«

»Aber nicht dass sie all meine Nachrichten lesen«, scherzte Charlie zuerst und musste ihr dann doch Begriffe wie ›Kurznachrichten‹ und ›Chat‹ erklären.

Zwar brachte Ms Flemyng Charlie bis zu seinem Basiskurs, aber sie war völlig mit dem Handy beschäftigt. Begeistert strich sie über das glatte Display und spiegelte sich einen Moment darin, bevor sie den Knopf zum Einschalten fand. Als Charlie sich noch einmal zu ihr umdrehte, sah er, wie sie das Handy zögernd ans Ohr hielt.

Jungen und Mädchen allen Alters strömten an ihm vorbei, ohne ihn zu beachten. Charlie entdeckte Asiaten, einige Afrikaner und eine Handvoll Lateinamerikaner. Dennoch ähnelte Tougard seiner eigenen Schule. Die einen kicherten über die neue Liebe, die anderen prahlten damit, wie viele Minuten sie übers Wasser gelaufen waren. Ein rundlicher Protektor kam auf den Schülerstrom zu. Charlie wollte beiseitetreten, doch der Mann zog seinen Körper in die Länge und schlüpfte problemlos zwischen den Begabten hindurch.

Er hatte keine Ahnung, wie, wen oder ob er überhaupt jemanden ansprechen sollte. Er würde in dieser Dimension – wenn es denn kein Traum war – recht einsam bleiben, wenn er es nicht schaffte, seine Schüchternheit zu überwinden. Also suchte er sich einen Platz in seinem Basiskurs, als wäre es normal, sich zwischen Fremden aus verschiedenen Ländern und Kulturen zu bewegen. Zumindest gab er sich Mühe, diesen Anschein zu erwecken.

Der Hörsaal im Haus der Protektoren unterschied sich allerdings von den Klassenzimmern, die Charlie kannte. Wenn alle zusammenrückten, passten fünfzig Leute hinein. Doch die Sprüche und Figuren, die man in die Tischplatten gekratzt hatte, erinnerten ihn an sein Zuhause. Charlie fuhr mit den Fingern über die Bildchen und grinste.

Auch Tougard blieb nicht von Cliquenbildung verschont. Zwar existierte keine Einteilung in Skateboarder, Streber und dergleichen, aber in Nationalitäten – und das leidige Thema Jungen und Mädchen gab es ja auch noch. Nur bei einem war sich Charlie sicher: Weder zu Hause noch hier in Tougard wollte er zu einer Gruppe gehören. Denn da gab es immer einen Anführer – er hatte keine Lust dazu, wieder für etwas verantwortlich zu sein, das ein anderer entschieden hatte. Und prompt fingen die Striemen an seinem Arm an zu jucken. Nie wieder würde ihn jemand »Scars« rufen oder »Kraterkind« nennen.

Daisuke ließ sich auf den Stuhl neben ihm fallen. »Was machst du hier am Rand, Charlie-kun?«

»Wenn es dir nicht gefällt«, Charlie packte einen Block aus und griff nach einem Bleistift, »such dir doch einen anderen Platz.«

Daisuke rutschte hin und her. »Ich dachte, wenn wir den gleichen Schlafraum teilen, dann bist du auch mein Nachbar in Peels Kurs. Oder?«

Charlie erwiderte nichts. Weit wäre er sowieso nicht gekommen, da sich ein Mädchen mit schwarzen Locken neben Daisuke setzte.

»Sag schon«, fragte sie ungeduldig, »wo ist er?«

»Also, er …« Der kleine Japaner hielt inne, als sich ein weiteres Mädchen dazugesellte. »Hallo Lauren-chan.«

»Was machst du bei dem, Becca?«, fragte die Begabte mit den schwarzen Locken herablassend. Charlie verdrehte die Augen. Genau wie bei ihm zu Hause.

»Lauren, ich hab' grad keinen Nerv, dich von Raphael schwärmen zu hören.« Becca tippte Daisuke gegen den Arm. »Er wollte mir etwas Wichtiges erzählen.«

Doch Lauren war nicht mehr zu halten. »Gott, Raphael sieht heute wieder so heiß aus! Ich weiß echt nicht, wie er das macht, dass er jeden Tag ...«

»Mhm, aha.« Becca versuchte, ihr Desinteresse gar nicht erst zu verbergen.

»Ich hab ja gestern mit ihm auf dem Flur gesprochen und ihm die Kekse gegeben. Du weißt schon, die, von denen ich dir erzählt habe. Und er hat sich richtig gefreut! Gott, Becca, du hättest ihn lächeln sehen sollen! Das war so unbeschreiblich.«

»Aha.«

Lauren ignorierte ihre Freundin und fuhr fort. Sie zählte Eigenschaften und Äußerlichkeiten auf, die auf keinen Menschen zutreffen konnten. Während Becca und Daisuke lauschten, beschloss Charlie ausnahmsweise zu handeln: »Steht dieser Raphael nicht im Türrahmen?«

»ECHT?« Lauren schnellte herum. »Du hast mich angelogen!« Mit knallrotem Kopf stampfte sie davon. Darauf widmete Charlie sich der leeren Seite seines Schreibblocks. *Endlich Ruhe.*

Becca ließ sich auf einen Stuhl nieder. »Wolltest du mir nicht was erzählen, Daisuke?«

»Wollte ich das?«, fragte Daisuke zurück.

»Ja, natürlich. Zuallererst: Wo ist er? Und warum sitzen wir nicht mehr in der letzten Reihe?«

Charlie überlegte, sich einen ruhigeren Platz zu suchen, aber genau in diesen Moment öffnete sich die Tür zum Hörsaal. In letzter Sekunde huschte noch eine weitere Schülerin in den Saal und warf sich auf einen freien Stuhl.

»Alexandra, du bist zu spät. Wir sehen uns Freitag.«

Im Gegensatz zu der fülligen Mrs. Peel war ihr Mann groß, hager, hatte eine hervorstechende Hakennase und seine Haare waren strohblond und drahtig wie die Borsten des Besens, mit dem Anns Mutter die Auffahrt fegte. Stocksteif betrat Peel das Podium im Rund des Saals und rückte seine tiefrote Fliege zurecht. Die Ärmel seines Sakkos ausschüttelnd, erinnerte er Charlie an einen Professor, den er bei einer Universitätsbesichtigung getroffen hatte.

»Der Älteste Protektor teilte mir mit, dass wir letzte Nacht einen Neuankömmling hatten.« Seine ölige Stimme waberte zu Charlie herauf. Einige Begabte suchten ein unbekanntes Gesicht. »Claire Andrews, steh bitte auf.«

Daisuke unterdrückte ein Lachen.

»Ich heiße Charlie.« Gelächter brach aus. Nur Beccas Kopf fuhr zu ihm herum, als würde sie ihn zum ersten Mal wahrnehmen.

»Charlie? Claire? Ist nicht so gravierend«, entgegnete Peel und räusperte sich. Für einen Moment sah er Charlie ins Gesicht, blinzelte und wischte sich über die Augen.

»Wieso hast du das nicht früher gesagt?«, wisperte Becca Daisuke zu. »Das ist der neue Heiler?«

»Hai«, antwortete der Japaner.

»Echt? Der sieht total normal aus.«

Charlie presste die Zähne zusammen und schwieg.

»So etwas sagt man nicht, Becca-chan.« Daisuke linste in seine Richtung. »Charlie-kun ist bestimmt nett, wenn man ihn kennenlernt. Also, das denke ich zumindest.«

Hat er mich gerade verteidigt?, schoss es Charlie durch den Kopf. Abgesehen von Ann hatte noch nie jemand für ihn Partei ergriffen.

»Wie auch immer.« Der schmierige Klang von Peels Stimme verlor sich bedauerlicherweise nicht. »Willkommen in Tougard und willkommen zu deiner ersten Stunde in meinem Grundkurs.« Charlie beschlich das Gefühl, dass Peel weiterreden würde, ob er antwortete oder nicht. »Jeder Begabte in diesem Saal lebt noch kein Jahr in Tougard«, fuhr Peel tatsächlich fort. »Jeder steht noch am Anfang seines Weges und lernt, was es heißt, begabt zu sein.«

»Es bedeutet, dass mich keine Wand aufhält«, warf ein Junge weiter vorne ein. Ein paar Mädchen kicherten.

»Deine Meinung war nicht gefragt, Sean«, rügte ihn Peel und jeder im Saal schnappte nach Luft. Der

Protektor stand plötzlich vor Seans Tisch in der dritten Reihe. »Außerdem solltest du nicht zu sehr von deiner Fähigkeit überzeugt sein.«

»Ja, Protektor«, antwortete Sean.

»Ich werde euch nun eine Geschichte erzählen«, sagte Peel. »Eine Geschichte, die ich selbst erlebt habe.«

Charlies Blick galt nur dem Podium. »Wer erzählt die Geschichte? Sie oder Ihr Double?«, spottete er leise. Dennoch hörte ihn Peel.

»Sehr gut, Claire«, lobte der Protektor und löste das Abbild inmitten von Seans Tisch auf. Die restlichen Begabten richteten ihre Aufmerksamkeit auf den echten Peel, der sein Pult in Wahrheit mit keinem Schritt verlassen hatte.

»Wie viele Gaben beherrscht er denn noch?«, rutschte es Becca heraus. »Jetzt auch noch meine.«

Der Protektor räusperte sich erneut, ohne dass es eine Wirkung auf seine Stimme hatte. »Es gab einmal eine Begabte in Tougard, die wusste, ob ein Mensch log oder die Wahrheit sprach, sobald man nur den Mund aufmachte.«

»Nicht schon wieder«, raunte jemand.

»Nick, sei still«, tadelte ihn Peel und fuhr ungestört fort. »Diese Geschichte ist lehrreicher, als man denkt. Wenn ihr eure Ausbildung abgeschlossen habt, werdet ihr verstehen, warum ich sie euch wieder und wieder erzähle. Menschen lügen ständig und dazu noch sehr gern. Ihr jungen Leute solltet es doch wissen. Nicht wahr, Alexandra? Wo du mir doch immer die kühnsten Antworten präsentierst, warum du dich verspätest oder deine Aufgaben nie erledigst.«

»Wenn Sie das sagen, Protektor.« Alexandra – die Schülerin, die in letzter Sekunde in den Hörsaal gestürmt war. Sie unterdrückte ein Gähnen.

»Die Begabte lernte hier in Tougard, die Fähigkeit einzusetzen, und so schützte sie sich selbst vor ihrer beeindruckenden Macht. Denn das Wissen, dass jeder in ihrem Umfeld sie belog, ohne mit der Wimper zu zucken, hätte sie fast in den Wahnsinn getrieben. Und was lernen wir daraus?«

»Wissen ist …«, nuschelten ein paar Begabte in den vordersten Reihen, aber ihre Antwort verlor sich, bevor sie Charlie erreichte.

»Wissen ist die beste Waffe eines Begabten«, wiederholte Peel laut. »Sie schützt uns davor, uns zu verraten. Davor, dass wir andere verletzen. Oder einen unverzeihlichen Fehler begehen. Nur wer weiß, wozu er fähig ist, wird ein Leben als Begabter meistern.«

Zwanzig Stimmen wiederholten Peels Regeln und Charlie bemühte sich, die Erklärung zu behalten.

»Sehr schön«, lobte der Protektor. »Claire? Hast du noch eine Frage?«

»Ich heiße Charlie«, meinte er verärgert.

»Wie auch immer.«

Charlie richtete sich auf seinem Stuhl auf. »Ms. Flemyng sagte, ich solle mich an Sie wenden. Warum ist es mir nicht erlaubt, Krankheiten wie Aids zu heilen? Würde ich damit der Welt nicht einen unglaublichen Gefallen tun?«

»Möchte einer von euch das beantworten?«

Becca hob den Arm. »Ganz einfach. Es würden Hunderttausende vor deiner Tür stehen und bitten, behandelt zu werden, falls es an die Öffentlichkeit dringt. Vielleicht würde ein Fanatiker versuchen, dich umzubringen, weil deine Fähigkeit gegen irgendeinen göttlichen Willen verstößt.«

»Du wirst noch lernen, deine Fähigkeit zu verstehen und zu verbergen, Claire«, ergänzte Peel.

»Charlie«, grollte er zurück.

»Wie auch immer, du darfst deine Gabe nie zu deinem eigenen Vorteil nutzen. Nur weil du hellsehen kannst, ist es dir nicht erlaubt, die Lottozahlen vor allen anderen zu erfahren. Darüber hinaus darfst du niemals von Tougard erzählen. Dein Aufenthalt hier dient nur dazu, dass du in der Realität nicht auffällst.«

Charlie interessierte das nicht im Geringsten. Wenn es doch nur eine Fähigkeit gäbe, die ihm mehr Zeit verschaffen würde.

»Welche Gaben fallen euch noch ein?«, fragte der Protektor derweil.

»Mr. Peel, müssen wir das wiederholen?«, beschwerte sich jemand, den Charlie noch nicht kannte.

»Aber ja doch.« Peel versuchte sich im Lächeln, zeigte aber nur seine Zähne. »Als du neu warst, hat sich auch jeder vorgestellt.«

Daisuke hob den Arm, stand auf und verbeugte sich. »Hi, Charlie-kun. Weißt ja, wer ich bin. Shikagawa, Daisuke.« Der Japaner grinste.

Noch nie hatte sich jemand vor Charlie verbeugt, um ihn willkommen zu heißen. In seiner Schule hätte man höchstens gelangweilt den Kopf vom Tisch gehoben.

»Meine Fähigkeit ist, festzustellen, welche Menschen an einem Ort gewesen sind, indem ich die Spuren ihrer Umrisse erkenne. Auch wenn sie schon lange einen anderen Ort aufgesucht haben. Ich kann kage o miru.«

Charlie blickte ihn fragend an.

»Ich hab dir doch erklärt, dass man in Tougard jede Sprache versteht?« Daisuke verzog das Gesicht. »Für den Namen meiner Fähigkeit gibt es keine Übersetzung.«

Nach der Reihe stellten sich die Begabten vor. Allerdings gelang es Charlie nicht, sich zu jedem Gesicht den Namen und die Fähigkeit zu merken. In seinem Kurs gab es mehrere Begabte, die mit Illusionen die Wahrnehmung manipulierten. Da war auch ein Mädchen, das ihrer Meinung nach herrlich singen konnte, aber ihre hohen Töne brachten Fensterscheiben zum Bersten. Jemand hielt ihr schnell die Hand vor den Mund, als sie versuchte, eine Kostprobe davon zu demonstrieren, und das Unglück wurde nur knapp abgewendet.

»Ich heiße Martin Young«, meinte ein Dreißigjähriger, der ein *Chicago-Bears*-Shirt trug. »Früher habe ich in einem Großraumbüro gearbeitet. Mein Gehalt war lausig und mein Chef hat mich jeden Tag vor der gesamten Belegschaft runtergeputzt. Immer habe ich mir in Gedanken ausgemalt, wie ich aufstehe und ihm meinen Bildschirm an den Kopf werfe.« Sein Blick rückte in die Ferne. »Bis ihn eines Tages der Bildschirm von allein im Gesicht traf.« Martin gab ein leises, zufriedenes Lachen von sich.

»Möchtest du deine Fähigkeit nicht zeigen, Martin?«, schlug Peel vor.

»Seit knapp einem Jahr bin ich schon hier und habe es nie wieder geschafft«, entgegnete Martin resigniert.

»Du musst es weiter probieren«, ermutigte ihn der Protektor.

Martin legte entnervt einen Bleistift vor sich auf den Tisch. »Probieren und nochmals probieren! Ich sage Ihnen doch, es liegt am Stift. Mit einem Bildschirm würde es bestimmt funktionieren.« Charlie überlegte, wie hoch die Wahrscheinlichkeit war, einen Computerbildschirm in Tougard aufzutreiben.

Trotzdem schloss Martin die Augen und ließ seine Hand über dem Bleistift schweben. Im Saal wurde es schlagartig still. Charlie staunte, als Martins Stift tatsächlich zitterte, vom Tisch abhob und in der Luft verharrte.

»Ich glaub's nicht!« Der Bears-Fan war fassungslos. »Es klappt!«

Da brach Becca in schallendes Gelächter aus. Das Bild des Stiftes waberte, bis es verschwand und die Wahrheit offenbarte: Martin hatte den Gegenstand um keinen Millimeter bewegt.

»Oh.« Martin sackte zusammen, während Becca sich zufrieden zurücklehnte.

»Du entmutigst Martin nur!«, schimpfte Peel. »Du darfst nicht deine Kräfte leichtfertig gegen andere Begabte anwenden!«

»Wenn wir eines Tages Tougard verlassen haben, dann wird Martin es immer noch nicht schaffen«, erwiderte Becca ungerührt.

»Es ist möglich! Martin muss es nur wollen!« Der Protektor wies mit dem Zeigefinger auf den Bleistift, der sich in die Luft erhob. Peel holte mit der Hand aus und der Stift sauste so dicht an Beccas Ohr vorbei, dass Daisuke sich erschrocken duckte. »Wir sehen uns am Freitag im Extrakurs, Rebecca.«

»Ja, Protektor.« Das Mädchen ließ sich nicht von ihrer Strafe beeindrucken. »Besenstiel«, flüsterte sie.

»Und den Freitag darauf auch«, verkündete Peel eisern.

»Ich mache dann weiter, wenn Sie nichts mehr nach mir werfen wollen.« Becca wandte sich zu Charlie um. Schwarze Locken wirbelten durch die Luft. »Ich bin Rebecca Flochard. Nenn mich ruhig Becca. Alle tun das. Woher kommst du, Charlie?«

»Aus Deutschland. Aus der Nähe von Mönchengladbach.« Das Mädchen war für Charlies Geschmack viel zu direkt. Er hätte sich vielmehr gewünscht, dass sie zuerst etwas über sich erzählte, anstatt ihn auszufragen.

Da schlug Peel mit der flachen Hand auf sein Pult. »Dank Rebecca beenden wir die Vorstellung jetzt vorzeitig. Ihr werdet nun alle eure Konzentration schulen. Schließt eure Augen!«

Aufbegehrendes Murmeln schwoll unter den Begabten an. Doch Charlie war weiterhin gespannt, was als nächstes geschehen würde – wenn selbst Stifte fliegen konnten?

»Du musst Peel nicht so ernst nehmen, Charlie«, riet Becca ihm leise.

»Damit ich auch nachsitzen muss?«, entgegnete er.

»Schließt eure Augen!«, kommandierte der Protektor. »Atmet gleichmäßig ein und aus.«

»Wir wissen das schon, Mr. Peel«, erwiderte Lauren. »Wegen Becca bestrafen Sie uns fast täglich.«

»Und haltet den Mund. Ihr alle müsst versuchen, euren Geist zu leeren und euch zu konzentrieren. Und zwar leise!«

Wie angeordnet, schloss Charlie die Augen. Doch anstatt seinen Geist zu leeren, stürmten alle möglichen Gedanken auf ihn ein. Was sollte er in dieser Welt?

Er fühlte sich alles andere als begabt oder besonders. Er hatte es nicht mehr vollbracht zu heilen. Der kleine Schnitt an seinem Finger, den er sich in der vorangegangenen Nacht zugefügt hatte, war Beweis genug. Auch wollte er viel lieber zurück zu Ann. Zurück, um die letzten Tage gemeinsam zu erleben. Egal wie sehr Tougard, die Begabten und die Türmännchen ihn faszinierten.

Charlie drehte seinen Stift zwischen den Fingern. Seine Hand bewegte sich wie von selbst. Als er die Augen aufschlug, prangte auf seinem Block ein ganzer Comicstrip von Claire und Caro, Anns Zwillingsschwestern, die ihren Puppen die Haare abschnitten.

Da ertönte ein leises Piepen. Charlie schielte zu Daisuke. Der Japaner hatte unter dem Tisch einen Pager hervorgeholt und flog mit flinken Fingern über die Tasten.

»Das war alles, was ich bei mir trug«, flüsterte Daisuke, der Charlies Blick bemerkte.

»Du hast Empfang?«

»Erstaunlicherweise ja.« Daisuke hielt den Pager fester. »Es ist das einzige elektronische Gerät, das in Tougard funktioniert. Dank der Solarzellen lädt er sich auch auf.«

»Hast du Kontakt nach Hause?«

»Leider habe ich nur zwei Nummern gespeichert.« Daisuke seufzte leise. »Die von meinem Kumpel, der mir nur die nächsten Go-Kon Termine sendet, und einem Mädchen, aus meiner Schule.«

»Schreib ihr doch Liebesgrüße aus deiner anderen Realität«, stichelte Becca.

»Sicher nicht!«, erwiderte Daisuke etwas zu laut.

»Ruhe da oben!«, maßregelte ihn Peel. »Seid für Claire ein Vorbild und konzentriert euch! Nur so bleibt ihr auf dem richtigen Weg!«

Bevor Charlie seine Augen wieder schloss, warf er noch einen Blick auf Becca, die breit über Daisukes hochroten Kopf grinste.

»Claire, Extrakurs! Daisuke ebenso!«

»Was?« Daisuke packte seinen Pager weg. »Peel-san, was habe ich verbrochen?«

Charlie nahm seine Strafe wortlos hin. Solche Sachen passierten, wenn man sich auf Fremde einließ. Leider gab es in der Welt, in der er gestrandet war, ausschließlich Fremde. Allerdings fragte sich Charlie zunehmend, warum er sich all diese Personen, Türmännchen und Tougard vorstellen konnte, aber nichts Heimisches. Wenn das doch ein Traum war, warum konnte er dann nicht an etwas Vertrautes denken? Wie zum Beispiel Ann?

Kapitel 3

MACH'S WIE SUPERMAN

Auf Tougards Rückseite brach das Land plötzlich ab, als hätte es eine übernatürliche Kraft auseinandergerissen. Bei Ebbe schmiegte sich ein schmaler Streifen Strand an die zerklüfteten Hänge und um hinunterzugelangen, gab es nur einen Weg: springen. Was den Rückweg für jeden Begabten, der nicht levitieren konnte, unmöglich machte. Bei Flut brandeten stürmische Wellen gegen die Kalksteinwände, so dass sich Schaumkronen um Felsen kringelten.

Am Rande genau dieser Klippen saß Charlie und wagte es kaum, nach unten zu sehen. Seine Höhenangst übermannte ihn, aber er zwang sich auszuharren. Die Aussicht wog jeden Schwindel hundertfach auf. Das tosende Meer eroberte – einfach alles. Bis zum Horizont und noch viel, viel weiter sah Charlie nichts als Schönheit.

Bereits an seinem zweiten Tag hatte der Himmel sich in tristes Grau gehüllt. Charlie hatte schnell gelernt, dass man Tougard niemals ohne Regenmantel verließ und Kleidung nie richtig trocken wurde. Denn wenn die Regenwolken in Tougard eine Eigenschaft besaßen, dann war es Beharrlichkeit: Sie brauten sich unheilvoll zusammen, verharrten an Ort und Stelle und wollten gar nicht mehr aufhören, literweise Wasser über den Begabten auszuschütten.

Charlie störte das ungemütliche Wetter nicht. Viel wichtiger war der Zeitpunkt, den er gewählt hatte. Es dämmerte bereits, aber Tougard schlummerte noch tief.

Niemand würde ihn bei seinem Vorhaben stören, denn bis auf das Kaninchen, das in seiner Nähe im Gras hockte, konnte Charlie keine Seele entdecken – weder Mensch noch Tier.

Seine eiskalte Hand klammerte sich um den wasserfesten Filzstift, mit dem er den Block auf seinen Knien bearbeitete. Er skizzierte den Horizont, die bedrohlichen Wolkenbänke, die Klippen unter sich. Die Farbe verlief trotz allem und seine Blätter wurden vom Wind fortgerissen. Doch Charlie hörte nicht auf. Es ging nicht darum, dass er seine Bilder perfekt zeichnete. Es ging um die Handlung selbst. Früher hatte er alles gemalt, was ihm unter die Augen gekommen war. Personen, Orte, so, als wäre er eine Kamera.

Charlie wollte keine Kamera sein. Aber in Tougard musste er sich nicht davor fürchten. Hier hatte ihn diese Sucht wieder überfallen. Er zeichnete die Gebäude. Joy. Die Türmännchen. Selbst Becca und Daisuke, wie sie sich ärgerten. Charlie konnte nicht mehr aufhören. Seine Hände bewegten sich von allein. Er musste nicht einmal darüber nachdenken, was er und wie er etwas darstellen wollte. Er musste nur einen Seitenblick auf das Kaninchen neben ihm werfen und schon bannten seine Finger ein Abbild davon auf das Papier.

Diese Gedanken versetzen Charlie in fürchterliche Unruhe. Monatelang hatte er auf seine blanke Leinwand gestarrt und wie aus dem Nichts überfielen ihn in dieser Dimension Ideen, die nur so darauf drängten, festgehalten zu werden. Es musste an dieser Welt liegen. Zuhause hatte man ihn als »Kraterkind« beschimpft, geärgert und ausgeschlossen, weil er wegen seiner Narben nicht wie seine Mitschüler war. Hier war jeder irgendwie anders – auf seine Art und Weise.

Jeder sollte anders sein dürfen, dachte Charlie. *Und niemanden sollte es stören, wenn einen ein Daisuke am Morgen fröhlich begrüßt. Es war richtig so – so wie es war.*

Charlie beobachtete einen Schwarm Wildgänse, der auf das Meer hinausflog. Er ließ den Block sinken. Der

Filzstift in seiner Hand reichte nicht aus. Er brauchte seine Aquarellstifte, seine Echthaarpinsel, all die Ölfarben, die in einem Schrank in der anderen Realität verschlossen waren. Für die Skizzen, die Joy ihn aus den Medizinbüchern anfertigen ließ, konnte er Block und Filzstift verwenden. Aber Charlie sehnte sich nach stärkerem, angerautem Papier, nach einer Leinwand.

»Warum hast du nicht auf mich gewartet?«, fragte Daisuke, der wie aus dem Nichts neben ihm auftauchte. »Ich dachte, wir machen das zusammen?«

Charlie klappte sogleich seinen Block zu. In seiner Eile rutschte er ihm durch die Finger, er fiel hinab und die Wellen verschlangen seine Zeichnungen. Gerade so unterdrückte er einen Fluch. Einen Moment unaufmerksam und schon hatte er die Arbeit von mehreren Stunden vernichtet.

Daisuke hielt zwei Eimer hoch. »Machen wir es nun zusammen?«

Charlie hatte nicht schlecht gestaunt, als Daisuke ihm nach Peels erster Stunde zum Wasserholen mitnahm. »Wieso hat hier niemand Leitungen verlegt? Das wäre wesentlich einfacher.«

»Es gehört zu deinen Aufgaben, Wasser zu holen«, meinte Daisuke und ignorierte Charlies Schnauben.

»Und warum müssen wir auch noch die Wäsche machen?«, murrte Charlie und vergrub seine Hände in den Taschen seines Mantels. »Beim Anblick der Mangel kam ich mir vor wie im Haus meiner Urgroßmutter.«

»Die Neuen erledigen das immer. So können wir den Begabten hier etwas zurückgeben. Dafür, dass man uns aufgenommen hat.« Daisuke hielt ihm den Eimer hin. Charlie zögerte, aber griff danach.

Insgeheim war er recht froh darüber, dass Daisuke ihm zur Hand ging und ihn ein wenig in seine Aufgaben einwies. Früher hatte Daisuke in der Schule oft Bücher, Hefte und Arbeitsmaterial von einem Raum zum anderen getragen, daher machte es ihm nichts mehr aus.

Charlie jedoch konnte den Gedanken nicht abschütteln, von der ganzen Welt ausgenutzt zu werden.

Ein letztes Mal schaute Charlie auf das Meer hinaus und registrierte einen formlosen Schatten, der sich aus den Regenwolken löste und in ihre Richtung trieb. »Kennt auch nur ein Begabter das Wort ›bitte‹?«

»Bitte, Charlie-kun.« Grinsend zog Daisuke ihn mit sich Richtung Tougard. »Ich freue mich über deine Ankunft. Jetzt habe ich deine Unterstützung.«

»Du hast das vorher allein erledigt?«, hakte er nach.

Der Schatten glitt an ihnen vorbei und schwebte eine Handbreit über dem Erdboden.

»Es ist doch meine Pflicht.« Daisuke wirkte einen Moment traurig, bevor sein Lächeln wieder zurückkehrte. »Die Mädchen wechseln sich bei diesen Aufgaben ab.«

»Und warum machen das nur die Neulinge?«

»Naja, also vielen war es egal, meinten sie können sich jederzeit neue Kleidung beim Beschaffer holen. Außerdem gibt es auch einige, die …«

Charlies Aufmerksamkeit richtete sich auf den Schatten, so dass die Worte nicht mehr zu ihm durchdrangen. Halbdurchsichtige Tentakel kräuselten an seinen Rändern und umschlossen das Kaninchen, das im tiefen Gras dem Regen trotzte.

»Na ja, es ist nicht so schlimm, wie es sich vielleicht anhört.« Daisuke schwang seinen Holzeimer unschlüssig hin und her.

Der kleine Japaner verzog nicht einmal das Gesicht, als der Schatten dicht an ihm vorbeirauschte und nahtlos in die Wolken überging. Charlie hingegen lief ein Schauer über den Rücken. *Was war das gewesen?*

»Spielen wir danach eine Runde Basketball, solange der Bannkreis des Sportplatzes noch offen ist?«, schlug Daisuke vor und marschierte unbekümmert in Richtung Haupttor. »Wir haben noch eine Revanche gegen Paul und Jake offen.«

Anstatt ihm zu folgen, suchte Charlie zunächst das Kaninchen.

Er deutete ein Nicken an, während er darauf wartete, dass das Tier Haken schlagend davonsprintete. Er wartete und wartete, doch es lag wie tot da.

»Nicht trödeln.« Daisuke fasste ihn am Arm, um ihn aus seiner Starre zu lösen, aber Charlie zuckte dabei zusammen. »Ich möchte diesen Wurf ausprobieren, den du mir gezeigt hast.«

Während Charlie ein weiteres Mal die Wolken nach den Schemen absuchte, zog Daisuke ihn mit sich, als wäre nichts Ungewöhnliches geschehen.

»So, fertig.« Ann legte den reparierten Lichtschalter beiseite. »Hat nicht so lange gedauert, oder?«

Charlie antwortete nicht.

»Hast du wirklich die Zeit ge…« Ann drehte sich um und stockte. »Charlie?«

Doch die Stelle am Fußboden, die ihr Freund normalerweise für sich beanspruchte, war leer.

»Ist das ein Scherz?«, fragte sie laut in den Raum hinein. Die Stille in ihrem Zimmer verweigerte eine Antwort.

Seltsam. Der Rucksack, die Lektüre – alles liegt noch hier. Ann blickte auf ihren Funkwecker. Wie viel Zeit war vergangen? Zwei Minuten? Charlie war nirgendwo zu sehen. Selbst sein Teller war verschwunden.

Ann pickte einen verirrten Schraubenzieher vom Boden auf und ging ins Treppenhaus. Die Stimme ihrer Mutter wehte herauf, Matheformeln abspulend. Wäre Charlie in der Küche gewesen, hätte sie ihn in ein Gespräch verwickelt.

Ann lugte durch die offene Badezimmertür, doch von ihrem Freund fehlte jede Spur.

Verärgert setzte sie sich auf den oberen Treppenabsatz

und legte ihren Kopf auf die angezogenen Knie. Wieso verschwand Charlie einfach, obwohl er ihr in Englisch helfen wollte? Normalerweise wartete er, wenn sie an etwas arbeitete. Oder war sie so vertieft gewesen, dass sie ihn nicht gehört hatte? Nein. In den letzten Tagen war er ihr nicht mehr von der Seite gewichen.

»Ann?«

»Charlie, wo hast du gesteckt?«, klagte Ann augenblicklich.

»Was fragst du mich das?«, erwiderte ihre Schwester Lynn. »Selber schuld, wenn du ihn vergraulst.«

Ann schluckte und überlegte fieberhaft, was sie antworten sollte. Aber ihr Verstand schaltete schneller als erwartet. »Was machst du hier?«

»Caro und Claire blockieren das untere Bad.« Ihre jüngere Schwester schob sich in einem Minikleid an ihr vorbei. »Ich muss mich für mein Date fertig machen.«

»Was hast du da überhaupt an, Lynn?«

»Das Kleid sieht echt heiß aus!« Lynn betrachtete Anns Blaumann, den sie immer zum Handwerken trug. »Du hast doch keine Ahnung, wie man sich als Mädchen anzieht.«

»Mama wird dich nicht gehen lassen, wenn sie dich in diesem Aufzug sieht.«

»Ihr habt mir gar nichts zu sagen!« Ihre Schwester knallte die Tür hinter sich zu.

Danach bewegte sich nichts mehr. Ihre Geschwister tobten durch das Haus. Irgendwo dröhnte ein Föhn. Ann blickte über die Schulter in ihr Zimmer und erhob sich.

»Wo ist Charlie nur hin?«

Charlie hätte alles für einen Föhn gegeben. Oder für einen Trockner, in den er seine durchnässten Sachen geworfen hätte. Trenchs Warnung, dass es in Tougard oft regnete, war eine Untertreibung gewesen, denn seit seiner Ankunft hatte der Bindfadenregen nicht nachgelassen.

»Können Sie sich das mit den Schatten erklären?«, fragte Charlie unbehaglich während seiner nächsten Stunde mit Ms. Flemyng. Das ständige Grau des Himmels, der Wind, der unheimlich durch Ritzen pfiff, und das Plätschern der Wassertropfen zerrten an seinem Gemüt.

»Nein.« Seine Protektorin betrachtete die Regentropfen, die an der Fensterscheibe herunterglitten. »Hast du ihn wiedergesehen?«

»Ich bin nicht mal sicher, was ich gesehen habe.«

»Ich auch nicht, Charlie.«

Ein muffiger Geruch, der von der Wolle ausging, erfüllte das vollgestopfte Büro. Ms. Flemyng hatte während ihrer Zeit in Tougard einen Hang zum Stricken, Häkeln, kurz gesagt zu Wolle im Allgemeinen entwickelt. So drapierten gehäkelte Deckchen die Schränke, die Sessel waren mit Plaids und Quilts überzogen. Sogar die Gardinen sahen wie handgefertigt aus. Überall standen Körbe voller Knäuel und losen Fäden herum.

»Passiert so etwas häufig?«, fragte er.

»Nein. Tougard ist von Thybalts weitläufigen Schutzkreisen umgeben.«

Ms. Flemyng korrigierte eine seiner ersten Skizzen. Zwar hatte Charlie sich zu Beginn gewehrt, auch nur das kleinste Detail zu lernen, aber sein elendes Gewissen hatte anders entschieden. Er hatte schon immer seine Arbeiten ordentlich erledigt – jede einzelne. Es war für Charlie wie eine Besessenheit. All seine Gedanken hatten – abgesehen von Ann – nichts anderem gegolten, und er hatte schließlich angefangen, den Anatomieband zu lesen.

»Wir kriegen Besuch«, warnte Ms. Flemyng und die Tür öffnete sich bereits. »Hallo, Frau Yukow.«

»Joy.« Die Protektorin trat herein. Sie zog einen Jungen in Charlies Alter am Ohr hinterher. »Entschuldige, dass ich die Stunde unterbreche, aber ich habe eine Bitte.«

»Nur zu.«

Frau Yukow packte den blutverschmierten Arm des Jungen, der betreten zu Boden sah. »Steve war so intelligent sich mit seinem Freund in die Katakomben zu schleichen und zwei Ritterrüstungen zu entwenden. Er war sogar so klug, nur einen Teil der Rüstung anzulegen, als die beiden sich mit den Schwertern bekriegten. Ohne nachzusehen, ob die Klingen scharf sind.«

Steve murmelte etwas Unverständliches.

»Pass genau auf, Charlie.« Ms. Flemyng tastete Steves Arm nach der Wunde ab. »Das ist eine gute Übung für dich.« Sie umschloss den Arm mit den Fingern. Die Blutung stoppte, die Hautfetzen legten sich über die Wunde. Als Ms. Flemyng ihre Finger zurückzog, war der Arm wiederhergestellt.

Dabei meinte sie, dass Heilen viel schwieriger sei als bloßes Handauflegen, dachte Charlie.

Frau Yukow verabschiedete sich und zog Steve wieder am Ohr mit sich. Doch bevor Charlies Protektorin die Stunde wieder aufnahm, klopfte es erneut.

»Herein.«

Becca steckte den Kopf durch den Türspalt. »Hi, Charlie. Daisuke sagte, dass ich dich hier finde.« Sie sah sich im Büro der Protektorin um. »Störe ich etwa?«

Charlie blickte zu Ms. Flemyng, die sich lächelnd die Hände an einem Tuch säuberte. Anscheinend hatte sie auch mit der zweiten Unterbrechung gerechnet.

»Bist du schon fertig?«, fragte Becca. »Dann kümmern wir uns schnell um Peels Strafaufgabe.«

»Geh ruhig, Charlie.« Ms. Flemyng klang nachdenklich. »Aber handel dir nicht zu viel Ärger ein.«

»Ja, okay«, murmelte Charlie und sammelte seine Sachen zusammen.

Schweigend folgte er Becca in die Bibliothek Tougards. Nach drei Tagen verlief er sich nicht mehr, trotzdem hangelte er sich an Orientierungspunkten entlang. Die Statue des maulenden Protektors, Türmännchen Dorick, das Begabten gerne ein Bein stellte. Eine zerspringende

Fensterscheibe, die man in der Zeit eingefroren hatte – inklusive Ball. Wichtiger jedoch war, dass Charlie sich immer mehr wie ein Teil des Ganzen vorkam. Als gehöre er wirklich hierher. Oder in diesen äußerst realistischen Traum. Denn Charlie konnte den Gedanken noch immer nicht abschütteln, dass dieser Ort nur seiner Vorstellung entsprang. Besonders wenn Begabte während ihres Praxisunterrichts mit Wassereimern durch die Gänge sprinteten, um ihren in Flammen stehenden Mitschüler zu löschen. Im Nachhinein hatte Daisuke ihm erklärt, dass die Pyros immer mit leicht entflammbaren Gemütern herumliefen, so dass man sich rasch an ihre Ausbrüche gewöhnte.

»Wohin ist der Eingang verschwunden?«, fragte Becca überrascht, als sie vor einer Wand anhielt. »Gestern war er noch hier, oder?«

»Eigentlich schon.«

Laut Trench sollte sich Tougards Bibliothek unendlich ausdehnen, genau nach den Wünschen der Begabten und dem Platz, der benötigt würde. Leider verformten sich nicht nur das Innere, sondern auch die Mauern und der angrenzende Flur.

»Heute Morgen hat sich alles um drei Meter nach Osten verschoben!«, rief ein Türmännchen und die beiden folgten seiner Stimme. Bisher war Charlie noch nicht davon überzeugt. Sicher, die Zahl der Bücher ging ins Unendliche – doch eine unendliche Bibliothek? Er hatte versucht, die Regale zu umrunden, aber nach zwei Stunden hatte er aufgegeben.

Zielstrebig suchte Becca sich eine Nische an einem der hohen Fenster. Dort wartete Daisuke bereits auf sie. Derweil ging Charlie die Regale in der Nähe ab und fischte hier und dort ein paar Bücher heraus. Kein Begabter scherte sich darum, ob eine Ordnung zu erkennen war, und so begann Charlie alle Schriften, die sich nach Medizin anhörten, in einer Ecke zu bunkern.

Mit einem dicken Wälzer über Farbenlehre unter dem Arm setzte er sich zu Becca in die Nische.

»Sie hat dich nicht wirklich …« Daisuke wandte sich an die Französin. Auf dem Tisch wechselte sein Pager wieder in den Energiesparmodus. »Becca-chan, du bist unmöglich!«

Charlie schlug die erste Seite auf und fuhr mit den Fingern über die handgeschriebenen Buchstaben. Die nächste Stunde mit Ms. Flemyng würde erst am Montag stattfinden. Charlie wusste, dass seine Protektorin mit ihm den Blutkreislauf, Nervenbahnen und Muskeln besprechen wollte. Bis dahin würde er sich ordentlich vorbereiten, aber die Farbenlehre interessierte ihn mehr.

»Habt ihr schon eine Idee für Peels Aufgabe?«, fragte Charlie und begann mit dem ersten Kapitel. Hoffentlich fand er bald einen Hinweis, wie man Farben selbst mischen konnte.

»Nein, nicht die geringste«, antwortete Daisuke.

»Hat sich seit heute Morgen also nichts geändert.« Bereits nach wenigen Zeilen hielt er inne. Die Buchstaben verschwammen, ballten sich zu einem Knäuel und aus ihnen wuchs ein Gänseblümchen. Es verwelkte, die Zeichen fielen in sich zusammen und formten einen Labrador, der hinter einer Frisbeescheibe herrannte.

»Becca, lass den Unsinn«, murrte Charlie. Die Täuschung veränderte sich ein weiteres Mal. Der Labrador wich einem Habicht, der zwischen Wolken kreiste.

»Wieso? Die Aufgabe ist stinklangweilig!«

»Du hast sie uns eingebrockt, weil du Peel schon wieder ärgern musstest.«

Daisuke blickte von einem zum anderen. »Wir können uns doch gegenseitig helfen, oder nicht?«

Becca seufzte und sah gelangweilt den Regentropfen am Fenster beim Herunterrutschen zu. »Peel versteht einfach keinen Spaß.«

»Du hast Peels Erscheinung vor dem gesamten Kurs manipuliert«, hielt Charlie ihr vor. »Er sah aus wie ein Besenstiel mit Gesicht und zu kurzen Armen! Nur weil er glaubte, wir stecken mit dir unter einer Decke, hat er uns auch bestraft.«

»So kommen wir nicht weiter«, erinnerte Daisuke sie leise.

Charlie wies mit der Hand auf sein Buch und starrte Becca eindringlich an. Die Französin rollte mit den Augen, aber sie löste die Illusion auf. Warum zogen die beiden ihn immer tiefer und tiefer in ihren Alltag, obwohl er Abstand wahren wollte?

»Was muss ich denn tun?« Becca beäugte skeptisch den Stapel Bücher. »Hätte ich die lesen sollen?«

»Nein«, erklärte Charlie. »Das muss ich bis Ende der Woche durchhaben. Für Ms. Flemyng.«

»Was hat das mit deiner Gabe zu tun?« Becca beugte sich zu ihm und las mit. »Farben? Wieso Farben?«

»Wir sollten endlich loslegen«, wich er aus und schlug das Buch zu. »In zwei Stunden müssen wir wieder zu Protektor Besenstiel.«

Becca ließ sich auf einen Stuhl gegenüber gleiten und schlug die Beine übereinander. Zur Sicherheit verdeckte Charlie mit seiner Hand den Buchtitel.

»Die Frage war, in welcher Situation wir unsere Gaben zeigen können, ohne aufzufallen. Er meinte noch irgendwas von Freunden und Familie oder so«, meinte Daisuke. »Da habe ich nicht richtig zugehört.«

Charlie seufzte. »Peel sagte, wir sollen uns auf Situationen mit Freunden oder mit der Familie beschränken.«

»Das ist trotzdem seltsam.« Becca hielt den Kopf schräg. »Protektor Besenstiel predigt doch immer, wir dürfen uns auf keinen Fall verraten.«

Eine Zeit lang beschäftigten sie sich wirklich mit Peels Aufgabe, schweiften jedoch bald zu anderen Themen ab. Sie beschwerten sich über das schlechte Wetter, Peels Gemeinheiten und all die Begabten, die Charlie namentlich noch nicht einordnen konnte. Beteiligen wollte er sich nicht, versuchte eher, die Diskussionen zwischen den beiden auszublenden.

»Sagst du auch mal was?«, fragte Becca ihn nach einer Weile.

Charlie schlug sein Buch wieder auf, hielt es jedoch so, dass niemand hineinsehen konnte. Die Begabte hatte es nicht zu interessieren, was er las. Eigentlich wollte er mit den beiden nichts zu tun haben. Sie bereiteten ihm nur Schwierigkeiten.

»Hast du überhaupt zugehört?«

Becca allein beschwor Probleme, die für drei Begabte reichten. Zuhause hatte er noch nie eine Strafarbeit aufgehalst bekommen.

»Charlie-kun, es ist unhöflich, nicht auf Fragen zu antworten. So etwas macht man nicht.«

»Soll ich wirklich alles wiederholen, was Becca in der kurzen Zeit von sich gegeben hat?«, entgegnete er. »Zumindest war es nicht viel zu unserer Strafarbeit.«

»Ich habe eine Idee«, sagte Daisuke auf einmal. »Ich bitte einfach um Hilfe. Seid so lange nett zueinander.«

»Wen willst du …?«, begann Becca, doch Daisuke war schon aufgesprungen und hinter einem Bücherregal verschwunden.

Eine Zeit lang trommelte Charlie mit den Fingern auf seinem Farbenbuch. Zeitgleich band sich die Französin die schwarzen Locken hoch, öffnete wieder den Zopf und fuhr sich mit beiden Händen durch die Haare, so dass daraus erneut ein Krauskopf wurde. Ann hatte sich nie groß um ihr Aussehen geschert.

Wenn sie genau diese Kopfhaltung beibehält, kam es Charlie in den Sinn. Was dachte er da? Ohne Daisuke würde er nicht ein Wort mit Becca wechseln. Sie war zu laut, zu neugierig, zu aufdringlich. Er würde sich bestimmt nicht überlegen, ob er ein Porträt von ihr malte.

Aber mein letztes Porträt liegt schon Ewigkeiten zurück, argumentierte Charlie im Stillen. *Trotzdem ist Becca eine reine Katastrophe. Kein geeignetes Motiv!*

»Warum beobachtest du mich?«, fragte die Französin auf einmal.

»Das mache ich nicht.«

»Oh doch.«

Charlie starrte an ihr vorbei. »Nein, tue ich nicht!«

»Was«, Becca lehnte sich über den Tisch, bis sich ihre Nasen fast berührten, »habe ich dir eigentlich getan?«

Charlie wich zurück und kippte mit seinem Stuhl fast hinten über. »Nichts.«

»Du verhältst dich aber anders.« Drohend bohrte sie den Zeigefinger in seine Brust. »Maulst mich an, beobachtest mich von der Seite. Bist du in mich verliebt oder was?«

Aber Charlie brach in ein herzhaftes Lachen aus. »Ich mich in dich verknallt? Ich hab nur überlegt, ob ich dich zeichnen sollte.«

Becca sah ihn erstaunt an. »Du willst was?«

»Dich … ähm, zeichnen.« Charlie hatte niemals darum gebeten, dass man ihm Porträt stand. Bisher hatte er seine Modelle aus der Ferne beobachtet. »Also, wenn du möchtest. Wenn nicht, dann nicht.«

Sie wird mich auslachen und morgen weiß ganz Tougard, dass ich ein malender Idiot bin, der einfach fremde Mädchen anspricht.

»Klar kannst du das.« Plötzlich saß Becca neben ihm und zeigte auf Charlies Zeichenstift und Block. »Jetzt sofort?«

Charlie hatte längst begonnen. Seine Hand zitterte, als er mit schnellen Strichen ihr Gesicht skizzierte. Er hatte nicht die Zeit, alle Details auszuarbeiten, aber Charlie steckte all sein Können in seinen Bleistift. Unsicher präsentierte er Becca das Ergebnis.

»Wow, das sieht gut aus.« Die Französin strahlte, als hätte er ihr ein ungeheuer teures Geschenk überreicht. »Darf ich das Bild behalten?«

Etwas Seltsames passiert hier. Früher hatte er immer gezeichnet, wenn er sich einsam gefühlt hatte. So hatte er die Welt betrachtet, die sich um ihn herum abspielte. Doch auf einmal war das nicht mehr so. Es störte ihn nicht einmal, dass Beccas so dicht heranrückte und ihr Arm die Narben unter seinem Pullover berührte.

»Entschuldige, dass ich dich aus dem Nichts überfalle.« Daisukes Stimme kam näher und riss Charlie aus seinen Gedanken. »Aber ich dachte, du könntest uns weiterhelfen.«

»Du bist MacManara, richtig?«, fragte Becca, als der Japaner in Begleitung eines Begabten um die Ecke schlenderte. Neben Daisuke wirkte MacManara hünenhaft, aber Charlie schätzte, dass der Begabte nicht viel größer als er selbst war. Seine Statur, die schwarzen Haare und höchstwahrscheinlich auch sein Name ließen Charlies Gedanken nach Schottland wandern. Er konnte sich praktisch vorstellen, wie MacManara bei Wind und Wetter durch die immergrünen Highlands stapfte.

»Ja, das bin ich.« Zwei scharfsinnige Augen erwiderten Charlies Blick. Rasch wandte er sich ab. Dennoch entging Charlie nicht der breite Kratzer auf MacManaras Wange.

»Verzeihung, sie ist immer so neugierig«, erwiderte Daisuke säuerlich. Der Begabte richtete seine Aufmerksamkeit wieder auf ihn. »Man sollte ihre Dauerfragerei einfach ignorieren.«

»Und was wolltest du jetzt von mir?«, fragte MacManara ruhig. Mit verschränkten Armen baute er sich vor dem Tisch auf, als ob er gar nicht da sein wollte.

»Peel-san hat uns eine Strafaufgabe gestellt. Und zwar, in welchen Situationen man gegenüber Freunden und Familie seine Gabe verraten kann.«

»Peel neigte schon immer zu Fangfragen.« Viel mehr wollte der Begabte nicht preisgeben. Stumm wartete er darauf, dass Daisuke der entscheidende Gedanke kam. Aber weder er noch Becca schien der Tipp zu helfen. Die Französin fuhr stattdessen abwesend mit den Fingern über ihre Zeichnung.

Charlie kannte den Blick nur zu gut, den MacManara Becca schenkte. Gleich würde er ihnen vorwerfen, dass sie sich nicht konzentrierten, umdrehen und verschwinden.

»Es wäre möglich«, meinte Charlie. Er wollte diese Aufgabe jedenfalls lösen. »Wenn zum Beispiel dein Onkel vor deinen Augen einen schweren Autounfall hätte. Man könnte seine Gabe zeigen und ihn in den letzten Minuten seines Leben noch einmal an den Strand bringen, den er über alles liebte. Ohne dass man in Schwierigkeiten gerät.«

»Das wäre eine Antwort.« MacManara nickte, wartete jedoch ab. Charlie hätte damit gerechnet, dass er gleich zum Ausgang streben würde. Vielleicht hatte er sich mit seiner ersten Einschätzung getäuscht. »Danke für deine Hilfe.«

Der Begabte nickte und wandte sich ab.

»Aber ich dachte, wir brauchen drei Lösungen?«, fragte Daisuke zögernd.

MacManara drehte sich einmal zu ihnen um. »Was würde Superman tun?«

»Lois aus der Patsche helfen«, rutschte es Charlie heraus. Mit einem Grinsen betrachtete er die aufgeschlagene Seite seines Buchs.

»Genau. Lois mitten in der Luft auffangen und mit ihr davonfliegen.«

Daisuke zuckte fragend mit den Schultern. »Wer ist Superman?«

Die anderen ignorierten ihn für den Moment.

»Aber wer will schon ein Cape und diese schwule Unterhose wie Superman tragen, um nicht erkannt zu werden?«, mischte Becca sich nun auch ein.

»Es ist nicht einfach, ein Begabter zu sein.« MacManara winkte zum Abschied.

»Ich würde den Schnitt auf deiner Wange einem Heiler zeigen«, rief Charlie ihm hinterher. Aus einem nicht definierbaren Grund wollte er ihm ebenfalls helfen. »Oder das nächste Mal vorsichtiger sein!«

Vielleicht irrte er sich, aber der Schotte schien einen Moment überrascht stehenzubleiben und sich an die Wange zu fassen, bevor er zwischen den Regalen abtauchte.

»Wir sollten weitermachen«, warf Charlie ein. »Der Protektor erwartet unsere Antworten.«

Da beklagten sich Daisuke und Becca synchron. Schließlich hatten sie doch eine Lösung gefunden. Niemand ging davon aus, dass Peel Superman kannte.

»Welche Gabe beherrscht eigentlich MacManara?«, wollte Becca wissen.

»Keine Ahnung.« Unruhig drehte Daisuke seinen Pager zwischen den Fingern, als versuchte er sich vergeblich an etwas zu erinnern. »Ich habe ihn gefragt, glaube ich. Aber die Antwort weiß ich nicht mehr.«

»Seltsam.« Doch Becca ließ das Thema fallen und bohrte Charlie einen Finger in die Seite. »Was grinst du so? Willst du mich noch einmal zeichnen?«

»Nur so.«

»Mach ruhig. Ich bin gern dein Modell.« Mit einem Lachen warf sie ihre schwarzen Locken über die Schulter.

Charlie ging nicht darauf ein, sondern ließ seine Gedanken schweifen. Seine Antwort war scheinbar auf Anhieb korrekt gewesen. MacManara hatte weder auf ihn herabgesehen, noch ihm einen blöden Spruch reingedrückt, wie seine Mitschüler es an seiner alten Schule bestimmt gemacht hätten. Und auf unerklärliche Weise schien er für Daisuke und Becca längst dazuzugehören.

Charlie konnte es sich selbst kaum erklären, aber er machte einiges richtig in dieser fremden Dimension namens Tougard. Und darauf war er ein kleines bisschen stolz.

Kapitel 4

AVID UND DIE SEHNSUCHT

Avid blickte durch einen Schlitz auf die Hängenden Gärten der Stadt. Eine bunte Leuchtschwalbe kreuzte den blauen Himmel und landete auf der Terrasse vor ihm. Vorsichtig schob er den Vorhang zur Seite und öffnete das Fenster. Zwar hatte man es ihm von klein auf verboten, aber in diesem Moment scherte Avid sich nicht darum. Seit Jahren hatte er keinen echten Vogel mehr gesehen.

Wobei es an Tieren in dieser Stadt nicht mangelte. Beinahe jeder Bewohner ging seinen Bedürfnissen und Trieben nach, sie waren Aasgeier in Menschengestalt, doch vor seinem Fenster hockte ein Abkömmling unschuldiger Natur.

Die Schwalbe musste einen weiten Weg zurückgelegt haben, denn aus dem nahen Gebirge stammte sie nicht. Avid beugte sich aus dem Fenster und sogleich schlug ihm eine Wand aus Hitze entgegen. Er klopfte die Taschen seines Mantels ab, fand einen altbackenen Keks und zerbröselte ihn zwischen den Fingern. Vorsichtig warf er die Krumen dem Vogel hin, der sie gierig aufpickte.

Bei ihrem Anblick erlaubte sich Avid ein Lächeln.

Wie von selbst wanderten seine Gedanken zurück zu seiner Heimatstadt. Die Menschen waren eitel und zu sehr mit sich selbst beschäftigt, als dass sie diese Leuchtschwalbe bemerken würden. Geschweige denn einen Keks mit ihr teilten. Eher würden sie sich den

Keks gegenseitig stehlen oder sich bei dem Versuch, den Vogel zu fangen, aus Neid töten.

Eine Schande.

Avid schüttelte den Kopf, als müsse er sich selbst die Antwort geben. Tagein, tagaus – jede Sekunde ihrer Existenz schwelgten sie in Wollust und Völlerei. Wer zu arm war, sich den Luxus der billigen Freudenhäuser zu erkaufen oder beim Beschaffer in Auftrag zu geben, der setzte sein ganzes Geschick beim Betrügen, Fälschen, Rauben und Morden ein. Avid hielt von alledem nichts. Sein heiligstes Gut war sein Ehrgefühl.

Die Bewohner der Stadt würden eine Schwalbe niemals entkommen lassen. Sie würden sie suchen, verfolgen, jagen. Zorn schwelte in ihm wie das erste Glühen eines alles vernichtenden Brandes. Doch dann schloss Avid die Augen, verschloss sie vor der Welt. Er musste sich beruhigen, seine Sinne schärfen. Wachsamkeit und Ausgeglichenheit bedeuteten Überleben.

Draußen gluckerte das Wasser in den Fontänen. Der Schnabel des Vogels pickte klackernd gegen die Brandziegel. Nichts davon gab Aufschluss über die Stadt, die wenige Meter unter ihm tobte und sich gegenseitig meuchelte. Die geheimen Häuser boten ihm stets einen sicheren Zufluchtsort.

Niemals würde Avid sich seiner Wut hingeben und riskieren, dass eine der sieben großen Sünden seine Seele zerfraß. Das – und die andere Welt zu sehen – hatte er sich geschworen. Denn nur wer ein sittsames Leben bestritt, der hatte auch den Anspruch, eines Tages frei zu sein.

Langsam öffnete er die Augen, doch seine Aussicht hatte sich nicht verändert. Die Leuchtschwalbe wandte den Kopf in alle Richtungen und stieg dann in die Luft. Sehnsüchtig wünschte er sich, ihr folgen zu können. Einfach davonfliegen.

Denn Avid war Teil einer Zukunft, die er nicht verändern durfte. Wenn er nur die geringste Möglichkeit gehabt hätte, er würde seinen Part sofort und endgültig streichen. Aber sein Stolz und seine Pflicht verboten ihm die Flucht; zumal sie unmöglich war.

Am Ende dieser Zukunft wartete unwiderruflich der Tod. Auf ihn und hoffentlich auch auf seinen Gegner.

Kapitel 5

EIN UNERWARTETES GESCHENK

Komm nach Sonnenuntergang zum Eisentor. Diese Nachricht hatte auf dem Zettel gestanden, den Charlie nach einem erneuten Treffen mit Ms. Flemyng auf seinem Bett vorgefunden hatte. Zwar hätte er die Aufforderung auch ignorieren können, aber die Neugier ließ ihn nicht los. Wenigstens hatte der Regen zur Abwechslung eine Pause eingelegt und so konnte er die letzten Strahlen des rotgoldenen Sonnenlichts genießen, das langsam hinter den Bergen im Nordosten verschwand.

Die Dämmerung setzte bereits ein, doch außer ihm tauchte niemand am Tor auf. Bestimmt hatte ihn einer der Jungen aus dem Schlafraum einen Streich gespielt. Dennoch würde Charlie noch eine Weile warten, ehe er zurückkehrte und demjenigen die Genugtuung gab, dass er auf ihn reingefallen war.

Charlie fischte ein altes Foto aus seinem Portemonnaie und betrachtete es sehnsüchtig. Es war eines dieser Automatenbilder, das Ann und ihn umrahmt von bunten Luftballons zeigte. Lange starrte er die vier Aufnahmen an. Wie sie lachten, Grimassen schnitten und versuchten, sich gegenseitig aus dem Rahmen zu schubsen. Charlie hörte ihr Lachen, und wenn er die Augen schloss, hörte er auch ihre Stimme.

Er vermisste sie mehr denn je. Seit fünf Tagen lernte, lebte und litt er schon in Tougard. Ms. Flemyng hatte ihm die Bände Drei und Vier der Anatomiereihe überreicht und ihn beauftragt, Skizzen des Blutkreislaufs, der

Nervenbahnen, Muskeln, einfach von allem zu erstellen und auswendig zu lernen, während Peel ihn zur Belustigung der anderen weiterhin Claire nannte. Jedes Mal trieb es ihm die Röte ins Gesicht. Trotzdem konnte Charlie nicht verhindern, dass seine Gedanken zu den Zwillingen und somit auch zu Ann abschweiften.

Sicher, Daisuke und Becca hatten beschlossen, ihn in ihre kleine Gruppe aufzunehmen, dennoch lagen Welten zwischen ihnen. Ein Gespräch mit Daisuke endete für Charlie immer in Verwirrung, wenn fremde Worte wie Bento oder Go-Kon durch die Luft schwirrten. Ganz zu schweigen, dass Becca plappern konnte, ohne dass ihr die Luft ausging.

»Ach, Ann«, flüsterte Charlie und wollte das Foto wieder wegstecken. Zuhause wartete eine Armee von Umzugskartons und seine Freundin ahnte nicht einmal, wie wenig Zeit ihnen blieb.

»Liebst du sie?« Plötzlich lugte Becca über den Rand des Fotos. »Ist das die Ann, von der du erzählt hast?«

»Das ist Ann, ja.« Daisuke hatte recht gehabt, dass Becca sich nur für Dinge interessierte, die mit fettem Rotstift als *privat* gekennzeichnet waren. »Aber meine feste Freundin ist sie nicht.«

»Das habe ich auch nicht gefragt.« Sie grinste. »Ich sagte: Liebst du sie?«

»Ähm …«

Becca lächelte wissend.

»Habt ihr eine Ahnung, warum ich erscheinen sollte?« Daisuke schlenderte über die Wiese auf sie zu. »Warum seid ihr hier?«

»Ich habe eine Nachricht auf meinem Bett gefunden«, meinte Becca und ließ damit endlich von Charlie ab.

»Ich auch«, warf er ein und zeigte auf die fünf Mädchen, die sich nun in angemessener Entfernung sammelten. »Wie die da hinten auch. Ich dachte schon, es sei ein blöder Scherz.«

»Das ist kein Scherz, sondern die Prüfung für die Neuankömmlinge.« Ein Begabter, den Charlie noch nie zuvor gesehen hatte, tauchte neben ihm auf.

»Oh mein Gott! Da ist er! Raphael!«, kreischte eines der Mädchen aus der anderen Gruppe und rannte auf Raphael zu. Charlie kramte in seinem miserablen Gesichtergedächtnis – und der Name »Lauren« kam zum Vorschein. »Oh Gott, ich …«, stammelte sie. »Haben dir meine Kekse geschmeckt?«

Raphael setzte ein strahlendes Lächeln auf. »Klar haben sie das.« Charlie konnte das Gefühl nicht abschütteln, dass er nicht einen probiert hatte.

»Wir backen dir auch welche!«, stimmten die anderen Mädchen der Gruppe mit ein. Becca verdrehte nur genervt die Augen.

»Du bist Raphael? Raphael Valente?«, fragte sie, während sie ihn von Kopf bis Fuß musterte und vermutlich mit Laurens Schwärmereien verglich. »Der mit den Jagdinstinkten aus dem siebten Jahr?«

»Der bin ich«, antwortete er.

»Stimmt es, dass du der Nächste sein sollst, der zum Protektor ernannt wird?«, wollte Becca weiter wissen. »Lauren erzählt praktisch nichts anderes.«

Die Angesprochene lief vor Scham rot im Gesicht an, nutzte aber auch die Chance, sich bei Raphael einzuhaken.

»Kann schon sein.« Er legte ein unverschämtes Grinsen auf.

Gut, Raphael sah aus, als sei er einem Werbefilm des internationalen Fußballverbandes entsprungen. Alles, was ihm dazu fehlte, war ein Trikot und ein entsprechender Lederball. Wegen seiner dunklen Locken, der sonnengebräunten Haut und einem unerschütterlich selbstbewussten Auftreten kam Charlie sich noch unbedeutender vor. Wenn er sich nicht mehr bewegte, würde ihn niemand neben dem hochgewachsenen, muskelbepackten Kerl bemerken. Genauso wenig wie Daisuke bemerkt wurde, der mal wieder mit seinem Pager spielte.

»Was willst du von ihr, Raphael?«, fragte Lauren schnippisch. Die schmachtenden Mädchen fixierten Becca wie einen Todfeind. »Machen wir nicht alles für dich? Wir sind doch …«

»Beruhigt euch, Mädels«, unterbrach Raphael sie, doch seine Groupies wichen keinen Zentimeter von ihm. »Wir sind doch wegen eurer ersten Prüfung hier.«

»Niemand hat gesagt, dass wir eine Prüfung bestehen müssen.« Charlie beobachtete normalerweise nur, wie sich die Angelegenheiten entwickelten. Doch für den umschwärmten Raphael machte er gern eine Ausnahme.

»Das liegt daran, dass die Älteren es als Mutprobe ansehen und die Protektoren es zu unterbinden versuchen«, erwiderte Raphael und musterte Charlie, als sähe er ihn zum ersten Mal.

»Von welcher Prüfung sprichst du?«, fragte Becca.

»Ihr seid doch alle noch kein Jahr in Tougard, richtig?«

Die Mädchen brachen in Gekicher aus, während Becca, Daisuke und Charlie sich auf ein Nicken beschränkten.

»Dann folgt mir.«

Charlie warf Daisuke einen Blick zu, der nur mit den Schultern zuckte.

»Na los, ich bin neugierig, was das für eine Mutprobe sein soll.« Becca schob Daisuke einfach vorwärts. »Aber ihr dürft mich nicht mit den Mädchen alleine lassen – an ihrem Rumgeschmachte ersticke ich sonst noch.«

Raphael führte die Gruppe zum Nebeneingang, den Trench in Charlies erster Nacht benutzt hatte. An jedem Arm hielt sich eines seiner Groupies fest, die wie die Hühner beim Eierlegen vor Vergnügen gackerten, als wäre seine Berührung das größte Glück. Charlie folgte ihnen mit mehreren Metern Sicherheitsabstand und lauschte aufmerksam, ob sich ein Protektor näherte. Doch die Korridore lagen still da, nur in der Ferne hörte man gedämpft klassische Musik. Sie ließen Treppen und unzählige Türmännchen hinter sich, die bei ihrem Anblick augenblicklich die Hand auf die Klinken legten und dann wieder wie Zinnsoldaten ausharrten.

Erst in einem runden Saal hielt Raphael an. Erstaunt entdeckte Charlie eine Tür, die gänzlich ohne Türmännchen war.

»Wo sind wir hier?«

»Das ist die Halle der Protektoren«, eröffnete Raphael und winkte einem kleinen Mädchen zu, das ungeduldig wartete.

»Raphael!« Charlie schätzte das Mädchen auf acht oder neun. »Wo warst du so lange?«

»Hi, Joan.« Raphael strich ihr zur Begrüßung über das Haar. »Danke, dass du gewartet hast.«

»Ich hab das, was du wolltest.« Hinter Joan schwebte ein Schlüssel in der Luft, an dem sowohl der an der Wand befestigte Ring, als auch ein Mauerstück hingen, und letzteres geräuschvoll über den Boden schleifte.

»Kannst du bitte das Portal öffnen?«

Joan steckte den Schlüssel per Telekinese ins passende Schloss. An die zahllosen Türmännchen gewöhnte man sich schnell, ein Schloss erschien Charlie daher seltsam nutzlos.

»Warum sind wir überhaupt hier?«, wandte sich Becca an Raphael. »Ich hab Besseres zu tun, als dir hinterherzulaufen. Groupies hast du schließlich genug.«

Charlie grinste stumm, doch Daisuke blickte beschämt zu Boden. »Becca-chan, du solltest Ältere mit mehr Respekt behandeln.«

»Ja ja, Daisuke. Aber Respekt beantwortet mir meine Fragen nicht.«

Wenn ich doch auch nur so direkt sein könnte, dachte Charlie. *Dann hätte ich in der Realität ein paar Probleme weniger.*

»Das ist der Ort, an dem Begabte ihre letzte Prüfung ablegen.« Raphael klang plötzlich aufgeregt. »Hier entscheidet sich, ob sie in Tougard bleiben und Protektor werden oder ob sie zurückkehren.«

Ein herrlicher Gedanke schlich sich in Charlies Kopf.

»Aber erst wenn man die letzte Prüfung abgelegt hat, erklärt Trench, wie man *zurückfluppt*«, schloss Raphael.

»Was sollen wir dann hier?«, maulte Becca. »Wir lernen doch erst die Grundlagen.«

»Sicher«, warf Charlie beiläufig ein. »Aber niemand zwingt uns zu bleiben.« Der Gedanke nahm Gestalt an und Charlies Hände begannen, vor Aufregung zu zittern.

»Wie, niemand zwingt uns?«, wollte Becca wissen. »Bisher habe ich mir keine Gedanken darüber gemacht, vorzeitig zurückzugehen.«

»Ich auch nicht«, meinte Daisuke. »Du etwa, Charlie-kun?«

Charlie traute seinen Ohren nicht. Er dachte praktisch jede Stunde an Ann. Fragte sich, ob sie mittlerweile ihren Schalter repariert hatte. Hatten Becca und Daisuke denn niemanden, den sie vermissten?

»Habt ihr Trench nicht zugehört, als ihr eure Namen eingetragen habt?«, fragte Charlie dennoch.

»Ich schon, allerdings wird Becca-chan gequatscht haben«, rutschte es Daisuke raus, worauf er sich direkt verneigte, um sich zu entschuldigen.

»Wir bleiben hier!«, quietschten die anderen Mädchen. »Was sollen wir zu Hause? Dann wären wir ja nicht in deiner Nähe, Raphael.«

»Ja, das Leben ist manchmal echt schwer«, erwiderte er.

Charlie tauschte mit Becca einen Blick, woraufhin sie prompt die Augen verdrehte. Zumindest waren sie beide von dieser Mädchengruppe angenervt. Am liebsten hätte Charlie Raphael die Meinung gesagt, aber in seiner Ungeduld übersah er fast die Mädchen, die sich dem Brasilianer zu Füßen warfen.

»Ich bin so weit, Raphael«, meinte Joan und alle Aufmerksamkeit richtete sich wieder auf die Tür. Das kleine Mädchen konzentrierte sich auf den Schlüssel und mit einer Handbewegung drehte sie ihn im Schloss herum. Charlie hörte ein mechanisches Klicken – ein merkwürdiges Gefühl, wenn man seit Tagen diese simplen Geräusche von ineinandergreifenden Bolzen vermisste! Doch drehte Joan zu kräftig und der Schlüssel brach ab.

»Halb so wild«, sagte Raphael.

Joan setzte einen Schmollmund auf, als wäre es ihr nicht zum ersten Mal passiert. Dann starrte sie erneut auf das Schloss, ihre Hand rauschte durch die Luft und die Tür wurde aus den Angeln gerissen. »Geht doch.«

Glücklich strahlte Joan über das Ergebnis, während den anderen Begabten eine Antwort im Halse stecken blieb. Mit einem Krachen knallte die Tür zu Boden und schlitterte noch einen halben Meter weit über die Fliesen.

Anstatt nun den Raum hinter der Tür zu sehen, tauchte vor Charlies Augen eine blaue Mauer auf.

»Was ist das?« Daisuke näherte sich der Absperrung, traute sich aber nicht, sie zu berühren. Die Mauer wirkte fest, unter ihrer Oberfläche kräuselte es sich etwas wie Meerschaum.

»Das ist eure Mutprobe« Raphael grinste. »Nur wer kühn genug ist, diese Mauer zu durchschreiten, besteht sie.«

»Zuerst verrätst du uns, was das ist.« Auch Becca klang skeptisch.

»Eine uralte Kraft, die von diesem Ort ausgeht. Unter den Begabten heißt es, Tougard wird von mächtiger Magie beschützt.«

Aus unbestimmten Gründen war Charlie höchst fasziniert von der blauen Schicht, die sich vor seinen Augen als Magie entpuppte. Sie sah nicht massiv aus, viel eher wie ein aufbrausender Ozean, den man zu einer Scheibe gepresst hatte. Ein Teil seines Unterbewusstseins überlegte bereits, wie viele Arbeitsschritte er bräuchte, um das Muster nachzumalen.

»Was passiert, wenn wir uns weigern?«, fragte Lauren und nutzte die Chance, sich fester an Raphaels Arm zu klammern.

»Dann werdet ihr bestraft.«

»Das sagst du nur zum Spaß, oder? Das würdest du doch nicht wirklich machen?«

»Ihr werdet euch bis zur nächsten Mutprobe um die Arbeiten kümmern, die in Tougard anfallen. Seien es die gewöhnlichen oder die spezielleren Aufgaben der Älteren.«

Charlie holte einen Stift aus seiner Tasche und wollte ihn in die vermeintliche Flüssigkeit der blauen Wand tauchen, aber er prallte ab. Dafür erklang ein Geräusch, als hätte er gegen eine Fensterscheibe geklopft.

Plötzlich fand er sich in einem ungeahnten Zwiespalt wieder. Tougard war atemberaubend, dennoch in vielen Dingen schrecklich rückständig. Er hasste es tagein, tagaus Eimer an den steilen Klippen zu füllen und den anderen ihre Sachen hinterherzutragen. Warum sollte er ein komplettes Medizinstudium ablegen, wenn er nicht mal seinen Schulabschluss in der Tasche hatte?

Doch Charlie durfte nicht vergessen, wie gebannt er Ms. Flemyng lauschte, wenn sie ihm seine Fähigkeit erklärte. Seine Protektorin, die in der Hippiezeit feststeckte, war zwar seltsam, aber Charlie hatte begonnen, sie zu mögen. Außerdem gab es neuerdings in ihm einen Teil, dem es gefiel, begabt zu sein. *Nein.* Charlie schüttelte den Kopf. *Ich will zu Ann zurück. Mehr als alles andere.*

»Ich mach's«, meinte er unvermittelt.

Raphael befreite sich mit einem Ruck von seinen Kletten und trat auf Charlie zu. »Seit langem haben wir wieder einen Freiwilligen.«

Bis auf Raphael starrten ihn alle Begabten gleichermaßen überrascht an.

Charlie steckte seinen Stift weg und bereitete sich darauf vor, mit dem Fuß gegen etwas Festes zu treten, hielt dann aber inne. »Nur noch eins.«

»Hast es dir wohl anders überlegt?«, stichelte Raphael.

Charlie schüttelte den Kopf. »Warum hat Joan die Tür nicht sofort aufgebrochen?«

»Weil Protektorin Yukow mir verboten hat, Türen zu zerstören«, erwiderte Joan sogleich. »Für so was gibt es Schlüssel. Eigentlich.«

Diese Erklärung war kindisch genug, um Charlie zum Lächeln zu bringen.

»Charlie-kun«, meinte Daisuke unsicher, »du musst da nicht durchgehen.«

Irgendwie schade, dass ich nicht mehr mit Daisuke Basketball spielen kann, dachte er. *Selbst Becca ist auf ihre Art nett.*

Mit klopfenden Herzen trat er dicht an die blaue Schicht heran. Sofort glättete sich das Muster, bis Charlie sich selbst erblickte. Nun, nicht ganz er selbst. Das Abbild wirkte älter und selbstbewusster. Vorsichtig berührte Charlie die Masse. Sein Spiegelbild tat es ihm gleich.

»Seht ihr das?«, fragte er erstaunt. Sein Spiegelbild grinste verwegen, nickte ihm zu. Charlie nickte zurück.

»Was sollen wir …?« Becca brach mit im Satz ab.

Das Alter Ego ergriff Charlies Hand und zog ihn mit einem kräftigen Ruck zu sich. Er rechnete mit einem Aufprall, glitt jedoch mühelos hindurch.

Im nächsten Moment fiel er auf die Knie. *Was war denn das?*

Ungläubig hob Charlie den Kopf. Weißes Licht blendete ihn, so dass er sich die Augen mit der Hand abschattete, bis nach und nach Konturen hervorstachen. Säulen, Treppen, ein runder Platz in der Mitte – Charlie kniete vor einem Atrium. Zwar zweifelte er, wie dieser Raum, dieses Gebilde, in die Grundmauern Tougards passte, aber dies wurde von einem plötzlichen Gefühl der Einsamkeit verdrängt. Dieser Ort war für Hunderte von Begabten angelegt worden, trotzdem hatte er ihn allein betreten. So, als wäre dies noch nicht der richtige Zeitpunkt gewesen.

Charlie erlebte viel Unwirkliches in Tougard, das die Grenzen seines Verstands sprengte – aber das hier? Wahrscheinlich steckte er in einer Trance oder in einer Illusion. Jeden Moment würde der Trick sich auflösen und Raphael würde ihn für sein überraschtes Gesicht auslachen.

»Charlie-kun? Alles in Ordnung?« Charlie stutzte. Daisuke klang ehrlich besorgt. »Bist du noch da?«

Die Rückseite der blauen Wand funktionierte wie ein Fenster und offenbarte Charlie die Aussicht auf die anderen. Sein seltsames Spiegelbild war verschwunden.

»Ja. Ich bin noch hier«, antwortete er niedergeschlagen. Anscheinend existierte dieses Atrium doch.

»Dieu!« Becca stemmte die Hand gegen die Scheibe, ohne hindurchzugleiten. »Ich dachte schon, dir sei etwas passiert!«

»Alles gut.« Er drückte ebenfalls gegen die Absperrung, aber kehrte nicht in die Halle zurück. Hoffentlich gab es einen weiteren Ausgang.

»Wo bist du?«

»Keine Ahnung. Ich sehe mich weiter um.«

Charlie wandte sich ab und entdeckte im untersten Teil des Atriums einen versiegelten Umschlag, der auf einer Säule lag. Nicht unbedingt das, was er erhofft hatte.

»Charlie, wo gehst du hin? Warte!«, rief Becca ihm nach, während er die steinernen Stufen hinabstieg.

Vorsichtig brach er das Wachssiegel, das Tougards Symbol zeigte. Ein Gefühl überkam ihn, als öffnete er nicht nur eine Nachricht, sondern ein feierliches Dokument. Charlie nahm das Pergament heraus und faltete es mit größter Sorgfalt auseinander.

DU HAST DICH BEWIESEN, CHARLIE ANDREWS. SUCHE DIE ANDERE TÜR, DIE SO IST, WIE DIESE ES WAR.

PS: ES IST AN DER ZEIT, MIT DEINER VERGANGENHEIT ABZUSCHLIESSEN.

Charlie stutze. »Was?«

Doch der Brief zerfiel im gleichen Moment in tausend Einzelteile. Die Stücke umflossen seine rechte Hand wie ein Strom aus heißer Materie. Sie pulsierten gegen Charlies Haut, umschlossen sein Handgelenk und verwandelten sich in ein geschnürtes Armband.

»Wie geht das?« Charlie schob seine Sweatshirt-Jacke hoch und tastete über das weiche Leder. Tougards Symbol – das verschlungene T und G – waren in die Oberfläche geprägt. Dann entdeckte er das Unmögliche.

»Meine Narben sind verschwunden.« Charlie konnte es zunächst nicht glauben. Er schlüpfte aus seiner Jacke und betrachtete seinen Arm. Nichts. Keine roten

Striemen. Er fuhr mit den Fingern über die Haut. Keine Narben. Jahrelang hatte er seinen Arm versteckt, um den Blicken und dem Lachen zu entgehen. Das Jucken und Ziehen, das ihn manchmal überfiel, erinnerte ihn dennoch schmerzlich daran, nie mehr Fremden zu vertrauen.

Charlie blickte zum Fenster, hinter dem Becca und Daisuke weiterhin auf ihn warteten. *Es ist an der Zeit, mit deiner Vergangenheit abzuschließen.* Still dankte er für das Armband und kehrte ohne ein weiteres Wort zu den Begabten zurück.

»Und?«, fragte Becca, ehe er die Schwelle hinter sich gelassen hatte.

»Nichts ›und‹«, erwiderte Charlie. Die anderen Begabten starrten ihn an. »Da war nichts.«

Hoffentlich bemerken sie nichts, schoss es ihm durch den Kopf. *Benimm dich einfach normal. Dann bist du bald wieder zu Hause.*

»Werden wir wirklich bestraft?«, quengelte Lauren derweil. »Das war doch nur ein Scherz von dir, oder? Raphael?«

Doch der Brasilianer war bereits verschwunden.

»Verrätst du mir, was du vorhast, Charlie-kun?«, fragte Daisuke, während sie auf einem Schleichweg Raphaels Fans weit hinter sich ließen.

»Sag mir einfach, wo diese Tür ist.« Charlie warf einen Blick über die Schulter auf die Französin. »Hast du eine Idee?«

»Wahrscheinlich«, gab Becca zurück, »suchst du den Allzweckraum im ersten Stock, in dem Rodriguez und Schneider ihre Sportgeräte aufbewahren. Aber der ist verschlossen.«

Charlie genoss das Gefühl, wie sich das seltsame Armband, das aus dem Brief entstanden war, an seine Haut schmiegte und rief sich seine Nachricht in den Sinn. Der Brasilianer hatte mit keinem Wort erwähnt, dass sie sich auf eine Schnitzeljagd begaben. Doch wie viel war sein Wort schon wert? »Wie kommt man da hin?«

»Ich zeige es dir.« Becca machte sich auf den Weg zur Treppe, die ins erste Stockwerk führte. »Gab es da drinnen eine Art Hinweis?«

»Nein.« Charlies Gedanken wanderten zu seinem Lieblingsthema: Ann. Er hatte es nicht geschafft. Noch nicht.

Auch die Tür zum besagten Allzweckraum wies kein Türmännchen, sondern ein Schloss ohne Klinke auf. Kein Schild ließ den Vorbeigehenden erahnen, was sich hinter der Tür verbarg. Sie wäre Charlie niemals aufgefallen, wenn er nicht nach ihr gesucht hätte.

Dafür wartete Raphael bereits auf sie. Er lehnte am Türrahmen, die Arme verschränkt, und starrte ihn grimmig an.

»Wusste ich's doch.« Eine Ader pochte an seiner Stirn. »Ed hat es auch hierher verschlagen.«

Becca sah sich rasch um. »Sollte ich mir Watte für die Ohren besorgen, falls Lauren und die Kreischfraktion gleich auftauchen?«

»Die habe ich abgeschüttelt.« Raphael verzog keine Miene. Jedoch ließ er Charlie nicht aus den Augen. »Auf dich wartete eine Nachricht, nicht wahr?«

»Eine Nachricht?«, antwortete Charlie arglos.

»Warum stehst du sonst vor dieser Tür?« Raphael spannte die Schultern und richtete sich zu voller Größe auf. »Vor der gleichen wie damals.«

Charlie ließ sich nicht ködern. Nicht von aufgeblasenen, selbstgefälligen Typen wie Raphael. Was machte er überhaupt hier?

Herausfordernd blickte er ihm in die Augen. »Daisuke und Becca haben diesen Weg gewählt, um von keinem der Protektoren erwischt zu werden.«

»Du wolltest zum Raum ohne Türmännchen«, erwiderte der kleine Japaner ängstlich. »Aber Becca hat dich hergeführt.« Er verstummte, da Becca ihm die Hand auf den Mund legte.

»Der Letzte, der sich durch die Absperrung getraut hat, war Ed.« Raphael stellte sich Charlie in den Weg. Fest und massiv wie eine Mauer, gegen die man nicht anrennen sollte. »Er hat die gleiche Lüge benutzt, als wir erwischt worden sind.«

Charlie konnte das Gefühl nicht abschütteln, in etwas hineingeraten zu sein, das deutlich tiefer ging als nur eine dumme Mutprobe. Gegenüber seinen Groupies scherzte Raphael ohne Unterbrechung, aber jetzt wirkte er seltsam ernst. Zu ernst. Aber was es auch war, vielleicht würde dies Charlies einzige Chance sein, zu Ann zurückzukehren.

»Ach, du hast dich also nicht getraut, die blaue Schicht zu durchschreiten«, entgegnete er und verdrängte alle Vernunft, die ihm riet, zu schweigen. »Du hast keine Ahnung, was dahinter ist. Deswegen das ganze Theater! Ich hab's geschafft und das kränkt dein Ego.«

Raphael schnaubte. Hatte Charlie wirklich mit einer Antwort gerechnet?

»Also habe ich recht«, schlussfolgerte Charlie und ballte die schweißnassen Hände zu Fäusten. Charlie hatte noch nie gut mit anderen spielen können. Aber wenn er den Brasilianer richtig einschätzte, musste er ihn nur lange genug provozieren, um sein Ziel zu erreichen.

»Du hast hier nichts verloren.« Raphael packte ihn am rechten Arm, doch Charlie riss sich los.

»Fass mich nicht an!«, rief er und rieb sich den schmerzenden Arm. Er hatte nicht damit gerechnet, dass Raphaels Griff sich wie ein Schraubstock anfühlte.

Raphael fixierte ihn, wie sich ein Jäger auf sein Opfer fokussiert, bereit, jeden Moment zuzuschlagen. Charlie schluckte unbehaglich. War er zu weit gegangen?

»Charlie-kun«, klagte Daisuke, »vielleicht sollten wir verschwinden, bevor uns wirklich ein Protektor erwischt. Es wäre sogar besser. Nachher geschieht noch etwas Schlimmes.«

»Daisuke, du bist so ein Feigling!«, zog Becca ihn auf. »Und du, Raphael, warum gehst du auf Charlie los?«

»Frag das ihn, Süße.«

»Ich bin bestimmt nicht deine Süße!«

Das bedrohliche Starren verschwand und Raphael schüttelte den Kopf. »Macht, was ihr wollt.« Damit wandte er sich ab.

Das blaue Fenster hatte etwas mit der letzten Prüfung zu tun, da war sich Charlie ganz sicher. Die Prüfung bildete den Punkt, an dem sich jeder Begabte entscheiden musste, ob er in Tougard blieb oder heimkehrte. Charlie fasste den Allzweckraum ins Auge. Diese Rumpelkammer musste also etwas mit dem Rückweg zu tun haben. Sie war zu gut versteckt und Raphael zu gereizt, so dass es sich bei ihr gut um den Weg nach Hause handeln konnte. Wieso sonst sollte ihm der magische Brief an diesen Ort geschickt haben?

»Du hast diesen Ed damals hierhin geführt, nicht wahr?«, fragte Charlie berechnend. »Und jetzt hast du Angst, dass das Gleiche wie damals passiert.«

Ohne Vorwarnung packte ihn der Brasilianer an den Schultern und schmetterte Charlie gegen die Tür des Allzweckraums.

»Maldiçao!«, fluchte Raphael und hämmerte auf das Holz ein. »Treib es nicht zu weit!«

Hatte Charlie ein violettes Flackern in seinen Augen gesehen? Direkt am Rande seiner Iris? Unmöglich. Ihm blieb keine Zeit, weiter darüber nachzudenken, da Raphael zu einem weiteren Schlag ansetze, jedoch in der letzten Sekunde von ihm abließ und vor Wut mit der Faust gegen die Tür schlug.

Die Begabten lebten in Tougard, um ihre Gaben zu lernen, damit sie sich nicht mit einer Kurzschlussreaktion verrieten. Zwar gaben die Protektoren ihr Bestes, um ihnen diese Affekthandlungen abzugewöhnen, aber völlig würden die Begabten es nie unterdrücken. Denn wenn etwas nicht so funktionierte, wie es sollte, schlugen Menschen auf ihre defekten Computer, hämmerten mit der Faust auf den Tisch, und, und, und …

Im Gegensatz zu Raphael hatte er nie über viel Kraft verfügt, wie er eindrucksvoll bewies, indem er durch den Schlag den Rahmen verzog und eine Lücke ins Holz schmetterte. In vielerlei Hinsicht ein Volltreffer.

Mit dem Ellbogen vergrößerte Charlie das Loch, bis seine Hand hineinpasste. Die Rückseite der Tür abtastend, fand er die Klinke und öffnete sie. Ein Basketball rollte ihm vor die Füße. Charlie griff danach und dribbelte den Ball ein paar Mal. Sein rechter Arm pochte bei der Bewegung. »Ich sollte mich bei dir bedanken, Raphael, dafür, dass du nach all den Jahren in Tougard immer noch so menschlich reagierst.«

»Du!«, zischte der Brasilianer wütend. »Du hast das geplant!« Charlie konnte das Gefühl nicht abschütteln, dass Raphael ein »Schon wieder!« hinzufügen wollte.

»So ein Schwachsinn«, kommentierte Becca. »Wir haben keine Ahnung, was an einer Tür ohne Türmännchen besonders sein soll. Daisuke, sag auch mal was!«

»Und was, Becca-chan?« Der kleine Japaner war hinter ihr in Deckung gegangen.

Nun ja, er hatte es nicht direkt geplant, eher die Gegebenheiten zu seinem Vorteil genutzt. Mit einem Grinsen drehte Charlie den Ball zwischen den Händen und beschloss, ihn wieder zu verstauen. Ann war nur noch eine Armlänge von ihm entfernt.

Raphael stellte sich ihm entgegen. Der Kiefer angespannt, die Schultern gestrafft. »Woher willst du wissen, dass du nicht in einer Hölle landest? Die schlimmer ist als alles, das du dir jetzt vorstellen kannst?«

Charlie hörte deutlich Panik in seiner Stimme. Es war ihm egal.

»Ich gehe zurück zu Ann«, erwiderte er entschlossen und schob sich an Raphael vorbei. »Bis dann.«

Raphaels Maske brach und offenbarte einen Anblick von aufrichtiger Verzweiflung. Noch bevor er nach Charlie greifen konnte, spürte dieser, wie ihn ein eiskalter Sog von der anderen Seite der Tür erfasste. Der Basketball tippte noch einmal auf dem Boden auf, dann war es still.

Kapitel 6

PEEL KURZ VORM PLATZEN

Der Sprung zurück in die Realität fiel Charlie leichter als gedacht. Dafür presste ihm seine Landung die Luft aus den Lungen und ließ ihn am ganzen Körper erzittern.

»Charlie! Wo bist du gewesen?«

»Gewesen?«, wiederholte er verwirrt. Es dauerte einen Moment, bis er begriff, was Ann gesagt hatte.

»Du warst plötzlich verschwunden!«, erwiderte sie. Ann stand mit verschränkten Armen im Türrahmen. In ihrem Türrahmen! Charlie schaute sich um. Die Werkbank. Sein Rucksack. Nichts hatte sich verändert, obwohl für ihn fünf Tage vergangen waren.

»Ich war weg?«, fragte er fassungslos. »Ich war wirklich weg?«

»Ich habe alles abgesucht, aber du warst nicht da!«

Charlie begann, auf und ab zu gehen. »Wie lange war ich weg?«

»Über zwanzig Minuten!«, gab sie zurück. Er hörte deutlich den Zorn in ihrer Stimme.

»Das war alles real.« Charlie brachte ein ungläubiges Lachen zustande. »Alles real.«

»Was hätte ich bitte meiner Familie sagen sollen? Ach ja, Charlie. Der war grad noch da, aber jetzt, keine Ahnung, hast du ihn nicht gesehen?« Ann stellte sich ihm entgegen. »Verdammt, wo warst du?«

Doch Charlie kämpfte mit seinen Gedanken. Tougard, Daisuke, Joy und auch die Türmännchen waren kein Traum gewesen. Kein Hirngespinst – sondern eine parallel existierende Realität. Es gab tatsächlich Menschen, die so viele Fragen stellten wie Becca.

»Was hast du da für eine Tasche?« Ann zupfte an ihm herum. »Und warum trägst du diesen seltsamen Mantel? Es ist Sommer.«

Wie in Trance schob Charlie ihre Hand weg. All seine Probleme lösten sich in Luft auf. Was kümmerte ihn der Umzug seiner Eltern? Bis morgen würde ein Jahr in Tougard vergehen. *Doch wie soll ich es ihr erklären? Dass ich umgeknickt bin, mich geheilt habe und in eine Dimension voller Begabter ›fluppte‹?* Das klang in seinem Kopf schon seltsam genug.

»Das mag sich jetzt komisch anhören, aber ...«

»Du hast mir Angst gemacht!« Ann rang um ihre Fassung. »Wie kann man von jetzt auf gleich verschwinden?«

»Das war nicht meine Absicht«, entgegnete er.

»Du solltest jetzt besser gehen.« Ann sammelte seine Sachen zusammen und stopfte sie verärgert in Charlies Rucksack.

»Nein, lass mich erklären.« Wenn er jetzt aus der Zimmertür spazierte, würde Ann ihm nie glauben. »Ich möchte dir etwas zeigen. Etwas Unvorstellbares.« Charlie lächelte beruhigend, hoffte er zumindest. »Etwas, das viel besser sein kann als diese Welt, wenn man nichts gegen Dauerregen hat.«

»Noch einer dieser Scherze?«, erwiderte sie hitzig.

Alles oder nichts. Charlie holte tief Luft und rief es mit einmal aus: »Ich war eben an einem völlig anderen Ort!«

»Und das soll ich dir glauben?« Ann trat ein paar Schritte zur Tür, als müsste sie den Abstand zwischen ihnen vergrößern. »Bist du jetzt verrückt geworden?«

»Nein, es stimmt.« Jetzt wurde er ernst. »Ich beweise es dir.«

Charlie konnte es selbst kaum glauben, aber ihn verband mehr mit Tougard als mit diesem Leben. Das Einzige, das fehlte, war seine Freundin. Das eine ohne das andere funktionierte nicht.

»Charlie, hör auf damit.« Ihre Zweifel versetzten ihm einen Stich.

»Ich habe nur diese Möglichkeit auf eine zweite Chance.« Charlie zog sie mit der freien Hand zu sich. Tougard erfüllte ihm seinen größten Wunsch: mehr Zeit. »Halt dich gut fest.«

»Was machst du da?«, fragte Ann und versuchte, sich aus der Umarmung zu befreien. »Zeig mir doch einfach dein Versteck.«

Charlie zog die Schublade des Werkzeugschränkchens einen Spalt auf und steckte einen Finger dazwischen. Mit einem Hüftschwung schubste er sie zu.

»Haha. Hörst du, Charlie? Ich habe gelacht«, meinte Ann unsicher. »Kannst du dich bitte wieder normal verhalten?«

Doch Charlie schluckte den aufkommenden Schmerzensschrei hinunter und lenkte seine Konzentration auf den hoffentlich nur gestauchten Finger. Der Gedanke, ob Ann ihn überhaupt begleiten wollte, kam ihm nicht.

Lass es klappen! Es muss klappen!, flehte er stumm. *Lass mich meinen Finger heilen und zurück nach Tougard!*

Plötzlich riss es ihn in die Tiefe. Charlie hätte am liebsten vor Freude gejubelt und hielt Ann noch fester. Im nächsten Moment schlug Charlie erneut rücklings im Büro des Ältesten Protektors auf. Seine zweite Landung verlief um einiges weicher als die Erste. Dafür trieb Anns Aufprall ihm erneut die Luft aus den Lungen.

»Haben die Kissen geholfen?«

Charlie blinzelte direkt in das Gesicht seiner Protektorin, die gegen ihre Tränen ankämpfte.

»Ms. Flemyng?«, ächzte Charlie trotz der weichen Polsterung.

»Du bist zurückgekehrt«, schniefte sie. »Ich weiß, wie viel du lernen musst und dass Heilen nicht einfach ist, aber ich … Ich dachte schon, ich hätte meinen ersten Schützling vergrault.«

Ann blickte ihn verwirrt an, doch Charlie drückte sie fest an sich. »Es hat funktioniert!«, jubelte er. Seine

Probleme waren mit einem Schlag klein und nichtig, denn sie hatten Zeit. Unendlich viel Zeit.

Ms. Flemyng wischte sich über die Augen. »Ich bin so froh, Charlie.«

Vorsichtig richtete Ann sich auf. »D-du hast die Wahrheit gesagt«, stammelte sie.

Charlie hatte früh den Glauben an Wünsche verloren. Sei es das richtige Geschenk zu Weihnachten oder Glück für das nächste Basketballspiel, wenn sein Team gegen eine stärkere Mannschaft antrat. Seine Wünsche waren nie erhört worden und Charlie hatte lernen müssen, sie selbst zu erfüllen. Oder es gleich bleiben zu lassen. Aber er hatte sich so fest gewünscht, nach Tougard zurückzukehren, wie nur irgendwie möglich. Mit jeder Faser seines Bewusstseins wollte er seinen pochenden Finger heilen und es hatte funktioniert.

»Komm mit.« Charlie zog seine Freundin auf die Füße, als zornige Stimmen an seine Ohren drangen.

»Seid bloß leise. Mr. Peel kocht vor Wut«, warnte Ms. Flemyng.

Charlie griff nach Ann und tastete sich an einem Bücherregal entlang. Verwinkelt wie Trenchs Büro war, gelangte er problemlos zu einer Ecke und spähte in Richtung des Schreibtischs des Ältesten Protektors. Er hatte gleich zweimal Glück gehabt. Nicht nur, dass Ann ihm nach Tougard gefolgt war, sondern auch, dass er nicht vor Mr. Peel aufgeschlagen war.

Im vorderen Bereich des Büros wanderte Peel auf und ab, während er Raphael eine hitzige Standpauke hielt. Dahinter saßen Becca und Daisuke auf Stühlen, die eine mit trotzig verschränkten Armen, der andere mit demütig gesenktem Kopf. Charlie dämmerte, dass er sich keinen allzu kleinen Fehltritt geleistet hatte. Sogar Trenchs allgegenwärtiges Lächeln war verschwunden.

Ann wollte sich an ihm vorbeischieben, um besser sehen zu können, aber Charlie hielt sie zurück. Zunächst wollte er sich ein genaueres Bild der Lage verschaffen.

»Ihr könnt nicht gegen die wichtigste Regel Tougards verstoßen!«, wütete Peel. »Die eine Regel, auf die jeder Protektor Wert legt!«

»Was bin ich froh, nicht mehr in Ihrem Kurs zu sein«, murrte Raphael und blickte stur in die Ferne.

»Valente!« Peel fuchtelte mit einem Finger durch die Luft. »Man darf nicht zwischen den Realitäten springen! Wir verbieten euch die Mutprobe jedes Jahr aufs Neue, dennoch …«

»Traditionen entstehen, damit man sie weiterführt«, unterbrach ihn Raphael. »Auch wenn man dafür ein paar Regeln bricht.«

»Wer ist das alles?« Ann zeigte auf Peel. »Wo bin ich hier?«

»Das erkläre ich dir später«, flüsterte Charlie. »Du solltest den Protektor nicht unterbrechen, wenn er wütend ist.«

Ann blickte ihn mit großen Augen an. »Den was?«

»Psst!« Selbst Ms. Flemyng hatte einen Finger auf die Lippen gelegt.

Was mache ich jetzt?, fragte sich Charlie. In seinem überstürzten Plan hatte er nicht bedacht, dass jeder Begabte in Trenchs Büro landete. Der Älteste Protektor würde Ann bestimmt willkommen heißen – das hatte Charlie im Gefühl. Doch Peel würde nur Probleme bereiten. Sehr laute Probleme.

»Wenn es möglich wäre«, tobte der Protektor, »würde ich dir die gleiche Strafe erteilen! Wie damals, als du Edward dazu verleitet hast!«

Raphael schnaubte. »Tja, leider können Sie mich keine weiteren sechs Monate in Ihrem Grundkurs schmoren lassen.«

»Dämlich ist diese Mutprobe trotzdem«, warf Becca leise ein.

»Niemand hat dich gezwungen, dabei mitzumachen«, konterte Raphael.

»Komm bloß nicht auf den Gedanken, ich wäre wegen dir mitgegangen.«

Raphael antworte mit einem Stirnrunzeln, da Becca sich lieber damit beschäftigte, Daisuke etwas zuzuraunen. Doch der kleine Japaner sackte nur weiter in sich zusammen.

»Du bedenkst niemals die Konsequenzen, Valente!«, meinte Peel aufgebracht und setzte seine Predigt fort. »Was, wenn er nicht zurückkommt? Wenn er uns verrät?«

Wie auf ein Stichwort schubste Ms. Flemyng Charlie aus seinem Versteck. Er stolperte und rannte Peel fast über den Haufen. Letzteres hätte ihm gerade noch gefehlt.

»Äh, hallo, Protektor«, grüßte Charlie und bereitete sich auf seinen Teil der Standpauke vor. »Da bin ich wieder.«

Peel betrachtete ihn, als wäre er eine Erscheinung. »Du!«

Derweil sprach sich Charlie in Gedanken Mut zu. Schließlich musste er dem Besenstiel noch beichten, dass er Ann mitgebracht hatte.

»Er ist gerade eingetroffen.« Joy schob sich um die Ecke und verdeckte die Sicht auf Ann, deren leuchtend orangefarbene Haare hinter ihrer Schulter hervorblitzten.

»Charlie-kun!« Sofort sprangen Daisuke und Becca auf und eilten zu ihm. »Du bist wieder da!«

»Ich dachte, es sei nur ein Gerücht!«, jauchzte die Französin und umarmte Charlie stürmisch. »Seit Jahren ist niemand mehr nach Tougard zurückgekehrt! Aber es ist wahr!«

Das erklärte natürlich den ganzen Aufruhr im Büro des Protektors.

»Ed hat es geschafft«, warf Raphael ein, während er Charlie nicht aus den Augen ließ. »Aber er kam erst nach einem halben Jahr zurück. Mit vollgestopften Taschen und seinem Schachspiel unterm Arm.«

»Ich bin hoffentlich besser als ein Schachspiel.« Ann trat in die Runde, gefolgt von einer überrumpelten Ms. Flemyng. Sie stellte sich mit einem Selbstbewusstsein auf, als erwartete sie abfällige Kommentare zu ihrem

Blaumann. Für ihre Selbstsicherheit beneidete Charlie sie, denn Ann stellte sich Diskussionen, um am Ende als Sieger hervorzugehen.

»Oder etwa nicht, Charlie?«, hakte sie nach.

Peels Stimme schraubte sich nach oben. Falls sein Gesicht noch lange weiterglühte, hätte er sich den Beinamen »rauchender Besenstiel« verdient. »Wer ist *das*?«

»Guten Abend«, grüßte Daisuke und verbeugte sich vor Ann. »Schön, dich kennenzulernen.«

»Also«, begann Charlie und rang um die richtigen Worte, »das ist … ich … also, Ann …«

Für den Moment schien Mr. Peel nicht zu wissen, auf wen er seine Wut zuerst richten sollte und starrte mit offenem Mund sowie mahnend erhobenen Finger in die Luft.

»Das ist deine Ann?«, schaltete Becca sich ein.

Als wäre es das Selbstverständlichste auf der Welt, nickte er und ein unbeschreibliches Gefühl durchfuhr ihn. Charlie hatte nie Freunde nach Hause gebracht oder seine Eltern gefragt, was sie von seinen Bekanntschaften hielten. Und Ann? Sie waren in ihrer Klasse stets die Ausgeschlossenen gewesen und das hatte sie zusammengeschweißt. Aber irgendwie gehörten Becca und Daisuke jetzt mit dazu. Es war ihm wichtig, dass sie Ann aufnahmen. So wie sie Charlie akzeptiert hatten.

»Charlie hat schon jede Menge von dir erzählt. Willst du zu mir in den Schlafraum?«, schlug die Französin vor. »Ich bin Becca.« Im Gegensatz zu den Protektoren gab es für Becca und Daisuke keinen Diskussionsbedarf.

Ann sah Charlie einen Moment lang verwundert an, aber lächelte dann. »Klar. Gern.«

»Meint ihr nicht auch, dass es hier ein wenig überfüllt ist?«, schaltete sich Trench ein, der dem Geschehen still gefolgt war. »Joy, könntest du die Kinder zurückbringen?«

»Vielleicht sollte ich bleiben«, gab Ms. Flemyng zu bedenken, verstummte aber bei Trenchs Blick. Auch die Begabten folgten nur widerwillig. Kaum hatte Tyram die

Tür hinter sich geschlossen, hörte Charlie Beccas aufgeregtes Plappern.

»Willkommen in Tougard«, grüßte Trench und nickte Ann freundlich zu.

»Von wegen willkommen!«, meckerte Peel augenblicklich. »Das Mädchen muss sofort zurück!«

»Nein.« Charlie ergriff ihre Hand. »Wenn Ann gehen muss, werde ich auch nicht bleiben.«

»Woher nimmst du den Glauben, dass du einfach so zwischen den Realitäten hin- und herspringen darfst? Es ist strengstens verboten, vor Abschluss deiner Ausbildung …«

»Was ist so schlimm daran, dass ich zurückgekehrt bin?«, gab Charlie zurück. »Sie haben mir doch erklärt, dass ich meine Fähigkeit meistern soll. Das war eben so etwas wie eine Übung.« Ann schenkte ihm einen verwunderten Blick.

»Wenn ein Begabter zum ersten Mal zu uns fluppt …«

»Was ist denn *fluppen*?«, fragte Ann.

»Das ist meine Kreation«, berichtete Trench stolz, worauf Peel nur den Kopf schüttelte. Endlich lächelte der Protektor wieder.

Charlie raunte Ann schnell ein »Erklär ich dir später« zu. Er wagte es besser nicht, Trenchs Wortschöpfungen ausgerechnet in dieser Situation zu erläutern.

»Fakt ist, dass in eurer eigenen Realität so gut wie keine Zeit verstreicht, während ihr hier seid«, erklärte Trench ruhig. »Vergehen in dieser Dimension vier Jahre, sind es in eurer Realität vier Tage.«

»Du warst bereits fünf Tage hier?«, fragte Ann und Charlie war wie immer beeindruckt, wie schnell sie das berechnen konnte. »Ist das wahr?«

Charlie konnte nur nicken, da der Älteste Protektor bereits fortfuhr: »Normalerweise stellen wir jeden Begabten nach Beendigung seiner Ausbildung vor die Wahl, ob er sein altes Leben wieder aufnimmt oder in Tougard bleibt. Kehrt er zurück, dann ziemlich genau an den Ort, von dem er aufgebrochen ist.«

»Das ist praktisch«, kommentierte Ann erstaunt. »Ich hatte schon befürchtet, dass meine Familie sich schreckliche Sorgen macht. Moment mal, das heißt, du bist von meinem Zimmer aus verschwunden?«

»Wer einmal Tougard verlässt, fluppt nie mehr in mein Büro«, erklärte Trench und Charlie dämmerte etwas Schreckliches. »Aber du bist durch das Dimensionsportal geschritten, ohne deine Gabe völlig zu beherrschen. Du bist zurückgekehrt *und* hast deine Freundin mitgebracht. Daher gilt für euch diese Regel nicht mehr.«

»Wer weiß, was überhaupt noch für euch gilt?«, warf Peel ein. Kopfschüttelnd sackte er auf einem Stuhl zusammen. »Es ist ein Desaster!«

Trenchs Blick gebot ihm, zu schweigen. »Ihr müsst euch das Zeitgefüge vorstellen, wie unendlich viele Flüsse. Einer davon ist Tougard und parallel dazu der von eurer Realität. Tougards Fluss braust und tost hinfort, während die Zeit bei euch sanft dahinplätschert. Beim Fluppen wechselt man von einem Zeitfluss in den anderen.«

»Was ist daran jetzt ein Problem?«, hakte Ann nach.

»Wir können nicht mit Sicherheit sagen, in welchem Zeitfluss ihr stecken geblieben seid. Charlie ist in so kurzer Zeit hin und her gesprungen, so dass er mit einem Fuß im Fluss von Tougard stehen kann, mit dem anderen jedoch in seinem ursprünglichen Zeitfluss. Und du, Ann, wurdest nicht auf üblichem Wege hergeholt. Die viel wichtigere Frage ist jetzt, welcher Strömung euer Körper nachgibt. Sagen wir, ihr beide bleibt vier Jahre in Tougard und beschließt dann, zurückzukehren. Es ist möglich, dass Ann vier Tage nach ihrem Aufbruch ankommt. Aber für Charlie wäre der Zeitfluss normal verlaufen und er landet somit in einer Welt, in der vier Jahre vergangen sind.«

Nur weil er Ann mitgenommen hatte, drohten ihm solche Konsequenzen? Dennoch war es Charlie egal, was mit ihm passieren würde. Dieses Gerede mit dem Zeitfluss verstand er ohnehin nur zur Hälfte. Aber was brachte es, sich darüber den Kopf zu zerbrechen, wenn er die Zeit mit Ann verbringen konnte? Dazu schöpfte Charlie Hoffnung, dass Ann nicht wieder zurückgeschickt würde. Bestimmt würde Trench ihr all dies nicht verraten, damit Ann Tougard verließ und zu Hause alles ausplauderte.

»Man muss Tougard aus eigener Kraft erreichen!«, protestierte Peel. »Noch nie hat ein Unbegabter diese Dimension betreten.«

»Das klären wir später«, beschwichtigte Trench. »Erstmal ist es wichtig, dass du weißt, dass dein Aufenthalt nicht wie der von anderen Begabten sein wird. Du wirst regelmäßig Hunger verspüren, Durst, Müdigkeit. Vielleicht wirst du altern. Was eintritt, kann ich nicht mit Sicherheit sagen. Alles oder nichts davon.«

»Ich werde also nicht wie Sie und die anderen Protektoren hundert Jahre oder länger bleiben«, schlussfolgerte Charlie. »Damit kann ich leben.«

»Wenn das auch für mich gilt, dann ist die Lösung ganz leicht.« Ann holte ihr Mehrzweck-Taschenmesser hervor und legte die Schere frei. Sie nahm Maß und schnitt sich langes Stück ihres geflochtenen Zopfes ab, so dass ihre orangefarbenen Haare nur noch knapp über die Schultern fielen. »Für diese Länge habe ich ungefähr ein Jahr gebraucht.« Ann grinste unbeholfen. »Je nachdem, wie schnell mein Haar nachwächst, wissen wir, wie viel Zeit vergangen ist. Nicht wahr, Charlie?«

»Ja«, entgegnete er zögerlich, während er noch immer auf ihre Haare starrte.

Peel schnaufte aufgebracht. »Das hast du umsonst getan! Kein Protektor wird dulden, dass sich eine Unbegabte in Tougard aufhält.« Charlie riss erschrocken die Augen auf. »Was sollen wir auch mit ihr anfangen? Am besten löschen wir ihr Gedächtnis und schicken sie zurück.«

»Was ist Ihr Problem?«, fragte Charlie.

»Sie besitzt keine Gabe! Nur Begabten ist der Aufenthalt in Tougard gestattet!«

»Was soll das bitte mit diesen Gaben?« Ann schaute ärgerlich von einem zum anderen.

»Auf der Welt existieren ein paar Menschen, denen eine besondere Fähigkeit geschenkt wurde«, erklärte Charlie, bevor die Protektoren etwas erwidern konnten. »Gedanken lesen, Psychokinese ... damit diese Menschen nicht in ihrem Leben auffallen oder an den Pranger gestellt werden, tauchen sie in Tougard auf, wenn sie ihre Kraft entdecken. Sie lernen hier, ihre Fähigkeiten zu meistern.«

»Junge, sei still!«, zischte Peel. »Noch ein Wort und du verbringst jeden Freitag im Extrakurs! Bis zu deiner Abschlussprüfung.«

Als ob mich das stört. Charlie grinste. »Ich zum Beispiel werde Heiler.«

Ann hob die Brauen. »Ich könnte also auch eine Gabe besitzen?«

»Ja, warum eigentlich nicht?«, meinte Trench und klatschte fröhlich in die Hände.

Peel legte ein noch kräftigeres Rot auf. »Warum nicht! Trench, wenn das Mädchen wirklich ...«

»Ann darf bleiben«, stellte Trench fest und bedachte sie und Charlie mit einem aufmunternden Lächeln.

»Ehrlich?« Sofort wurden Anns Augen groß.

»Aus eigener Kraft, Trench! Aus eigener Kraft!«

»In Tougard ist alles möglich.« Trench fasste Ann ins Auge. Er setzte eine Lesebrille auf und betrachtete sie von oben bis unten. Dann tippte er sich plötzlich an die Nase. »Natürlich! Du bist eine Mechanikerin.«

»Sie ist was?« Vor Schreck hielt Peel sich an seiner knallroten Fliege fest.

Charlie traf Trenchs Erkenntnis weniger überraschend. Sie ließ ihn sogar laut und herzlich lachen.

Schließlich wusste er schon seit Jahren, dass Ann eine geborene Mechanikerin war. Er kannte niemanden, der schneller und besser Geräte reparierte, mit Ausnahme ihres Vaters. Seine Freundin besaß das Talent, aus allem etwas anfertigen zu können. Dinge, die Charlie schon lange auf den Müll geworfen hätte, konnte Ann instand setzen, als sähe sie zwischen den einzelnen Gewinden, Kabeln und Metallteilen eine magische Verbindung.

»Da-das muss sie erst einmal beweisen, Trench.« Peels hochrotem Kopf war alle Farbe gewichen. »Sie nehmen den Jungen in Schutz!«

»Ann, wie wäre es, wenn du die Uhr da hinten reparierst?« Er zeigte auf die mannshohe Standuhr, die still in einer Ecke verharrte. Derweil zog Peel an seiner Fliege, als würde er nicht genug Luft bekommen.

Was bringt ihn so aus der Fassung?, fragte sich Charlie.

Doch Ann hatte längst die Vorderklappe der Standuhr geöffnet und inspizierte ihr Innenleben.

»Das ist leicht.« Ihre Stimme klang dumpf aus dem Uhrkasten, während Ann die Taschen ihrer Latzhose absuchte. »Ein Zahnrad ist gebrochen. Ich müsste so eins dabei haben … nein, das passt nicht … vielleicht das hier … ah, das könnte passen.« Charlie hörte ein leises metallisches Kratzen, dann schloss Ann die Vorderklappe. Sie zog die Pendel und die Standuhr nahm ihren Betrieb auf, als hätte sie nur darauf gewartet. Das gleichmäßige Ticktack erfüllte den Raum.

»Glauben Sie mir nun, Mr. Peel?«

»Das ist kein Beweis. Mechaniker müssen weitaus mehr können. Sie bringen den Fortschritt ins Rollen.«

»Dann gibt es nur eine Möglichkeit«, stellte Trench fest. »Wir gehen dorthin.«

»Oh nein! Niemand hält sich dort auf!« Peel schüttelte bekümmert den Kopf. »Außerdem muss der Junge zuerst ins Haus. Es ist spät geworden. Die Türmännchen schließen bald ab.«

»Pfft!«, erklang es von der Tür und Charlie erkannte Tyrams hölzerne Stimme. »Es sind noch zwei Stunden bis dahin. Verdammt! Jetzt habe ich mir meinen eigenen Begrüßungsscherz vermiest.«

Erschrocken fuhr Ann auf dem Absatz um. »Das ist ein Türmännchen. Eine Mischung aus lebender Tür und Portier.« Charlie war ein wenig stolz, dass er mit den Eigenheiten dieser Welt schon vertrauter war als sie.

»Dann können wir ja los«, meinte Trench. »Und Protektor, bevor Sie erneut anfangen: Der Junge kommt mit.«

Wie von Charlie vermutet, billigte Trench keine Widerworte mehr. Anstatt jedoch Ann Tougard zu zeigen, wanderte der Älteste Protektor schnurstracks zum Gebäude mit der von Charlie sehr geschätzten Bibliothek. Trench führte sie geradewegs in einen abgelegenen Bereich, von dem Charlie bisher nicht einmal etwas geahnt hatte.

»Da wären wir.« Ein gewaltiges Portal mit einem schlafenden Türmännchen beanspruchte die komplette Wand für sich. »Das ist Tyrdon. Nur ein Mechaniker kann ihn aufwecken.«

Ann erforschte die Figur mit ihren Fingern. Sie fuhr ihm über die geschlossenen Augen, die angespannten Arme, als würde sie nicht glauben, dass eine Figur reden könnte, und bei der sie gleichzeitig herausfinden wollte, wie es funktionierte.

»Zeit, wieder an die Arbeit zu gehen, Tyrdon.« Ann legte die flache Hand auf seinen kahlen Schädel. Charlie hielt den Atem an. Eine Sekunde, zwei Sekunden, doch nichts passierte.

»Du hast lange genug geschlafen«, half Trench nach, aber Tyrdon zuckte nicht mal.

»Bei diesem Test können Sie nicht eingreifen, Trench. Wir vergeuden unsere Zeit. Wir können das Mädchen gleich …«

Da erzitterte das Türmännchen. Mit einem Knarzen streckte es die Arme aus.

»Achtzig Jahre«, ächzte Tyrdon und holte ein sehr abgenutztes Kissen hinter seinem Rücken hervor. »Viele Begabte haben sich an mir versucht. Aber nur meinen Herrn öffne ich.« Das Türmännchen erblickte Ann und lächelte. »Natürlich auch meiner Herrin.« Er schwang die Flügeltüren nach innen auf. Die Angeln quietschten nach frischem Öl.

»Ohne mich!« Peel drehte sich auf dem Absatz herum und flüchtete.

»Das ist die Werkstatt Tougards«, sprach Trench zu Ann, die sofort eingetreten war. »Dein persönlicher Arbeitsbereich.«

Charlie kam nicht mehr aus dem Staunen heraus. Die Fenster reichten von der Decke bis zum Boden und die Abendsonne verlieh dem Raum einen flammenden Anstrich. Ihr Eintreten wirbelte unzählige Staubflocken auf, die sich in den Sonnenstrahlen brachen. Er kam sich vor, als beträte er ein flirrendes Gemälde, keine Werkstatt.

Erst beim zweiten Hinsehen erkannte er die Lochwände voller Schraubendreher, Zangen, Schlüssel. Überall im Raum verteilt standen Werkbänke, beladen mit unfertigen Erfindungen. Pergamentstöße, übersät mit Skizzen, lagen verstreut auf dem Fußboden.

»Was ist das alles?« Charlie zog einen Finger über ein verstaubtes Grammofon, während der Älteste Protektor auf der Schwelle zurückblieb. »Das hat noch eine Kurbel!« Dahinter entdeckte er eine Buchpresse, die mindestens zweihundert Jahre alt war, wie ihm das Messingschild verriet.

An einer Wand war ein Mechanismus aus verschiebbaren Tafelebenen angebracht worden. Die Skizze einer Glühlampe prangte auf der obersten.

»Lese ich richtig?«, staunte Charlie. »Jemand hat mit T.A. Edison unterschrieben?«

»Der Edison?« Ann blätterte durch einen Pergamentstapel und hielt für einen Moment ehrfürchtig inne.

»Eddie hat unter Skizzen immer seinen Namen hinterlassen«, antwortete Tyrdon, bevor Trench etwas erwidern konnte. »Damit niemand es unabsichtlich wegwischt. Damals traten sich unsere Mechaniker gegenseitig auf die Füße.«

»Der Thomas Alva Edison ist hier gewesen? Der Erfinder der Glühlampe?«

»Ach ja. Ich erinnere mich.« Tyrdon gähnte hinter hölzerner Hand. »Lodygin sprach immer davon, dass er seine Erfindung in der realen Welt groß rausbringen würde.«

»Nein, Edison war das«, berichtigte Charlie das Türmännchen. »Zu Edisons Zeit gab es viele Erfinder, die um Patentrechte stritten, weil jeder von sich behauptete, der Erste gewesen zu sein. Wenn ich mich recht entsinne, hat sich nicht nur Edison eine Glühlampe ausgedacht. Sondern auch ein Deutscher und …«

»Der Russe Alexander Lodygin ist zumindest in dieser Dimension als Erfinder der Glühlampe vermerkt«, half Tyrdon ihm weiter. »Von ihm stammen auch die vielen Lampen nebenan.«

»Wer hat da wohl von wem geklaut?«, fragte Ann sarkastisch und öffnete die Tür zum Nebenraum. Bis zur Decke stapelten sich Kisten voll halbfertiger Erfindungen wie ein nicht zu Ende gebautes Fließband.

Mit glänzenden Augen stürzte sie sich in das Chaos.

»Ältester Protektor«, Charlie widerstand dem Drang, den alten Mann mit ›Opa‹ anzusprechen. »Was ist so besonders daran, eine Mechanikerin zu sein?«

»Diese Begabung ist sehr, sehr selten«, erwiderte Trench ernst. »Und niemand hat je herausgefunden, was ausschlaggebend für ihre Ankunft in Tougard ist.«

»Warum nutzt niemand all diese Erfindungen? In Tougard könnte immer Licht brennen. Alles könnte sehr viel einfacher sein.«

»Genau das ist der Kern der ganzen Geschichte.« Trench seufzte. »Ein Mechaniker bedeutet Fortschritt. Diese wunderlichen Menschen können alles bauen, was innerhalb ihrer Vorstellung liegt.« Charlie fand es seltsam, dass Trench, der genug Eigenarten für drei Menschen besaß, Mechaniker als wunderlich bezeichnete. »Das Problem mit dem Fortschritt ist, dass kein Mechaniker je in Tougard geblieben ist. Nur die unvollständigen Erfindungen haben sie uns gelassen. Wir schaffen es kaum, einen Nagel gerade in die Wand zu schlagen.«

»Charlie, sieh nur!«

Leicht verstaubt rannte Ann aus dem Nebenraum und kam schwungvoll vor ihm zum Stehen, um ihm einen kleinen mechanischen Vogel in die Hände zu legen. Es dauerte einen Augenblick, dann schüttelte der Vogel sorgfältig das stählerne Gefieder und reckte seinen kleinen Kopf in Charlies Richtung, bevor er sich zwitschernd in die Luft erhob.

Beeindruckt folgte Charlie seinen ersten Flugversuchen.

»Der lag zwischen den ganzen Kisten«, erklärte Ann, während sie den Vogel ebenfalls beobachtete. »Mit ein paar Handgriffen war er wieder repariert! Meinst du, ich könnte auch so etwas bauen?«

»Probier es«, wollte er sie ermutigen, aber Ann war bereits verschwunden. Ein Klirren und Rumpeln erklang von nebenan. »Verdammt!« Charlie grinste. Sie hatte wohl etwas umgeworfen.

»Faszinierend«, meinte Trench hinter ihm leise. Als Charlie sich zu ihm umdrehte, sah er, wie der Älteste Protektor seine Hand ausstreckte, damit der Vogel darauf landete.

Erneut eilte Ann an seine Seite, doch hielt sie dieses Mal keinen Vogel in den Händen. Es war viel eher etwas, das einem metallenen Drachen in der Größe einer ausgewachsenen Hauskatze entsprach.

»Wo hast du das denn gefunden?«, fragte Charlie leicht besorgt, als der Drache Rauchkringel ausstieß. Jedoch hielt Ann ihn im Arm wie ein zahmes Kätzchen.

»Es gibt noch einen dritten Raum. Dort liegen Kabel, Bleche, Kupferdrähte und Regale mit allem, was man zum Arbeiten braucht. Ich habe noch nie so schnell etwas zusammengesetzt!«

»Beißt er?«, scherzte Trench, aber Ann schüttelte den Kopf.

»Dann speit er bestimmt Feuer«, meinte Charlie und strich mit den Fingern über den kühlglatten, silbernen Kopf des Drachens. Wie zur Bestätigung spuckte der Drache eine kleine Flamme. Charlie zog rasch die Hand zurück. Die Hitze hatte sich sehr real angefühlt.

»Es ist unglaublich!«, sprudelte Ann hervor. Sie ließ die Maschine frei, die sogleich ihre Schwingen ausbreitete und zur Decke hinaufflog. »Sie verhalten sich, als wären sie lebendig. Als seien es echte Vögel und echte Drachen! Danke, Charlie!« Sie stellte sich auf die Zehenspitzen und schloss ihn in die Arme. »Danke, dass du mich mitgenommen hast. Wo auch immer ich hier bin.«

Der Moment verstrich viel zu schnell und Charlie hätte sich sehr gewünscht, seine Freundin länger zu umarmen. Oder wenigstens sie an der Hand zu halten, während sie gemeinsam die Geheimnisse dieser Welt erkundeten. Doch Ann flitzte schon wieder in die Werkstatt, schnappte sich hier Werkzeuge und packte dort Stifte und Papier. Der Drache schwebte wie ein Bewacher über ihr und glitt elegant in den anliegenden Raum.

»Willst du immer noch in deine Welt zurückkehren?«, fragte Trench gut gelaunt.

»Nein.« Charlie ließ den Blick über diese buchstäbliche Wunderkiste einer Werkstatt schweifen. »Ich bleibe hier.«

Kapitel 7

KANN MAN PREMIUMMITGLIED WERDEN?

Es war noch früh am Morgen, als Ann hochschreckte und es dauerte einen weiteren Moment, bis sie begriff, dass sie sich in der Werkstatt befand. Nicht im Schlafsaal, nicht in ihrem eigenen Zimmer. Sie rollte sich auf die Seite und – *autsch.* Da war sie schon aus dem schmalen Klappbett gefallen, das ein ehemaliger Mechaniker in dieser Ecke angeschraubt hatte.

Wenn Charlie wüsste, dass ich bis tief in die Nacht arbeite, dachte sie, *würde er mir einen Vortrag halten.*

Ann legte Holzscheite in den zerbeulten Heizofen und zog sich einen dicken Pullover über. Der Sommer in Tougard neigte sich seinem Ende entgegen, so dass die Kälte nachts bereits durch die Fenster kroch. In ein paar Monaten würde der Frost die ersten Eisblumen an die Scheiben malen.

»Tyrdon, tut dir das nicht weh, wenn ich Holz verbrenne?«, fragte sie. »Ist das nicht ein Verwandter von dir?«

»Türmännchen bestehen aus besonderem Holz, das man nicht zum Heizen nutzt.« Er gähnte und streckte seine Glieder. »Außerdem ist mir auch kalt.«

Ann schlurfte zu ihren Werkzeugtischen, auf denen ihre Maschine unvollendet wartete. Sie wollte etwas Eigenes erschaffen. Etwas, das wie ihr Drache funktionierte, aber nützlicher war als ein fliegendes Feuerzeug.

Als hätte die Maschine sie gehört, hob der Drache auf seinem Sessel den Kopf, stieß Rauch aus und legte sich wieder schlafen.

»Hattest du einen schlechten Traum, Herrin?«

»Sag einfach Ann«, erwiderte sie. »Ich fühle mich nicht wie eine Herrin oder irgendwas in der Richtung. Und nein, ich konnte nicht schlafen. Ich hatte eine Idee.«

Das Türmännchen lächelte stolz. Verlegenheit färbte Anns Wangen rot. »Ganz wie deine Vorgänger. Sie haben auch ständig überlegt, was man noch verbessern könnte.«

Das ist es! Sie griff nach den metallenen Fragmenten und setzte zwei Scharniere zusammen, die sie für die Beine benötigte. Ann konnte sich nicht erklären, was Tougard mit ihr machte. Seit ihrer Ankunft fiel ihr jeder Handgriff unglaublich leicht, als wüssten ihre Finger, was sie zu tun hatten, bevor es ihr Kopf auch nur ahnte. Schneller als jemals zuvor baute, reparierte und bastelte Ann an ihren Ideen. Manchmal hatte sie das Gefühl, die Einzelteile sprachen mit ihr. Nicht im Sinne von Wörtern und Sätzen. Es war mehr wie ein Flüstern in ihren Gedanken, ein Gefühl, das sie in die richtige Richtung leitete.

In Tougard war Ann ihrem Traum, eine bedeutende Ingenieurin zu werden, noch nie näher gewesen. Sie wollte nicht ein Leben lang Föhns reparieren. Sie wollte Flugzeuge entwerfen, die schneller und höher flogen, Automotoren entwickeln, die leiser und sparsamer waren – Raumschiffe bauen. Sie wollte etwas Bedeutendes sein. Nicht nur die älteste Tochter des besten Elektrikers der Stadt.

Zunächst wollte sie jedoch herausfinden, wofür die ganzen Glühlampen gedacht waren. Und Rohrleitungen verlegen, die die Werkstatt an die Heizboiler anschlossen. Wenn sie damit fertig war, würde sie von all dem Schrauben Anziehen und Löcher Bohren sicher Arme wie ein Ringkämpfer haben.

»Tyrdon, wir brauchen dringend Strom«, entschied Ann.

»Wie meinst du das?«

»Ich brauche Steckdosen. Du weißt schon: für Strom. Damit man Energie hat, damit Glühlampen leuchten, für Bohrmaschinen.« Ann sammelte ihre Entwürfe und Skizzen ein und warf sie achtlos in eine Ecke. »Ich hätte meinen Akkubohrer mitnehmen sollen.«

»Ann, Charlie hat sich viel Mühe gegeben, die Maschinen aufzuzeichnen«, sagte Tyrdon, aber Ann hörte nur halb zu. »Du solltest vorsichtiger damit umgehen.«

»Ach, da passiert schon nichts.« Sie eilte durch die Werkstatt und sammelte alles an Kleinteilen zusammen, Schrauben, Muttern, Nägel, Klemmen, Kabel – zum Glück hatte sie auch ein paar Plastikschüsseln gefunden, die ein Begabter mitgebracht hatte.

»Erzähl mir was von den anderen Mechanikern«, schlug Ann vor, als sie Kupfer zu Staub rieb. Tyrdon, der schon einige überlebt hatte, war für Ann vergleichbar mit ihrem eigenen Protektor. Das Türmännchen wusste über alles Bescheid.

»Kennst du die Herren Benster und Taylor?«, fragte er also, worauf Ann augenblicklich den Kopf schüttelte. »Diese beiden waren zeitgleich in Tougard und haben an einer Schnellpresse getüftelt.«

»Das ist die Maschine da hinten, oder?« Ann zeigte auf das Monster aus Metall, das man neben dem Grammofon abgestellt hatte.

»Genau. Ihr Ziel war es, eine Vorrichtung zu bauen, mit der man schneller drucken konnte«, erklärte Tyrdon. »Tausend Seiten in der Stunde wollten sie schaffen. Ständig haben die beiden mir in den Ohren gelegen, dass sie ihre Presse an eine Zeitung verkaufen wollen. Die Times oder so ähnlich.«

»New Yorker oder Londoner?«

»Was sind das für Namen?« Tyrdon runzelte die Stirn.

»Zwei Städte in unserer Welt. Sie sind riesig im Vergleich zu Tougard. Aber wie haben sie die Presse angetrieben?«

»Dieser Prototyp läuft über eine Kurbel. Sie planten, sie über eine Dampfmaschine zu betreiben.« Tyrdon lehrte sie die Funktionsweise der Presse und Ann lauschte aufmerksam. Auch wenn sich das Türmännchen nicht von seiner Tür entfernte, konnte sie sich keinen besseren Lehrer vorstellen. Fließband, Heißluftballone, bewegte Bilder ... Tyrdon hatte etliche Erfindungen in ihrer Entstehung miterlebt.

»Aber wie haben Mechaniker früher Löcher gebohrt, Teile mit Nieten versehen oder in Form gebogen?«, fragte Ann. »Haben sie das von Hand gemacht?«

»Auch.« Tyrdon kratzte sich nachdenklich am Kopf. »Oder sie haben andere Begabte um Hilfe gebeten. Mit Psychokinese lässt sich Metall leicht formen.«

In Gedanken war Ann schon wieder woanders. Sie hatte Begabte kennengelernt, die Feuer und Eis beherrschten, die Magnetfelder kontrollierten – praktisch für jede Gerätschaft in der Realität gab es eine entsprechende Fähigkeit. Nur erfinden, das musste sie noch selbst. Und gegebenenfalls die jeweiligen Begabten um Hilfe bitten.

Tyrdon stellte sich auf Zehenspitzen, um besser sehen zu können. »Was bastelst du da eigentlich?«

»Pass auf.« Ann drehte eine Flasche mit einer chemischen Flüssigkeit auf. »Die Teile aus Zink sind die Anode, Kupfer ist die Kathode. Ein Schwamm trennt die beiden. Wenn ich den Elektrolyt zwischen sie schütte, sollten wir eine Batterie haben.«

»Das soll so funktionieren?«, zweifelte Tyrdon. »Bei Alessandro Volta hat es viel komplizierter geklungen, Elektrizität zu sammeln und zu speichern.«

Ann holte eine von Lodygins Lampen hervor, um sie an die Batterie anzuschließen. Einen Moment später flammte sie so stark auf, dass es Ann blendete, und mit einem Knall brannte der Glühdraht durch.

»Mist.«

»Wenigstens haben wir nichts in Brand gesetzt«, kommentierte Tyrdon. »Probieren wir es gleich noch mal.«

Ann rannte zur Fensterfront. Ein noch stärkerer Wind wehte über Tougard, der die Jacken und Haare der über den Hof laufenden Schüler zum Flattern brachte, sowie einem Protektoren einen ganzen Schwung Blätter aus den Armen riss, der ihnen aufgebracht hinterhereilte.

»Tyrdon, gar nicht weit von Tougard stehen mehrere Windmühlen. Wer hat die gebaut?« Aufregendes Kribbeln durchfuhr Ann, als stände sie selbst unter Strom.

Für einen Moment hörte man nur Tyrdons knarzenden Atem. »Ein früherer Mechaniker. Zusammen mit den Leuten aus Taun.«

»Sind die noch in Betrieb?«

»Ja.«

»Dann habe ich eine Lösung!« Ann ergriff eine Leiter und rannte aus der Werkstatt. Ihr metallener Drache stürzte von seinem Sessel und flog ihr hinterher. »Ich bin gleich wieder da.«

Es stürmt praktisch immer. Das heißt, die Rotorblätter stehen nie still.

Kaum hatte Ann den Korridor zu ihrer Werkstatt verlassen, verlor sie sich im Getümmel. Sie gab sich Mühe, niemanden mit ihrer Leiter niederzustrecken, während ihr Drache über ihr schwebte. Ein paar ältere Begabte grüßten sie, doch Ann wich unwirsch aus, damit sie bei einem Gespräch nicht ihre neueste Idee vergaß. Nicht mal für Charlie hielt sie an, der erschrocken dem heransausenden Drachen auswich. Es gab keine Erklärung, warum ihr Drache so gerne seine Pullover in Brand setzte oder vergnügt um seine Beine hüpfte. Der Drache bestand aus Schrauben, Muttern und Scharnieren. Aber manchmal hatte Ann das Gefühl, er war ein Wachhund und Charlie sein Herrchen.

Während sie sich durch die Menge der Begabten schob, beschwerte sich Anns Magen über das versäumte Frühstück. Eigentlich musste sie in Tougard weder essen noch trinken, aber hier zeigte sich wohl die erste Konsequenz ihrer ungewöhnlichen Ankunft. Ann hatte sich noch nicht getraut, Charlie zu offenbaren, dass sie Hunger verspürte. Er würde sich nur unnötig Sorgen um sie machen.

Ann durchquerte das sternförmig angelegte Gelände. Sie suchte an den Außenmauern, an den Fenstern, selbst an den beiden Toren. Stieg auf die Leiter und tastete über den Putz, bis ihre Finger auf dünne Kabelleitungen stießen, die im Boden verschwanden, bis sie an einer Mauerecke fündig wurde: Hier war eine kleine Messingfassung montiert worden. Mit ihrem Taschenmesser kratzte sie den Putz ab, bis sie ein dünnes Kabel freilegte.

»Volltreffer!« Rasch kramte sie aus ihrer Tasche eine von Lodys Glühlampen. Ihre Holzleiter wackelte bedrohlich, aber Ann störte das nicht. Sie hatte in ihrem Leben mehr Leitern als Treppen erklommen. Charlie wäre bei ihrem Anblick ganz bleich geworden; noch ein Grund, warum sie ihn nicht um Hilfe gefragt hatte.

Die Glühlampe passte perfekt in die Fassung.

»Lody ist nicht fertig geworden«, lachte Ann, auch wenn niemand da war, um ihr zuzustimmen. Lediglich ihr Drache hing kopfüber an der Regenrinne und blies Fünkchen in die Luft. »Er hat versucht, den Innenhof zu beleuchten.« Wenn sie trichterförmige Spiegel daran befestigte – so wie die Ägypter bei ihren Öllampen – dann müsste kein Begabter mehr nachts mit Laternen über die unebenen Wege stolpern.

Nachdenklich stieg Ann die Leiter hinab. »Wenn ich nur ein paar Batterieblöcke hätte. Oder einen großen Kondensator.« Der Drache landete auf ihrem ausgestreckten Arm. Sie tätschelte seinen kalten Kopf, so dass er zu surren begann. »Theoretisch müsste ich einen Windpark bauen.«

»Hey du.« Lauren wartete neben der Leiter und blies mit ihrem rosa Kaugummi eine Blase auf.

»Kann ich dir irgendwie helfen? Hey, ist das echt ein Kaugummi? Wo hast du den denn her?« Das Mädchen schien ganz in Ordnung zu sein. Auch wenn Ann nicht verstand, wieso sie so viel Zeit für das Legen ihrer blonden Locken verschwendete. Die Mengen, die Lauren an Haarnadeln besaß, hätte Ann gerne in Schrauben und vorgebohrten Blechen gehabt.

»Du und dieser Neue«, stellte Lauren fest und die Blase platzte mit einem lauten *Popp,* »ihr seid doch immer mit Becca und dem kleinen Asiaten unterwegs.«

»Du meinst Charlie.«

»Ja, kann sein.« Bei ihren Worten verdrehte Ann die Augen. Charlie hatte wirklich einen bleibenden Eindruck hinterlassen. Erstaunlicherweise hatte sie bereits neue Freunde gefunden und verstand sich ausnahmslos mit den Mädchen aus ihrem Zimmer. Jetzt musste sie nur noch dafür sorgen, dass Charlie es ebenfalls schaffte.

»Ich möchte nur etwas klarstellen.« Lauren packte sie an der Schulter und stieß sie gegen die Mauer.

»Was wird das?« Ann schlug ihre Hand beiseite und befreite sich aus ihrem Griff. Bei zwei älteren Brüdern gehörten Streitereien und Kämpfe zur Tagesordnung. Wahrscheinlich hatte Ann schon mehr blaue Flecken auf ihrem Körper gehabt, als Lauren in ihrem gesamten Leben bekommen würde.

»Wenn du dich an die Regeln hältst, hast du nichts zu befürchten.« Der Drache auf Anns Arm knurrte leise. »Also Hände weg von Raphael.«

Allerdings fürchtete sie sich keineswegs, sondern unterdrückte einen Lachanfall. Becca war vielleicht mit dem Brasilianer befreundet. Aber sie doch nicht! Sie hatte ihn doch nur einmal kurz im Büro des Ältesten Protektors gesehen.

»Ich mein's ernst. Wenn du dich nur irgendwie an ihn ranmachst, wirst du es bereuen.«

»Oh, jetzt habe ich aber Angst«, erwiderte Ann. »War's das? Weißt du, ich hab nämlich zu tun.«

»Verarschst du mich?« Lauren nahm den Kaugummi aus dem Mund und klebte ihm Ann in die Haare. »Obwohl ich mir bei deinem Aussehen echt keine Gedanken machen muss. Raphael steht nur auf Mädchen mit Stil.«

»Dann brauchst du dir ja keine Sorgen zu machen«, schnaubte Ann. Sie streckte die verstaubten und verschmierten Finger aus, wie um Laurens Mantel zu berühren. Sofort wich die Begabte zurück. »Ich ruiniere mir meine Kleidung viel zu regelmäßig mit Ölflecken und Stromschlägen.«

Der Drache stieß sich von Anns Schulter ab und stürzte sich auf Lauren. Er schnappte mit seinem kleinen Maul nach ihr, spuckte kleine Flammen und fauchte wie ein zorniger Kater.

»Was ist das für ein Vieh?« Lauren versuchte ihn mit den Händen abzuwehren, aber er flog eine flinke Kurve. Funken knisterten in Laurens Locken, die sie panisch ausdrückte.

»Ich wollte dich sprechen, Ann.«

Wie aus dem Nichts tauchte Trench an der Mauerecke auf. Lauren zuckte zusammen und ging sofort auf Abstand. Schnell schob Ann ihre kaugummiverklebten Haare hinter das Ohr.

Ihr Schulleiter in der Realität war stets in Anzug und Krawatte erschienen, so dass Trench Anns Auffassung von einem Ältesten Protektor kaum traf. In seiner viktorianischen Kleidung entsprach er eher einer Rolle aus einem alten Kostümfilm.

»Und du, Lauren, müsstest du nicht bei deinem Protektor sein?«

Ann hatte damit gerechnet, dass Lauren mürrisch das Gesicht verziehen würde. Aber das Mädchen quiekte vergnügt ein »Ich mache mich sogleich auf den Weg« und eilte affektiert davon.

Auf ein Zeichen stieg ihr Drache in die Höhe und flatterte zur nächsten Dachkante, um Fledermaus zu spielen, wie er es zuvor getan hatte. Aus den Augen lassen – das wusste Ann – würde die Maschine sie jedoch nicht. Der Drache hatte sich anscheinend zu ihrem persönlichen Bodyguard ernannt.

»Hab ich was angestellt?«, fragte Ann. Hoffentlich hatte der Protektor nichts von der kleinen Auseinandersetzung mitbekommen.

»Aber nein.« Trench schmunzelte. Man hätte ihn, so wie er auftrat, problemlos in einer Jane-Austen-Verfilmung mitspielen lassen können. Nur dass er nicht ganz so ernst sein würde.

»Da du keinen eigenen Protektor hast, weihe ich dich ein.«

»Ich habe wirklich nichts angestellt?«

»Nein, es geht um etwas anderes.« Trench berührte vorsichtig den Kaugummi in Anns Haaren. Im nächsten Moment hatte sich die zähe Masse gelöst. Er wickelte den Kaugummi in ein Taschentuch und lächelte, als sei nichts vorgefallen.

Schweigend folgte sie Trench, der sich auf dem Weg zum Haus der Protektoren machte. Innerlich jedoch brannte sie vor Neugier. Was wollte Trench so plötzlich? Wieso hatte der Mann immer – wirklich immer – einen freundlichen Gesichtsausdruck? Wie hatte er das mit dem Kaugummi gemacht? Fragen über Fragen. Doch Ann stellte nicht eine davon, während sie durch die leeren Gänge spazierten.

»Wenn du dich nicht wohlfühlst«, meinte Trench nach einer Weile, »kannst du diese Dimension jederzeit verlassen.«

»Wer behauptet das?« Ann hatte nie etwas Vergleichbares erlebt. Sie hatte sich nie so bestätigt gefühlt wie in den letzten Tagen.

»Niemand«, entgegnete Trench. »Genauso wie niemand dich zum Bleiben zwingen kann, wenn du zurück zu deiner Familie möchtest.« Er hielt inne, als sie an einer Begabten vorbeischritten, die vor einer Tür schmollte.

»Was ist passiert, Joan?«, fragte Trench fürsorglich.

»Frau Yukow hat mich zur Strafe hinausgeschickt.« Das Mädchen schniefte. »Sie sagt, wenn ich mich nicht anstrenge, darf ich nicht zurückkommen. Sie ist böse mit mir.«

»Das meint Frau Yukow nicht so«, tröstete Trench die Kleine. »Sie ist manchmal etwas harsch. Aber du gibst dir Mühe, nicht wahr, Joan? Du übst doch fleißig?«

»Ja, Protektor.« Joan zeigte das unschuldige Lächeln eines Kindes. »Ich mag meine Gabe.«

»Dann kannst du wieder zu Frau Yukow gehen.« Mit einer knappen Handbewegung kam das Türmännchen seiner Arbeit nach.

Jeder Begabte, der ihr begegnet war, hatte Trench in höchsten Tönen gelobt. Unabhängig von Alter und Herkunft, Trench wurde geschätzt und bewundert. Becca erzählte pausenlos, wie sehr der Älteste Protektor sie bei ihren Stunden zum Lachen brachte. Selbst Charlie, der sich schwer für Fremde erwärmte, vertraute ihm. Ann konnte nicht sagen warum, aber den Ältesten Protektor nicht zu mögen, schien unmöglich.

»Vermisst du deine Familie?«, wollte Trench von ihr wissen. »Du kannst es mir ruhig sagen.«

Während Ann noch über ihre Antwort nachsann, führte Trench sie weiter durch das Gebäude. Hinter den Türen der Kursräume schallte Gelächter, hier und da knallte eine Explosion. Ann fühlte sich oft allein, da Tyrdon sie nicht begleiten konnte, wenn sie durch Tougard streunte und durch die Fenster spähte, hinter denen Begabte ihren Protektoren lauschten. Sicher, sie sollte ihren Grundkurs besuchen, aber auf Peel konnte Ann gut verzichten.

Trench grüßte zwei Türmännchen, die eine verschlossene Pforte bewachten. Sie zogen die knarzenden Flügel auf und Ann trat hinter ihm ein.

Ewige Lichter hingen von der Decke und tauchten den Raum in eine schummrige Düsternis, beleuchteten nur schwach die in brüchiges Leder gebundenen Folianten, die in einer Reihe von Glasvitrinen lagen. Schlagartig fühlte sich Ann wie in einer Grabkammer, in der uralte Gebeine ausgestellt wurden.

»Die ersten Protektoren begannen mit dieser Tradition. Du wirst noch merken, dass Bräuche und Aberglauben in dieser Dimension nicht kleinzukriegen sind. Traditionen halten sich verbissener als Löwenzahn auf einer Blumenwiese. Man reißt ihn raus und doch kehrt er immer wieder zurück, lässt man nur die kleinste Wurzel im Boden.« Ann vernahm Trenchs angenehmes Lachen. »So viel zum Löwenzahn. Eigentlich wollte ich auf etwas anderes hinaus. Durch alle Zeiten hinweg haben sich die Begabten Tougards in die Chroniken eingetragen. Sieh genau hin.«

Zunächst war Ann davon ausgegangen, es gäbe nur Folianten in diesem Raum. Doch im flackernden Licht offenbarte sich Ann der ungewöhnlichste Wandschmuck, den sie sich vorstellen konnte. Von der obersten Ecke bis knapp über den Fußboden erstreckten sich Namen. Ann las Chinesisch, Russisch, selbst die Piktogramme der Indianer. Eine Zeit lang hatten die Begabten sich sogar den Scherz erlaubt, unter ihren Namen die Entsprechung in Griechisch zu setzen. Sie mochte sich gar nicht vorstellen, was sich in den Büchern versteckte. Keilschrift und ägyptische Hieroglyphen würden ihr den Boden unter den Füßen wegziehen.

Handschriften über Handschriften zierten die Wände. Geschwungen, akkurat oder noch wackelig wie bei einem Kind im Grundschulalter. Jeder Name zeugte von Tougard und den Wundern, die die Begabten hier vorfanden. Vor Begeisterung hielt Ann die Luft an.

»Einer meiner Vorgänger hatte die Idee hierzu«, erzählte Trench mit seinem altbewährten Schmunzeln. »Leider hat er nicht bedacht, dass die Wände kaum ausreichen würden.« Trench zog die Tür am Ende des Raums auf. »Zu meinem Glück fluppte vor einigen Jahren ein Begabter nach Tougard, der Handwerker war. Johnny brachte mich auf diesen Gedanken.«

Ann trat raus ins trübe Tageslicht und blinzelte, so finster war es in der Halle gewesen. Auch auf der Rückseite des Hauses der Protektoren erstreckten sich Namen. Von der Spitze unterm Dach bis ins Erdgeschoss hatten sich Begabte verewigt.

Auf ihrer Augenhöhe fand Ann Schriftzeichen, die sie als Daisukes entzifferte, Becca, getarnt als Rebecca, und natürlich Charlie. Klar und schnörkellos hatte er seinen Namen hinterlassen. Mit dem Finger fuhr Ann über die Buchstaben. Er hatte längst seine Entscheidung gefällt.

»Ich stelle diese Frage jedem, bevor er sich einträgt.« Trench berührte ehrfürchtig Stein für Stein, als spürte er eine besondere Verbindung. »Möchtest du in Tougard bleiben, Annabelle, und deine Fähigkeit zu beherrschen lernen?«

»Woher wissen Sie meinen vollständigen Vornamen?«

»Das bringt mein Job als Protektor mit sich.«

Ann hatte ihren Vornamen schon seit Ewigkeiten nicht mehr gehört. Als ihre Mutter die Nachricht erhielt, nach zwei Jungs ein Mädchen zur Welt zu bringen, hatte sie Annabelle ausgewählt. Aber statt eine süße Prinzessin großzuziehen, wie es sich ihre Mutter wahrscheinlich gewünscht hatte, war Ann nach ihren Brüdern geschlagen. Sie hatte sich mit ihnen geprügelt und von klein auf die Farbe Rosa und Puppen verabscheut. Und Charlie hatte sie seit ihrer ersten Begegnung Ann genannt, wodurch ihre Familie es übernommen hatte.

»Möchtest du bleiben?«, fragte Trench erneut.

Schulstress, nervende Lehrer und ihre zankenden Schwestern im Gegensatz zu dieser aufregenden Welt? Stellte Trench ihr die Frage tatsächlich?

»Jeder trifft diese Wahl allein. Falls du wieder zurück möchtest, musst du es nur sagen.«

Ann warf einen Blick auf den Stein, in den Charlie seinen Namen geritzt hatte. Er würde die nächsten Monate in dieser Dimension verbringen, um Heiler zu werden. Es war seine Chance auf einen Neuanfang, genauso wie ihrer. Niemand kannte sie in Tougard. Niemand würde sie damit aufziehen, dass sie in Elektrotechnik einen Tisch abgefackelt hatte.

»Ich möchte in Tougard bleiben«, entschied Ann mit fester Stimme. »Hier leben, lernen und leiden. Sagen es so nicht die anderen Begabten?«

»Das mit dem Leiden ist leicht übertrieben«, erwiderte Trench und reichte Ann einen Meißel. »Trag dich ein und werde ein Mitglied unserer sonderbaren Gemeinschaft.«

Ann arbeitete bereits am A. »Warum muss jeder Begabte seinen Namen hinterlassen?«

»Nur zur Sicherheit.« Trench wirkte für einen Wimpernschlag bitterernst. »Damit wir wissen, wer in Tougard lernte.«

»Und ich dachte, sie erläutern mir nun, wie vorteilhaft eine treue Gemeinschaft ist.«

»Das auch.« Trench schmunzelte.

»Warum gab es hier so lange keine Mechaniker?« Ann meißelte das zweite L.

»In welche Schwierigkeiten könnte man sich als Mechaniker bringen, so dass diese mit ihrer Gabe auffallen?«

»Die schnappen sich bestimmt alle das CERN«, murmelte Ann. Sie hätte nichts gegen ein paar Mechaniker auszusetzen, mit denen sie sich austauschen konnte. Charlie half ihr zwar bei ihren Ideen, aber mehr als einen Kreuz- und Schlitzschraubenzieher zu unterscheiden, traute Ann ihm nicht zu. Mit anderen Mechanikern hätte sie planen können, wie man Lodygins Glühlampen auf dem Gelände installierte, Rohrleitungen verlegte und noch all die Ideen, die sie in den kommenden Wochen überfallen würden.

Du schaffst das auch allein, ermutigte sich Ann. *Es dauert nur etwas länger.*

»Fertig.« Strahlend reichte Ann Trench den Meißel. »Kann man Premiummitglied werden?«

Der Älteste Protektor zog fragend die Brauen hoch. »Wie bitte?«

»Na, ein Premiummitglied. Man bekommt eine Goldkarte zum Einchecken, kann Treuepunkte sammeln und dergleichen.« Ann hielt inne. »Entschuldigen Sie, ich vergesse immer, dass ich aus einer ganz anderen Zeit komme.«

Anstatt einer Erwiderung wies Trench auf das Symbol, das auf die Brusttasche von Anns Mantel eingestickt war. Das violette T und das rote G waren praktisch die Schulfarben dieses Ortes. »Das Zeichen hier ist alles, was du brauchst. Es wird dich beschützen und dich auf deinem Weg begleiten.«

Die Worte des Protektors hingen für einen Moment schwer in der Luft, ehe Trench wieder sein fröhliches Lächeln aufsetzte. »Und die Kündigung ist ausgeschlossen.«

Kapitel 8

ES GIBT NUR EINE REGEL

»Wann lernen die endlich aufzuräumen?«, fluchte Becca und schob einen Stapel Kleidung zur Seite. Lauren und Alexandra, ihre Mitbewohnerinnen, brauchten das Chaos zum Überleben. Aufgeschlagene Bücher lagen auf dem Boden, Flaschen schauten unter dem Bett hervor, überall waren Kekskrümel verstreut. Nicht zu vergessen das Meer an Kleidung, Schuhen und hingeworfenen Aufzeichnungen aus Peels Kurs. Dieses Chaos nannte Becca ihren Schlafsaal.

Resigniert ließ sie sich auf das Bett fallen und tastete unter ihr Kopfkissen. Im Gegensatz zum Rest des Saals wirkte ihr Bereich wie der einzige trockene Fleck inmitten einer Überflutung. Die Bettdecke war ordentlich gefaltet, ihre Bücher auf dem Nachttisch nach Größen sortiert. Nicht einmal das Wachs ihrer Kerze wagte es, aus der Schale zu tropfen.

Beccas Finger fanden das Medaillon in der hintersten Ecke ihres Betts und sie legte sich die Kette vorsichtig um den Hals. Es war ihr größter Schatz, die letzte Erinnerung, die sie mit ihrer Mutter verband.

»Wenn ich nur gewusst hätte, dass Ann genauso unordentlich ist, dann hätte ich sie nicht so schnell zu uns ins Zimmer eingeladen.« Becca blickte zu dem Handtuch, das über Anns Bettkante hing, und jeden Moment herunterzurutschen drohte. »Aber ich wollte Charlie einen Gefallen tun.«

Sie verstand sich besser mit Ann, als sie vermutet hatte, solange das Mädchen mit ihren Gedanken nicht vollends bei Maschinen und Glühlampen verweilte. Daher hing sie Anns Handtuch zum Trocknen über den Bettrahmen und legte auch ihre Bettdecke zusammen.

»Sie muss sich noch einleben«, redete sich Becca ein. Dann schubste sie das restliche Chaos auseinander. Laurens Haufen. Alexandras Haufen. Und ganz viel Müll. Ihre alte Internatsleiterin hätte sie sofort nach Hause geschickt, wenn ihr Zimmer nicht bis auf das letzte Staubkorn sauber war. Und nach Hause hatte Becca nie gewollt.

Bevor es sie in den Speisesaal verschlug, flocht Becca ihre schwarzen Locken zu einem praktischen und vor allem windresistenten Zopf, so wie Ann es ihr geraten hatte. Sie war ja nicht wie die Kreischfraktion, die mit aller Macht Raphaels Aufmerksamkeit auf ihr Äußeres lenken wollte. Da gab es deutlich subtilere Möglichkeiten. Und so, wie der Brasilianer ihr manchmal heimlich auf den Gängen nachsah oder ihr kurz zwischen den Kursen begegnete, war Beccas Weg auch deutlich wirksamer.

Nicht, dass sie es darauf anlegte – es machte ihr einfach Spaß, sich mit Raphael ein Duell in diesen spielerischen Zankereien zu liefern.

Mit einer knappen Verabschiedung entließ das Türmännchen sie. Es herrschte eine seltsame Stille, die ihr eine Gänsehaut über den Rücken jagte. Die Protektorinnen bemühten sich zwar, ihre Schützlinge früh ins Bett zu schicken, aber die Nächte verflogen mit Gesprächen und Getratsche. Selbst wenn man nur zu viert war, redete trotzdem immer eine.

Becca schlüpfte ins Freie und zog ihren Mantel enger. In der vorangegangenen Woche hatte sich der Himmel noch nicht aufgehellt. Die Morgendämmerung ging fast unbemerkt in den Tag über und eh man sich versah, war es bereits wieder Abend, während es draußen regnete und regnete.

Vor der Eingangstreppe lehnte Charlie an einer Säule und blätterte durch einen seiner Wälzer.

»Sieh an, wer da wieder wartet«, rief die Französin ihm vom Treppenabsatz aus zu.

Charlie packte sein Buch weg. »Zuhause habe ich auch jeden Morgen auf Ann gewartet.«

»Wirklich? Ich wurde noch nie von 'nem Jungen abgeholt. Weder hier noch in Toulon.«

»Wann immer ich bei ihr auftauchte, stürmte Ann mir mit einem halb aufgegessenen Toast entgegen. Hat sie heute etwa wieder verschlafen?«

»Sie ist heute Morgen mit Alex beim Frühstück gewesen.«

Charlie sackte zusammen. »Oh, dann hat sie mich schon vergessen.«

Wie lange er wohl im Regen gestanden hatte, darauf wartete, Ann einen »Guten Morgen« zu wünschen und nur fünf Minuten mit ihr allein zu verbringen? Becca beneidete Ann dafür. Sie war nur zwei Jahre älter als Charlie, aber ihre letzten Freunde waren nicht mal im Traum vor ihrer Tür aufgetaucht.

Becca zog sich die Kapuze gegen den allgegenwärtigen Regen über und hakte sich bei ihm unter. »Würdest du auch mit mir vorliebnehmen? Ich brauche was Süßes, bevor ich den Besenstiel ertrage.«

Auf dem Weg zum Frühstück – *heiße Schokolade und ein Croissant wären jetzt genau richtig* – erblickte Becca Lauren, wie diese hüftschwingend den Speisesaal betrat. Sie sah aus wie eine Millionärsmörderbarbie: außen poliert und in Form. Innen – das wollte Becca gar nicht wissen. Besonders nach dem Streit am Tag zuvor versuchte sie lieber, das Weite zu suchen. Doch im Speisesaal ging es immer laut, chaotisch zu. Genügend Begabte frühstückten hier zusammen – Lauren würde bestimmt keine erneute Diskussion beginnen.

Was nicht bedeutet, dass ich mich an diese bescheuerten Regeln halten muss, forderte sie Laurens ihr zugewandten Rücken heraus. *So leicht lasse ich mich nicht unterdrücken.*

Wie viel Charlie von ihrer stummen Kampfansage mitbekam, konnte Becca nicht sagen. Zumindest war seine Enttäuschung einem kleinen Lächeln gewichen, als er Ann erblickte. Sie quetschten sich ihr gegenüber auf die Bank.

Der Speisesaal war bis auf den letzten Platz gefüllt. Gespräche über Tests, Träume und die neue Mechanikerin schallten durch den Raum, vermischten sich mit Klappern, Klirren und Krachen, so dass man kaum sein eigenes Wort verstand. Der Tisch bog sich unter den unzähligen Kannen Kaffee, Tee, Milch und Orangensaft. Alles, was ein hungriger Magen begehrte, wurde den Begabten angeboten: gebutterter Toast, goldene Croissants, Joghurt oder Schalen mit Obst.

Ann beugte sich voller Faszination über einen Bauplan, der Becca an eine Schaltskizze erinnerte, und nickte ihnen kurz zu.

»Warum bist du vor mir los?«, fragte Charlie. Irgendwo hinter ihnen zerschellte eine Tasse.

»Ich bin dir dankbar, dass du mich in der Werkstatt abholst, wenn ich wieder die Zeit vergesse, und du mir alles in Tougard zeigst.« Ann sah nicht einmal auf. Ihre Hand rührte abwesend mit einem Löffel durch eine leere Kaffeetasse. Auch ihre Müslischale hoffte auf eine Wiederentdeckung. »Hast du vor, mein zweiter Schatten zu werden?«

»Ich wollte doch nur …« Becca und Charlie zogen die Köpfe ein, als ein Schwarm Messer durch den Saal jagte, gefolgt von Tassen voll heißem Kaffee.

»Blöde Psychos«, murmelte Becca und wischte die verschütteten Tropfen auf. Begabte, die Psychokinese beherrschten, waren wirklich die Pest. »Müsst ihr schon bei Frühstück Gegenstände rumfliegen lassen?«

»Außerdem wollte Alex meine Lösung für Peels Fangfrage wissen«, fuhr Ann ungestört fort, als ob nichts passiert wäre. »Ich hab dann noch schnell ihre Armbanduhr repariert.«

Charlie runzelte die Stirn. »Du scheinst ganz leicht neue Freunde zu finden.«

»Kann man davon je genug haben?«, gab Ann zurück.

Charlie verdrehte die Augen und verschwand zu den Zeitungsstapeln, die wie bei einem Kiosk auslagen. Einige Begabte besaßen zwar die Fähigkeit, Dinge aus der anderen Realität zu holen, aber Bücher und Zeitschriften erschienen stets mit blanken Seiten. Daher war die Auswahl an Lektüre begrenzt. Schließlich gab es nur die, die man beim Fluppen bei sich getragen hatte. Trotz allem nahm sich Charlie jeden Morgen ein Blatt aus einem anderen Land vor.

Becca riss ein Stück Croissant ab, doch gleichzeitig suchte sie Lauren. Das Mädchen saß nur ein paar Tische entfernt, umringt vom Rest der Kreischfraktion. Ihr Blick traf sich mit ihrem und signalisierte deutlich: Ich beobachte dich.

Ha, das bildest du dir nur ein. Dennoch schmeckte das Croissant auf einmal schal.

Ann sah kurz auf. »Starren sie immer noch?«

»Wie die Tage zuvor.«

Becca konnte nicht nachvollziehen, warum alle Begabten Ann für eine Berühmtheit hielten. Sicher, die Gabe des Mechanikers war selten. Aber wenn Ann nicht kleine Wunder aus Schrauben und Blechen schuf, war sie einfach nur ein Mädchen. Verpeilt, hilfsbereit und ziemlich normal. Mittlerweile kam es Becca jedoch vor, als wäre Ann etwas wie eine erfolgreiche Schauspielerin, die von aller Welt unter die Lupe genommen wurde. Jeder wollte erfahren, wie sie hergekommen war, was sie in ihrer Werkstatt veranstaltete. Dabei reichte Becca der Trubel um Raphael und seine Groupies völlig.

»Jetzt kann ich nicht mal sagen, dass die Mädchen ein Auge auf Charlie werfen.« Ann lachte verhalten und warf einen weiteren Blick in den Saal.

»Du merkst es immer noch nicht, oder?«, fragte Becca.

»Was soll ich merken?«, entgegnete Ann.

»Wusstest ihr, dass im Sommer 1974 in Milwaukee Kühlschränke viertausend Dollar kosteten?« Mit einem gequälten Lächeln setzte Charlie sich und klappte eine vergilbte Zeitung auf.

Ann konzentrierte sich wieder auf ihren Plan, so dass Becca die Finger in den Saum ihres Rocks verkrampfte, um nichts zu sagen. Am liebsten hätte sie »Siehst du nicht, dass er dich anhimmelt!« geschrien, aber das hätte Ann nicht verstanden. Sie war auf ihre Art ein Extrem – so wie Lauren, nur eben anders.

»Was soll ich merken, Becca?«, fragte Ann erneut.

Sollte sie die Wahrheit sagen? Würde Ann einen Hinweis überhaupt erkennen? »Merkst du nicht, dass wir mit dir Zeit verbringen wollen? Also Charlie, Daisuke und ich.«

»Ich hab halt viel zu tun. Irgendwie hat jeder Begabte eine kaputte Uhr.« Ann kippte sich jetzt doch Milch über ihr Müsli und reichte Charlie die Kanne. »Außerdem gibt es hier so viele neue Menschen. Da kann man doch was mit anderen machen, oder etwa nicht?«

Obwohl Charlie die Zeitung durchblätterte, nahm er ihr die Milch ab und färbte seinen Kaffee zu dem gleichen hellen Braun, in dem die Farben seiner Augen strahlten. Wenn Becca nach dem gleichen Gegenstand wie er griff, stießen sie ständig aneinander und kamen sich in die Quere. Ann und Charlie passten jedoch zusammen wie die Zahnräder in ihren Maschinen.

»Aber ich hab dich doch hergeholt, um …« Becca spitzte neugierig die Ohren, doch Charlie brach mitten im Satz ab. »Ich versuche nur, dir in der Werkstatt zu helfen.«

Mit einem Seufzer schob sie sich ein Stück Croissant in den Mund. Ihr fehlten die Worte.

»Hast du nichts Wichtigeres zu tun, als den ganzen Tag an mir zu kleben?«, protestierte Ann. »Du musst diese Wälzer durcharbeiten, und wie ich dich kenne, möchtest du alles und jeden malen. Außerdem kann man sich auch neue Freunde suchen. Das ist unsere Chance für einen Neuanfang.«

Vor Schreck verschluckte Charlie sich an seinen Kaffee.

»In unserer alten Schule hattest du nicht einen Freund.«

Charlie ließ die Schultern noch tiefer hängen. Becca befürchtete schon, dass seine Hände bald auf dem Boden schleifen würden. »Die Jungs im …«

»Dein Basketballteam hat dich mitspielen lassen, weil sie mit dir jedes Spiel gewonnen haben.« Ann packte ihre Sachen ein. »Such dir endlich Freunde, du packst das schon.«

Autsch!, schoss es Becca durch den Kopf. Ann raffte die Schaltskizzen zusammen und stopfte sie in ihre Tasche. »Wir sehen uns dann nachher. Oder morgen. Mal sehen, wann ich fertig werde.«

Charlie schwieg. Aber Becca brauchte auch keine weiteren Hinweise.

»Wo willst du hin?«, rief sie. »Wir müssen gleich zum Besenstiel.«

»Ich schwänze. Peel wird meine Abwesenheit nicht bemerken«, konterte Ann. »Aber er wird seine Claire vermissen.«

»Nenn mich nicht so«, murmelte Charlie, aber Ann stürmte bereits aus dem Speisesaal. Dabei rannte sie fast Daisuke um.

»Hat sie recht mit deinem Basketball-Team?«, wollte Becca wissen und versuchte, ihn ein wenig abzulenken.

»Ich war der Point Guard.«

Becca hob die Brauen und machte eine auffordernde Handbewegung.

»Das heißt, ich zog die Spielzüge auf und brachte den Ball übers Feld.«

»Und ihr habt jedes Spiel gewonnen?«

»Nicht alle, aber die meisten.« Für einen Moment lächelte er frustriert. »Beim Basketball reicht es jedoch nicht, ein guter Spieler zu sein, das Team muss funktionieren und sich vertrauen.«

Während Charlie seinen Kaffee zur Seite schob, als wäre ihm endgültig der Appetit vergangen, dachte Becca daran, wie Daisuke ihr von diesen Basketballspielchen berichtete, die er mit Charlie und ein paar anderen Jungs veranstaltete. Eigentlich war sie die Quasselstrippe, aber ständig lag der Kleine ihr in den Ohren, wie sehr er sich verbesserte und wie unglaublich präzise Charlie Bälle spielte.

»Was bist du eigentlich für Ann?«, hakte Becca weiter nach. Das Drumherumreden würde ihm nicht weiterhelfen. »Sowas wie ein großer Bruder?«

»Wahrscheinlich. Seit ihrem achten Geburtstag sind wir praktisch unzertrennlich gewesen. Bis jetzt.« Charlie stocherte mit seinem Messer in einem Apfel herum. »Ich weiß echt nicht, was ich falsch mache.«

»Du? Gar nichts.«

»Guten Morgen.« Daisuke verbeugte sich zum Gruß, ehe er Anns freien Platz belegte. »Charlie-kun, alles in Ordnung?«

»Ich hätte heute einfach im Bett bleiben sollen. Das ist alles.«

Eindeutig schwerer Fall von Liebeskummer, kam es Becca in den Sinn. Jedoch fehlte ihr noch die passende Lösung, um das Problem aus der Welt zu schaffen.

»Aber Peel-san erwartet uns alle in zehn Minuten in seinem Kurs.« Daisuke drehte seinen Pager zwischen den Fingern. »Wir sollten uns beeilen. Sonst kommen wir wieder zu spät.« Es war bemitleidenswert, dass der kleine Japaner das einzige elektronische Gerät besaß, das in Tougard funktionierte, er gleichzeitig jedoch nur seine alten Nachrichten wieder und wieder las.

Doch da piepte es, und Daisukes Blick verfinsterte sich.

»Was ist los?«, fragte Becca, als sie ihre Mäntel griffen und den Speisesaal verließen.

»Mein Freund beschwert sich seit neuestem.« Daisuke hielt das Display hoch. »Warum antworte ich nicht? Komme ich zum Go-Kon? Und, und, und …« Daisuke packte den Pager ein, ohne eine Nachricht zu senden. Irgendwann, das nahm sie sich vor, würde Becca ihm das Ding abnehmen und für ihn antworten.

Auf dem Gelände pfiffen eisige Böen und kalter Nieselregen klatschte ihnen ins Gesicht. Egal, ob sie rannten oder gemütlich schlenderten, der Weg von einem Gebäude zum anderen reichte, um klitschnass anzukommen. Wenn der Regen nicht bald eine Pause einlegte, musste Becca mit den Türmännchen reden, damit sie Handtücher bereithielten.

In den Gängen eilten Begabte zu ihren Kursen. Die drei ließen sich dennoch Zeit. Es war lebensgefährlich, zu Hochzeiten die Treppen in den ersten Stock zu erklimmen. Da dehnte sich das Geländer gerne mal aus, Dustin levitierte über die Köpfe der andern hinweg oder Sean ging mit seiner Fähigkeit mitten durch sie hindurch, um rechtzeitig anzukommen. Selbst in Tougard war es manchmal gesünder, sich wie ein normaler Mensch zu verhalten. Peel würde so oder so einen Grund finden, sie in den Extrakurs zu verdammen.

Die Einzige, die sie auf der Treppe überholte, blieb Lauren. Becca hatte damit gerechnet, dass sie ihr einen Ellbogen in die Seite stieß. Doch stattdessen tippte ihr Lauren auf die Schulter. »Komm nach draußen.« Ihre Stimme war nur ein Flüstern, klang jedoch gebieterisch wie ein Befehl.

Becca erstarrte mitten in der Bewegung. Sie versuchte sich zu rühren, konnte es aber nicht. Charlie schritt mühelos weiter und sah sich nach ihr um. *Dieu, nein!*, schoss es ihr durch den Kopf. Ihre Beine fühlten sich tonnenschwer an, ihre Füße wie am Boden festgeklebt. *Bitte nicht jetzt! Kein Anfall!*

»Becca-chan, geht es dir nicht gut? Du bist so bleich.«

Becca krallte sich am Geländer fest, bis ihre Knöchel weiß hervortraten. Gleich würden ihre Beine nachgeben. Sie würde zusammensacken. All ihre Träume von einem normalen Leben würden sich in Luft auflösen.

»Daisuke«, Charlies Stimme riss sie aus ihren Gedanken, »kannst du jemanden holen gehen? Ich pass so lange auf.«

Sofort sprintete der kleine Japaner die Stufen hinauf. Charlie stellte ihr Fragen, aber Becca konnte sich nicht konzentrieren. Sie dachte nur daran, tagelang nicht aufstehen zu können. Dabei hatte der Älteste Protektor doch versichert, dass ihr in Tougard nichts geschehen würde.

»Hey Lauren, kannst du mir helfen? Becca scheint es nicht gut zu gehen. Sie reagiert nicht mehr.«

Becca schluckte erleichtert. Dies war kein Anfall! Dennoch war es nicht weniger schlimm.

Langsam drehte sie ihren Kopf zu Lauren. Das Mädchen grinste breit, während es ein paar Stufen über ihr auf der Treppe verharrte.

»Du kommst mit mir«, kommandierte Lauren. Wie mechanisch ruderte Becca mit den Armen und machte auf dem Absatz kehrt. Charlie sah sie verwundert an, als müsste er noch begreifen, was da gerade vor sich ging. Ohne ihr eigenes Zutun stieg sie die Stufen herab und marschierte mit Lauren durch einen Seitenausgang ins Freie. Charlie zögerte einen Moment, bevor er ihr folgte.

»Was soll das, Lauren?«, fragte Becca. »Gib mich frei.«

»Wieso sollte ich?«

Becca hielt vor der Wand, an der sich alle neuen Begabten eintrugen. Nieselregen legte sich wie ein Film auf ihr Gesicht und bedeckte den Angstschweiß, den sie nicht mehr unterdrücken konnte. Denn Lauren hatte sie an den abgelegensten Ort geführt, den es in Tougard gab. Keine Türmännchen, kaum jemand, der zufällig vorbeikam. Zwar war Charlie bei ihr, aber er konnte sich bestimmt nicht gegen Lauren wehren. Niemand konnte das.

»Reicht es dir nicht, Raphael anzumachen?«, giftete Lauren und schob die Barbielocken aus dem Gesicht. »Nimmst du dir gleich den Nächsten vor?«

»Sag mal, spinnst du? Das ist Charlie.«

Charlie zeigte keine Reaktion, als hätte er mit dieser Antwort gerechnet.

»Das heißt«, erwiderte Lauren, »du streitest das mit Raphael nicht ab?«

»Warum sollte ich mich an Raphael hängen? Du bist doch diejenige, die den Boden unter seinen Füßen anbetet.«

»Ich hab gehört, dass du dich mit ihm getroffen hast.« Wut brannte ihn Laurens Augen.

Das leidige Thema begann von neuem. Schon wieder. »Ich bin ihm über den Weg gelaufen«, wiederholte Becca wie die Male davor. »Auf dem Flur!«

»Raphael gehört nur mir. Das weißt du.«

Becca seufzte. Sie kannte diese Art von Diskussionen. Sie hatte Tausende mit ihrem Vater geführt. Darüber, dass sie ihren eigenen Kopf hatte. Darüber, dass er sie nicht einfach ins Internat abschieben sollte und falls er es wagte, die Sachen ihrer Mutter wegzuwerfen, sie kein Wort mehr mit ihm sprach.

»Ein Mensch gehört niemandem.« Sie flehte, Lauren würde wie ihr Vater reagieren. Mit Verwunderung über die Ruhe, die sie zeigte, während ihr Gegenüber sich an seiner Wut berauschte.

»Was soll ich nur mit dir machen, Becca?«, fragte Lauren, kein bisschen beeindruckt. »Du scheinst es nicht zu begreifen.«

»Komm, wir gehen«, sagte Charlie und zog an Beccas Arm. »Das bringt nichts.«

Sie spürte lediglich seine Berührung. Solange sie unter Laurens Kontrolle stand, würde sie nicht einen Schritt machen.

»Du warst ein böses Mädchen, Becca. Du solltest dich dafür bestrafen.« Lauren drehte ihre Finger durch die Luft, als würde sie einen Faden aufwickeln. »Schlag dich.«

Beccas Hand sauste zu ihrem Gesicht und sie schlug sich. Charlie schnappte nach Luft.

»Noch mal«, forderte Lauren und drehte den Zeigefinger. Ein zufriedenes Lächeln umspielte ihre Lippen.

»Hör auf damit!« Ihre Hand zitterte unter der gewaltigen Anstrengung. Doch Lauren machte eine Handbewegung und Becca verpasste sich die nächste Ohrfeige.

»Warum machst du das?«, fragte Charlie.

»Das ist Laurens Ga…«

»Sei still.«

Beccas Lippen schlossen sich sofort. *Jetzt bin ich ihr ausgeliefert.* Ihre Arme hingen wie die einer Marionette, die nur auf einen Puppenspieler wartete. Lauren wirkte jedoch gelangweilt. Sie wartete darauf, dass etwas Spannendes passierte.

»Nimm deinen Füller.« Becca sah, wie ihre Finger sich um ihren Füller schlossen und ihn in die Luft hielten.

Lauren imitierte ihre Haltung und tat, als würde sie auf ihren Handrücken kritzeln. »Schreib: Man bestiehlt seine Freunde nicht.«

Becca kämpfte mit ihren Tränen. War das die Strafe dafür, dass sie Raphael gefragt hatte, womit er Peel damals geärgert hatte? Dass sie wissen wollte, wie der Angriffskurs bei Zaillinger ablief? Oder warum er so versessen auf Kekse war? Sie hatte doch nicht ahnen können, dass der Brasilianer sie so leicht in Gespräche verwickelte.

Ihre Hand setzte an und schrieb die ersten Buchstaben. *Du wirst jetzt nicht heulen! Genau das will sie doch!* Becca spürte das Kratzen, als steche sie eine feine Nadel. Da packte Charlie den Füller und schleuderte ihn zu Boden.

»Es reicht.« Schützend stellte er sich vor sie. »Hör auf damit, Lauren.«

»Halt.« Seine Beine blieben wie angewurzelt stehen. »Langsam gehst du mir wirklich auf die Nerven, Neuer.«

Plötzlich streckte Charlie die Hände zum Himmel, als hinge er an unsichtbaren Ketten. »Du darfst deine Fähigkeit so nicht einsetzen!«, rief er.

»Warum nicht?« Lauren umrundete ihn langsam, während sie weiter eine Hand auf Becca richtete. »Willst du mich bei Peel verpfeifen? Oder bei Trench? Glaubst du, sie würden dich beschützen?«

Ihre Hand fuhr nach unten. Ein Reißen fuhr durch Beccas Glieder, als Laurens Kraft sie zu Boden drückte. »Schreib, was ich dir befohlen habe.«

Becca hob den Füller auf und die Feder kratzte die Wörter auf ihren Handrücken, bohrte sich langsam in ihr

Fleisch. Becca wollte schreien, aber sie fixierte das Blut, das über ihren Handrücken tropfte.

»Hör auf!«, rief Charlie und kämpfte gegen seine Starre.

»Wieso sollte ich aufhören?«, fragte Lauren. »Sie hat sich nicht an die Regeln gehalten.«

Becca starrte auf die Worte, die Lauren diktiert hatte. *Was habe ich verbrochen?*

»Ich sagte: hör auf!«

»Die kleine Schlampe hat das verdient.«

Hätte Lauren nicht diese verteufelte Fähigkeit besessen, Becca hätte ihr längst den Füller ins Gesicht geschleudert.

»Und noch …« Lauren stoppte mitten im Satz und erstarrte. Angst flackerte in ihren Augen auf.

Auf einmal stürzte Becca zu Boden. Ihre Schultern schmerzten, ihre Hand blutete, doch was war passiert? Lauren hatte ihr gegenüber nie so etwas wie Furcht gezeigt.

»Glaubst du, damit kommst du davon?« Nun zitterte Laurens Stimme und sie steckte ihre Hände in die Taschen, als müsste sie sich selbst unter Kontrolle bringen.

Neben ihr rieb sich Charlie die Arme. »Es reicht, Lauren.«

Und die Begabte rannte davon, als könnte der Abstand zwischen ihnen nicht groß genug sein.

»Wie hast du das gemacht?«, keuchte Becca, nicht wissend, um was sie sich zuerst kümmern sollte. Die schmerzende Wange, den blutenden Handrücken oder die Fragen, die ihr auf der Zunge brannten.

»Was meinst du?«

»Mit Lauren. Wieso ist auf einmal abgehauen?«

Charlie zuckte mit den Schultern. »Keine Ahnung, was sie gemacht hat. Da war plötzlich ein weißer Raum und dann nahm sie Reißaus.«

»Lauren ist ein Puppenspieler. Sie kann Menschen nach ihrem Willen kontrollieren. Aber was hast *du* gemacht, Charlie?«

»Nichts.«

Wieso glaubte sie ihm das nicht?

Erschöpft griff Becca mit der unverletzten Hand nach ihrem Medaillon und öffnete es. Die linke Hälfte war leer, aber rechts strahlte ihr ihre Mutter entgegen. Das alte Foto spendete ihr die Ruhe und Kraft, die sie jetzt brauchte. Lauren hätte sie vor ganz Tougard bloßstellen oder mit ihrer Gabe nötigen können. Ein Blick auf das Foto und Becca ging es wieder gut.

»Wer ist das?«, fragte Charlie.

»Maman. Eine der letzten Aufnahmen, bevor sie uns verlassen hat.«

Er bohrte nicht weiter nach, sondern kniete sich zu ihr herunter. Was würde ihre Maman sagen, wenn sie wüsste, wie es in Tougard zuging? Würde sie Charlie bitten, auf ihre kleine Ballerina aufzupassen? Würde sie ihr einen Rat geben, wie man sich gegen Lauren wehrte? Doch Becca klappte das Medaillon wieder zu. Diese Gedanken waren sinnlos. Ihre Mutter konnte ihr nicht mehr helfen.

»Sind Mädchen untereinander immer so?«, fragte Charlie besorgt. »Von Ann kenne ich das nicht.«

»Noch nie was von Pickhierarchien unter Hühnern gehört? Oder tragen Jungs solche Sachen wirklich mit Armdrücken aus?«

»Zeig mir deine Hand.« Er fuhr mit den Fingern über Beccas Kratzer und schloss die Augen, um sich zu konzentrieren. Die Zeit verstrich, ohne dass etwas passierte. Charlie sah auf und seufzte resigniert. »Es funktioniert nicht mehr. Wir sollten zu Ms. Flemyng gehen.«

»Schon okay.« Becca lächelte schwach. Seine Berührung hatte sich wunderbar angefühlt. Fast wie ein Zauber, der die Kälte dieses Morgens verscheuchte. »Du hast es doch versucht.«

Schließlich holte Charlie ein Taschentuch hervor und wischte vorsichtig die Tinte weg. »Ich hab immer Pflaster dabei. Ann ist ein schrecklicher Schussel.«

»Danke.« Konnte sie? Sollte sie? Becca stieß alle Zweifel von sich und drückte sich an Charlie. Vor Schreck versteifte er sich zwar, aber dann schloss er sie in die Arme. Wie sehr hätte sie sich solch eine Umarmung während ihrer Internatszeit gewünscht.

Für eine Weile gab es nur den leichten Nieselregen und die Gewissheit, dass sie sich auf Charlie verlassen konnte.

»Becca-chan!« Daisuke zerrte Herrn Rainer hinter sich her. Rasch wich sie zurück und richtete sich auf. »Geht's dir gut? Ich war im Kurs, aber Peel-san war noch nicht da. Trench-sensei war nicht in seinem Büro«, schnaufte er. »Auch nicht Ms. Flemyng. Also, also … bin ich zu Herrn Rainer.«

»Was soll ich hier nun?«, fragte der Protektor. »Ist es etwas passiert?«

»Becca war schwindlig und ist beinahe umgekippt«, log Charlie. »Ich habe Daisuke losgeschickt, um Hilfe zu holen, aber ein bisschen frische Luft hat geholfen.«

Der Protektor gab seinem Schützling einen Klaps auf den Hinterkopf. »Und dafür machst du einen Aufstand, als sei jemand die Klippen hinuntergestürzt?«

»Ja, aber Becca-chan war ganz bleich.«

»Ab mit euch in den Basiskurs!«

Becca stützte sich bei Daisuke auf und der kleine Japaner strahlte, vermutlich, weil er ihr helfen konnte. Jetzt musste sie es nur noch in den Basiskurs schaffen. Wenn sie nicht bei Peel auftauchte, hatte Lauren gewonnen. Das Schlimmste, das ihr an diesem Tag noch zustoßen konnte, war Protektor Besenstiel, wenn er sie mit einem »Wir sehen uns Freitag im Extrakurs« begrüßen würde.

Kapitel 9

PROPHEZEIUNG

Schritte trommelten über das Flachdach wie ein zorniges Crescendo. Seine Verfolger waren dicht auf.

An seiner Hand zerrte er den Boten hinter sich her. Wie hatten sie ihn erkannt? War er unvorsichtig gewesen? Nein, er – Da! Das vertraute Sirren der Armbrüste!

Avid warf sich zu Boden, doch zu spät. Röchelnd schlug der Bote neben ihm auf. Bolzen spickten seinen Oberkörper, Blut quoll aus seinen Wunden. Warm, rot, schmierig. Avid beachtete es nicht. Er legte seine Hände um den Kopf des Boten und riss ihn herum – das Genick brach.

Eine Leiche konnte Rufus nicht verhören. Das Geheimnis seiner Familie war somit weiterhin sicher.

Seine Verfolger schlossen auf. Fast konnte Avid den Gestank ihrer Sünden riechen.

»Dort!«

Ihm blieb keine Zeit zu denken. Avid sprang von der Dachkante, streckte seine Glieder bis zum Äußersten und bekam mit den Fingerspitzen den nächsten Giebel zu fassen. Sein Herzschlag beschleunigte sich nicht mal. Der Tod war sein Leben. Er hatte zu viele Menschen sterben sehen, als dass es ihn noch berührte.

Letzten Endes zählte nur, dass er überlebte, bis er seine Aufgabe erfüllt hatte.

»Da ist er!« Bolzen schlugen in die Mauer. »Zielt auf seine Beine! Rufus will ihn lebend!«

Avid schwang sich hinauf und rollte sich ab. Rufus' Männer würden Zeit brauchen, bis sie die Leitern hinab- und wieder hinaufkletterten. Bis dahin wäre Avid längst verschwunden. Er schlüpfte durch eine Luke, ließ sich fallen und landete auf Stoffballen.

Obwohl sich der Tag dem Zenit näherte, versank der Raum in tiefen Schatten. Anders konnte man der sengenden Hitze nicht standhalten. Avid wartete, bis die Männer über das Dach polterten, wartete, bis sie außer Reichweite waren. Dann erhob er sich.

»Du bist zu spät.«

Er schnellte herum. Sofort zog er sein Messer, bereit, sich zu verteidigen. Doch nur sein Onkel saß auf einer Insel aus Kissen und nippte an einem Tee. Ein weiteres Glas erwartete Avid auf einem Beistelltisch.

Keine Gefahr. Rasch verstaute er die Messer in seinem Gewand.

»Warum wolltest du mich sprechen?« Nachdem ihn die Nachricht erreicht hatte, war Avid sofort in die geheimen Häuser der Familie geeilt.

»Was ist mit dem Boten?«, fragte Osmar und deutete auf einen freien Platz.

»Getötet.« An seinen Händen klebte noch das getrocknete Blut. Wie lange würde es dieses Mal dauern, bis seine Haut die rote Färbung verlor?

Osmar hatte seine Waffen abgelegt. Außer der Familie würde jeder diesen Umstand ausnutzen und versuchen, Osmar zu töten. Dabei war sein Onkel unersetzlich. Er besaß als Einziger die Gabe, in seinen Träumen die Zukunft zu sehen. Durch ihn erfuhr die Familie, welcher *Gudra* wann und wo eine Bedrohung darstellte.

Avid betrachtete den Tee, die Datteln, die bequemen Kissen. Dennoch kniete er sich auf den Boden und senkte demütig den Kopf. Sein Onkel war das Oberhaupt, er ein Untergebener.

»Ist etwas geschehen?«, fragte Avid.

Osmars raue, faltige Hand hob sein Kinn an, damit Avid aufsah. »In dieser Stadt geschieht immer etwas. Aber nein. Du bist mir in meinen Träumen begegnet.«

»Wer ist mein nächstes Ziel?« Er hielt sich kurz. Zeit war ein Luxus, den Avid nicht besaß.

»Die Zukunft hängt von unendlich vielen Bedingungen ab.« Dieser Anfang Osmars gefiel ihm ganz und gar nicht. »Etwas hat sich wieder verändert. Der Junge, dem du begegnen wirst – ich kann ihn nicht klar sehen.«

»Wieso kannst du das nicht?«

»Seine Zukunft ist noch ungeschrieben. Er muss noch zu viele Entscheidungen treffen, bis sich ein deutlicheres Bild ergibt. Aber er wird hier erscheinen. Das ist gewiss.« Osmar bot ihm eine Schale mit Datteln an, doch Avid verneinte. »Du darfst ihn nie aus den Augen lassen. Nicht eine Sekunde.«

Avid war es nicht gewohnt, den Beschützer zu spielen, würde jedoch nicht widersprechen. »Was ist mit Rufus?«

»Ahnt immer noch nichts.« Sein Onkel stellte die Schale mit einem Ruck ab und ein paar Datteln sprangen über den Rand. »Dafür ist er zu sehr mit seinen eigenen Plänen beschäftigt.«

»Dagegen können wir aber nichts ausrichten«, erwiderte Avid strikt. »Wichtig ist, dass Rufus seine Macht verliert.«

»Er hat Männer ausgesandt.« Osmar legte ihm die Hände auf die Schultern, als wollte er ihn bekräftigen. »Wir haben es zu spät erfahren und konnten es nicht verhindern.«

»Es beginnt«, flüsterte Avid.

Osmar schloss ihn für einen Moment in die Arme. Avid erwiderte die Geste nicht. Er war ein lebender Geist, der seit Jahren auf seinen Tod vorbereitet wurde. »Habe ich überhaupt das Recht, an eine Zukunft zu denken, Onkel?«

»Daran zweifelst du?«

»Ja. Je näher mein Todestag rückt, desto häufiger frage ich mich: Bin ich nicht auch ein Sünder?« Avids Leben war ein Kreislauf, aus dem es kein Entrinnen gab. Wenn er nicht schnell genug war, erwischten ihn die *Gudra.*

Wenn er nicht tötete, starb er. Er war ein Mörder. Nur die Fähigkeit zu töten hielt ihn am Leben. Wenn jedoch die Zukunft eintraf, die Osmar gesehen hatte, würde dieser Kreislauf schließlich ein Ende finden. Bis dahin musste er den Plan des Schicksals in- und auswendig kennen, um keinen Fehler zu begehen.

Avid fühlte kein Bedauern. Er war erleichtert. Einen Monat musste er noch kämpfen, dann wäre er frei.

Kapitel 10

Wenn Begabte Räuber und Gendarm spielen

Charlie hatte sich oft die Frage gestellt, ab wann er »Zuhause« und »Tougard« nicht mehr für zwei verschiedene Orte halten würde. An diesem Vormittag, in seiner dritten Woche, fand er seine Antwort: Ein Begabter hatte in Tougard sein Zuhause gefunden, wenn er den ständigen Regen begrüßte und ihn anlächelte wie einen alten Freund.

Charlie hastete mit Becca und Daisuke die Treppen zum Haus der Protektoren hinauf. Die Türmännchen hielten das Portal geöffnet für die Begabten, die vor dem Regenguss Schutz suchten, begrüßten aber jeden mit einem mürrischen »Füße abtreten!«.

»Wie viele Meter waren das jetzt?«, fragte Becca. »Fünfzig?«

Spätestens, wenn man sich daran gewöhnte, dreimal täglich durchnässt zu werden, war man in Tougard angekommen. Beziehungsweise: nach fünfzig Metern auszusehen, als wäre man in den See gefallen.

Draußen rannten Begabte in die anliegenden Gebäude und stellten sich im Pavillon unter. Jedem folgte eine Säule aus Regen, als schwebe ein Scheinwerferlicht über ihren Köpfen, das anstelle von Licht Wasser wie bei einem Rohrbruch ausschüttete.

Daisuke zeigte nach draußen. »So eine Gabe möchte ich auch.«

Charlie wrang die Ärmel seiner Sweatshirt-Jacke aus und beneidete einen Jungen, der gerade völlig trocken hereinkam. *Wie das wohl beim Duschen funktioniert?*, fragte er sich.

Genauso wie Charlie diesen Ort als sein Zuhause betrachtete, war er zu dem Schluss gekommen, niemals Protektor zu werden. Bei all den Streichen, die die Gaben ermöglichten, konnten Protektoren keine ruhige Minute haben. *Ich wüsste schon, was ich anstellen würde, wenn ich mich unsichtbar machen könnte,* dachte er mit einem Grinsen.

Die drei setzten sich auf den Sockel der Statue des maulenden Protektors und warteten. Als Peel an ihnen vorbeihechtete, zog Charlie rasch den Kopf ein. Es reichte, dass er im Kurs Claire genannt wurde. Die restlichen Begabten mussten nicht von seinem unfreiwilligen Spitznamen erfahren.

»VERSCHWINDET!«, fluchte die Statue über ihnen. »NIEMAND NIMMT AUF MEINEN STUFEN PLATZ!«

Jeden Tag entdeckte Charlie neue Eigenheiten Tougards, die ihn zum Staunen brachten. So hieß die Statue Ktesibios, die in der Mitte der Eingangshalle auf einem Sockel thronte, nicht ohne Grund ›maulender Protektor‹. Einst, nein, vor langer, langer Zeit – schließlich trug die Statue uralte Risse und Kerben – hatte ein Begabter Ktesibios ein äußerst loses Mundwerk verliehen, das äußerst gern nörgelte.

»Wir sind gleich weg«, antwortete Becca genervt.

»NEIN, JETZT!«

Charlie ignorierte die Statue und suchte unter den vorbeieilenden Begabten einen Farbtupfer Orange. Ann hatte versprochen, dass sie sich hier treffen würden.

»MUSS ICH ERST NOCH LAUTER WERDEN?«, maulte die Statue.

»Das geht?«, fragte Becca mit einem Grinsen.

Ktesibios zeigte mit seinem Stab wie ein Oberlehrer auf sie. »JAA!«

Begabte, die gerade die Eingangshalle betraten, zuckten vor Schreck zusammen.

Charlie wusste nicht, was er von Ann halten sollte. An einem Tag stieß sie ihn fort wie ein ungewolltes Spielzeug. Am nächsten verhielt sie sich, als hätten sie niemals diese Welt betreten. Sie lachten, scherzten und Charlie fühlte sich dann nicht zurückgewiesen. Erst am Tag zuvor hatte Ann die drei überredet, in der Werkstatt zu übernachten, um sich bis zum Morgengrauen über die Zeit vor Tougard auszutauschen. Irgendwann war sie an Charlies Seite eingenickt und hatte ihn wie einen Teddybär geknuddelt. Ann bemerkte nichts davon. Charlie hingegen hatte vor Aufregung und Glücksgefühlen kaum eine Stunde geschlafen.

»DU DA HINTEN!«, brüllte Ktesibios. »JA, DU! DEINE SCHUHE SIND VOLLER SCHLAMM!«

»Guten Morgen Ann-chan, Dustin-kun«, grüßte Daisuke und holte Charlie aus seinen Erinnerungen zurück.

Hat sie noch mehr Freunde gefunden?, fragte er sich und die gute Laune war sofort verflogen. Dustin, ein Junge aus ihrem Basiskurs, trug eine gewaltige Kiste voller Glühlampen und ließ Ann keinen Moment aus den Augen. Zuhause hatte Ann nie viel Aufmerksamkeit von anderen Jungen erfahren, so dass Charlie nun regelmäßig mit seiner Eifersucht kämpfen musste. Es war ungewohnt, seine Freundin mit so vielen anderen Begabten zu teilen, besonders, da er sich wünschte, dass sie ihn nicht mehr links liegenließ.

Würden die Tage anders aussehen, wenn er Ann gegenüber seine Gefühle offenbarte? Charlie kannte nur eine Antwort auf seine Frage: Er musste endlich seinen Mut zusammenkratzen.

»Ann, wusstest du, dass der seltsame Apparat im Speisesaal eine riesige Wasseruhr ist?«, fragte er stattdessen. Ein lausiger Versuch, Anns Aufmerksamkeit auf sich zu lenken. Aber sie interessierte sich nun mal für Technik aller Art. Dustin machte jedoch nicht den Eindruck, dass er sich dafür begeisterte. Hoffentlich.

Wie erhofft, strahlte Ann ihn an. »Klar. Der Zylinder ist in vierundzwanzig Kästchen unterteilt, die die Stunden anzeigen«, sprudelte sie los, ganz in ihrem Element.

»Naja, es ist mehr eine Insel in einem Wassertank, der sich langsam füllt, und dadurch gleitet der Zylinder nach. Nach einem Tag ist der Tank voll, und beim Entleeren dreht sich der Zylinder um eine Reihe nach unten.«

»Wir sollten langsam weiter«, warf Dustin ein und griff seine Kiste neu. »Ich habe leider nicht ewig Zeit, bis mein Protektor mich treffen will.«

»Sofort.« Ann wandte sich an die drei. »Sorry, ich komme heute nicht mit zum Basiskurs.«

»MAN DARF KEINE STUNDEN SCHWÄNZEN!«, schrie der Protektor, so dass die meisten Begabten sich die Ohren zuhielten.

»Können wir dir irgendwie helfen, Ann-chan?«, fragte Daisuke und blickte immer wieder zu Ktesibios. Charlie wusste, wie unheimlich ihm die Statue war. Am liebsten hätte er einen weiten Bogen darum gemacht.

»Ähm, nein. Dustin hilft mir schon mit den Lampen«, erklärte Ann. »Ich habe ein paar andere Begabte gefragt, aber die müssen sich auf irgendwelche Tests vorbereiten. Dana kommt nachher in die Werkstatt und sortiert kaputte Glaskolben mit Hilfe ihrer Psychokinese aus.«

Ann hatte nicht einmal darüber nachgedacht, Charlie zu fragen. Warum behandelte sie ihn, als wäre er ihr ein Klotz am Bein? Half er ihr nicht immer, wenn er es konnte? Oder war er nur gut, wenn es um das Anfertigen von Skizzen ging?

»PYROS! FLAMMEN SIND IM GEBÄUDE VERBOTEN!«

Eine für Charlie unbekannte Enttäuschung machte sich mit seinen Füßen auf den Weg. »Lasst uns gehen. Anscheinend werden wir nicht mehr gebraucht.«

»Bist du sauer auf mich, Charlie?«, rief Ann ihm hinterher.

Charlie hatte es noch nie geschafft, länger als einen halben Tag auf sie wütend zu sein. Außerdem hatte er einen Großteil der Zeit geschlafen, aber das musste Ann nicht wissen. Sollte sie doch glauben, dass er es war.

»NA ENDLICH VERSCHWINDET IHR!«, maulte Ktesibios. »WURDE AUCH ZEIT!«

Hoffentlich kommt sie nach, dachte Charlie dennoch. *Hoffentlich kommt sie nach und möchte, dass ich bei ihr bin.* Wider Erwarten tauchte Ann nicht auf, dennoch gab er die Hoffnung nicht auf. Es war nicht leicht, sich einen Weg durch die überfüllten Gänge zu suchen. Gleichzeitig war der Weg lang genug, dass Ann ihn noch einholen konnte. Charlie warf einen Blick über die Schulter. Doch Ann und Dustin spazierten in die entgegengesetzte Richtung davon.

»Dana kann Dinge durchlöchern. Sie ist mir eine so große Hilfe. Und Dustin kann ... was auch immer er kann! Er ist ja sooo hilfreich«, sagte Charlie geknickt und äffte Ann enttäuscht nach, während sie die Treppen hinaufstiegen. »Warum kann meine Gabe nicht nützlich sein?«

»Aber Heilen ist nützlich«, warf Daisuke ein, als er ihn zusammen mit Becca einholte. »Du kannst Menschen helfen. Ihre Wunden versorgen, ihre Schmerzen lindern!«

»Wenn ich so weitermache, verteile ich in fünfhundert Jahren immer noch Pflaster.«

Wäre Charlie nicht tief in Gedanken versunken gewesen, wäre ihm vermutlich aufgefallen, dass sich die Gänge schlagartig leerten. Tougard wirkte im nächsten Moment wie ausgestorben, als wollten die Begabten etwas oder jemandem aus dem Weg gehen. Letzte Schritte entfernten sich und Türmännchen legten erwartungsvoll ihre Hände auf die Klinken.

Im Saal des Basiskurses schlurfte Charlie mit hängendem Kopf zu seinem Platz. Doch das erwartete »Ihr seid zu spät« blieb aus.

»Haben wir es tatsächlich geschafft, die Ersten zu sein?«, fragte Becca überrascht und sah sich um. »Das wäre ein Wunder.«

»Ist doch egal«, murrte Charlie, worauf sie ihm tröstend eine Hand auf die Schulter legte.

Vielleicht würde Ann bemerken, was sie an ihm hatte, wenn er sich von ihr fernhielt. Vielleicht würde sie ihn dann vermissen. Es gab nur ein schwerwiegendes Problem: Er vermisste sie sehr. Dabei trennte sie nur Anns Hang, immer weiterzuarbeiten.

Und die Tatsache, dass er anscheinend nicht gut genug für sie war.

Neben ihm setzte sich Daisuke auf seinen Platz. Den Rücken durchgedrückt, den Kopf auf die Tafel gerichtet. Er war bereit. Für ihn konnte der Kurs beginnen.

Charlie hingegen wollte sich an irgendeinem Ort verkriechen, an dem ihn niemand fand. Egal, von welcher Seite er die Sache mit Ann betrachtete, er kam nicht weiter. Es musste eine Möglichkeit geben, wie er sich ihr erklären konnte. Irgendeine.

»Sag mir, was das ist?« Becca hielt ihm ein ausgebreitetes Taschentuch so dicht vor die Nase, Charlie musste erst zurückweichen, um es zu erkennen.

»Ein Pfirsichkern und ein Kirschkern.«

»Trench hat mir diese Kerne geschenkt.«

Charlie zuckte mit den Schultern. »Seltsames Geschenk. Aber es passt zu Trench.«

»Der Älteste Protektor sagte mir«, Becca steckte ihr Taschentuch sorgfältig weg, »dass ich diese Kerne in die Erde einpflanzen soll. Sie hegen, pflegen und wässern muss, damit eines Tages stattliche Bäume daraus wachsen und sie reichlich Früchte tragen können. Mein Glaube wird sie starkmachen und ihnen einen robusten Stamm verleihen.«

»Was wird das für eine Lektion, Becca?« Vielleicht sollte Charlie einfach in die Werkstatt laufen und erklären, dass er Ann helfen würde und Dustin verschwinden konnte. Aber das hätte kindisch gewirkt.

»So sehr du auch daran glaubst: Aus einem Kirschkern wird kein Pfirsichbaum wachsen. Andersrum ebenso wenig.« Becca schob ihre schwarzen Locken zurück. »So verhält es sich auch mit uns Begabten. Jeder von uns muss seinen eigenen Weg gehen, bis er reife Früchte trägt. Denn du bist Charlie und kein anderer. Daisuke ist Daisuke. Und ich bin eben ich. Ganz egal, ob du einen besonders harten Kern hast oder jetzt noch klein und unbedeutend wirkst: Du kannst zu etwas Großem werden. Es zählt, was du aus dem machst, das dir gegeben wurde, und nicht, ob du deine Gabe als schlecht oder gut empfindest.«

»Und wir haben die Ehre, miteinander zu wachsen«, ergänzte Daisuke. »Das darfst du nicht vergessen, Becca.« Charlie lachte, da er die Vorstellung eines Gartens voller Becca- und Daisuke-Bäume doch amüsant fand.

»Das Wichtigste ist dabei unser Glaube. Wir müssen glauben«, fuhr Becca fort. »An unsere Freunde, an uns selbst. Vermutlich sogar an den alten Besenstiel. Allerdings bin ich mir da nicht sicher.«

Charlie konnte es sich nicht erklären, doch er fühlte sich besser. Aber das war halt Trenchs magische Fähigkeit. Selbst eine seiner Anekdoten heiterte einen wieder auf.

»Was für ein Baum ist dann Raphael?«, fragte Charlie.

»Kennst du den Marula-Baum in Afrika, nach dem alle Tiere verrückt sind, aber seine Früchte besoffen machen? So dass sie von allen Sinnen sind?« Becca grinste breit. »Das ist er.«

Charlie und Daisuke lachten über ihren Scherz.

»Ich bin dann ein Ginkobaum«, sagte der kleine Japaner. »Die werden über tausend Jahre alt. Stellt euch vor, wie viele Videospiele ich in der Zeit schaffen würde.«

»Guten Morgen, ihr vier.« Peels schmierige Stimme hallte plötzlich durch den Saal. Sie klang so kalt, dass Charlie den Regenguss als angenehm empfand. Vor Schreck schrumpfte Daisuke auf seinem Stuhl zusammen.

Protektor Besenstiel hatte sich vor den Flügeltüren aufgebaut. Beim Anblick der Begabten schürzte er die Lippen. »Ihr seid zu spät. Das verlängert natürlich euren Extrakurs um eine Woche.«

Die zusätzliche Stunde kümmerte Charlie nicht mehr, sie gehörte praktisch zur Planung dazu. Wenigstens tauchte Ann zum Nachsitzen auf. *Wieso vier?*, fragte er sich stattdessen. Außer Becca und Daisuke war niemand anwesend. Er sah durch den Saal, konnte trotzdem keinen weiteren Begabten entdecken.

»Das ist eine Aufnahme«, schlussfolgerte Charlie. Ohne eine Antwort abzuwarten, schritt er auf den Protektor zu. Als er mit der Hand durch Peels Gesicht fuhr, verwischte das Abbild.

»Heute besteht eure Aufgabe darin, mich zu finden. Wenn ihr das schafft, habt ihr den Rest des Tages frei.«

Becca stöhnte gequält auf. »Muss das sein?«

»Sei leise. Ich bezweifle, dass Peel sich wiederholen wird.«

»... nur eure Gaben benutzen«, fuhr das Abbild fort. »Das heißt, Rebecca darf nur ihre Gabe der Illusion anwenden, um mir eine Falle zu stellen. Daisuke darf nur seine Kage o Miru anwenden und die Mechanikerin weiß bestimmt, wie sie mich finden kann.« Peel rückte seine Fliege zurecht, während sich seine Gestalt auflöste. »Gebt euch Mühe. Ich beobachte euch.«

»Er hat mich mit keinem Wort erwähnt«, klagte Charlie.

Und was sollte er auch schon Großes dazu beitragen? Er konnte – theoretisch zumindest – heilen. Das half weder beim Spionieren, Ausfindigmachen, noch konnte er damit Peel stellen – es half bei nichts! Die Begabten des Basiskurses konnten mit ihrer Puppenspielerfähigkeit oder mit Psychokinese Peel in Sekunden gefangen nehmen. Charlie konnte sich nur auf seinen Verstand verlassen. Großartig. Das bedeutete: gleiche Bedingungen für alle – außer ihn.

»Was war der letzte Ort, an dem wir Peel gesehen haben?«, fragte Charlie dennoch. Er würde sich nicht wie früher zum Zuschauer degradieren lassen, der am Rand stand und nichts ausrichtete. Obendrein würde ihn die Suche von Ann ablenken.

Die drei begannen bei der Statue des maulenden Protektors. Doch wo konnte Peel sich aufhalten? Womit verbrachte der Protektor seinen Tag? Gab es bestimmte Orte, die er gerne besuchte? Charlie wusste es nicht. Im Grunde war er immer damit beschäftigt gewesen, Peel aus dem Weg zu gehen. So weit wie nur möglich.

»Ich kann helfen.« Daisuke kniff die Augen zusammen und versuchte sich zu konzentrieren. »Mit meiner Gabe kann ich erkennen, wer an diesem Ort vorübergegangen ist.«

Die Minuten verstrichen, während Daisuke durch die Eingangshalle starrte. Ohne das tiefe Ein- und Ausatmen hätte man ihn mit einer Statue verwechselt. Selbst der maulende Protektor hielt sich mit seinem Nörgeln zurück und beobachtete die Begabten.

»Hast du mir je erklärt, wie deine Gabe funktioniert?«, fragte Becca.

»Das Bild vor meinen Augen verliert an Schärfe und alles sieht aus, als würde ich durch den Boden eines Glases blicken.«

»Und was siehst du genau?« Becca schwieg nie.

»Linien.«

Der maulende Protektor schüttelte den Kopf. »DU STÖRST IHN? MERKST DU DAS NICHT, MÄDCHEN?«

»Was für Linien?«, fragte sie weiter. Der maulende Protektor beugte sich hinunter und schlug ihr mit seinem Stab auf den Kopf, so dass Charlie sie außer Reichweite zog. Brummend verschränkte die Statue die Arme, als sei diese Taktik nicht fair.

»Ich sehe schwarze, blaue, rote, grüne – jede Farbe, die du dir vorstellen kannst.« Daisuke lief ein paar Schritte. »Selbst Farben, die kein normales Auge erspäht. Da ist Peel-san.«

Peels Spur führte die Drei quer über Tougards Gelände. Als sie sich durch eine Dornenhecke quetschten, dachte sich Charlie nichts dabei. Der Protektor würde es darauf anlegen, dass sie sich ein paar Kratzer einfingen. Schließlich sollten seine Schützlinge üben, üben und noch mehr üben. Was war ein besserer Beweis seiner Mühen, als völlig verschrammt zu sein? Besonders, da sich die

Dornenhecke, nachdem sie sie durchquert hatten, auf magische Weise in den Boden zurückzog.

Charlie versuchte zwar, die Kratzer zu heilen, so, wie Joy es ihm erklärt hatte. Letzten Endes versorgte er die schlimmsten Wunden mit seinen allseits griffbereiten Pflastern.

Knifflig wurde es erst, als Peels Spur im Mädchenwohnhaus verschwand. Charlie und Daisuke war der Zutritt untersagt – Becca allein konnte Peels Spuren nicht folgen. So umrundeten sie das Gebäude mehrmals, bis der kleine Japaner von neuem die Fährte aufnahm.

Auffällig blieb, dass sie nur Begabte aus ihrem Basiskurs antrafen. Das Gelände Tougards war zwar groß, aber nicht so riesig, um niemandem zu begegnen.

»Martin, trägst du etwa einen Computerbildschirm?«, rief Becca dem Ersten zu und winkte ihn herüber.

Der Bears-Fan joggte über den Innenhof und kam zu ihnen. Vorsichtig stellte er den alten Röhrenbildschirm ab. »Der Protektor hat mir aufgetragen, ihn mithilfe des Bildschirms zu finden.«

Wo hat er den her?, fragte sich Charlie.

»Ob du Peel wohl mit dem Ding am Kopf treffen sollst?«, scherzte Becca, aber Charlie ersparte sich eine Antwort.

»Keine Ahnung. Ist auch egal, ich hab endlich, was ich wollte. Jetzt kann es nur bergauf gehen!« Martin schulterte seinen Bildschirm und streunte davon.

Charlie hegte erste Zweifel, ob sie Peel jemals finden würden, als ihr Weg sie durch eine Handvoll Kurse führte. Die meisten Begabten freuten sich über die Unterbrechung, die Protektoren scheuchten sie weiter. Doch unter diesen Kursen befand sich auch eine Praxisstunde für Begabte, die Angriffsgaben beherrschten. Die drei sahen sich gezwungen, unbemerkt durch einen Krieg aus Feuerbällen, Blitzen und Speeren überdimensionaler Eiszapfen zu schleichen. Funken versengten ihnen die Kleidung, während zeitgleich Eisbrocken auf sie niederprasselten. Zufälligerweise hatte der Protektor an diesem Tag seine Stunde aus dem sicheren Kraftfeld ins Freie verlegt. Aus Gründen authentischer Bedingungen, so sagte er. Aber Charlie konnte das Gefühl nicht abschütteln, dass der Besenstiel seine Finger im Spiel gehabt hatte.

Als Peel sie auf das Dach des Hauptgebäudes schickte, weigerte sich Charlie. Wenn er all seinen Mut zusammenraffte, traute er sich auf die zweite Sprosse einer Leiter. Für eine dumme Aufgabe würde er sich nicht den Hals brechen und wie Peel über das Dach klettern.

Am Ende des Vormittags standen sie erneut vor dem maulenden Protektor. Peel hatte sie tatsächlich im Kreis geführt.

»DA SEID IHR JA SCHON WIEDER!«, grüßte sie die Statue.

»Wehe, ihr sagt jetzt: ›Das Ende wird der Anfang sein und ein neuer Beginn werden‹«, warnte Becca. »Diese Aufgabe ist schrecklich.«

»MIT SPASS LERNT MAN ABER NICHTS«, entgegnete Ktesibios.

Charlie ließ sich auf den Sockel fallen und überlegte. Der Protektor rechnete damit, dass sie sich auf Daisukes Fähigkeit verlassen würden. *Ich muss das anders angehen,* dachte er. Mit Daisuke als Spurenleser konnte Peel sie ganz leicht austricksen. Was er bereits eindrucksvoll bewiesen hatte.

»Wo würden wir den Protektor niemals suchen?«, fragte Charlie. »An welchen Ort würde er niemals damit rechnen, dass wir auftauchen?«

Daisuke zeigte auf eine Treppe, die in die Tiefe führte. »Dort unten.«

»Oh.« Für jemanden wie Becca war dieser Laut wirklich eine Seltenheit.

»Gibt es etwas, das ich wissen sollte?«, fragte Charlie.

»Dort geht es in die Katakomben.« Der kleine Japaner rieb sich über die Augen, um eine Pause einzulegen. »Allen Begabten ist es verboten, die Gewölbe zu betreten.«

Es wurmte ihn, dass Peel ihn ignoriert und nicht einmal in seiner Aufgabenstellung mit einbezogen hatte. Er würde sogar seinen dämlichen Spitznamen Claire in Kauf nehmen, solange Peel ihn für seine Fähigkeiten wahrnahm.

Das würde jedoch nur geschehen, wenn er diese Aufgabe meistern würde.

»Was könnte einem dort unten Schlimmes begegnen?«, fragte Charlie.

»Ich weiß nicht«, antwortete Becca. »Ratten? Es ranken sich eine Menge Gerüchte um die Gewölbe.«

»Aber haben wir in den letzten Tagen nicht schon genug Regeln gebrochen?«, murmelte Daisuke. »Sean bekam Riesenärger, selbst von Trench. Und er hatte noch nächtelang Albträume von Schritten und Stimmen, die ihn verfolgten.«

Charlie grinste übermütig. »Becca, kannst du uns mit einer Wandillusion verdecken, falls man uns erwischt?«

Sie nickte entschlossen.

»Worauf warten wir noch?«

Die Stufen verschwanden steil in die Tiefe. Nach ein paar Metern machte die Treppe einen Bogen und Charlie konnte nicht erahnen, wie groß der Keller wirklich war. Oberirdisch brauchte er nur ein paar Minuten, um von einem Ende des Gebäudes zum anderen zu gelangen. Was sollte schon passieren?

»Ich weiß nicht«, kicherte eine Mädchenstimme. »Bist du dir sicher?«

Charlie drehte sich zu Daisuke und Becca um, die am Treppenaufgang warteten. *So weit bin ich nicht gegangen, um bereits Stimmen zu hören, oder?*, dachte er. Mut war nie seine hervorstechendste Eigenschaft gewesen, dies entsprach vielmehr Ann. Aber der letzte Keller, der ihm Angst eingejagt hatte, war der von Familie Kreuz gewesen. Schließlich lagerte Anns Vater dort alle misslungenen Geräte und unvollständigen Erfindungen. Im Taschenlampenlicht konnte ein

Rasenmäher oder zerbeulter Ventilator schnell wie ein Monster wirken. Zumindest wenn man zehn Jahre alt war.

Dennoch zögerte Charlie. *Komm schon, in Tougard gibt es keine Gespenster.*

Als er den Bogen hinter sich ließ und in die Dunkelheit trat, begegnete ihm etwas völlig Unerwartetes. Bunte Flammen, wie Pyros sie benutzten, schwebten über den Stufen. Eine junge Frau saß auf dem Schoß eines Begabten, dessen Hände ihren Nacken und ihre Hüfte umschlangen.

Im ersten Moment konnte Charlie nicht viel erkennen, außer dass sie sehr in ihren Kuss vertieft waren.

Vorsichtig räusperte er sich, woraufhin die Frau zusammenzuckte und die Lichter sofort erloschen.

»Begabte dürfen hier nicht runter«, tadelte eine Stimme, die Charlie als Edward MacManaras erkannte.

»Scheint euch ja nicht zu stören.« Er war froh, dass die Dunkelheit sein Grinsen versteckte. Im Licht wäre es peinlich gewesen, Edward beim Knutschen zu erwischen.

Ein Schnippen erklang und ein neues Licht flammte auf. Die Begabte war von Edward abgerückt, nun saß sie neben ihm auf den Stufen. Lediglich die ineinander verschlungenen Finger verrieten, was Charlie gerade entdeckt hatte. »Du bist allein«, sie runzelte die Stirn. »Was macht man hier unten alleine?«

»Wir verfolgen Peel«, erklärte Becca, die neben Charlie auftauchte. Ängstlich versteckte sich Daisuke hinter ihren Rücken.

»Ach, sein ›Such-mich‹-Spiel«, schlussfolgerte Edward. Charlie konnte sich nicht erklären, warum seine Stimme so streng klang. Sie hatten doch nichts verbrochen, oder? »Peel stellt gerne Fallen und verlangt, dass man den Verstand benutzt. Aber nicht, dass man ihm in die Katakomben folgt.«

Edward zog seine Freundin auf die Füße und verschwand, bevor Charlie zu einer Antwort ansetzen konnte. Vielleicht war er auch einfach nur sauer, weil sie ihn unterbrochen hatten.

»Wer war die andere Begabte?«, fragte Daisuke und blickte Edward nach, als wollte er ihm an die Oberfläche folgen. »Und was haben die da gemacht?«

»Das ist Gwen.« Becca sah ihnen ebenfalls nach. »Ich wusste nicht, dass sie zusammen sind. Und ich würde mal sagen, sie haben sich geküss-«

»Becca-chan!« Daisuke lief knallrot an und hielt sich die Ohren zu.

Die Französin ließ sich davon nicht abbringen. »Mit einer Pyro als Freundin ist das hier unten bestimmt ein toller Platz. Man muss nicht mal eine Kerze mitschmuggeln. Was meinst du, Charlie?«

Er antwortete nicht. Er stöhnte nur innerlich auf. Seine Vorstellungskraft half ihm, wenn er neue Motive entwickelte. Im Moment zeigte sie jedoch nur, was passieren könnte, wenn Ann hier auf seinem Schoß säße. *Nein, nein, nein.* Charlie schüttelte den Kopf. *Konzentrier dich.*

»Wir sollten den Besenstiel suchen«, sagte er und überging Edwards Warnung.

Am Fuß der Treppe griffen sie eine der Öllaternen, die sowohl links als auch rechts der Stufen hingen. Charlie konnte nicht schätzen, wie viele Meter sie danach zurückließen. Die immer dichter werdenden Spinnenweben an den Wänden und die dicken Staubschichten gaben ihm keinen Aufschluss. Die Luft roch abgestanden, als hätte lange kein Mensch eingeatmet.

»Du hattest recht, Charlie. Peel ist wirklich hier langgegangen«, erklärte Daisuke. »Die Spur ist noch frisch.«

Die Gänge in den Katakomben verliefen zunächst schnurgerade – wie mit dem Lineal gezogen – und an jeder Weggabelung brannte eine Öllampe. Charlies Augen gewöhnten sich nur langsam ans Schummerlicht. Schatten hüllten ihn ein. Vor ihm. Hinter ihm. Überall. Doch wirkten sie weich und verschwommen, als ob sie einen unvorsichtigen Besucher immer tiefer in ihre Welt locken wollten.

Stille drückte auf Charlies Ohren. Aber es war keine normale Stille. Charlie konnte das Gefühl nicht abschütteln, dass jemand oder etwas in den Katakomben umherstreifte. Es war diese Ahnung, nicht allein zu sein. Obwohl er den Kopf in alle Richtungen drehte, konnte er trotzdem niemanden erkennen. Außerdem hörte er nur seinen eigenen, unruhigen Atem, der in der kalten Luft weiße Wolken bildete.

»Wir haben ein Problem.«

Charlie rempelte Daisuke an, der unschlüssig stehengeblieben war. »Peel-san geht geradeaus.« Beim nächsten Schritt hätte er seine Nase gegen den rauen Stein gestoßen.

»Er kann doch nicht einfach durch eine Wand gehen«, beschwerte sich Becca. »Kann er das?«

Bisher hatte der Protektor alles beherrscht, was die Begabten in seinem Kurs übten, und Sean hielt keine Wand auf. Doch warum der Besenstiel so viele Gaben beherrschte, konnte sich keiner erklären.

Becca betrachtete die beiden Gänge. »Wir gehen nach rechts.«

»Warum?«, fragte Charlie erstaunt.

»Der sieht schöner aus. Wenn ich die Wahl habe, nehme ich immer den Weg, der friedlicher wirkt.«

Für Charlie sahen beide Gänge gleichermaßen dunkel, modrig und verlassen aus. Der einzige Unterschied war, dass in einem mehrere Rinnsale von der Decke liefen und der andere relativ trocken wirkte. Wie oft hatte Charlie in seinem Leben Horrorfilme gesehen, bei denen er gerufen hatte: »Dreh um!« Unter diesem Umstand wirkte der rechte, trockene Gang tatsächlich freundlicher als der linke.

»Ab jetzt gehst du vor, Becca-chan«, wisperte Daisuke.

Bald konnte Charlie nicht mehr sagen, wie oft sie nach rechts und links abgebogen waren. Auf der Suche nach Peel führte ihr Weg sie tiefer und tiefer in die Katakomben. Die einst geraden Gänge endeten in Sackgassen, beschrieben Kurven und verzweigten sich ins

Unendliche. Spätestens als sich ihr Weg zu Hallen und Steinsälen ausweitete, war Charlie froh, dass es in tiefer liegende Ebenen keine Treppen gab.

Natürlich wollte Becca jede dieser Hallen erkunden, so dass sie immer wieder vom Weg abkamen und Charlie die Orientierung verlor. *Hoffentlich breitet es sich nicht wie die Bibliothek aus,* kam es ihm in den Sinn, doch Charlie verscheuchte den Gedanken schnell.

Die Säle waren mit Möbeln und Gemälden einer vergessen Zeit zugestellt. In einem ruhten Ritterrüstungen, Schusswaffen und eine gewaltige Sammlung von Schwertern, Schilden und Speeren. Überall verstaubten Truhen wie in einem Jahrhunderte alten Fundbüro.

»Jeder Museumsdirektor würde beim Anblick dieser Abstellkammer in Tränen ausbrechen«, sagte Becca und spähte in die nächste Truhe. Charlie und Daisuke hatten ihre Mühe, sie weiterzuziehen. Besonders der kleine Japaner wollte diesen schaurigen Ort so schnell wie möglich verlassen.

Je weiter die Begabten vordrangen, desto kühler wurde es. Becca rubbelte sich über die Arme und unterdrückte ein Niesen. Daher reichte Charlie ihr seine Sweatshirt-Jacke, die sie dankend annahm. Daisuke wollte es ihm gleichtun, aber da er wesentlich kleiner war als sie, legte sie sich seine Regenjacke nur über die Schultern. Für Charlie irgendwie selbstverständlich, auch wenn das sonst niemand tat und er sich damit ein bisschen altmodisch vorkam.

»Was sind das für rote Streifen an deinem Arm?«, fragte Becca neugierig. »Sie sehen aus wie Narben. Sind es Narben?«

Charlie starrte auf seinen rechten Arm und zuckte merklich zusammen. Er hatte vergessen, das Armband anzulegen.

»Das sieht aus wie die Verbrennung von einer Qualle«, meinte Daisuke.

»Einer Würfelqualle, um genau zu sein«, wich Charlie aus. »Aber das ist eine uralte Geschichte.«

Würden die beiden ihn auslachen? Oder ihn damit aufziehen? Nein, das durfte nicht sein. Becca und Daisuke waren so etwas wie, ja, so etwas wie seine Freunde. Charlie konnte es selbst kaum glauben. *Warum habe ich dieses blöde Armband vergessen?*, schalt er sich in Gedanken.

»Das hast du überlebt, Charlie-kun?«, fragte Daisuke jedoch erstaunt. »Ich hab die Dinger im Aquarium gesehen. Ihr Gift soll tödlich sein. Irrst du dich auch nicht?«

»Nenn mir eine andere hochgiftige Qualle, die an Australiens Stränden beheimatet ist.« Mit den Fingern fuhr er über die Striemen, die einst brennende Geschwulste gewesen waren. Sie würden bestimmt lachen. Er würde es nicht ertragen, wenn die beiden ihm einen dieser fürchterlichen Spitznamen wie »Scars« geben würden.

»Wie ist das passiert?«, fragte Becca weiter.

»Im Urlaub.« Charlie zögerte einen Augenblick und schüttelte alle Zweifel ab. Dieser seltsame Brief hatte ihm geraten, seine Vergangenheit hinter sich zu lassen. Jetzt war die Gelegenheit. »Ein paar Kinder haben mich reingelegt. Sie sagten, wenn eine Qualle mich berührt, würde es kitzeln. Woher sollte ich wissen, was es ist? Ich war neun … und als es brannte, haben sie Limonade darüber gegossen.«

»Ugh!«, entwich es Daisuke. »Das ist das Schlimmste, was man machen kann!«

»Ja, ich bin auch einmal auf eine Qualle getreten«, sagte Becca. »Bei mir ist alles verheilt.«

»Würfelquallen hinterlassen Verbrennungen dritten Grades«, erklärte Charlie. »Es wird nie verschwinden.«

»Versteckst du die Narben deswegen?« Becca griff nach seinem Arm, als wollte sie sich die Striemen genauer ansehen. »Weil sie dir unangenehm sind?«

Charlie blieb wie angewurzelt stehen und starrte die beiden an.

»Was ist?« Becca runzelte die Stirn. »Hab ich was Falsches gesagt?«

»Nein.«

Diese alte Geschichte war der Grund, warum Charlie Fremde aus seinem Leben ausgeschlossen hatte. Bis er in diese Dimension gefluppt war, hatte er immer das Gefühl gehabt, von Fremden ausgenutzt zu werden. Sie missbrauchten sein Vertrauen und verspotteten ihn für seine Narben. Aber Charlie fühlte, dass Becca diese Geschichte niemals weitererzählen würde. Genauso wie er ihre Geheimnisse gegenüber Lauren verschwieg. Und Daisuke sah aus irgendeinem Grund bewundernd zu ihm auf.

Freundschaft basierte nicht darauf, ob dass man seine Fähigkeit beherrschte, sich an dumme Regeln hielt oder nur ein unnützer Klotz war, der mehr Fehler machte, als dass er half. Charlie erkannte, dass es auf die vielen kleinen Momente wie diesen ankam.

»Ich bin Meister in *Para Para Kami Pang*«, nuschelte Daisuke auf einmal.

»Ist dir das peinlich?«, fragte Becca.

»Ja.« Seine Ohren liefen rot an. »Das ist ein Videospiel für Kinder.«

»Wehe, ihr verratet es jemanden, aber ich musste Ballett lernen. Dabei hasse ich klassische Musik«, sagte Becca.

Da hielt Charlie ihr die Hand vor den Mund. »Hört ihr das nicht?«

Schritte.

Charlie kniff die Augen zusammen und konzentrierte sich auf das Geräusch, bis er seinen eigenen Puls hörte. Tatsächlich näherten sich ihnen Schritte, aber der Protektor würde niemals so stampfen.

»Was ist das?«, wimmerte Daisuke. Er leuchtete mit seiner Laterne durch den Gang, ohne etwas zu entdecken.

Die Schritte verstummten, als hätte jemand Daisuke gehört.

»Ich frage mich auch, was das ist«, sagte eine Stimme hinter ihnen. »Aber gefunden habe ich bisher nur euch.«

Daisuke schrie vor Angst, so laut, dass Staub von der Decke rieselte und Charlies Ohren klingelten.

Er zögerte, bevor er sich umdrehte. Wahrscheinlich waren sie nur in einen Protektor gelaufen. *In Tougard ist alles möglich,* wisperte eine Stimme, die Charlie ignorierte.

Hinter den Begabten stand ein Mann, zumindest rein äußerlich. Denn Charlie starrte zu seinem Verblüffen in das Gesicht einer Marmorstatue, wie er sie aus Museen kannte.

Die Statue lächelte freundlich und nickte ihnen zu.

»Das Ding bewegt sich!«, quietschte Daisuke. »Warum muss sich immer alles bewegen?«

»Angsthase«, tadelte Becca.

»Ich bin kein Ding«, grummelte die Statue. »Mein Name ist Illias.«

Charlie verschlug es die Sprache. Die zwei Meter hohe Statue war in ein griechisches Gewand gekleidet und wirkte einfach perfekt. Die Haare gelockt, das Gesicht ebenmäßig. Selbst Illias' Haltung strahlte Sicherheit aus. Zwar wusste Charlie nicht, ob Statuen das überhaupt konnten, aber Illias würde sich bestimmt nicht in diesen Gängen verlaufen.

»Du weißt nicht zufällig einen Weg nach oben?«, fragte Becca, als wäre es völlig normal, mit Statuen zu sprechen.

»Folgt mir.«

Und Charlie folgte. Er folgte einer lebenden Statue! In Tougard begegneten ihm viele Seltsamkeiten – allerdings so etwas? Was würde als nächstes kommen? Würde die Statue des Maulenden Protektors ebenfalls aufstehen und Begabte mit seinem Zeigestock jagen?

»Wie konnte er nur!«, sprach eine Stimme weit entfernt.

Leises Gemurmel schwappte durch die Gänge. Illias hielt direkt darauf zu.

»Das darf er nicht!«, beschwerte sich eine Frau.

»Es ist bereits geschehen.«

»Unverantwortlich! Als Oberster ist es ihm untersagt, seine Schützlinge zu belügen!«

»Es geschieht zu seinem Schutz«, mischte sich jemand ein.

»Noch nie in der langjährigen Geschichte Tougards …«

»Ihr habt selbst gesagt, dass seine eigentliche Gabe ihm nur Probleme bereitet hätte«, erklärte eine weitere Stimme. »Er glaubte so fest an seinen Wunsch, dass das Portal sich für ihn geöffnet hat. Ich sehe keinen Fehler darin, ihm die Möglichkeit auf ein normales Leben zu geben.«

Charlie verdrehte die Augen beim Wort ›normal‹. Über wen sie auch sprachen: das Leben in Tougard war vieles, aber es war bestimmt nicht normal. Illias war nur ein weiterer Beweis.

»PSST!«, sage einer aus der Runde. »Da kommt jemand!«

Charlie betrat einen weiteren Saal, in dessen Mitte vier Statuen auf ihren Sockeln verharrten. Ihre Gesichter starrten in ihre Richtung, als würden sie auf Neuankömmlinge warten. Die Stimmen hatten so nah geklungen, aber Charlie konnte keinen Begabten entdecken. *Vielleicht machen sie sich unsichtbar*, vermutete er.

»Hoffentlich bewegen sich die nicht auch«, flüsterte Daisuke und hielt sich an Beccas Arm fest. Illias betrachtete den Japaner mit einem Stirnrunzeln.

Derweil kniete sich Charlie vor die Statue, die in der Denker-Position verharrte. Vorsichtig berührte er den glatten Marmor, als wollte er herausfinden, wie der Künstler diese Ebenmäßigkeit vollbracht hatte. *Vielleicht kann ich eines Tages etwas Vergleichbares erschaffen.*

»Du weißt, dass es unhöflich ist, jemanden so anzustarren?«, sprach die Statue plötzlich, so dass Charlie zurückwich.

»Verzeihung.«

»Sei gegrüßt, Junge. Mein Name ist Perikles.« Die Statue grinste gequält.

»Darf ich vorstellen, meine Leidensgenossen«, sagte Illias und drehte sich im Kreis.

Im Gegensatz zum Rest des Gewölbes klebten hier keine Spinnenweben an den Wänden, stattdessen wirkte die Halle wie ein Altarraum oder ein Thronsaal. Mosaikfliesen erstreckten sich vor Charlies Füßen. Die glatten Wände waren mit Gold, Silber und Fresken verziert und erstreckten sich schier unendlich in der Dunkelheit. Als hätte man den Saal nicht für fünf Statuen, sondern für Hunderte errichtet.

»Besucher! Ich kann es nicht fassen!«, rief eine weitere Männerstimme. »Wir haben Besucher! Thank Godness!«

»Gleich mehrere? Ich muss mein Kleid glätten!«

»Du siehst bezaubernd aus, Sandrine«, sagte Illias mit einem Zwinkern.

Die Statuen auf den Säulen erwachten zum Leben und streckten sich, als hätte man sie aus einem langen Schlaf erweckt. Mit einem Wimmern wich Daisuke zurück.

Charlies Faszination steigerte sich jedoch. Er war davon ausgegangen, dass die Stimmen, die er bereits auf dem Weg in diese Halle vernommen hatte, ein paar anderen Begabten gehörten. Stattdessen sprachen die Statuen selbst.

»Wer oder was seid ihr?«, fragte Becca.

»Die Erschaffer dieser Welt. Wir sind die herausragendsten Köpfe unserer Generationen.«

Jeder von ihnen wollte der Erste sein, der über seine Begabung sprach und sich vorstellte. Aber sie waren so aufgeregt, dass ihre Geschichten als ein unverständliches Durcheinander durch den Saal hallten.

»Ich dehne den Raum«, sagte Sandrine strahlend. »Eure unendliche Bibliothek entstand durch meinen Verdienst.«

Illias setzte sich auf ein freies Podest. »Ich verfüge über die Zeit.«

»Dank meiner Schutzkreise seid ihr sicher«, erklärte Thybalt stolz.

»Ich herrsche über die Portale.« Perikles zeigte auf eine Statue im Anzug. »Und Schweiger sieht die Zukunft voraus.«

Schweiger verbeugte sich vor Charlie.

»Gehört der maulende Protektor auch zu euch?«, fragte Becca weiter. »Der geht uns da oben ganz schön auf die Nerven.«

»Ja«, Sandrine schürzte die Lippen. »Der alte Ktesibios war selbst uns zu laut.«

Plötzlich fuchtelte Schweiger mit den Händen und zeigte auf einen Gang.

»Was habt ihr hier zu suchen?«, zeterte Peel, der mit einer Öllampe in der Hand den Saal betrat. »Schützlingen ist es verboten, die Kellergewölbe zu betreten!«

Charlie war so fasziniert gewesen, dass er die Suche nach Peel völlig vergessen hatte.

»Ihr habt nicht bestanden.« Der Protektor wies mit dem Finger auf sie. Das Gesicht knallrot gefärbt wie seine Fliege. »Keiner. Von. Euch. Und jetzt kommt gefälligst mit.«

Darauf runzelte Becca die Stirn und protestierte: »Aber wir haben Sie doch gefunden.«

»Ihr solltet alle eure Gaben benutzen!«, erwiderte Peel, packte Daisuke am Arm und marschierte sogleich los. »Anstatt sich nur auf Daisuke zu verlassen! Das war das Faulste, wozu ihr euch entscheiden konntet!«

Peels Strafpredigt hallte noch eine ganze Weile durch die Katakomben, aber Charlie achtete nicht auf ihn, achtete nicht einmal auf seine Schritte. Viel eher fragte er sich, wie die Statuen entstanden waren. Warum konnten sie reden wie Ktesibios? Warum standen sie in den Katakomben? Nicht oben im Tageslicht, wo jeder Begabter sie bewundern konnte?

»Ist es so schwer, euren Verstand zu benutzen?«, beschwerte sich Peel weiterhin, obwohl sie bereits einige Abzweigungen hinter sich gelassen hatten. »Wenigstens ein einziges Mal!«

Charlie fiel ein Stück zurück und der Protektor ging weiter, ohne Notiz davon zu nehmen. Selbst als er sich in den Schatten versteckte, schien er für Peel wie unsichtbar.

Einer der seltenen Momente, in denen es praktisch ist, nicht gesehen zu werden, dachte Charlie und machte auf dem Absatz kehrt.

So schnell und so leise er konnte, rannte er zurück zum Saal mit den Statuen. Er wollte ihnen so viele Fragen stellen, sie genauer studieren und vielleicht sogar Illias bitten, ob er ihn regelmäßig zu ihnen führen könnte. Es wäre eine wahre Herausforderung, die fünf auf eine Leinwand zu bannen.

»Wann kriegen wir wohl den nächsten Besuch?«, seufzte Thybalt und spielte mit seiner schweren Kette. »Ich würde mich freuen, wenn uns der Oberste wieder etwas über die Mechanikerin erzählt.«

»Sie scheint ein nettes Mädchen zu sein«, stimmte Sandrine mit ein. »Schade, dass sie sterben wird.«

Am Rande des Saals sackte Charlie in die Knie. Im Gang hinter ihm echoten Peels Rufe, aber das interessierte ihn nicht. *Ann soll sterben?*

»Dazu muss es nicht kommen«, warf Illias ein und kletterte auf sein Podest. Hoffnung keimte in Charlie auf und wurde sogleich wieder erstickt.

»Nein.« Perikles schüttelte den Kopf. »Wie sehr sich die Zukunft in den letzten Jahren auch wandelte – eins stand immer fest: Der Seelenseher wir die nächste Mechanikerin für sich beanspruchen, sie verlieren und dann töten.«

Bevor Charlie eine einzige Frage stellen konnte, hatte Peel ihn eingeholt und schleifte ihn grob ans Tageslicht. Die Dunkelheit, die sich aufgrund dieser Entdeckung jedoch in ihm ausbreitete, wurde dadurch nicht erhellt.

Kapitel 11

EIN DATE IN TAUN

Sonnenstrahlen durchbrachen trübgraue Herbstwolken, als Charlie eine Einzelstunde am See verbrachte. Frischer Wind fegte durch die Schilfrohre und ließ Seerosen Pirouetten drehen. Eine willkommene Abwechslung zu Ms. Flemyngs mit Strick- und Häkelsachen ausgefülltem Büro. Zwar hatte er gelernt, bei Peels Vorträgen die wichtigsten Stellen herauszufiltern, doch seine Protektorin zählte so viele Details und Abwandlungen auf, dass Weghören nicht möglich war.

Seit neuestem hörte er seiner Protektorin auch nicht allein zu. Dennoch war Charlie sich nicht sicher, ob er mit Sarah eine Mitschülerin oder eine zweite Lehrerin erhalten hatte. Auf ihre Art konnte sie schließlich beides sein.

»Schau mal, Joy, ich habe im Wald das gefunden« oder »Schau mal, Joy, ich habe im Wald dies gefunden«, grüßte Sarah immer, wenn sie zu ihnen kam. Charlie konnte sich nur einen Bruchteil von dem merken, was Sarah als Wissen abrief. Sie spulte Informationen ab wie ein lebendiges Pflanzenkompendium und besaß einen ›grünen Daumen‹. Keine Gabe, die besonders aufregend war, aber Charlie bewunderte sie dafür. Sarah konnte kranke Pflanzen aufpäppeln und ihre Fotosynthese beeinflussen. Zwar trugen Bäume nicht binnen Sekunden reife Früchte, aber Triebe keimten schneller und Blumen erblühten nach ihrem Wunsch.

Charlie mochte Sarah vom ersten Augenblick an. Stets lächelte sie freundlich und ihre Augen leuchteten, wenn sie über eine Vielzahl von Blumen, Sträuchern und Bäumen sprach. Doch er vermutete, dass er genauso glücklich aussah, wenn er von seinen Skizzen erzählte.

»Was könnte man unternehmen, um Fieber zu senken? Charlie?«, fragte seine Protektorin.

Ebenso hatte er in den letzten Tagen erkannt, dass es viele Krankheiten gab, bei denen seine Gabe nichts ausrichtete. Kopfschmerzen, Übelkeit oder Grippe bildeten solche Ausnahmen. Im letzteren Falle, weil es nicht möglich war, alle Viren gleichzeitig auszuschalten.

»Normalerweise schlucke ich Tabletten dagegen.«

»Es wird schwierig, in Tougard schnell Tabletten aufzutreiben.« Ms. Flemyng putzte sich mit einem Tuch ihre Brillengläser. »Sarah?«

»Fieber ist ein Symptom für etwas Schwerwiegenderes. Man kann Ringelblumen, Kamille oder Kirschen verwenden«, antwortete sie und verlor sich in einer Erklärung darüber, welche Heilpflanze man zerrieb, trocknete und mit heißem Wasser aufgoss.

»Meine Mutter hat mir als Kind immer Kirschsaft gegeben, wenn ich erkältet war«, erinnerte sich Charlie, worauf Sarah leise lachte. Das Mädchen verhielt sich in vielen Punkten ganz anders als Ann. Sie konnte sich einen Nachmittag lang um Blumen kümmern, ohne auch nur ein Wort zu verlieren. Doch dabei vergaß sie nie, dass Charlie anwesend war. Bedankte sich sogar für seine Hilfe, wenn er mit ihr die Beete von Unkraut befreite oder Kilosäcke voller Mulch trug.

Ein Geräusch wie von Zahnrädern, die ineinandergriffen, und von ausgestoßenem Dampf drang an Charlies Ohr.

»Diese Maschine ist wirklich unglaublich!«, rief Ms. Flemyng plötzlich und winkte stürmisch über die Wiesen. Charlie drehte sich in die angezeigte Richtung, aus der Ann auf einem metallischen Ungetüm auf sie zuhielt. Ihr Reittier bestand zur einen Hälfte aus einem Strauß. Bei der anderen war sich Charlie nicht sicher.

»Mein erster Test sollte eigentlich ein Geheimnis bleiben«, sagte Ann und hob verlegen eine Hand wie zum Gruß.

Ms. Flemyng bestaunte die Maschine. »Begabte sitzen oft genug hinter dicken Mauern. Außerdem brauche ich ein wenig Sonne für meinen miserablen Vitamin D–Haushalt.«

Sie hat es schon fertig, dachte Charlie frustriert. Er übte und übte, um das Heilen zu lernen, doch Ann baute kurzerhand eine eigene Maschine. Er hätte ihr gerne geholfen, doch stellte er sich beim Werken so ungeschickt an, dass er die Einzelteile kaum auseinanderhalten konnte. Das Schweigen, das sich danach in der Werkstatt ausgebreitet hatte, war für Charlie Grund genug gewesen, um zu flüchten. Bei ihnen zu Hause hatte er mit Ann immer ein Thema gefunden.

Anns Blick fiel auf Charlies Aufzeichnungen. »Ich wollte nicht stören. Verratet bitte nicht, dass ich nach Taun reite.«

Er sagte nichts, starrte nur auf seine Notizen und verzog das Gesicht – aber so, dass sie es auch sehen musste. In einer guten Stunde würde Peel mit seinem Besenstielcharme von seinem Kurs erwarten, dass er lehrreiche Sätze auswendig lernte.

»Dann solltet ihr euch beeilen – das schöne Wetter wird nicht mehr lange anhalten.« Ms. Flemyng griff ihre Unterlagen und stupste Charlie aufmunternd gegen Schulter. »Am besten ihr macht euch sofort auf den Weg.«

»Wie … euch?«, fragte Ann erstaunt.

»Wenn Charlie mir ständig erzählt, wie toll er deine Arbeit findet, dann sollte er dich auch begleiten. Oder nicht?« Die Protektorin grinste schelmisch, als würde sie ihrem Schützling einen Gefallen tun. »Falls Peel fragt, dann seid ihr mir nicht über den Weg gelaufen.«

Sarah liebkoste einen verblühten Pfingstrosenstrauch, der am Ufer wuchs, und eine Knospe öffnete sich. »Steck sie dir ins Haar.« Sie reichte Ann die Blüte. »Charlie wird das bestimmt gefallen.«

»Meinst du?« Ann drehte die Pfingstrose unschlüssig zwischen den Fingern.

Ms. Flemyng und Sarah verließen fast fluchtartig den See. Derweil sah Charlie verlegen zur Seite und spielte mit dem Gedanken, sich im nächsten Moment im See zu versenken. Warum merkten alle, was er für Ann empfand, nur sie nicht?

Ann streichelte über den Hals ihres Reitvogels, während sie die Blüte weiter zwischen Daumen und Zeigefinger drehte. Ihre Blicke trafen sich, doch Charlie schaute in eine andere Richtung. Was sollte er sagen? Ann hatte ihm das Gefühl gegeben, dass er zu nichts zu gebrauchen war.

Daher wurde die Situation mit jeder Minute unangenehmer.

Wie aus dem Nichts landete der mechanische Drache vor Charlie. Funken sprühend hüpfte er auf seinen Schoß und rieb wie eine Katze den Kopf an seinem Bauch.

»Bist du schon wieder sauer auf mich?«, fragte Ann.

»Nein.«

Sie runzelte die Stirn. »Wieso klingt es dann wie ein ›Ja‹?«

Charlie setzte den Drachen auf den Boden, doch der hüpfte sofort zurück. »Musst du nicht irgendwas reparieren oder sonst was wichtiges tun?«

»Charlie. Ich weiß, die letzten Tage waren etwas hektisch.«

Etwas, sagte eine ironische Stimme in seinem Kopf.

»Aber ich hab dich vermisst.« Ann griff seine Hand und zog ihn auf die Beine. »Also, zeigst du mir Taun? Das wollten wir doch zusammen machen?«

Charlie hatte versucht, sauer zu sein. Dreiundzwanzig Stunden lang, Schlaf nicht mitgezählt – ein neuer, trauriger Rekord. *Der Seelenseher wird die nächste Mechanikerin töten*, erklang das Echo von Perikles' Stimme in seinen Gedanken. Was tat er hier eigentlich? Warum war er so stur und beharrte darauf, eingeschnappt zu sein? Schließlich hatte Charlie Ann in diese Dimension geholt, um mehr Zeit mit ihr zu verbringen. Und dazu hatte er noch einen weiteren Grund erhalten, bei ihr zu sein. Nur er wusste, dass dieser Seelenseher Ann bedrohen würde.

»Wie steige ich auf?«, fragte er also versöhnlich.

Ann schwang sich gewandt hinauf und reichte ihm die Hand. »Setz dich hinter mir auf den Sattel.«

Auf dem Reitvogel fühlte sich Charlie wie auf dem Rücken eines Pferdes. Seine Beine hingen einen halben Meter über dem Boden und er fürchtete, jeden Moment abgeworfen zu werden. Und falls das nicht geschah, würde ihn wahrscheinlich Anns Drache attackieren, der wie ein Falke Kreise am Himmel zog.

»Ist es dir zu hoch?«, wollte Ann wissen.

Charlie verdrehte die Augen. Sie konnte sich anscheinend für eine unbestimmte Zeit in ihrer Arbeit verlieren und sich dann ohne Vorwarnung wieder normal benehmen. Dieses Hin und Her würde ihn noch wahnsinnig machen.

»Nein«, erwiderte er, spürte selbst, wie wenig überzeugend das klang, und schluckte seine Höhenangst hinunter. Der Vogel schüttelte seine Reiter ordentlich durch.

»Halt dich ruhig an mir fest«, meinte Ann, als ihre Maschine an Geschwindigkeit zulegte. Mittlerweile konnte der Vogel mit einem langsam fahrenden Auto mithalten und Charlie schlang von hinten die Arme um sie. Ann würde denken, dass er wegen seiner Höhenangst Halt suchte – in Wahrheit genoss er den Moment, in dem er sie in den Armen halten konnte.

»Ich bin froh, dass du Freunde gefunden hast«, meinte Ann. »Wie findest du Sarah?«

Charlie war überrascht über ihre Frage, doch hielt er sich zurück. »Sie ist in Ordnung. Ich kenne sie ja erst seit ein paar Unterrichtsstunden. Ich bin da ja immer ein bisschen vorsichtiger. Du solltest auch aufpassen und nicht mit jedem Freundschaft schließen.«

»Du machst dir zu viele Sorgen, Charlie.« Ann lachte. »Das ist es echt nett von dir.«

Nett.

Sie hatte es gesagt – nett.

Sie würde seine Gefühle nie ernst nehmen. Schließlich waren Jungs immer *nett* zu dem Mädchen, das sie mochten. Aber für Ann war er so nett wie ihre großen Brüder. Mehr nicht.

»Weißt du, Dustin ist genauso nett wie du. Obwohl er immer meint, du wärst total eifersüchtig.«

»Aha.« Er konnte diesen Begabten immer weniger ausstehen.

Was für eine Gabe beherrscht dieser Dustin überhaupt?, dachte Charlie grimmig. Würde Dustin vielleicht dieser Seelenseher sein? Er wusste nichts über die Gabe des Seelensehens und er hatte sich nicht getraut, Ms. Flemyng zu fragen. Dann hätte er zugeben müssen, dass Peel ihn für das restliche Jahr in den Extrakurs verbannt hatte. Und das, obwohl ihn seine Protektorin gebeten hatte, sich weniger Ärger einzuhandeln.

Aber wie erkannte man einen Seelenseher? Wie war es überhaupt möglich, eine Seele zu sehen? Charlie konnte sich nichts Abstrakteres als die menschliche Seele vorstellen. Die Fragen waren so vielfältig wie die Menge an Farben, an denen sie vorbeiritten.

In einem Punkt war sich Charlie zumindest sicher: Dustin tauchte viel zu oft an Anns Seite auf und war somit eine potenzielle Gefahr. In vielerlei Hinsicht.

Die letzte Strecke verbrachten sie schweigend. Zwar hatte Charlie sich vorgenommen, als Erster abzusteigen und Ann herunterzuhelfen, aber bei seinem Versuch landete er ungeschickt im Gras.

Die Stadt Taun lag am Ufer eines Sees – klein und überschaubar. So überschaubar, wie eine Hauptstraße nur sein konnte, denn aus mehr bestand Taun nicht. Blockhütten, Steinbauten und Kolonialhäuser säumten diese Straße, die hinter dem letzten Gebäude im Grün des Waldes verschwand. Die heruntergekommenen Scheunen und Wohnhäuser weiter abseits ließen keinen Schluss zu, ob sie bewohnt waren. Taun glich einem kleinen Weihnachts- oder Mittelaltermarkt, da die Bewohner in jedem zweiten Haus ein Geschäft führten. Silberschmuck glitzerte in den Auslagen. Strickkleider und Seidenschals flatterten im Wind. In einem Schaufenster reihten sich beispielsweise in allen Formen und Farben Seifen und Kerzen auf. In einem anderen stellte ein Mann seine neueste Kreation – eine Holzeisenbahn – zwischen seine übrigen Schnitzereien.

Charlie gefielen all die handgefertigten Waren. Hier gab es keine Roboter, sondern nur Begabte, die viel Zeit und Mühe in die Vollendung steckten.

Ann schien nicht weniger beeindruckt zu sein. Sie betrachtete deutlich länger die einzelnen Auslagen, als sie es sonst tat. In der Realität ging sie nur einkaufen, wenn sie etwas brauchte. So etwas wie neue Schraubenschlüssel oder Kabel.

Charlie hatte sich schon Tage zuvor über den Ort erkundigt und führte Ann zielsicher zu einem Café. Auf ein Zeichen hin ging Anns Reitvogel in eine kauernde Position und der kleine Drache landete auf dessen Rücken. Wie ein Wachhund folgte er seiner Herrin mit den Augen. Während alle anderen Begabten in Taun die Maschinen mit großer Faszination musterten, aber auch respektvoll auf Abstand blieben.

»Das ist Mrs. Peels liebster Ort in dieser Dimension«, meinte Charlie, lachte über seinen Witz und hielt Ann die Tür auf. In Taun gab es kein einziges Türmännchen.

»Hallo ihr zwei«, grüßte eine freundliche Frauenstimme, kaum dass sie die Schwelle überschritten hatten. »Hier gibt es jeden Kuchen, den ihr euch vorstellen könnt! Ach, jede Süßigkeit!«

»Selbst ofenwarmen Schokoladenkuchen mit nicht ganz fester Schokoglasur?«, wollte Ann ungläubig wissen.

»Ich vermute für zwei?« Mrs. Peel holte zwei Teller mit Anns Bestellung hinter dem Tresen hervor.

Der Duft des Kuchens stieg Charlie in die Nase. Und anscheinend hatte Becca mit ihrer Beschreibung nicht übertrieben. Begabte hatten sich in gepolsterte Fensternischen zurückgezogen und unterhielten sich leise. Außerdem umgaben gemütliche Sessel und Sofas die Tische inmitten des Cafés. Charlie musste sich zurückhalten, um sich nicht rücklings fallen zu lassen.

»Das schmeckt himmlisch«, murmelte Ann mit der Gabel im Mund und ging zu einem Fenstertisch. Charlie vermutete, wenn er nicht aufpasste, würde sie auch vor seinem Kuchen keinen Halt machen.

»Versuch doch mal«, drängte ihn Ann, worauf er sich ein Stück in den Mund schob. Charlie begeisterte sich nicht für Süßigkeiten, aber der Kuchen schmeckte wie eine Schokoladenexplosion. Zartbitter, Nugat, Nüsse und eine noch warme Glasur überfielen seine Geschmacksnerven. Charlie hatte noch nie etwas Vergleichbares probiert. *Kein Wunder, dass Mrs. Peel den so gerne isst.*

Ehe er sich versah, war Anns Kuchen verschwunden und sie musterte ihn wie ein kleines Kind den Weihnachtsmann. »Charlie?«

»Glaubst du wirklich, ich teile immer alles mit dir?«, neckte er sie.

»*Bitte.*« Sie klang sogar so, als würde sie dem Weihnachtsmann im nächsten Moment ihren größten Wunsch verraten.

»Hier.« Er nahm ein letztes Stück und schob ihr seinen halbvollen Teller zu.

Obwohl Mrs. Peel noch ein weiteres Stück anbot, lehnten die beiden dankend ab, und fragten nach der Rechnung. Zur Antwort lachte Mrs. Peel warm und herzlich – ganz anders, als sich ihr Ehemann in den

Unterrichtsstunden verhielt – und erklärte, dass sie von Schülern keine Bezahlung verlangte.

Auf der Straße wehte ihnen der eiskalte Wind Tougards entgegen, so dass Charlie Ann an der Hand nahm und rasch zum nächsten Laden zog. Vor dem Geschäft lagen auf zwei Klapptischen Bücher und Hefte aus, die im Wind flatterten. Hinter der Fensterscheibe präsentieren sich Ölgemälde im trüben Tageslicht. Wenn Charlie sich nicht täuschte, dann erkannte er eine schlechte Kopie von Monets Seerosenteich, bei dem die Seerosen durch völlig andere Blumen ersetzt worden waren.

»Ging das nicht anders aus?« Charlie lugte Ann über die Schulter, um nachzusehen, welches Buch sie gegriffen hatte. »Ich bin mir ziemlich sicher, dass der Todesstern in Star Wars explodiert ist.«

»Mir gefällt es.« Ann blätterte auf die nächste Seite.

Sie überflog einige Zeilen und grinste. »Es war viel zu schade, dieses Wunder der Technik zu zerstören.«

Darauf betrat Ann den Laden und erkundigte sich nach dem Preis. Die Besitzerin reagierte zunächst verwirrt, aber erklärte dann, dass man Waren eintauschte. Gegen eine Gefälligkeit, ein selbst verfasstes Werk oder etwas anderes Künstlerisches. Für die nächste halbe Stunde stöberte Charlie nach neuen Fassungen von Jugendromanen und Krimis, während Ann die Maschine zum Binden der Pergamentseiten reparierte. Charlie konnte sich nicht an den Gedanken gewöhnen, alte Klassiker in den Händen zu halten, denen zweihundert Seiten Handlung fehlten. Umso mehr irritierten ihn Titel wie ›Janice Blond – Protektorin in geheimer Mission‹.

Kurz darauf schob ihn Ann in einen Second Hand Shop. Hier stapelte sich Gerümpel bis zur Decke und versprach dem geduldigen Besucher den einen oder anderen Schatz. Ann spazierte in knallroten Pumps herum, die ihr mindestens drei Nummern zu groß waren, und flitzte von einer Ladenecke in die nächste. Sie griff wahllos in Kisten, zog etwas heraus, um es an anderer Stelle wieder zurückzustecken. Während Charlie sich damit begnügte, den Shop nur mit den Augen zu erkunden.

»Meinst du, das steht mir?« Ann wedelte mit einem geblümten Omakleid herum und setzte einen Schmollmund auf, als Charlie in schallendes Gelächter ausbrach.

Tauns Second Hand Shop griff darauf zurück, dass Begabte, wenn sie in diese Dimension fluppten, mitten aus ihrem Leben gerissen wurden. Auf Grund des nie endenden Winds und des Regens verloren Sandalen und Sonnenbrillen schnell an Wert. Begabte zogen festes Schuhwerk, Regencapes und Wollschals vor.

Dazu fiel Charlie noch ein wandhohes Regal voller MP3-Player, Pager, Handys und sonstigen strombetriebenen Geräten ins Auge, die die Begabten als Pfand zurückgelassen hatten. Auch Ann tauschte ihr entladenes Handy im Shop gegen eine neue Umhängetasche ein. Erst dabei fiel Charlie auf, dass er sein eigenes noch nicht von Ms. Flemyng zurückbekommen hatte. Allerdings hatte er es auch nicht vermisst.

»Haben Sie Skizzenbücher?«, fragte er den Inhaber.

»Sicher.« Der Mann breitete einen Stapel auf dem Tresen aus.

Charlie deute auf zwei Bücher mit einem festen Pappumschlag. »Reicht mein MP3-Player?«

Der Ladenbesitzer begutachtete ihn und legte gleich noch ein drittes Buch oben drauf.

»Geht dir das Papier aus?«, neckte ihn Ann.

»Meine Notizblöcke sind voller Kritzeleien.« Am liebsten hätte er jede Ecke von Tougard auf Papier gebannt. Die Zeit dazu würde er bestimmt finden, sobald Ann ihn wieder ignorierte.

Als sie zurück in das Herbstwetter traten, waren sie längst nicht mehr die einzigen Begabten, die die Sonne dem Unterricht vorzogen. Als ob es der Zufall wollte, spazierte Raphael zwischen den Geschäften herum. Und während Charlie noch überlegte, wie er dem Brasilianer am besten aus dem Weg gehen sollte, begegnete ihm die nächste Überraschung. Die schwarzen Locken unter einem Seidenschal versteckt, hätte er Becca fast nicht als Raphaels Begleitung erkannt. Anscheinend ließen sie Daisuke gerade allein im Basiskurs versauern.

Raphael ist auch nur ein Kern, den man pflegen und leiten muss, damit er gut heranwächst, schoss es Charlie durch den Kopf, als er an Beccas Erzählung dachte. Ohne von einer Horde kreischender Mädchen umringt, wirkte er ganz anders, zumal er gerade auf begeisterte Weise erzählte. Dennoch erschien Charlie die Vorstellung, Raphael könnte etwas anderes als ein Mädchenmagnet sein, absurd.

»Sag mal, Ann …« Charlie hielt inne. Seine Freundin hatte ihn wieder alleine stehen lassen. Dabei hatte er nur einen Moment Becca hinterher gesehen. Wie lange konnte das gedauert haben? Eine Minute?

Wo ist sie hin? Ein letztes »geöffnet«-Schild klapperte im Wind. Sonst hätte er den Laden glatt übersehen und vermutet, dass Ann ohne ihn nach Tougard zurückgekehrt war. Leises Glockenspiel begrüßte Charlie, als er die Ladentür öffnete und in einen düsteren Gang trat.

»Sieh mal, Charlie, hier ist ein Pfeil an der Wand.« Ann tappte mit den Fingern über rote Farbe. Anscheinend war ihr sein Fehlen nicht aufgefallen.

Stumm folgte er der Aufforderung und hielt vor einer weiteren Tür mit einem verschnörkelten Glasfenster an. »Der Beschaffer. Seltsamer Name«, stellte Charlie fest.

Ann schob die Tür nach innen auf und im nächsten Moment wurden sie geblendet. Erst beim genaueren Hinsehen nahm Charlie wahr, dass sich über die gelb gestrichenen Wände kastenförmige Fächer wie Waben in einem gewaltigen Bienenstock langzogen. Nur eine Handvoll Waben war geöffnet. Alle anderen waren mit einem gelben Stoff bespannt und mit einer langen Nummer beschriftet.

»Willkommen! Was kann der Beschaffer für euch tun?«

Erschrocken zuckte Charlie zusammen. Er hatte den ebenfalls gelb gekleideten Mann hinter seinem farblich passenden Tresen nicht bemerkt.

»Wie ich sehe, wart ihr schon bei Mrs. Peel.« Charlie fuhr sich über den Mund und wischte Kuchenkrümel fort. Ann schmunzelte ihn an. »Die Frau ist einmalig gut im Kuchenbeschaffen.«

»Was ist das hier für ein Geschäft?«, fragte Ann.

»Ich bin der Beschaffer«, erklärte der Inhaber fröhlich. »Ich kann alles in diese Dimension holen, was ihr braucht. Gebt mir eine Beschreibung von dem Gegenstand, den ihr haben wollt, und ich beschaffe ihn.«

»Einfach so?«

»Einfach so. Wobei Menschen, Tiere oder andere lebende Dinge nicht möglich sind.«

»Egal was?« Die freudige Erregung in Anns Stimme entging Charlie nicht.

»Egal was«, entgegnete der Beschaffer. »Manche Sachen sofort. Andere brauchen länger. Dann bekommt ihr eine Nummer und den genauen Abholtag.«

»Und was würde«, Ann suchte nach den richtigen Worten, »denn so etwas kosten?«

»Nichts. Meine Dienste sind kostenfrei.«

»Ich würde mir ziemlich ausgenutzt vorkommen, wenn ich ständig für irgendwelche Begabte Dinge besorgen müsste«, meinte Charlie, worauf Ann ihn vorwurfsvoll in die Seite stieß.

»Aber nein.« Der Beschaffer strahlte sonnengelbe Glückseligkeit aus. Charlie musste sich zusammenreißen, nicht in sein Lächeln mit einzustimmen. »Es ist meine Gabe und ich helfe gern.«

»Gingen auch Kondensatoren, die man zur Stromspeicherung braucht? Eigentlich brauche ich Teile für einen ganzen Windpark.«

»Wenn du sie mir beschreiben kannst?«, erwiderte der Beschaffer. »Wobei ich im Monat nur eine gewisse Menge an nicht wiederverwendbaren Materialen beschaffen kann. Sonst ertrinkt Tougard in Plastik und leeren Batterien.«

Ach, es gibt kein Müllverbrennungsfest?, dachte Charlie und war überrascht, wie schnell ihm dieser Gedanke kam. Wahrscheinlich hätte es ihn auch nicht mehr gewundert, wenn der Müll in Tougard zu einer riesigen Puppe geformt worden wäre, die die Begabten dann anzündeten. Nichts war unmöglich – außer dass Ann für ein paar Stunden ihre Arbeit vergaß.

»Aber nun zu deiner Bestellung«, sagte der Beschaffer.

Ann zögerte. »Wie soll ich es sagen?«

»Warte.« Der Mann schloss die Augen und konzentrierte sich. Im nächsten Moment lag ein halb angespitzter Bleistift auf dem Tresen.

»Wo kommt der her?«, rief Ann erstaunt aus.

»Ihr habt bestimmt den einen oder anderen Stift verloren, nicht wahr?«, fragte er. »Geht davon aus, dass die meisten verschwundenen Dinge hier landen. Vielleicht kannst du deine Kondensatoren zeichnen?«

»Ich mach das schon«, sagte Charlie. Mit Anns Beschreibungen erstellte er eine recht genaue Skizze und versah sie mit Maßstäben. Seinen Namen – wie bei all seinen Zeichnungen – setzte er dennoch nicht darunter.

»Du bist verdammt gut, Junge«, lobte der Beschaffer.

»Solange es keine Tiere sind«, erwiderte Charlie verlegen.

»Nein, im Ernst.« Der Beschaffer musterte das Blatt Papier eindringlich. »Ihr könnt die Sachen in vier Wochen abholen. Nummer drei-fünf-sechs-vier-null. Passenden Karren inklusive.«

Sie bedankten sich und Ann wandte sich bereits zum Gehen.

»Ich hätte noch einen weiteren Auftrag«, meinte Charlie plötzlich.

»Nur raus damit.«

Charlie drehte den Bleistift zögernd zwischen den Fingern. »Ann, kannst du schon mal vorgehen?«

Seine Freundin runzelte die Stirn und verließ den Laden. *Hoffentlich ist sie nicht verschwunden, wenn ich raus komme.*

Wie aus dem Nichts ließ der Beschaffer ein neues Blatt erscheinen und breitete es vor Charlie aus. Mit schnellen

Strichen war seine Idee auf dem Papier festgehalten. »Können Sie mir das besorgen? Ich kann Ihnen auch ganz genau sagen, wo es sich befindet.«

»Ein Bettelarmband?«

»Ja, es sollte ein Geburtstagsgeschenk sein. Aber im Moment liegt es noch bei mir zu Hause.«

»Wohl für deine kleine Freundin?« Der Beschaffer grinste. »Das muss dich ein Vermögen gekostet haben.«

Charlie verschränkte die Arme. Der Preis spielte keine Rolle, schließlich würde er Ann niemals verraten, wie viel er dafür ausgegeben hatte. Wenn doch, würde sie ihm nur einen Vortrag darüber halten. »Können Sie es nun nach Tougard holen? Oder nicht?«

»Sicher. Das dauert nur einen Moment.« Der Beschaffer fixierte die Skizze. Charlies Zeichnung löste auf und nur ein Augenzwinkern später erschien vor ihm das silberne Armband. Vielleicht würde dieses Geschenk helfen, dass Ann öfter an ihn dachte.

Kapitel 12

ANGRIFF BEI NACHT

Knapp eine Stunde bevor die Türmännchen ihre Portale verriegelten, streifte Charlie über das Gelände, um Ann aus ihrer Werkstatt abzuholen. Becca hatte ihm versprochen, Dustin abzulenken, so dass er ein paar Minuten mit Ann allein haben konnte. Wie sie das anstellen wollte, hatte sie nicht verraten, aber Charlie wollte die Chance nutzen und Ann endlich alles offenbaren, was in ihm vorging und ihr das silberne Armband schenken, das sich wegen seiner Aufregung in seiner Tasche wie ein Ziegelstein anfühlte.

Im letzten Tageslicht streckten sich die Schatten über das Gelände, so dass er den Ältesten Protektor, der auf den Stufen des Pavillons saß, fast übersehen hätte. Eine Laterne brannte zu seinen Füßen wie ein letzter Leuchtturm in der anbrechenden Nacht.

»Alles in Ordnung, Protektor?«, fragte Charlie besorgt. Er hatte den alten Mann einige Male nachdenklich erlebt. Aber nie in einer so düsteren Stimmung, als hätte ihn eine schreckliche Nachricht erreicht.

»Alles bestens, Charlie.« Trench spielte ihm ein unbekümmertes Lächeln vor und betrachtete den zähen Nebel, der vom Meer aufzog. »Mein Krie schmerzt heute nur höllisch.«

»Ihr Krie? Sie meinen Knie – oder was soll das sein?«

»Das ist ein Punkt an meinem Rücken, der mich aufrecht hält.« Trench faltete nervös seine hageren Finger. »Es meldet sich immer, wenn ich schwierige Entscheidungen treffen muss.«

Langsam waberte der Abendnebel über Tougards Zinnen. Wie unzählige Schlangen floss er in den Innenhof, griff nach den Gebäuden, tauchte alles in schales Grau.

»Brennt es im Rücken? Oder können Sie sich nicht richtig bewegen?«, wollte Charlie wissen und versuchte sich das Krie vorzustellen. Trenchs seltsames Verhalten beunruhigte ihn. Normalerweise scherzte der Protektor und befand sich mit mindestens vier Begabten gleichzeitig im Gespräch.

»Ein krankes Krie beschert einem nur Rückenschmerzen. An den meisten Tagen ist es mehr oder weniger erträglich«, behauptete Trench, doch Charlie kaufte ihm die Antwort nicht ab. Rückenschmerzen bewirkten nicht so tiefe Sorgenfalten.

»Also ist es so etwas wie Rheuma?« Charlie kam sich bei seinem Versuch, eine Diagnose zu erstellen, recht kläglich vor.

»Mir fehlt nichts«, versicherte ihm Trench flüchtig.

»Aber ...«

Der Nebel umschloss sie, nahm sie mit seinen grauen Schwaden gefangen. Selbst wenn Charlie sich anstrengte, sah er keine zwei Meter weit. Nur die Lichter der Wohnhäuser stachen verschwommen hervor.

»Es ist zu spät.« Trench legte ihm die Hand auf die Schulter. »Entscheidungen müssen getroffen werden. Egal wie sehr man sich etwas anderes wünscht.«

Charlie blickte in Trenchs traurige Augen. »Das verstehe ich nicht.«

»Das wirst du noch.« Der Älteste Protektor hielt ihm seine Laterne hin, doch Charlie zögerte, sie zu ergreifen. War das ein Test? Steckte wieder Peel dahinter, um ihm eine neue Strafe aufzubrummen? Mit einer Lampe in der Hand würde man ihn schneller finden, sofern er sich zurück ins Wohnhaus schlich. Aber nein – Trench legte seine Begabten für gewöhnlich nicht herein. Wenn da nur nicht dieser bitterernste Gesichtsausdruck gewesen wäre.

Schließlich griff Charlie nach der Laterne und Trench wandte sich zum Gehen. »Verzeih, dass es sich nicht länger hinauszögern ließ.«

Bevor Charlie etwas erwidern konnte, verschluckte der Nebel den Ältesten Protektor. Er hob die Laterne, aber Trench war scheinbar vor seinen Augen verschwunden.

Etwas stimmte ganz und gar nicht.

»Du hast Ann vergessen.« Charlie schlug sich mit der Hand auf die Stirn. Dabei hatte er vorgehabt, nach seiner Freundin zu sehen. Bestimmt hatte sie den ganzen Tag in der Werkstatt gearbeitet.

Charlie machte auf dem Absatz kehrt und lief zur Werkstatt. Keiner der Begabten kreuzte seinen Weg, dafür begegnete er Protektoren, die über den Innenhof patrouillierten. Bevor Charlie das Türmännchen eines Seiteneingangs erreichte, durchzuckte ein Blitz die Nacht. Ein ohrenbetäubendes Krachen zerriss die Stille, so dass seine Ohren klingelten.

»Mach, dass du rein kommst!«, herrschte ihn das Türmännchen an. Ein Feuerball raste quer durch den Innenhof und hielt direkt auf Charlie zu. Gebannt starrte er dem flammenden Geschoss entgegen.

Gerade noch rechtzeitig packte jemand Charlie am Kragen und zog ihn aus der Schusslinie. Gleichzeitig entriss er ihm die Laterne. Das Licht flog hoch in die Luft, worauf der Feuerball seine Richtung änderte und frontal damit kollidierte. Wachs und Glassplitter regneten auf einen entsetzten Charlie hinab.

Trench hatte ihm die Laterne überlassen.

»Du hast hier nichts zu suchen!« Ehe er etwas erwidern konnte, hielt ein schwarzer Lederhandschuh seinen Mund zu und ein Protektor zerrte Charlie hinter sich her.

»Zuschließen!«, befahl der Mann, kaum dass Charlie im Flur seines Wohnhauses gelandet war. Das Türmännchen gehorchte sofort.

Charlies Gedanken rotierten und kamen zu einem schrecklichen Ergebnis. »Nein!«

Er rüttelte, hämmerte und zerrte an der Klinke, doch das Türmännchen zog nur verwundert die Augenbrauen hoch.

»Anordnung von Trench. Zaillinger grillt mich mit seinen Blitzen, wenn ich dich rauslasse.«

»Dormat, bitte!«

»Hey, du hast dir meinen Namen gemerkt«, erwiderte das Türmännchen. Aber Charlie hatte keine Zeit für Scherze.

»Bitte!«, flehte er. »Ann ist noch draußen!«

»Die Mechanikerin?«, rief das Türmännchen erschrocken. Eine Explosion knallte.

»Ja! Sie ist noch in der Werkstatt!« Charlie trat mit dem Fuß gegen den Rahmen. Was, wenn sie verletzt wurde? »Was passiert hier überhaupt?«

Etwas prasselte gegen die Außenseite der Tür, als regnete ein Schauer aus Steinen herab. Dormat verschränkte die Arme. »Egal. Hier bist du sicher.«

»Charlie!« Eine zerstreute Ms. Flemyng in Hausschuhen und Morgenmantel stürmte ihm entgegen. Das Kleidungsstück klebte schweißnass an ihr. »Ich habe gerade eine Zukunftsvision gehabt. Wieso ist Ann nicht bei dir?«

Aus Charlie entwich jegliche Wärme. Ms. Flemyngs Frage entzog ihm den Boden unter den Füßen. »Was haben Sie gesehen?«

»Du hast Ann in deinen Schlafsaal gebracht«, die Protektorin rieb sich die Schläfen. »Aber die Zukunft ändert sich ständig. Komm mit!«

Ms. Flemyng zerrte ihn durch das Wohnhaus, das komplett in Aufruhr war. Türmännchen riefen durcheinander und tauschten Kommandos aus. Die Erde bebte, die Nacht brüllte und Charlie taumelte zwischen panischen Begabten hindurch. Das alles nahm er jedoch nur unterbewusst wahr. Er fühlte sich gefangen, als steckte er immer noch in diesem Nebel, der Trench und ihn draußen umhüllt hatte.

»Was ist hier los?«, schrie Charlie.

»Ich wollte dich warnen.«

»Das kommt zu spät!«

Sie sah ihn über ihre Hornbrille hinweg streng an. »Deswegen musst du mich nicht vor den Kopf stoßen.«

Charlie stellte plötzlich fest, dass er die Protektoren doch nicht wie Lehrer behandeln konnte. Wer hier lebte, lernte und litt, wurde Teil einer geradezu außergewöhnlichen Familie. »Entschuldige, Joy.«

Sie stoppte mitten auf einer der Treppen. »Es ist mir verboten, in die Geschehnisse einzugreifen, aber so wie es sich entwickelt … hör mir gut zu, Charlie. Ich weiß nicht, wie ich dir sonst noch helfen kann.«

Die Protektorin umfasste das Handy, das mit einer Schnur um ihren Hals hing, bis das Plastik knackte. Aufgeregte Begabte schubsten, drängelten und fluchten, als sie sich an ihnen vorbei schoben. Nicht wenige traten Charlie auf den Fuß, dennoch nickte er ernst. Joy wusste immer, wann der richtige Zeitpunkt gekommen war.

»Alles besitzt zwei Seiten, Charlie. Sei es nun das Gute und das Böse, Für- und Widerspruch oder tot und lebendig. Das darfst du niemals vergessen.« Joy reichte ihm einen kleinen Anhänger, der wie das Zeichen von Tougard geformt war. »Befestige dies an dem Armband, das du in deiner Tasche trägst. Es wird dir noch nützlich sein.«

»Okay.« In ihren Stunden erzählte Joy oft von medizinischen Praktiken, die Charlie unbekannt waren. Aber er wusste immer, was seine Protektorin ihm vermitteln wollte, bis jetzt. Joys Hinweis ergab überhaupt keinen Sinn für ihn.

Sie drückte ihm ein Fläschchen in die Hand. »Hier hast du Arnika. Es steuert zur Blutgerinnung bei, hilft gegen Fieber, eigentlich bei allem.«

Ohne Vorwarnung drückte sie ihn an sich. »Pass bitte auf dich auf! Ich möchte dich heile wiedersehen, Charlie.«

»Wofür brauche ich das alles?«, fragte er verwundert. »Und warum?«

Aber Joy packte Charlie am Arm und zog ihn mit sich. Wortlos führte sie ihn in seinen Schlafsaal. Bevor das Türmännchen auch nur blinzelte, stieß sie die Tür auf und verfrachtete ihn auf sein Bett. Die Begabten in seinem Schlafraum blickten unschlüssig zum Fenster. Nur Xiao Bao schlief friedlich, aber ihn weckte für gewöhnlich nichts auf.

»Charlie-kun?«, quiekte Daisuke und steckte die Nase unter seiner Decke hervor. »Was ist hier los?«

»Das erfahrt ihr morgen früh«, entgegnete die Protektorin atemlos. Eine Detonation donnerte und Feuerschein tauchte die Wände in leuchtendes Rot. Nur Xiao Bao schnarchte ungestört weiter.

Herr Rainer steckte seinen Kopf zur Tür herein. »Hölmström sucht nach dir, Joy. Ich soll dich zu Peel begleiten«, erklärte Rainer. »Es gibt Verbrennungen, einen gebrochenen Arm. Frau Yukow hat viel Blut verloren.«

»Soll ich …?« Charlie zögerte.

»Nein!«, erwiderte Joy strikt. »Ihr bleibt hier!«

Damit verschwand sie und ließ ihn mit einem Kopf voller Fragen zurück.

Daisuke kletterte die Leiter des Etagenbetts herunter, seine Decke sicher um die Schultern geschlungen. »Da draußen geht die Welt unter«, flüsterte er. »Warum sollen wir hier sicher sein?«

»Ich lasse niemanden herein«, versicherte das Türmännchen prompt.

Charlie gab sich Mühe, ruhig zu bleiben, obwohl die Scheiben klirrten und der Fußboden bebte. Aber er dachte nicht im Entferntesten daran, untätig herumzusitzen. Geschweige denn, sich an die Regel zu halten, das Wohnhaus nicht zu verlassen.

Sein Schlafsaal lag so weit oben, dass Charlie über Tougards Zinnen hinwegsehen konnte. Theoretisch zumindest, denn in dieser Nacht stellte sich ihm eine graue Wand entgegen. Ein Leuchten blitzte am Himmel auf; tausendmal vom Nebel reflektiert. Alles flackerte, tanzte und verschwamm ineinander. Bedrohlich und verlockend zugleich.

»Charlie-kun, komm da weg.« Daisuke zupfte an einem Ärmel. »Am Fenster ist es gefährlich.«

Doch Charlies Blick richtete sich auf eine glühende Schlange, die sich durch die Hügel wand. Wie Lava strömte sie auf Tougard zu und spuckte vor dem Tor ein Heer aus schwarzen Gestalten aus. Was griff Tougard da an? Ein Drache? Ungeheuer? Charlie fand keine Erklärung dafür.

Hunderte Fackeln, wenn nicht tausende, schwärmten über das Gelände. Der dichte Nebel verhinderte, dass er Genaueres erkannte, außer wenn die Fackeln erloschen. Gegen was die Protektoren auch kämpften: sie waren deutlich in der Unterzahl.

»Was machen wir, wenn wir verlieren?«, fragte Charlie mehr sich selbst als Daisuke.

»Das sind Dämonen. Böse Geister.« Daisuke zitterte und rollte sich noch enger in seiner Decke ein. »Sie werden uns alle fressen.«

Da packte Roberto Sean am Arm. »Und kleine Japaner mögen sie besonders gern. Jammer weiter, Daisuke, wir gehen jetzt nachsehen.«

Reflexartig langte Charlie nach Sean, bevor dieser seine Gabe einsetzte. Der Junge riss die Augen auf, doch im nächsten Moment sackten sie in die Tiefe. Charlie rauschte durch Decken, Zimmer, selbst durch Begabte, als wäre er ein Geist. Er hörte Sean wild fluchen und schon explodierte ein stechender Schmerz in seinem Magen.

Mit einem Ächzen knallte Charlie auf dem Boden auf.

»Spinnst du!« Seans Knie bohrte sich in seinen Bauch. »Ich kann nur einen mitnehmen! Wolltest du uns umbringen?«

Charlie schüttelte den Kopf, um den Schwindel zu vertreiben. Einen Sturz wie in einem Free-Fall-Tower würde er nicht freiwillig wiederholen. *Zum Glück sind wir nicht in den Katakomben gelandet.*

»Sind wir schon draußen?«

»Idiot.« Sean langte nach Roberto und verschwand durch die nächste Wand.

Darauf griff Charlie nach dem erstbesten Stuhl, zerbrach das nächste Fenster und kletterte ungeschickt ins Freie. Die Scherben zerrissen sein Hemd und schnitten ihm ins Fleisch, doch das interessierte ihn nicht. Er musste Ann finden.

Der Innenhof hatte sich zu einem Vorhof der Hölle verwandelt. Der Pavillon brannte. Blitze zuckten zwischen den Gebäuden hindurch. Gestank von verkohltem Gras, gemischt mit Modergeruch, stieg ihm in die Nase. Gekreische drang durch den Nebel in so vielen Sprachen – die Fähigkeit, alles zu übersetzen, versagte ihren Dienst.

Alles, was Charlie deutlich sah, waren die Fackeln. Wie ein Schwarm Leuchtkäfer fielen sie über Tougard herein.

Er holte tief Luft und rannte in die Wand aus Nebel und Rauch. Wie sollte er auf diese Weise Ann finden? Hatte er überhaupt eine Chance? Die Werkstatt lag am anderen Ende Tougards; am anderen Ende eines Schlachtfeldes. Aber wenn er es nicht versuchte und Ann etwas geschah, würde er sich nur Vorwürfe machen. Der Seelenseher könnte sie jetzt in diesem Moment finden und sie – nein, daran wollte er nicht denken.

»Du hast keine Zeit zu verlieren!«, rief Charlie, als wollte er sich ermutigen.

Der Nebel drückte auf seine Ohren, seine Augen. Begabte tauchten neben ihm auf, verschwanden wieder nach wenigen Schritten. Ihnen folgten – Charlie wollte es selbst nicht glauben – Monster. Wesen, die halb Mensch, halb Tier waren. Sie liefen auf zwei Beinen und schwangen Schwerter, Äxte und warfen Feuerbälle. Doch ihre Oberkörper waren die von Bären, Ochsen und Wölfen. Sollte Daisuke recht behalten?

»Verstärkung ist unterwegs!«, rief ein Protektor. »Peel kommt gleich!«

Hörner und Hauer wuchsen den Angreifern an den Armen, dem Kopf oder am Kinn. Aber sie bewegten sich zu schnell – bevor Charlie etwas erkennen konnte, verschluckte sie stets der Nebel.

»Hilfe!«, kreischte ein Mädchen und er versuchte die Richtung zu deuten, doch in seiner Umgebung nahmen die Geräusche überhand. Es klirrten Waffen und es stampften schwere Stiefel, so dass er nicht sagen konnte, woher sie gerufen hatte.

»Rufus will die Mechanikerin!«

Charlie blieb wie angewurzelt stehen. Seine Hacken gruben sich in den weichen Boden und das Blut gefror ihm in den Adern. Wer war Rufus? War er der Seelenseher?

Und wenn ja: Woher wusste er von Ann?

Panik stieg in ihm auf. Charlie beobachtete oft das Training der Angriffsgaben, doch dies hier war alles andere als eine Übung. Währenddessen steigerte sich das Geschrei der Monster immer weiter, als ob ihre Anzahl weiterhin wuchs.

Am liebsten hätte Charlie extrascharfe Augen besessen, dann hätte er Ann ganz leicht ausmachen können. Aber mit seinen Möglichkeiten konnte er lediglich feststellen, ob er sich in Richtung Haupttor bewegte oder fort davon. Entfernungen verschwammen im Nebel. Was, wenn er im Kreis lief? Bei all dem Brüllen und Schreien wusste Charlie nicht mehr, ob eine Minute oder eine Stunde vergangen war, seitdem er das Fenster eingeschlagen hatte. Begabte stießen ihn zur Seite und riefen etwas Unverständliches. Ein Wolfsmensch jagte auf ihn zu, doch wandte er seinen Kopf nach links und rechts, wie jemand, der etwas suchte. Anscheinend konnten die Monster genauso wenig im Nebel erkennen wie Charlie.

»Habt ihr die Mechanikerin gefunden?«, rief eine fremde Stimme.

»Nein.«

»Dann sucht weiter!«

Mit einem Blick über die Schulter stellte Charlie fest, dass der Wolfsmensch ihn als nächstes jagte. *Du bist nicht schnell genug!*, dachte Charlie verzweifelt. Doch der Wolf rannte wie ein Geist durch ihn hindurch. Lief weiter und weiter, ohne Notiz von ihm zu nehmen.

Ob das wirklich geschehen war oder ob er es sich nur einbildete?

»Lass mich los!«, kreischte plötzlich Laurens Stimme. »Loslassen!« Das Mädchen wehrte sich gegen den Griff seines Angreifers, aber das Monster warf es sich über die Schulter und schleppte es mit sich, bevor Charlie etwas ausrichten konnte.

Die Wesen haben es auf Begabte abgesehen!, schoss es ihm durch den Kopf. *Die Protektoren müssen das erfahren. Sie müssen davon erfahren, dass sie hinter Ann her sind.*

Anstatt auf einen Protektor zu treffen, stieß Charlie auf den Geräteschuppen, in dem die Begabten Brennholz lagerten, und er fluchte. Das Gelände erschien tagsüber weniger weitläufig.

»Charlie!« Sarah kauerte an der Wand des Schuppens. Ein Korb voller Kräuter und Blumen ruhte in ihrem Schoß.

Sogleich kniete er sich zu ihr. »Was in aller Welt machst du hier?«

»Ich wollte Mondwinden pflücken, die blühen nur nachts«, flüsterte sie. »Und dann bin ich in das hier geraten. Was ist mit dir?«

»Ann«, niemand würde ihm die Prophezeiung der Statuen glauben, »ist hier irgendwo.«

Sie zuckten zusammen, als ein Elch-Mensch gegen den Schuppen prallte und reglos vor ihnen liegen blieb. Charlie trat ihn mit dem Fuß, aber das Wesen bewegte sich nicht mehr. Kein Laut, kein Röcheln, nichts. Bis es sich vor seinen Augen in Luft auflöste.

»Wenn man in Tougard stirbt, kehrt man wieder an den Ausgangspunkt in der anderen Realität zurück«, erklärte Sarah.

Charlie starrte auf den Fleck verbrannten Grases, auf dem der Elch gerade gelegen hatte. Wieso hatte das noch kein Protektor ihm gegenüber erwähnt? Wenn Trench von Tougard sprach, dann von einer friedlichen, geheimnisvollen Welt, bei der man nicht wusste, was hinter der nächsten Ecke wartete.

Nicht, dass Ann eine Gabe besaß, für die man sie jagte.

Nicht, dass sie von seltsamen Monstern angegriffen wurden.

Nicht, dass Begabte getötet wurden.

Was verschwiegen die Protektoren noch?

»Das Mädchen kommt mit mir!«, brummte eine Stimme und riss Charlie aus seinen Überlegungen. Er blickte in die Fratze eines Bären, der sie mit einem Flammenschwert bedrohte. Bei all dem Krach hatte er ihn nicht kommen gehört.

»Komm her, Mädchen!«, befahl der Bär, seine Stimme klang seltsam verzerrt.

»Sie bleibt hier«, sagte Charlie bestimmt, während er sich erhob. Sarahs Finger krallten sich an seiner Schulter fest und sie ging hinter ihm in Deckung.

Plötzlich tauchten weiße Flecken am Rand von Charlies Sicht auf, heller und strahlender als der allgegenwärtige Nebel. Eine Ebene spannte sich bis zum Horizont; wie eine unberührte Leinwand. Vor ihm stand ein Junge und runzelte die Stirn. Er trug Jeans und ein Wallmart-Arbeitshemd mit Namensschild. ›I'm Felix – May I help you?‹

Charlie blinzelte und die weiße Ebene verschwand. Das Monster hob drohend das Flammenschwert, war bereit anzugreifen.

»Warum machst du das, Felix?«, fragte Charlie schnell. Das Monster zuckte vor Schreck zusammen und sein Schwert krachte zu Boden.

»Woher kennst du meinen Namen?« Bis auf die Verzerrung klang es eher wie ein Mensch. Nicht wie ein Bär mit seltsamen Hauern.

»Du bist kaum älter als ich, Felix! Warum greifst du uns an?«

»Halt's Maul!« Charlie sah noch, wie Felix' Bärenpranke auf sein Gesicht zuraste, dann wurde ihm schwarz vor Augen.

Am nächsten Morgen schreckte Charlie in Taun hoch. Sein Kopf dröhnte, die Haut oberhalb seines Auges war aufgeplatzt und er hatte nicht die geringste Ahnung, wie er es in die Siedlung geschafft hatte. Als Letztes erinnerte er sich an die seltsame Begegnung mit Felix. Aber Charlie dachte nicht daran, sich von der besorgten Mrs. Peel behandeln zu lassen. Sein einziger Gedanke galt Ann, so dass er den Weg bis nach Tougard rannte, so schnell es ihm möglich war.

»Ist Ann in der Werkstatt?«, fragte Charlie atemlos, kaum, dass er vor den Türen der Werkstatt anhielt.

»Ich habe sie gestern Abend ins Mädchenhaus geschickt«, sagte Tyrdon gähnend. »Hier ist sie nicht.«

»Vor dem Angriff?«

»Natürlich davor.« Tyrdon schüttelte den Kopf. »Ich bin sehr stolz auf meine neue Herrin und ihre Tüchtigkeit. Dennoch braucht sie Schlaf und zwar in einem Bett.«

Daraufhin schleppte Charlie sich niedergeschlagen durch Tougard. Er wusste nicht, was mit Sarah passiert war. Von Becca und Ann fehlte jede Spur. Nur um Daisuke musste er sich keine Sorgen machen. Der kleine Japaner war viel zu ängstlich, als dass er sich unter seiner Decke hervorgetraut hätte.

Er tauchte zwischen den Begabten unter, die aus den Wohnhäusern strömten. Missmut gesellte sich zu seinen Sorgen. Obwohl er ein Heiler werden sollte, konnte er nicht helfen. Die Begabten wiesen bandagierte Arme vor, humpelten und klagten über ihre Wunden, doch wusste

Charlie nicht, wie er ihre Verletzungen versorgen sollte. Zurzeit konnte er sich nicht einmal selbst behelfen.

»Wo ist Trench?« Zwei Begabte, mit denen Charlie noch nie ein Wort gewechselt hatte, zogen an ihm vorbei.

»Ich weiß es nicht. Vielleicht hat er nach gestern Nacht verschlafen.«

Charlie wollte etwas erwidern, aber seine Augen suchten nach Ann, diesen sehnsüchtigen Farbtupfer Orange. Als Kind hatte man ihm geraten, an Ort und Stelle zu verweilen, falls er verloren ging. Aber Ann würde nicht stillstehen. Sie würde Tougard absuchen, vielleicht nach ihm. Wie hoch war die Chance, sich dabei über den Weg zu laufen?

Müde hob Charlie den Kopf und blinzelte in die Herbstsonne. Was für eine Ironie das Leben doch war! Heute herrschte das schönste Wetter. Keine einzige Wolke trübte das satte Türkis des Himmels. Sogar die Begabten bemühten sich, so schnell wie möglich zum Alltag zurückzukehren. Sie reparierten zerstörte Fenster, sammelten per Psychokinese die Scherben und Trümmer ein. In der Ferne beschäftigte sich eine Gruppe damit, das verbrannte Gras wieder wachsen zu lassen.

Diese langsam in Zuversicht umschlagende Stimmung brachte Charlie an den Rand eines Wutausbruchs. Wie konnten die Begabten den Angriff der vergangenen Nacht abhaken und einfach weitermachen? Als wäre es völlig normal, die Schäden instand zu setzen … Fragte sich Charlie denn als Einziger, was und vor allem wer hinter dem Angriff steckte? Fragte sich Charlie als Einziger, warum diese Fremden es auf eine Mechanikerin abgesehen hatten?

Nach dem kurzen Gespräch mit Tyrdon fiel ihm nur noch ein Ort ein, an dem er Ann suchen konnte: das Mädchenwohnhaus.

Nur eines der beiden Türmännchen hatte den Angriff unbeschadet überstanden. Von seinem Nachbarn war ein verkohlter Fleck am Türrahmen übrig geblieben.

»Hey! Du darfst hier nicht rein!«, meckerte Portmal.

Charlie ließ sich nicht beirren und erklomm die Stufen.

»Ich sagte, du darfst hier nicht rein! Das ist gegen alle Vorschriften!«

»Ach, sei still.« Ohne das Türmännchen weiter zu beachten, schritt Charlie durch das mannshohe Loch in Türrahmen. Unter all dem Ruß und Schmutz hießen ihn warme Farben willkommen. Blumentöpfe standen auf den Fensterbänken; zerfetzte Gardinen hingen vor den Fenstern. Man hätte Charlie mit verbundenen Augen in dieses Gebäude bringen können und er hätte beim ersten Blinzeln nach Abnahme der Augenbinde gewusst, in welchem Wohnhaus er sich befand. Alles schien nach Mädchen zu schreien. Nicht nur das. Eine Begabte aus seinem Basiskurs kreischte bei Charlies Anblick so erschrocken auf, dass ein Fenster barst. Sogleich wallte Mitleid in ihm auf. Schließlich mussten die meisten nach einer Nacht, in der bei ihnen eingebrochen worden war, nervlich am Ende sein.

Charlie hetzte an zerbrochenen Fensterscheiben vorbei, durch die der Wind pfiff. Keramik und Holzsplitter knirschten unter seinen Füßen und auf den Gängen wuschen Mädchen verdächtig rote Flecke aus Teppichen und Tapeten. Während ihrer Arbeit musterten sie Charlie, der sich äußerst fehl am Platz fühlte. Dennoch beachteten sie ihn nicht weiter. Stattdessen trugen sie zerstörte Möbelstücke ins Freie und beseitigten bereits die Spuren des Angriffs.

Anscheinend war jeder bereit für einen Neuanfang. Jeder bis auf Charlie.

»ALLE VERSAMMELN SICH SOFORT IM SPEISESAAL!« Die Begabten zuckten zusammen, als Peels Stimme durch die Gänge dröhnte. »S-O-F-O-R-T!«

»Noch eine Gabe von Protektor Besenstiel. Lauter sprechen als zehn Megafone zusammen«, scherzte ein Mädchen. »Was kann der eigentlich nicht?«

Die ersten legten ihre Arbeiten beiseite und befolgten Peels Aufforderung. Die meisten Begabten ließen sich jedoch Zeit dabei, da sie die Wutausbrüche des Protektors bereits gewöhnt waren.

»WIE ICH BEREITS SAGTE«, Charlie hielt sich die Ohren zu, ohne dass es half, »ALLE VERSAMMELN SICH IM SPEISESAAL!«

Ihm war Peels Anweisung herzlich egal. Solange er nicht Ann gefunden hatte, würde er seine Suche fortsetzen. Irgendwo musste sie sich schließlich aufhalten.

Vor Anns eingetretener Zimmertür blieb Charlie stehen. Übelkeit stieg in ihm auf. Die Betten waren umgeworfen, der Inhalt der Schränke verteilte sich über den Boden.

»Hilfe«, wimmerte das Türmännchen, das wie eine Schildkröte auf dem Rücken schaukelte.

Charlie wuchtete die massive Tür hoch und stellte sie auf die Beine. Unter dem Türmännchen verbarg sich Anns altes, total zerkratztes Taschenmesser. Freiwillig hätte sie es nie zurücklassen. Garantiert nicht.

Charlie wollte schreien, laut schreien, aber er hielt sich zurück. In dieser Situation würde es nicht helfen.

»Wo bleibt da die Privatsphäre?«

»Ist mit dir in einem Zimmer sowieso nicht möglich, Becca«, erwiderte Charlie und wirbelte herum.

»Wie bist du hier reingekommen?« Eine zerzauste Becca sah ungläubig zu ihm auf. Ruß klebte an ihrer Kleidung und verschmierte ihr Gesicht. »Ist das nicht verboten?«

Charlie lächelte über ihre Fragen. »Dir ist nichts passiert.«

»Ich hege den dringenden Wunsch mir einen Elektroschocker beschaffen zu lassen«, scherzte sie halbherzig.

Wie bei einem Reflex zog Charlie ein Taschentuch hervor und begann ihre Wangen abzutupfen. Sie war zwei Jahre älter als er, dennoch gab sie keine Widerworte – so wie Ann es sicherlich getan hätte.

»Ist Ann bei dir?«, fragte Becca und bürstete sich mit den Fingern durch ihre Locken.

Charlie ließ die Hand mit dem Taschentuch sinken. »Ich hoffte, sie ist bei dir?«

Becca schüttelte den Kopf. »Als der Angriff losging, bin ich mit Lauren und Ann geflüchtet. Aber in der Dunkelheit habe ich sie verloren. Dann rannten plötzlich vermummte Gestalten durch die Gänge. Lauren brüllte, wir sollen verschwinden. Da habe ich mich im Kellergeschoss hinter dem Heizofen versteckt.«

»Ann ist weder in der Werkstatt noch sonst wo.«

»Vielleicht bei Dai…«

»Nein.« Charlie vergrub die Fäuste in den Taschen. »Ich kann sie nirgends finden.«

Er setzte sich auf ein umgeworfenes Bett, bevor seine Beine noch nachgeben würden. Zeit! Er hatte sich Zeit mit Ann gewünscht! Und jetzt? In was hatte er sie hineingezogen?

»Kopf hoch!« Becca knuffte Charlie in die Seite. Mit den Fingern formte sie in seinem Gesicht ein Lächeln, als wäre er ein Smiley. »Wir werden Ann schon finden.«

Charlie ließ die Schultern hängen. »Was ist, wenn die Mädchen verschwunden sind, weil sie tot sind?« Konnte er Ann deswegen nicht finden? Wenn sie auf den Seelenseher getroffen war? Wenn sie sich gegen die Fremden gewehrt hatte? Ann würde sich nicht verschleppen lassen, ohne sich zu wehren. Seine sture, unvorsichtige Freundin!

»Ihr habt die Angreifer verfolgt?«, fragte plötzlich Peels Stimme.

Charlie und Becca sahen sich erschrocken an.

»Eine Tür! Eine Tür!«, wiederholte Becca hastig. »Wir brauchen eine Tür!«

Zunächst waberte nur milchiger Nebel auf, doch Becca kniff die Augen zusammen und der Dunst verfestigte sich zu einem recht genauen Abbild der Tür, die Charlie aus ihrer Schieflage gerettet hatte.

»Du wirst besser«, lobte das Türmännchen leise.

Becca grinste. »Ich bin erst fertig, wenn wir hinaussehen können, der Besenstiel aber nicht hinein.«

»Es waren zu viele, um etwas ausrichten zu können.« Ein Protektor schritt über den Gang und an Beccas Tür vorbei, ohne davon Notiz zu nehmen. Vermutlich hatte sie eine wirklich gute Illusion geschaffen. »Aber Trench hatte recht. Die Emronder haben eine Handvoll Mädchen entführt.« Charlie erkannte den Protektor als den Mann, der ihn ins Wohnhaus geschleudert hatte. Im Tageslicht sah er noch grimmiger aus als bei ihrer ersten Begegnung. Eine Narbe zog sich quer über seine Wange und verlieh ihm das Aussehen eines Kriegers. Dazu steckten seine Hände in dicken, schwarzen Lederhandschuhen.

»Das ist Zaillinger«, flüsterte Becca. »Er leitet den Angriffskurs.«

»Schhh!«, warnte Charlie.

Peel folgte dem Protektor und hielt auf dem Gang Ausschau nach Begabten. »Sie haben uns getäuscht«, sagte er bitter. »Mit einer dummen Illusion.«

»Wir hätten Trench dringend gebraucht«, sagte Zaillinger. »Ich dachte, der alte Mann hat wie immer einen Plan.«

»Hat er auch.« Peel beschleunigte seine Schritte. »Aber der Älteste Protektor ist beim Angriff gestorben und ich übernehme vorerst seine Position.«

Becca biss sich verzweifelt auf die Lippen. Ihre Illusion zitterte gefährlich, löste sich aber nicht auf. »Das ist bestimmt ein Irrtum oder einer seiner Streiche, mit denen er mich immer ärgert.« Charlie hielt ihr die Hand vor den Mund, bevor ihre Worte sie noch verrieten.

Ohne Trench würde Tougard nicht mehr das Gleiche sein. Charlie hatte seine Hoffnung in den Ältesten Protektor gesetzt, der bestimmt mit einem Plan zur Rettung der Mädchen aufwartete. Bei einer Tasse Beitee in seinem Büro sah selbst das Schlimmste gleich viel freundlicher aus.

Erst als die Protektoren in einem Treppenaufgang verschwanden, gab Charlie Becca wieder frei.

»Was soll ich ohne meinen Protektor?« Sie griff nach ihrem Medaillon, aber ihre Hand fasste ins Leere. Ihre

Beine knickten unter der Last von Trenchs Tod ein. »Auf meinen Vater kann ich locker verzichten. Aber auf Trench?«

Charlie nahm Becca tröstend in den Arm, während er das Gespräch der Protektoren verarbeite. Wenn diese Emronder tatsächlich Ann mit den anderen Mädchen entführt hatten, dann war sie noch am Leben. Es wäre sinnlos Ann zu töten, bei all dem, was sie reparieren, verbessern und erfinden konnte. *Die Entführer haben gezielt nach einer Mechanikerin gesucht, also haben sie eine Verwendung für sie.*

Charlie atmete erleichtert aus. Ihm blieb zwar nicht viel, aber dennoch gab es ein wenig Hoffnung.

»Wir müssen etwas unternehmen, Charlie«, sagte Becca mit zitternder Stimme. »Gwen, Joan, Alex, Venja, Ann. Sie sind alle verschwunden.«

»Dann gibt es nur einen Weg.« Charlie lächelte grimmig.

»Wir müssen überlegen, wie wir am besten vorgehen«, stimmte Becca mit ein. »Und wir brauchen Hilfe.«

Charlie nickte. Plötzlich steckte er mitten in einer Rettungsaktion, dabei hatte er keine Idee, wer die Angreifer gewesen waren und wo dieses Emrond überhaupt lag. Sich Unterstützung zu suchen, klang daher mehr als angemessen. »Ich weiß schon, an wen wir uns wenden, Becca. Am besten wir …«

»ICH WEISS, DASS IHR NICHT ALLE IM SPEISESAAL SEID!«, dröhnte Peels Stimme. »KEINER MUSS SICH MEHR VERSTECKEN ODER SICH FÜRCHTEN! ABER WENN IHR IN FÜNF MINUTEN NICHT ERSCHEINT, DANN SCHLEIFE ICH EUCH EIGENHÄNDIG HIERHER!«

Kapitel 13

WER WILL NOCH MITMACHEN?

Edward MacManara hätte sich den Begabten viel früher ansehen sollen, der es wie er gewagt hatte, die Mutprobe auf sich zu nehmen, sowie sie zu bestehen. Doch die letzten Wochen waren wie Sand durch seine Finger geglitten. Bisher hatte er kaum Gedanken an Charlie Andrews und die neue Mechanikerin verschwendet. Das übernahm Tougard für ihn. Immer wieder blitzten sie in den Köpfen der Begabten auf, aber nichts hatte sein Interesse geweckt. Bis jetzt. Denn vor kurzem waren in den Gedanken einer Protektorin immer und immer wieder folgende Worte aufgetaucht: Charlie, Mechanikerin und Emrond.

Was hatte dieser Charlie mit Emrond zu tun? Edward hatte es nicht in Erfahrung bringen können.

So verschlug es ihn in seiner Zeit hier in Tougard auch zum ersten Mal in die Werkstatt.

Das Türmännchen würde ihm niemals Einlass gewähren, dank seiner Gabe war er darauf jedoch nicht angewiesen. Edward behielt sich vor, über seine Telepathie zu schweigen, da man ihn sonst immer mit Argwohn betrachtet hatte. Von der ersten Sekunde in Tougard hatte er die Gedanken von jedem gehört, der sich in seiner Nähe aufhielt. Mittlerweile beherrschte er die Telepathie jedoch so gut, dass er sich nicht mehr das sinnlose Geschwätz der Menschen anhören musste. Er hatte es bis auf ein feines Rauschen in den Hintergrund gedrängt.

Dadurch konnte er entspannt an einer Wand vor der Werkstatt lehnen, als ob er auf jemanden warten würde, und lauschen.

Ich will nicht, dass Himiko von Dämonen gefressen wird, jammerte Daisuke in seinem Kopf. *Ich will nicht, dass meine Schwester von Dämonen gefressen wird.*

»Daisuke, wie oft noch?«, rief eine Stimme. »Es waren MENSCHEN! Wie du und ich! Einer hieß sogar Felix! Vielleicht haben sie Masken getragen? Oder sich hinter Illusionen versteckt?«

Woher wusste er das? Es war nicht möglich, dies durch Zufall herausgefunden zu haben. Die Protektoren hüteten Emronds Existenz wie ein Staatsgeheimnis. Und wie hatte er einen Namen erfahren? Edward lauschte angestrengt. Wer auch immer sich in der Werkstatt aufhielt, er konnte seine Gedanken nicht ausmachen. Frustriert zog er seinen Ring vom Finger.

Stimmt, ich kann mit kage o miru meine Schwester verfolgen, dachte Daisuke – nun deutlich lauter. *Charlie-kun hat recht. Ich kann ihr helfen. Ich werde mein Bestes geben!*

»Oh nein«, entwich es Edward. »Daisuke hat das nicht wirklich vor.« Er wollte nur prüfen, ob die Mechanikerin den Emrondern in die Hände gefallen war. Nicht sich einmischen oder beteiligen. Aber den kleinen Japaner hinter den Entführern herjagen zu lassen, ohne dass er wusste, worauf er sich einließ? Das war viel zu gefährlich. Besonders wenn er die Ereignisse der letzten Nacht bedachte.

»Hey, Ed! Was willst denn du hier?«, grüßte zu seiner Überraschung Raphael. »Belauschst du wieder jemanden?« An seiner Seite folgte die Französin, Becca, die in letzter Zeit ständig bei ihnen auftauchte.

»Was machst du hier?«, fragte Edward zurück. Konnte das noch ein Zufall sein?

»Becca fragte, ob ich mitkommen möchte.«

Das Mädchen betrachtete Edward einen Moment, als würde sie seinen Wert abschätzen. »Du kommst am besten auch mit«, sagte sie fröhlich. »Raphael soll zwar stark sein, aber nur mit Muskeln kommt man nicht weit.«

»Was heißt hier *soll*?«, hakte Raphael nach.

Becca schenkte ihm ein Lächeln, so dass der Brasilianer in ihren Scherz mit einstimmte. Verglichen mit den Groupies, die ihn sonst umringten, war sie zumindest einiges erträglicher und deutlich leiser.

»Daisuke erzählte, dass du ein guter Schachspieler bist«, fuhr Becca fort, »also hast du was im Köpfchen, Ed.«

»Es heißt Edward«, berichtigte er sie. Raphael gehörte zu den wenigen, mit denen er zwanglos umging, und bei denen er das ›Ed‹ erlaubte. Seit dem Tag, an dem sie beide in Trenchs Büro gefluppt waren, verband sie etwas. Angefangen hatte es damit, dass sich Raphael mit Peel angelegt hatte, während Edward versuchte, es ihm auszureden. Raphael zog Mädchen wie ein Magnet an, damit er sie wieder verscheuchte. Dafür sprach der Brasilianer immer direkt aus, was er dachte. Keiner würde es freiwillig zugeben, aber sie vertrauten einander.

Becca weckte das schnarchende Türmännchen der Werkstatt auf und sie wurden zu Edwards Überraschung ohne Diskussion eingelassen. Er hatte gehört, dass die alten Mechaniker sich eigenwillig und paranoid benommen hatten. Aber vielleicht hätte auch er einfach fragen sollen, ob man ihm Einlass gewährt. Dann hätte er sich nicht den Kopf darüber zerbrechen müssen, was dieser Charlie mit Emrond zu schaffen hatte.

Die Werkstatt – oder das, was Edward erkennen konnte – glich einem Schlachtfeld. Nicht, dass jemand eingebrochen oder sie mutwillig zerstört hätte. Nein, die neue Mechanikerin legte augenscheinlich wenig Wert auf Ordnung. Halb fertige Erfindungen stapelten in der einen Ecke, Pergamenthaufen mit verworfenen Skizzen türmten sich in der nächsten. Überhaupt etwas wiederzufinden, stellte die Mechanikerin sicherlich vor eine Herausforderung.

»Hallo Edward-kun«, schniefte Daisuke. Er hockte mit angezogenen Knien und verweinten Augen auf einem Sessel und schenkte Edward nur ein mattes Lächeln. Der andere Begabte musste demnach Charlie sein. Edward sah nur seinen Rücken, da er einen randalierenden Metalldrachen ins Freie beförderte. Die Maschine fauchte und schlug um sich, bis Charlie sie aus dem Fenster warf. Draußen flatterte sie schleunigst in Richtung Wald.

»Warum setzen wir uns nicht?«, schlug Becca vor.

Edward entdeckte einen freien Stuhl, den die Französin sofort in Beschlag nahm. Alle anderen Sitzmöglichkeiten waren mit Werkzeugen belegt.

»Warum hast du gerade die beiden mitgebracht?«, fragte Charlie skeptisch und drehte sich zu ihnen um.

»Sie können uns dabei helfen, die Mädchen zu retten«, erklärte Becca. »Wir wissen nicht, was uns erwartet. Daher ist mir jede Unterstützung recht.«

Das ist der Junge aus der Bibliothek, schoss es Edward durch den Kopf, *und der Typ, der uns auf den Kellertreppen erwischte.* Er hatte sofort gewusst, dass mit dem irgendetwas anders war, was in einer Welt wie Tougard viel heißen sollte. Dass Charlie aber auch über Emrond Bescheid wusste, das weckte seine Neugier.

»Das ist nicht dein Ernst«, entgegnete Raphael, suchte sich jedoch im Chaos einen freien Stuhl. Dabei schob er achtlos Stapel von Papier beiseite, die Charlie ihm aus der Hand riss.

»Nach der letzten Nacht hast du keinen einzigen Kratzer. Die Sicherheit deiner Groupies ist dir wohl nicht so wichtig«, stellte Charlie fest. »Feigling.«

»Du wagst es?«, schnaubte Raphael. »Was bildest du dir ein?«

»Sagt der Richtige.« Charlie sammelte durcheinandergeratene Schaltpläne ein und stopfte sie in eine Schublade. Dabei flatterten ihn zwei Metallvögel hinterher, bis er sie Nachbarraum einsperrte.

Edward schmunzelte dennoch. Wenn der Junge nur wüsste, was sich wirklich hinter Raphael verbarg.

»Ihr benehmt euch wie Kinder«, beschwerte sich Becca und räumte schnell einen Teil des Werkzeugs fort, als wüsste sie genau, wohin es gehörte. »So kommen wir nicht weiter.«

Raphael brummte etwas Unverständliches.

»Charlie, setz dich endlich an diesen Tisch, damit wir anfangen können«, kommandierte Becca. »Oder machst du dir keine Sorgen um Ann?«

Gespannt beobachtete Edward, wie Charlie einmal den Tisch umrundete und sich geknickt auf einen Stuhl fallen ließ. Reflexartig griff er nach einem dicken Skizzenbuch und schlug es irgendwo auf.

Edward wusste nicht, wie er sich verhalten sollte. Er wollte sich nicht einmischen. Gegen die Emronder etwas auszurichten, funktionierte nicht. Aber warum fühlte er sich dann so enttäuscht?

Da sah Daisuke ihn mit traurigen Augen an. »Hilfst du mir, meine Schwester wiederzufinden?«

Wie sollte er das verneinen?

Edward unterdrückte ein Seufzen und räumte sich neben Charlie einen Platz frei.

»Ich werde euch kein Wort sagen«, stellte Raphael fest. »Es ist absolut unmöglich.«

»Ihr wisst also von den Emrondern?«, ging Charlie dazwischen.

Edward und Raphael schwiegen. Doch konnten sie die Anspannung nicht leugnen, die das Wort in ihnen auslöste. Selbst Raphael setzte sich kerzengerade auf. Eine klarere Bestätigung gab es nicht.

Unschlüssig kratzte sich Daisuke am Kopf. »Davon habe ich noch nie gehört. Sagt dir das etwas, Becca-chan?«

»Noch nicht wirklich. Außer, dass die Emronder deine Schwester entführt haben.«

Edward ließ das Rauschen in seinem Kopf anschwellen, bis es wie ein schlechtes Radiosignal klang. Er konzentrierte sich und sprang von einem Anwesenden zum nächsten. Daisuke und Becca waren von Neugier über

Emrond gepackt. So sehr, dass sich der kleine Japaner seine letzte Träne fortwischte und sich zu ihnen setzte. Anstatt Charlies Gedanken hörte Edward nur einen abscheulichen Pfeifton. Die Stimmen in seinen Kopf steigerten sich zu Rufen, doch der Pfeifton wurde lediglich schriller. Sätze, Abrisse von den Anwesenden, von ganz Tougard, drangen in sein Bewusstsein, während er einen Eingang zu Charlies Gedanken suchte. Dann schnappte er ein Wort auf: *Rufus*.

Edward musste die Verbindung abbrechen und drängte alles in den Hintergrund. *Noch nie ist es mir so schwer gefallen.* Langsam atmete er ein und aus, um die Kontrolle zurückzuerlangen. Raphael warf ihm einen fragenden Blick zu.

Mit vielem hatte Edward gerechnet, aber nicht damit, dass Charlie sich irgendwie abschirmte. Der Junge sollte ein Heiler sein, wie sollte er gelernt haben, seine Gedanken auszusperren? Dazu in dieser kurzen Zeit? Und verdammt noch mal, wie hatte er von Rufus erfahren? Trench hatte diesen Namen einmal ihm gegenüber fallen lassen, aber sonst? Wer war dieser Rufus?

»Wahrscheinlich kannst du uns nichts verraten, weil du keine Ahnung hast. Oder weißt du etwa, was hier vor sich geht, Raphael?«, giftete Charlie. Frustriert riss er zwei Seiten aus seinem Zeichenbuch und zerknüllte sie. »Du hast dich nicht getraut, die Mutprobe zu versuchen. Warum solltest du also so etwas …«

»Was willst du eigentlich von mir?« Zornig schlug Raphael auf die Werkbank ein. Edward deutete ein Kopfschütteln an, doch zu spät. Als der Brasilianer seine Faust zurückzog, blieb eine Delle im Holz zurück. »Hätte ich gewusst, was du vorhast, Becca, wäre ich nicht mitgekommen.«

Das Mädchen funkelte Charlie an, bevor es sich an Raphael wandte. »Hör nicht auf ihn. Er ist gerade ein bisschen durcheinander. Wir machen uns alle schreckliche Sorgen.« Beschwichtigend legte Becca ihm eine Hand auf den Arm.

Nur Daisuke langte nach dem zerknüllten Papier und strich es glatt. Mit einem aufmunternden Lächeln legte er die Seiten zurück ins Skizzenbuch. Edward erhaschte einen Blick auf die Bilder eines Mädchens.

Verzweiflung packte Edward, weil er wusste, was Gwen in den nächsten Tagen und Wochen bevorstand. Die Emronder würden sie wie ein frisches Stück Fleisch anpreisen, verkaufen – im schlimmsten Falle töten. Aber was sollte er tun? Er war ein Telepath. Nicht jemand wie Raphael, der buchstäblich mit dem Kopf durch die Wand laufen konnte.

Moment!

Das hatten die drei also vor. *Becca kann Illusionen erzeugen, Daisuke die Spuren verfolgen. Charlie ist ein Heiler und Raphael extrem stark.*

Irgendwie erinnerte ihn die Situation an die Strategiespiele, die er so gerne spielte. Die Frage war dennoch, wie würden sie versuchen, ihn zu überzeugen, wenn sie an Raphaels Stolz appellierten?

Allerdings verbot ihm sein Pflichtgefühl, die Begabten unvorbereitet aufbrechen zu lassen. Vielleicht würden sie ihre Pläne aufgeben, wenn sie wüssten, was sie in Emrond erwartete. Andererseits wer würde dann Gwen helfen? Es war frustrierend.

»Emrond ist der Ort«, Edward zwang sich diese Worte auszusprechen, auch wenn er damit etwas verriet, dass er nur durch seine zweite Ankunft erfahren hatte, »an dem die anderen Begabten leben.«

»Ed!«, fuhr Raphael ihn an. »Halt den Mund!«

Edward hatte damit gerechnet, dass etwas Schlimmes passieren würde, wenn er Neulingen von Emrond erzählte. Aber sie saßen weiter an der Werkbank, Daisuke putze sich die Nase und im Nebenraum trällerten die mechanischen Vögel. Es wirkte alles so surreal.

»Welche anderen Begabten?«, fragte Charlie schließlich und kritzelte wieder in seinem Buch.

Edward zögerte. Wenn er es ihnen verriet, würde ihr Aufenthalt in Tougard nicht mehr derselbe sein.

Sie würden alles in einem anderen Licht sehen. Tougard, die Protektoren, die eigentlich so langweiligen Konzentrationsübungen.

Bist du dir sicher? Raphaels wütende Stimme tauchte im Hintergrundrauschen von Edwards Kopf auf, ohne dass sich seine Lippen bewegten. Der Brasilianer musste sehr lange und heftig daran gedacht haben, damit er ihn unterbewusst empfangen konnte.

Edward suchte Raphaels Blick und nickte kurz.

»Wie du willst. Sagen wir, es gibt gute und böse Begabte«, stellte Raphael fest und ließ weder ihn noch Charlie aus den Augen. »Die Bösen werden nach Emrond verbannt.«

Becca sah ihn bestürzt an. »Sie können nie mehr zurück in ihr Leben? Zu ihren Familien? Ihren Freunden?«

»Nein«, erwiderte Edward ruhig. Nach sieben Jahren in Tougard scherte es ihn reichlich wenig, wann er seine Familie wiedertraf. Sollte er in sein altes Leben zurückkehren, wusste Edward nicht mehr, wie er sich zurechtfinden würde. Personen, die er kannte, Orte, die er einst aufgesucht hatte, waren nur noch verschwommene Erinnerungen.

Becca raufte sich die Locken. »Aber wie stellt man fest, wer böse und wer gut ist? Ich möchte schon irgendwann zurück.«

»Wer sagt, dass du für gut befunden wirst?«, spottete Charlie.

»Hey!« Sie stieß ein Lachen aus. »Obwohl – wahrscheinlich hast du ja recht.«

»Das ist eine ernste Angelegenheit«, gab Edward zu bedenken. »Darüber solltet ihr nicht scherzen.«

Edward wurde aus Charlie nicht schlau. Das Piepen, Emrond und sein merkwürdiges Verhalten. Wieso hatte Trench ihn gebeten, ein Auge auf diesen Jungen zu haben? Eigentlich hatte er es für einen Witz gehalten, schließlich war er kein Babysitter. Aber seitdem er von Trenchs Tod gehört hatte, ließ ihn der Gedanke nicht mehr los. Warum hatte der Älteste Protektor gerade ihn ausgesucht? Was war so besonders an diesem Charlie?

»Bevor ihr diese Dimension wieder verlasst, müsst ihr eine letzte Prüfung bestehen«, fuhr Edward fort. »Sie entscheidet, ob ihr gut oder böse seid. Besser gesagt, ob ihr eure Gabe zum Guten einsetzt oder missbraucht.«

»Wieso hat man uns das nicht zu Beginn gesagt?«, bemerkte Becca mit einem Stirnrunzeln.

»Dein persönlicher Protektor entscheidet, wann du bereit bist, die Prüfung abzulegen und weiht dich in dieses Wissen ein«, entgegnete Raphael.

»Wäre es nicht viel einfacher, zuerst die Prüfung abzulegen? Statt Jahre zu vergeuden, um einen böse gesinnten Begabten zu lehren?«

»Es würde allen pädagogischen Prinzipien widersprechen«, sagte Charlie ruhig, während er das Symbol Tougards zeichnete. »Schließlich geben die Protektoren ihr Bestes, um uns richtig zu erziehen. Sie sind davon überzeugt, dass jeder Begabte von sich aus gut ist. Warum sonst sollte Peel auf seinen stinklangweiligen Lektionen beharren?«

Edward lauschte aufmerksam seinen Worten und versuchte, sein Bild über ihn zu vervollständigen. Zumindest entwickelte er mittlerweile eine vage Idee, warum Charlie die Mutprobe bestanden hatte. Aber wieso gelang er nicht in seine Gedanken?

»Wenn ich mir vorstelle, dass hinter Peels Stunden ein höheres Ziel steht, als uns einzuschläfern«, Becca fuhr sich nachdenklich durch ihre Locken, »da bekomme ich bestimmt ein schlechtes Gewissen, wenn ich ihn das nächste Mal ärgere.«

»Du solltest dir gut überlegen, ob du Peel-san noch mal zum Besenstiel machst«, warf Daisuke ein.

»Die Protektoren in den kommenden Jahren werden noch unerträglicher«, meinte Raphael. Becca zog angewidert die Nase kraus.

»Also ist Emrond so etwas wie Australien zur Zeit des Commonwealth?«, schlussfolgerte Charlie und kehrte zum Ausgangsthema zurück.

»Sozusagen«, bestätigte Edward. »Entweder besteht man die letzte Prüfung oder man wird nach Emrond geschickt. Falls du bestehst, stellt Trench dich vor die Wahl, ob du dein Leben wieder aufnehmen willst oder ein Protektor werden möchtest.«

Das war auch der Grund, warum Edward und Raphael seit Monaten zögerten. Unter keinen Umständen wollte er sich seiner Familie stellen.

»Wenigstens war jemand schlau genug, die bösen Jungs nicht auf die Realität loszulassen«, meinte Charlie zynisch. Becca und Daisuke stimmten in ein verhaltenes Lachen ein. Wäre das Verschwinden der Mädchen nicht fest in ihren Köpfen verankert, so hätte Edward dieses Thema lieber vermieden, da es ihn nur an seine Prüfung erinnerte. Er würde seine Entscheidung nicht ewig aufschieben können.

Doch Edward lenkte sich bei seinen Prüfungssorgen nur ab. Es gab immer etwas, dass man vorschieben konnte, um eine Entscheidung hinauszuzögern. Das wirkliche Problem waren die Begabten, die nach Emrond verbannt worden waren. Die letzte Abschlussprüfung entschied nicht nur über die Moral eines Begabten, sie setzte auch den Startschuss für neue Fähigkeiten. Ganz egal, ob man gut oder böse war. Die Emronder beherrschten daher zwei, drei, vielleicht auch unzählige Gaben wie Peel und Trench.

»Uh … die Leute in Emrond konnten viel länger mit ihrer Gabe üben«, warf Daisuke ein.

Charlie drückte mit seinem Stift zu fest auf, so dass die Miene brach. »Wo liegt Emrond überhaupt?«

»Das ist eine Legende. Die einen sagen hinter der Meeresbucht, die anderen irgendwo hinter den Bergen«, erzählte Edward und beobachtete, wie es in Charlie arbeitete. Seine Gedanken konnte er nicht hören, aber sein Gesicht verriet genug. »Es existiert zumindest keine Karte, die uns weiterhelfen würde.«

Raphaels Augen weiteten sich. »Uns? Du glaubst doch nicht wirklich … wie stellt ihr euch das vor? Wollt ihr einfach an Emronds Tor klopfen und fragen, ob sie euch die Mädchen zurückgeben?«

»Keine Ahnung.« Becca hielt den Kopf schräg, als sie nachdachte. »Das hätte ich mir überlegt, wenn wir ankommen.«

»Du bist zwar ganz süß«, erwiderte Raphael. »Trotzdem bezweifle ich, dass sie die Mädchen rausrücken, wenn du lieb fragst.«

Becca blieb zuversichtlich. »Wofür haben wir denn unsere Gaben, wenn wir nur rumsitzen? Ich kann Sinnvolleres tun, als Peels langweiligen Monologen zu lauschen.«

»Da du dich um Becca-chan sorgst«, sagte Daisuke leise, fast so, als ob er vor Raphael Angst hätte, »solltest du erst recht mitkommen.«

Raphael seufzte laut. Edward konnte gut nachvollziehen, was gerade in ihm vorgehen musste. Er selbst war nicht in die Werkstatt aufgebrochen, um sich Hals über Kopf in einer überstürzten Rettungsaktion wiederzufinden.

»Was wollt ihr alle in meiner Werkstatt?«, fragte eine Stimme.

Bevor Edward sich umdrehen konnte, hatte Charlie seinen Stift von sich geworfen und war aufgesprungen.

»Ann!« Edward sah nicht viel von besagter Mechanikerin, außer dass Charlie sie stürmisch umarmte.

»Mir geht's gut, Charlie.« Er ließ sie immer noch nicht los und Edward begriff, warum er für diese Rettungsaktion gekämpft hatte. »Hauptsache, dir ist nichts passiert, Ann!«

»Wenn du so weitermachst, werde ich jedoch erdrückt.« Ann klopfte ihm mit der flachen Hand auf den Rücken.

»Entschuldige.« Charlie machte einen Schritt zurück und lächelte unsicher.

Spätestens jetzt war Edward alles klar. Doch gleichzeitig fühlte er sich noch schlechter. Einerseits, weil er ihn verdächtigt hatte. Andererseits, weil er sich wünschte, Gwen wäre entkommen.

»Was machst du hier, Becca?«, fragte Ann, die von Kopf bis Fuß mit Schlamm und Blättern überzogen war. »Ich dachte, du wurdest wie Lauren und ich geschnappt?«

»Es war dunkel«, warf Becca ein. »Vielleicht hast du mich verwechselt.«

»Ja, wahrscheinlich.«

Daisuke und Becca reihten sich in die Schlange der Umarmungen mit ein. Charlie begann den Inhalt eines Erste-Hilfe-Kastens über Ann zu verteilen, die von den Händen bis zum Gesicht mit Schrammen und Schürfwunden übersät war. Als hätten die Entführer die Mädchen bedenkenlos über Asphalt geschleift.

»Wie bist du den Emrondern entwischt?«, fragte Edward.

»Emronder?« Ann wartete, bis Charlie einen Kratzer auf ihrer Wange verarztet hatte. »Ich habe die erste Chance genutzt und bin getürmt.« Sie zuckte mit den Schultern. »Als es hell wurde, habe ich mich in einem Busch verkrochen, ohne dass es jemand bemerkte.«

»Du bist ganz schön zäh«, lobte Raphael sie.

»Ach, ich habe meine großen Brüder überlebt«, scherzte Ann halbherzig. »Dafür weiß ich, welche Mädchen sie mitgenommen haben. Also, wann starten wir die Rettungsaktion?«

»So schnell wie möglich«, antwortete Becca enthusiastisch.

»Ann, bist du sicher, dass ausgerechnet du nach Emrond reisen solltest?«, zweifelte Charlie. »Schließlich bist du den Entführern nur mit viel Glück entkommen.«

»Also wenn ihr meine Werkstatt schon als geheimes Hauptquartier nutzt, dann darf ich wohl mitmachen, oder? Auch wenn ich ein bisschen verspätet eingetroffen bin.« Ann griff nach Charlies Hand und drückte sie. »Haben wir nicht immer alles zusammen gemacht?«

»Ja, schon«, antwortete er gequält.

»Ich sollte mich daran gewöhnen«, Raphael klang ein wenig säuerlich, »dass wir in Emrond alle in der gleichen Zelle landen werden.«

»Dann weiß ich ja, wo ich dich suchen muss«, stichelte Edward.

Charlie, nun deutlich entspannter, ließ sich auf einen Stuhl fallen. Dabei sah Edward ihm zum ersten Mal direkt ins Gesicht, so dass er sein erstes Urteil über ihn korrigierte. Sein Verhalten mochte verdächtig wirken, aber seine Augen waren klar, rein und über jeden Zweifel erhaben. Als Telepath hatte er gelernt, wie viel Augen ihm verrieten. Denn wie sehr man sich verstellte, die Augen zeigten die Seele eines Menschen.

»Wir brauchen eine Ausrüstung und Proviant«, überlegte Ann, als würde sie einen Zeltausflug planen. »Der Beschaffer wird uns bestimmt weiterhelfen.«

Charlie blätterte auf eine neue Seite und begann, ihre ungewöhnliche Einkaufsliste zu notieren. Edward jedoch genehmigte sich einen Moment, um seine Gedanken zu ordnen. Hatte er die richtige Entscheidung getroffen?

Ja.

Aus reiner Neugier wollte er miterleben, was der Junge, der zwischen den Realitäten gesprungen war und Raphael die Stirn bot, noch anstellte. So würde er auch Trenchs Bitte erfüllen. Zwar würde er sich dadurch auf eine Rettungsaktion begeben, die nicht aussichtsloser und törichter sein konnte, aber wann verhielt sich ein Mann für die Frau, die er liebte, nicht töricht und dumm? Selbst wenn die Chancen Gwen zu retten, sehr gering waren.

»Ann?« Das Türmännchen wechselte erneut auf die Innenseite der Werkstatt. »Ein Protektor fragt, ob er eintreten darf.«

»Du kannst ruhig öffnen, Tyrdon.«

Die Tür schwang auf und Edward erkannte den Mann sofort. Es war Peel, Peiniger aller Neulinge.

»Daisuke, dein Protektor erwartet dich.« Peel verharrte unbehaglich auf der Türschwelle, wagte sich keinen Zentimeter hinein. »Ms. Flemyng sagte mir, er wäre hier zu finden. Außerdem soll ich auch noch Valente mitbringen.«

»Bin schon unterwegs.« Daisuke schaute unschlüssig in die Runde, als wäre er lieber in der Werkstatt geblieben, folgte jedoch Peels Aufforderung. Raphael hingegen erhob sich gemächlicher denn je, nur um den Mann zu reizen.

»Was habt ihr hier alle verloren?«, hakte Peel nach.

»Wir helfen Ann bei …«, Edward überlegte. Die Werkstatt quoll mit Kisten von Glühbirnen über. »Bei der Installation der Beleuchtung.«

»Ja, genau«, schaltete sich Ann ein. »Sie helfen mir. Steigen auf Leitern, drehen Lodys Birnen ein und so weiter.«

Peels Blick schweifte von einem Begabten zum anderen. Edward ahnte, was der Protektor plante. »Lodys Birnen?«

»Alexander Lodygin. Einer der Erfinder der Glühlampen«, murmelte Charlie.

Raphael nahm eine Lampe von der Werkbank und das Glas splitterte unter seinem Griff.

Peel hob skeptisch die Brauen.

»Das Gelände ist sehr groß und durch das Licht würde sich viele sicherer fühlen«, sprang Edward ein. »Wer hätte gedacht, dass ein runder Glaskolben mit zwei Glühfäden im Innern den Begabten ihre Furcht vor weiteren Übergriffen nimmt?«

Sogar Tyrdon durchschaute ihr Manöver und trommelte ungeduldig mit den Fingern auf der Klinke. »Möchten Sie nun rein oder raus, Protektor?«

»Kommt nicht zu spät zum Kurs.« Peel machte einen Schritt zurück. »Besonders nicht du, Rebecca.«

Ein gemeinsames Seufzen erklang, als Tyrdon hinter dem kleinen Japaner, Raphael und dem Protektor die Tür schloss.

»Das war knapp«, sagte Becca und legte den Kopf auf der Tischplatte ab. »Ich dachte, der Besenstiel wäre uns auf die Schliche gekommen.«

»War es wichtig, dass wir alle an die Glühbirne dachten?«, fragte Charlie und versah sein Skizzenbuch mit einer Zeichnung davon.

Ann lachte. »Es würde mich nicht wundern, wenn Peel auch Gedanken lesen kann.«

Darauf verfiel Edward wieder in Schweigen. Der Protektor borgte sich gerne seine Fähigkeit aus, wenn er sich in der Nähe aufhielt. Dennoch würde Edward seine Telepathie mit keinem Wort erwähnen. Er konnte nicht riskieren, dass die Neulinge ihm vorwarfen, er würde sich in ihre Köpfe stehlen und ihn deswegen von ihren Plänen ausgrenzen. Schließlich gefiel ihm der Gedanke, der Verstand und die Vernunft dieser Gruppe zu sein.

Die Begabten verließen erst die Werkstatt, als Protektor Besenstiel seinen Grundkurs begonnen hatte, da niemand einen weiteren Zwischenfall riskieren wollte. Becca war noch kurz ins Mädchenhaus gelaufen, während der Rest vor Tougards Toren wartete.

Charlie kam diese Verzögerung ganz recht. Nachdem er sich innerhalb weniger Stunden damit abfinden musste, dass Ann tot, entführt und nun doch wieder vom Seelenseher bedroht war, brauchte er eine Pause, um seine Gedanken zu sortieren. Ganz zu schweigen von dem Gefühlschaos, das noch in ihm brodelte.

Heilfroh, Ann wieder bei sich zu haben, wich er ihr nicht mehr von der Seite, am liebsten wollte er sie gar nicht mehr loslassen. Ja, er entwickelte sich zu einer Klette. Aber im Moment störte es ihn nicht. Seine Sorge um Ann war viel zu groß – berechtigterweise.

»Warum willst du sofort wieder los, Ann? Willst du dich nicht erstmal ausruhen?«

»Das fragst du noch?«, erwiderte sie schroff.

»Versteh mich nicht falsch, okay?« Charlie gab sich alle Mühe, die Situation zu entschärfen. »Sollten wir nicht alles in Ruhe vorbereiten? Dein Vater entwickelt auch einen Plan, bevor er eine Steckdose auseinandernimmt.«

»Es geht hier nicht um Steckdosen!« Ann verschränkte zornig die Arme und lief ein paar Schritte voraus. »Es geht um das Leben der Mädchen!«

Der Gedanke, dass Ann entführt worden war, hatte ihn fast in die Verzweiflung getrieben, trotzdem stieß sie ihn wieder von sich. Charlie wollte etwas erwidern, doch stattdessen blickte er sich nach Edward um. Der Schotte lehnte an der Außenmauer und ließ ihn nicht aus den Augen. Als würde er ihn die ganze Zeit über anstarren.

Etwas stimmt nicht mit ihm, dachte Charlie, wusste aber nicht, was.

»Benimmt Ann sich immer so?«, fragte Edward.

Charlie wollte etwas erwidern, aber auf halbem Wege weigerte sich seine Zunge. Daher schloss und öffnete er seinen Mund wie ein Fisch. Am liebsten hätte er sich vor den Kopf geschlagen. Konnte er sich noch dämlicher anstellen?

»Ich drehe Lauren den Hals um, wenn wir sie gefunden haben!«, rief Becca und lief wütend durch Tougards Haupttor. »Sie hat mein Medaillon!«

Edward runzelte die Stirn. »Du regst dich wegen einer Kette auf?«

»Das ist nicht nur eine Kette«, meinten Becca und Charlie synchron.

Becca hakte sich bei Charlie unter und zog ihn mit sich. »Falls sie mein Medaillon trägt, ist sie tot!«

»Okay, okay. Komm wieder runter.« Ann holte zu ihnen auf. »Vielleicht haben die Emronder es geklaut? Es war doch aus Gold, oder?«

Becca schnaubte aufgebracht und reichte Charlie einen Zettel. »Payback?«, las er laut. »Weil du ihre ›Lass-die-Finger-von-meinem-Raphael‹-Regel missachtet hast?«

»Kannst du dir einen anderen Grund vorstellen?«

Auf ihrem Weg nach Taun hielt Becca nicht für eine Sekunde den Mund. Unentwegt keifte sie über Lauren und ihre verschwundene Kette. Sie war so abgelenkt, sie stellte nicht einmal eine Frage.

Dafür blieb es zwischen den anderen Begabten beängstigend still. Charlie zermarterte sich den Kopf, wie er ein Gespräch anfangen sollte. Aber Ann ignorierte ihn mal wieder und Edward schien ihn nicht mehr aus den Augen lassen zu wollen.

Was, wenn er der Seelenseher ist?, flüsterte die Stimme namens Argwohn in Charlies Gedanken. *Hast du je gehört, welche Gabe er besitzt? Nein. Hat er erklärt, warum er nach Emrond reisen möchte? Wieder nein.*

Charlie schüttelte den Kopf. Der Stress der letzten Stunden ließ seine Gedanken verrücktspielen. Kein logisch denkender Mensch würde sich einer waghalsigen Rettungsaktion anschließen, wenn sein Ziel in greifbarer Nähe war. *Ja, aber als Ann verschwunden war, wollte er nach Emrond. Und jetzt lässt er dich nicht mehr aus den Augen, weil du ständig in ihrer Nähe bist.*

»Warum müssen Prophezeiungen immer so kompliziert sein?«, murmelte Charlie. »Warum kann man nicht einfach sagen: Der ist es.«

Becca hielt in ihrer Wutrede inne. »Was hast du gesagt?«

Charlie blickte zu Edward, der einen Silberring zwischen den Fingern drehte. »Nichts Wichtiges.«

Taun glich einer vollgestopften Einkaufsstraße an einem Samstagnachmittag. Oder besser am ersten Tag des Sommerschlussverkaufs. In Charlies Heimatstadt hätten sich die Verkäufer über diesen Ansturm gefreut. Hier würde er für nichts mit ihnen tauschen wollen. Zu viele Bewohner, zu viel Hektik, zu viel von allem, durch das Charlie einen Weg finden sollte.

»Waren letztes Mal auch so viele Leute unterwegs?«, fragte Ann eine erste Frage, als sie sich durch die Menge drängten.

Becca löste sich von Charlies Arm und wich einer Gruppe Mädchen aus, die zu viert ein Bett trugen. »Nicht, dass ich wüsste.«

Auch Edward zuckte mit den Schultern. »Vielleicht liegt es am guten Wetter.«

»Dann hat die Sonne aber eine erstaunliche Wirkung.« Charlie entdeckte nur weibliche Begabte. Sie kauften in den Geschäften ein, musterten die Auslagen oder diskutierten mit ihren Freundinnen. Auf einmal kam er sich wie das einzige Dreieck unter Kreisen vor.

Mir ist nie aufgefallen, dass hier so viele von denen leben, dachte Charlie schockiert.

Taun selbst wies keinerlei Verwüstung auf, als hätte es die Emronder nicht interessiert. Charlie wusste nicht, was schlimmer war. Dass Taun verschont geblieben war, obwohl es keine Mauer, kein Zaun schütze. Oder was die Emronder in der kleinen Siedlung hätten anrichten können. Die Erinnerung an das zerstörte Mädchenwohnhaus verfolgte ihn immer noch wie ein hartnäckiges Gespenst und ließ bittere Magensäure aufsteigen.

Schweigsam gingen sie die letzten Meter bis zum Beschaffer, ohne dass sich der Anblick änderte.

»Oh, oh«, sagte Becca und blieb wie angewurzelt stehen. »Das ist nicht gut.«

Zunächst erkannte Charlie nicht, was die Französin meinte. Im dunklen Flur, der zum Geschäft führte, sah man nicht weiter als einen Arm lang. Dafür hörte er Geräusche. Viel zu viele Geräusche. Ein wildes Stimmengewirr flutete ihm entgegen, das nur von der tiefen Stimme des Beschaffers unterbrochen wurde.

»Eine nach der anderen! Bitte, mir gehen sonst die Auftragsnummern aus!«

Als Charlie über die Schwelle trat, entdeckte er spontan seine Klaustrophobie. Mädchen verstopfen das Geschäft des Beschaffers und das war noch harmlos ausgedrückt. Wie ein aufgewühlter Schwarm drängten sie sich an den Tresen und riefen alle durcheinander. Die eine wollte einen neuen Vorhang, die andere beklagte, dass beim Angriff ihr kompletter Kleiderschrank verbrannt war, und die nächste bestellte gleich ein ganzes neues Bett mit Nachtisch. Sie wollten Schränke, Teppiche, neuen Schmuck und am liebsten alles sofort.

»Wir sollten verschwinden«, schlug Ann vor, doch da hatte sich bereits eine Begabte zu ihnen umgedreht.

»Was machen denn die Jungs hier?«, fragte sie. »Unser Haus ist völlig zerstört worden. Könnt ihr nicht wann anders Bestellungen aufgeben?«

»Sie helfen uns beim Tragen«, erwiderte Becca und bemerkte zu spät, was sie gerade gesagt hatte. Denn die Mädchen starrten Charlie und Edward mit großen Augen an.

Die Szene vor ihren Augen ließ nur einen Schluss zu. Wenn Edward in der Nähe war, konnte Raphael nicht weit sein.

»Edward, hilft dein Freund Raphael auch beim Tragen?«, fragte das Mädchen und besiegelte somit das Schicksal von Charlies Ohren. Das Geschäft des Beschaffers vibrierte förmlich, als die anwesenden Mädchen wie kurz vor Beginn eines Teenie-Star Konzerts zu kreischen anfingen.

So viel zur Unauffälligkeit.

»Wir sind nie hier gewesen«, rief Edward plötzlich.

»Aber …«

Für einen Moment baute er Blickkontakt zu ihr auf. »Ich sagte, wir waren nie hier.«

»Okay«, erwiderte das Mädchen wie in Trance und drehte sich zu der Meute um. »Raphael ist nicht hier gewesen!«

Edward nutzte das kollektive »Ohhh«, um Charlie ins Freie zu schieben. Becca und Ann drohte – abgesehen von ein paar Quetschungen und Ohrenklingeln – keine Gefahr.

»Das war«, Charlie zögerte, »wie bei einem Jedi.«

Edward schmunzelte bei der Vorstellung. »Ich weiß nicht, was du meinst.«

»Wie hast du sie mit einem Blick vom Gegenteil überzeugt?«

»Ich soll was gemacht haben?«

Charlie war nicht blöd. Dass Edward ihm etwas verheimlichte, war mehr als offensichtlich.

Schweigsam ließen sie Mrs. Peels Café, den Second-Hand-Shop und den Buchladen hinter sich. Immer wieder grüßten Begabte Edward aus der Ferne, ohne weiter beachtet zu werden. Charlie jedoch erntete nur überraschte Blicke. Selbst er hatte mittlerweile begriffen, dass Edward Kultstatus in Tougard erreicht hatte. Selbst wenn er nicht so kreischenswert wie Raphael war, erwartete anscheinend niemand, ihn mit einem Neuling anzutreffen.

Das hat Becca klasse eingefädelt, dachte er missmutig. Charlie, der unscheinbare Charlie, musste einen Weg finden, mit Edward ins Gespräch zu kommen. Schlimmer noch. Sein Leben lang hatte er die beliebten und erfolgreichen Mitschüler gemieden, um ihren Spott zu entgehen. Und jetzt musste er sich mit Edward so etwas wie »anfreunden«, um hinter das Geheimnis seiner Jedi-Gabe zu kommen. Er war ja so gut darin, neue Freunde zu finden!

»Charlie?«

Verdammt, du hast nicht zugehört!, schoss es Charlie durch den Kopf.

»Ähm, was?« Da war sie wieder. Die Panik, einen Fremden kennenzulernen, der ihn am Ende doch nur wieder hinterging. Seine Wangen glühten und er wischte sich die schweißnassen Hände an seiner Jeans ab.

»Ich habe gefragt, wo du herkommst«, wiederholte Edward. »Andrews klingt Englisch.«

Charlie wunderte sich, woher Edward seinen Nachnamen kannte. Allerdings war er zu nervös, um darüber nachzudenken. Seine Atmung beschleunigte sich und weiße Flecken legten sich wie Wattebäusche über seine Augen. »Der Großteil meiner Familie lebt in England«, antwortete er, war froh, dass seine Zunge noch verständliche Worte formulierte. »MacManara klingt dagegen irisch oder schottisch.«

»Richtig. Ich komme aus Inverness.« Edward bedachte ihn mit einem Blick, den er nicht deuten konnte.

Charlie blinzelte, was die Flecken nur verschmierte. Musste ihn jetzt eine Panikattacke erwischen? Die Flecken füllten sein Sichtfeld aus und ihm wurde schwindelig.

Konzentrier dich! Es war seltsam genug, dass ihn die gleiche Panikattacke wie bei Lauren heimsuchte. Reichte es nicht, dass Ann Unbekannte verfolgen wollte und er keine Fortschritte mit seiner Gabe machte? Er hatte gerade genug Probleme, mit denen er sich herumschlagen musste.

Wie von selbst fand Charlies Hand das Lederarmband, das Tougard ihm geschenkt hatte. Er sollte versuchen, seine Vergangenheit hinter sich zu lassen. Nur weil er ein Leben lang auf Idioten gestoßen war, die ihn geärgert, ausgelacht und gequält hatten, hieß dies nicht automatisch, dass Edward sich genauso verhalten würde. Wenn er ihn nicht aushorchte, sofern er der Seelenseher war.

Charlie zwang sich, den Mund zu öffnen. Die Worte würden schon kommen. »Irgendwie … irgendwie habe ich das Gefühl, etwas vergessen zu haben.«

Grandiose Idee, schalt er sich in Gedanken.

»Ja, ich auch«, erwiderte Edward. Er setzte in aller Ruhe seinen Weg fort, als wäre es das Normalste, Charlie beim Stammeln zu beobachten.

»Das Wichtige haben wir bedacht«, meinte Charlie zögernd. »Die Schlafsäcke, die Regenjacken, die …« Ein langweiligeres Thema hätte er sich nicht aussuchen können. Warum redete er nicht gleich über das Wetter?

»Ich weiß, was du meinst.« Edward zeigte keine Regung. »Bei jeder Reise beschleicht einen das Gefühl, etwas vergessen zu haben. Selbst wenn man seinen Koffer noch dreimal umpackt, man kommt nicht drauf.«

»Ja.« Charlie wünschte sich Daisuke als Unterstützung. *Meinetwegen auch Raphael,* mit dem konnte er sich wenigstens streiten. »Ja, das wollte ich eigentlich sagen.«

»Allerdings können wir nicht den Herd brennen lassen«, meinte Edward. »Im Übrigen sind wir da.«

Charlie sah ihn fragend an. »Wir sind da?«

Abseits von Taun existierte ein weiteres Haus. Um genau zu sein, eine Blockhütte, die halb vom Waldrand verschluckt wurde. Charlie hätte sie übersehen, wäre sie nicht von einem außergewöhnlichen Zeltlager umzingelt gewesen. Zelte, die in Tarnfarben gehalten und mit Moos überwachsen waren, mit eingebauten Türmchen oder ausklappbarem Vorgarten voller Plastikpflanzen versehen – das Durchschnittszelt gab es hier nicht. Dagegen wirkte der Gemüsegarten hinter der Blockhütte völlig langweilig.

»Da kiekste, wa?«

Charlie wirbelte herum. Ein Mann feixte ihm entgegen, doch zunächst war er von der bunten Explosion der Kleidung abgelenkt. Die knallviolette und neongrün gestreifte Windjacke schlackerte über einer Baumwollunterhose.

Charlie wich einen Schritt zurück. Der Mann stand praktisch nackt vor ihm und es schien ihn nicht im Geringsten zu stören. Edward konnte sich bei seiner Reaktion jedoch ein Schmunzeln nicht verkneifen.

»Ick heeß Holger.« Er griff nach Charlies Hand und schüttelte sie. Der Kunststoff, aus dem Holgers Sachen bestanden, raschelte bei der Bewegung. »Bist'n Wessi?«

»Nein, also ja.« Sah man das an seiner Nase, oder wie? »Ich komme aus Westdeutschland. Aber – ist Ihnen nicht kalt?«

»Dit nennt ma FKK.« Holger klopfte ihm auf die Schulter. »Is net schlimm, wenn de dit net kennst. Ihr Wessis seid ja keene Nackedeis.«

Charlie würde Holger lieber nicht verraten, dass es kein geteiltes Deutschland mehr gab. Außer er würde sich danach eine Hose überziehen. »Ist das auch ein Geschäft?«

»Holger ist ebenfalls ein Beschaffer«, erklärte Edward völlig ungestört von der Farbexplosion vor ihnen.

Der Angesprochene kratzte sich am Kopf. »Aber nu für – wie sacht ihr kleenan Steppken? Aut-Dohr-Sachen.«

»Outdoor«, berichtigte Charlie und war dankbar für die Ablenkung, als sie Holger in sein Aut–Dohr–Wunderland folgten. Es stapelten sich Kanus, Trekkingräder und noch mehr Grills auf der einen Seite. Die andere bildete Regale voller Schlafsäcke, aufgereihter Gaslampen und Campinggeschirr. Selbst von der Decke hingen Angelruten und Rucksäcke.

»Das nenne ich, jeden Zentimeter ausnutzen«, warf Charlie ein.

Auf dem Tresen schraubte sich eine Pyramide aus Energieriegeln in die Höhe. Wie bei Jenga zog Holger zwei aus der Mitte und warf sie den Begabten zu. »Jeht uffs Haus.« Er streifte seine Jacke ab und präsentierte stolz seine behaarte Brust. »Wat kann ick für euch tun?«

»Wir wollen ein paar Tage campen«, sagte Edward, während Charlie ihre Einkaufsliste hervorholte und sie Holger reichte.

»Da sind auch Kleidergrößen drauf.« Die Liste war länger und länger geworden. Becca hatte ihm alle möglichen Details eingebläut, die Charlie unter keinen Umständen vergessen durfte.

»Dit is ne janze Menje«, entgegnete Holger. »Aba beim Wetta, dit kommt, habt ihr falsches Zeujs. Nachts wird's unjemütlich, Jungs.«

Holger streunte durch die Hütte und pickte hier Wanderschuhe, dort Jacken und woanders Taschenlampen zusammen. Auf den immer größer werdenden Haufen legte er noch eine Tüte voller Energieriegel. Charlie wollte sich nicht ausmalen, welcher Mensch nun seine verschollenen Sachen vergeblich suchte. Hoffentlich klauten sie niemandem den Schlafsack, der sich im tiefsten Gebirge befand.

Als die Türglocke klingelte, wandten Charlie und Edward sich argwöhnisch zum Eingang. Wer konnte ihnen begegnen? Die meisten Mädchen beauftragten eine neue Einrichtung und der Rest der Begabten lernte in seinen Kursen.

»Ich kann nicht fassen, was die Jungs uns geantwortet haben!«, ertönte eine laute, herrisch klingende Stimme. Eine hochgewachsene Blondine stürmte in den Laden. »Wir würden die Strecke nicht durchstehen! Wir würden sie nur behindern! Was bilden die sich ein? Wenn's sein muss, reise ich alleine nach Emrond!«

»Emrond?«, wiederholte Holger lauter als beabsichtigt.

Charlie schlug sich die Hand vor die Stirn. Doch die Blondine schritt an ihnen vorbei und griff nach den Regenjacken. »Wofür braucht ihr das alles?«

»Vivienne Sperrit«, tadelte Edward streng und nahm ihr die Jacke ab. »Du solltest in deiner Wut nicht einfach dieses eine Wort schreien. Besonders nicht, wenn Neulinge zugegen sind.«

Charlie stellte sich sogleich unwissend. Zur Sicherheit stopfte er sich einen Energieriegel in den Mund, bevor er etwas verriet.

»Nur weil du älter bist, musst du dich nicht wie ein Protektor aufführen«, herrschte ihn Vivienne an. »Obwohl mir das immer noch lieber ist, als das Machogehabe von deinem Freund Raphael.«

Ein zweites Mädchen betrat den Laden. »Worüber regst du dich jetzt wieder auf, Vivi?«

Charlie hätte am liebsten gejubelt. Er kannte diese Stimme! »Sarah!«, rief er mit vollem Mund und schluckte den Rest Schokolade herunter. »Ist dir was passiert? Was machst du hier?«

»Mir geht's gut. Zaillinger hat den Emronder mit seinen Blitzen verscheucht, nach dem er dich k.o. schlug.« Sarah machte eine abwehrende Geste, als gäbe es keinen Grund zur Sorge. »Wir wollen Vivis Freundin retten, die auch entführt wurde. Und ihr?«

»Ich warte, Edward.« Viviennes Finger trommelten ungeduldig auf den Sachen. »Wofür braucht ihr einen Jahresvorrat Energieriegel und das ganze Zeug hier?«

Niemand antwortete.

»Emrond, Emrond«, murmelte Holger, während er eine Jacke aus dem Haufen zog und austauschte. Dazu häufte er noch mehr Energieriegel auf. »Warum saacht ihr dit net gleech?«

Edward ließ sich nicht von der Blondine einschüchtern. »Holger, können wir die Sachen bei dir lagern? Wir sollten zurück nach Tougard.« Er sah Charlie eindringlich an. »Sofort.«

Bevor Charlie verschwinden konnte, stellte sich Vivienne ihm entgegen. Sie packte ihn an den Schultern und drängte Charlie an die nächste Wand. »Was habt ihr wirklich vor?«

»Vivi!«, beschwerte sich Sarah. »Lass Charlie in Ruhe.«

Müssen die Mädchen aus Tougard mich immer verteidigen? Er konnte auch gut auf sich selbst aufpassen. Bei Vivienne, die den Druck auf seine Schultern noch verstärkte, gab es nur eine vernünftige Lösung. Die Wahrheit. Denn warum sollte er sie anlügen, wenn sie das gleiche Ziel verfolgten?

»Ja, wir wollen ebenfalls nach Emrond.« Charlie wagte nicht, in Edwards Richtung zu sehen. Der Schotte würde kaum über seine Entscheidung begeistert sein.

Kapitel 14

AUCH BÄUME LEBEN

Je mehr Zeit verstrich, desto ungeduldiger wurden die Begabten zu Charlies Leidwesen. Als Peel sie weder beim Einschrauben der Glühbirnen noch in seinem Kurs angetroffen hatte, suchte er Charlie für eine extra lange Strafpredigt auf, während sich Ann und Becca schnell hinter einer Illusion versteckten und verschwanden. Raphael eine Nachricht über den Treffpunkt zukommen zu lassen, schien unmöglich, seine Groupies ließen sich nicht abschütteln, sondern klagten in allen Einzelheiten über ihre beschädigten Kleider, Möbelstücke, Bücher – anscheinend hatten die Emronder in allen Zimmern gewütet. Daisuke drohte fast einen Rückzieher zu machen, so dass Charlie sich hin- und hergerissen fühlte, ob er lieber seinen Freund bestärken oder dafür sorgen sollte, dass Ann in Tougard blieb.

So ging der Morgen in den Nachmittag über, bevor alle Begabten unerkannt durch die Tore schlichen. Erst als sie die am Waldrand versteckte Ausrüstung aufteilten, stießen auch Vivienne und Sarah dazu.

»Ich hoffe, wir sind nicht zu spät«, sagte Sarah und half Charlie sofort, die Regenjacken zu sortieren.

Raphael grinste. »Hi, Mädels.«

»Wir sind nicht deine Mädels! Wir haben Namen!«, schnauzte Vivienne zurück.

Was für eine freundliche Begrüßung, kam es Charlie in den Sinn, aber er schwieg lieber. Er hoffte, er würde sich beim ersten Eindruck täuschen. Vielleicht fühlte sie die gleiche Wut wie er, als er von der Entführung gehört hatte. Und Raphael als emotionalen Sandsack zu benutzen, … na ja, das bot sich einfach an.

»Es stört mich nicht, wenn ihr Hübschen von Mal zu Mal zahlreicher werdet«, fuhr Raphael jedoch fort. »Oder verfolgst du mich, Sperrit?«

»Dir folgen? Ha, so dumm sind nur Kinder!«, erwiderte Vivienne gehässig und schob sich die langen blonden Haare aus dem Gesicht.

»Wer ist hier ein Kind?«, murmelte Charlie, denn er gehörte mit Daisuke und Ann immerhin zu den Jüngsten der Gruppe. Trotzdem hoffte er, dass Vivienne nicht ihn damit gemeint hatte.

Sie wies auf den kleinen Japaner. »Wenn überhaupt, dann folge ich ihm!«

»Ha-ai.« Mit hochrotem Kopf rannte Daisuke an die Spitze der Gruppe. Dieses Mal zählte nur seine Fähigkeit, weder Raphael noch Edward konnten die Mädchen ausfindig machen. Nur er wusste wie – und diese Aufgabe lastete sichtlich auf ihm.

»Enttäusch mich bloß nicht«, drohte Vivienne und baute sich am Waldrand auf.

»Wir haben alle Zeit der Welt«, meinte Edward jedoch aufmunternd. »Du musst dich nicht hetzen, Daisuke.«

»Ich werde mein Bestes geben.« Der kleine Japaner kniff die Augen zusammen und es verstrichen Minuten, während er die Bäume anstarrte. Immer wieder warfen die Begabten nervöse Blicke in Richtung Tougard. Niemand durfte sie erwischen, solange sie auf Daisukes Startsignal warteten. Lediglich Raphael wirkte entspannt, so als würde er tatsächlich zu einem Campingausflug aufbrechen und nicht ins Ungewisse reisen. »Ich hätte nicht gedacht, dass sich die Mechanikerin nachts in einem Wald zurechtfinden kann.«

»Wir waren oft zelten«, warf Charlie ein, um ein Gespräch zwischen den beiden sofort zu unterbinden.

»Da mussten wir aber nicht vor Entführern wegrennen«, schalt ihn Ann.

»Nicht viele Mädchen können das«, redete Raphael weiter. »Ihnen fehlt der Mut.«

Er wusste keine Erwiderung, immerhin war nur Ann so mutig und waghalsig. Charlie schnürte sich der Hals zu, als ihr Raphael wie zum Lob gegen die Schulter knuffte und seine Finger dort ruhen ließ.

»Ehrlich, das ist echt tough.«

Ann strahlte glücklich und sagte nichts gegen Raphaels *im-Arm-halten.* Daraufhin schmolz Charlies Laune dahin, denn seine Hand hätte Ann längst zur Seite geschoben. Dazu vergaß sie ihn mal wieder, obwohl er direkt neben ihr ging.

»Es ist schwer genug, einen Anhaltspunkt zu finden, wenn sich alles überkreuzt und parallel verläuft. Auch ohne eure Zwischenrufe«, meldete sich Daisuke. Mittlerweile hatte er die Schneise zwischen Wald und Wiese hinter sich gelassen und verschwand halb im Gebüsch. »Bitte seid etwas leiser.«

Charlie warf einen letzten Blick auf Ann, die ihn völlig ignorierte, und trat die Flucht nach vorn an. Daisuke zuckte zusammen, als er sich ihm näherte.

»Entschuldige Charlie-kun, ich werde mich nie an Bewegungen gewöhnen. Bei jedem Vogel erleide ich vor Angst einen kleinen Herzstillstand.«

»Sag mir, was du siehst.«

»Schwarze Linien bilden Umrisse von Menschen. Je kräftiger die Farbe, desto kürzer liegt der Aufenthalt zurück. Da ist zum Beispiel Taun.« Daisuke zeigte nach Westen. »Die Farben variieren je nach Tier von hellem Grün bis zu einem stechenden Rot. Du kannst dir das vorstellen wie auf lange Zeit belichteten Fotos, bei denen die Scheinwerfer der Autos nur noch Linien sind.«

Unschlüssig ging Daisuke ein paar Schritte vor, während Charlie versuchte, Anns Lachen zu ignorieren. Er watete durch altes Laub und ihm stieg ihm ein berauschender Duft in die Nase. Er erinnerte ihn an das Kräuteröl von Anns Mutter, das sie gegen Kopfschmerzen verwendete.

Daisuke kämpfte sich blind durch einen Busch, so dass die Zweige gegen Arme und Schienbeine schnellten und Charlie folgte ihm besorgt. Wenn der kleine Japaner weiter Bäume und Büsche rammte, würden die eingepackten Pflaster niemals reichen.

»Ich glaub, ich hab sie! Da ist O-nee-chan!« Daisuke hatte ihm erzählt, wie seine Schwester ihn schon als Kind an die Hand genommen hatte, um ihn nicht in den überfüllten Zügen Tokyos zu verlieren. Himikos vertrauter Silhouette zu folgen, gehörte zu Daisukes frühsten Erinnerungen.

»Bist du dir sicher?«, wollte Charlie wissen.

»Hai. Das ist sie. Die Größe, das Haar, alles stimmt.« Daisuke rieb sich mit einem Taschentuch über die Augen. »Ich habe Himiko-chan gefunden!« Er holte einen Kompass aus der Tasche und kontrollierte die Himmelsrichtung. »Wir müssen nach Norden.«

Da war ein seltsames Gefühl, das Charlie beschlich. Seit seinem Quallenunfall hatte er es gemieden, Teil einer Gruppe zu sein. Da war wieder die Angst, ein Opfer von Gruppenzwang zu werden. Doch war nicht allein diese Reise schon eine Art von Zwang? Irgendwie schon. Becca und er hatten diesen verrückten Plan geschmiedet, plötzlich hatte sich alles überschlagen und Charlie ging nun mit fremden Begabten durch diesen Wald. Wäre er aufgebrochen, wenn Becca und Daisuke ihm egal wären? Nein, wahrscheinlich nicht. Nur war es dann noch Gruppenzwang? Er blickte zu Ann, aber seine Freundin war damit beschäftigt, Raphaels Flirtversuchen nachzugeben. Andererseits: Wie sollte er Ann vor dem Seelenseher beschützen, wenn er nicht in ihrer Nähe blieb? Schließlich hatte er die Fähigkeiten der anderen Begabten noch nicht herausgefunden.

Bisher hatte der langanhaltende Regen Tougards verhindert, dass Charlie durch den Wald gestreift war. Selbst wenn Sarah ihm Pflanzen zeigte, hatten sie sich nie vom Waldrand entfernt. Charlie war fasziniert von den Tannen, Fichten und Pinien; von den vielen Laubbäumen, die dicht an dicht gen Himmel wuchsen. Er konnte sich an den Farnen und dem flaumig weichen Moos zu seinen Füßen nicht sattsehen. Alles um ihn herum war in den herrlichsten Grüntönen gefärbt. Wie aus dem Nichts erschien Sarah neben ihm und begann über den Wald zu erzählen, als hätte sie Charlies Gedanken gehört. Ihr Wissen machte nicht einmal vor ausgestorbenen Pflanzen halt, aber das störte ihn nicht. Viel eher dankte er ihr im Stillen für die Ablenkung. Denn dort, wo Sarah entlangschritt, öffnete sich eine Blüte oder spross ein neues Blatt – als wäre sie eine Art Waldnymphe. Etwas Vergleichbares hatte er noch nie gesehen.

Bald splitterte sich die Gruppe in zwei ungleiche Parteien auf, während sie Himikos Silhouette folgten. Charlie gehörte zu denjenigen, die auf nassen Blättern ausrutschten, über einen Kaninchenbau stolperten oder Sarah über umgestürzte Bäume halfen. Vivienne dagegen wanderte ihm viel zu anmutig durch das Dickicht. Nur Raphael übertraf sie mit seinem lautlosen Gang – geschmeidig wie der eines Raubtiers.

Jedenfalls hatten die Emronder mit Verfolgern gerechnet – denn die Begabten quälten sich durch einen Dornenbusch nach dem nächsten.

»Hey, Blondie, was beherrscht du?«, fragte Raphael nach einer Weile.

»Ich kann dir mit meinen Gedanken die Zunge rausreißen, wenn du nochmal Blondie sagst«, erwiderte Vivienne bissig.

Dennoch spitzte Charlie die Ohren.

»Sie kann Auren sehen«, warf Sarah ein. »Ist das wichtig, um uns zu begleiten?«

»Für Australien schon«, erwiderte Raphael.

»Australien?« Viviennes Stimme schrillte. »Soll das ein schlechter Scherz sein?«

»Emrond ist wie Australien zur Zeit des Commonwealth. So kann man es sich zumindest vorstellen«, erklärte Ann. »Was ist so schlimm daran?«

»Ganz einfach: Ich bin Australierin.«

»Ups«, amüsierte sich Raphael über alle Maßen. »Das habe ich nicht gewusst.«

»Das kann ja heiter werden«, flüsterte Sarah laut genug, damit Charlie es hörte, doch kümmerte ihn die Zankerei wenig. Allerdings konnte er Vivienne nun von der potenziellen Gefahrenliste streichen.

Charlie lauschte jedem noch so feinen Geräusch. Um ihn herum knackte es, die Blätter raschelten im Wind und ferne Vogelstimmen drangen an sein Ohr. Zu seiner Enttäuschung gingen ihnen jegliche Tiere aus dem Weg. Aber er konnte fast fühlen, wie alles lebte. Der Wald pulsierte, wenn auch im Verborgenen, und er behielt die Begabten mit seinen tausend Augen im Blick.

Er sog voller Wohlwollen die reine Luft ein und fischte seinen Skizzenblock aus dem Rucksack. Dann holte er einen Stift – extra wasserfest – aus der Jackentasche und streifte mit dem Mund die Kappe ab. Edward, der neben ihm herwanderte, musterte ihn, schien nach der richtigen Frage zu suchen. Charlie hatte ihn überhaupt nicht bemerkt. Normalerweise schätzte er Menschen, die ihn mit ihrer Präsenz nicht bedrängten. Zurzeit schürte er jedoch nur Charlies Skepsis.

»Ich bräuchte manchmal drei Hände«, nuschelte er gezwungen und begann mit seiner Skizze. Mit schnellen Strichen bannte er die Umgebung auf das Papier. Das flauschige Moos, das goldene Sonnenlicht, das durch das Blätterdach tropfte – Charlie wollte alles auf einmal festhalten. *Eines Tages banne ich es auf eine Leinwand*, schwor er sich.

»Wann willst du Ann das Geschenk geben, das du die ganze Zeit versteckst?«, fragte Edward ohne Vorwarnung.

»Woher weißt du davon?« Charlie packte seinen Stift ein und ließ den Schotten nicht aus den Augen. Er war derjenige, der seine Mitmenschen durchschaute, nicht anders herum.

»Du spielst immer wieder damit in der Tasche«, sagte Sarah und lächelte. »Wann willst du es Ann geben?«

»Eigentlich soll es ein Geburtstagsgeschenk sein.« Er duckte sich, als Daisuke sie unter einem abgeknickten Baumstamm hindurchführte. Einen Moment überlegte er, diesem Gespräch auszuweichen, weil Daisuke vermutlich seine Hilfe brauchen könnte, aber der hatte Himikos Schatten fest im Visier und bewegte sich zielsicher darauf zu.

»Was ist dein Problem?«, fragte Edward.

Freundschaften basieren auf Vertrauen, rief Charlie sich ins Gedächtnis. Er musste es schaffen, sich mit Edward anzufreunden. Wenn Edward der Seelenseher war, hätte Charlie Gewissheit. Wenn nicht, würde er nichts verlieren. Außer auf ewig ein schlechtes Gewissen gegenüber Edward zu haben.

»Ich weiß nicht, wie ich es ihr schenken soll«, murmelte er.

»Ist zwar typisch männlich, aber warum gibst du es ihr nicht einfach?«, schlug Sarah vor.

»Das klingt leichter, als es ist«, wich Charlie aus. »Was ist, wenn sie es falsch versteht?«

»Es ist ein Geschenk, mit dem du ihr eine Freude machen willst.« Charlie verstand es nicht ganz, aber Edward sprach ihm Mut zu. »Du solltest ihr sagen, dass du in sie verliebt bist. Hast du das schon mal probiert?«

»Seit zwei Jahren mache ich nichts anderes.« Unbeabsichtigt war seine Stimme schneidend geworden. »Aber sie lässt sich ständig ablenken. Passt auf.«

Charlie drehte sich zu Ann um. Sie hörte zwar Raphael zu, in Gedanken war sie jedoch bei ihren Maschinen und Bauplänen. Charlie konnte es genau in ihrem Gesicht sehen.

»Hey, Ann, glaubst du, Tyrdon hält sich an meine Anweisungen?«, rief er ihr zu.

Ann schreckte aus ihren Überlegungen hoch, stolperte dabei fast über ihre eignen Füße. Sie wandte sich für einen Moment von Raphael ab und grinste ihn an. »Niemandem was verraten, niemanden hereinlassen. Ganz ehrlich, mein Türmännchen wird die nächsten

Tage durchschlafen. Außerdem würde niemand etwas in meinem Chaos …«

Charlie hörte nicht, was Raphael als Nächstes sagte, doch Ann lief rot an und schüttelte den Kopf.

»Ohne Zweifel frustrierend.« Sarah hakte sich bei ihm ein.

»Man gewöhnt sich dran.«

Was finden Mädchen immer nur an Typen wie Raphael?, dachte Charlie, als der Brasilianer Ann und Becca erneut ein Lachen entlockte.

»Das sind die Muskeln«, erwiderte Edward mit einem Grinsen.

»Hab ich das eben laut gedacht?«, fragte Charlie zurück. Vielleicht besaß Edward noch eine Fähigkeit. Vielleicht …

Zum Abend hin war Raphael noch lange nicht am Ende seiner Erzählungen angelangt. Genauso wenig hörten seine Flirtversuche auf, doch Charlie störten vielmehr der feine Nieselregen und der Nebel, der daraufhin zwischen den Bäumen aufzog. Nach dem Angriff der Emronder konnte er nicht deuten, ob es sich um normalen Nebel handelte oder ob sie mitten in einen Trick der Entführer gelaufen waren. Die Begabten verlangsamten ihre Schritte und immer wieder schielten sie besorgt zur grauen Wand, die sich um sie gelegt hatte.

Daisuke hatte seine Fähigkeit nie auf längeren Strecken ausprobiert und schon gar nicht außerhalb des Geländes von Tougard. Aus Angst, Himikos Umrisse zu verlieren, überanstrengte sich der kleine Japaner, bis seine Augen streikten.

»Leg eine Pause ein, Daisuke«, riet ihm Charlie.

»Nein. Himiko-chan zählt auf mich.« Ob seine Augen vor Überlastung tränten oder ob er weinte, konnte Charlie nicht unterscheiden.

»Du solltest deine Gabe nicht krampfhaft benutzen«, warf Edward ein. »Was, wenn du sie dann für mehrere Tage nicht verwenden kannst?«

Letztendlich stimmte Daisuke zu. Außerdem drangen die letzten Lichtstrahlen durch den Nebel und die Begabten beschlossen haltzumachen. Keiner besaß eine Fähigkeit der Nachtsicht und Daisuke verzweifelte daran, den schwarzen Umriss seiner Schwester im Dunkeln ausmachen zu können.

Schließlich führte sie Raphael zu einer halbwegs trockenen Lichtung, an der die Begabten ihr Lager aufschlugen. Mit knurrendem Magen konnte Charlie sich nicht vorstellen, wie sie sich tagelang von Beeren, Pilzen oder Holgers Energieriegeln ernähren sollten. Zwar nahm Daisuke Raphael die Arbeit des Spurenlesens ab, so dass er jagen könnte, dennoch zweifelte Charlie, ob die Mädchen begeistert wären, kleine, putzige Kaninchen über dem Feuer zu grillen.

Während sich der Rest damit beschäftigte, Schlafsäcke auszurollen, erkundete Charlie die Umgebung. Ihr Schlafplatz war von drei Seiten von soliden Felsen umgeben, über denen dicht gewachsene Kiefern ragten. Wind und Regen waren ausgesperrt und niemand würde im Wald den verräterischen Lichtschein entdecken. Selbst wenn Charlie den Brasilianer nicht leiden konnte, so hatte er diesen Ort perfekt gewählt. In der Nähe plätscherte sogar ein Bach.

Auf Raphaels Anweisung hin holte Daisuke aufgeschichtetes Holz aus einem Versteck und der Brasilianer machte sich daran, ein Feuer zu entzünden. Neugierig durchforstete Becca den Rest des Schlupfwinkels und holte in Plastik verpackte Kekse, Teebeutel und einen Kessel hervor. Für den ersten Abend ihrer Reise waren die Begabten ausreichend versorgt und die Kaninchen blieben verschont.

»Hast du das alles vorher geplant?«, fragte Becca beeindruckt.

»Süße, ich bin regelmäßig in diesem Wald. Da sind eine Handvoll Lager auf meinen Routen verteilt mehr als sinnvoll.«

»Voll mit Keksen?«, fragte Vivienne. »Was bringen denn …«

»Hey, sag nichts gegen Süßigkeiten«, meldete sich Ann zu Wort. »Ohne Schokolade ist Campen nur halb so schön.«

Na toll, jetzt teilen sie auch noch einen Hang zum Süßen, dachte Charlie.

Schneller als er es vermutete hatte, züngelten die Flammen unter Raphaels gezielten Handgriffen in die Höhe. Dabei hätte er sich darüber gefreut, wenn der Brasilianer wenigstens drei Versuche gebraucht hätte oder wenn sie fast im Qualm erstickt wären. Dann hätte das nicht so verdammt makellos ausgesehen.

Dennoch dankte Charlie ihm im Stillen für den heißen Tee, den Becca ausschenkte, und für den trockenen Schlafplatz. Es laut auszusprechen – bloß nicht. Ann würde Raphael nur noch mehr bewundern.

»Ich frage mich immer noch, warum die Begabten aus Emrond Mädchen entführt haben«, seufzte Becca und schob sich eine ihrer wirren Locken zurück.

»Möglicherweise sind sie ihnen ausgegangen und sie brauchten dringend neue«, spottete Raphael und befreite Beccas widerspenstiges Haar.

»So wie die Emronder sich aufgeführt haben, ist es kein Wunder, dass ihnen die Frauen weglaufen«, warf Vivienne ein, die sich bereits in ihren Schlafsack eingerollt hatte.

Edward gähnte. »Sie an den Haaren davonschleifen ist einfach nicht mehr gefragt.«

Auch Ann breitete ihren Schlafsack aus. Direkt neben einem erstaunten Charlie.

»Konntest du deine Panik gegenüber Edward überwinden?«, flüsterte sie ihm ins Ohr.

Wie so oft hätte er auf Ann sauer sein sollen, doch er lächelte seine beste Freundin an, als wäre nichts passiert. Über seine Vermutungen bezüglich Edwards Gabe würde er schweigen, bis er sich sicher war.

»Aber frisches Blut als Begründung?«, zweifelte Sarah und fröstelte. Nach Sonnenuntergang befanden sich die Temperaturen im freien Fall.

»Wenn ich abgrundtief böse wäre, würde ich mich auch nicht mit Männern abgeben«, warf Vivienne ein. »Geschweige denn mit ihnen ins Bett steigen, um ihre Kinder zu kriegen.«

»Stellt euch Cruella De Vil oder Morgan le Fay mit einem Kinderwagen vor.« Sarah kicherte und warf einen Ast in das knisternde Lagerfeuer. Augenblicklich leckten die Flammen über das Holz.

»Frauen sind immer eine Unterhaltung wert und schön anzusehen.« Raphael lachte auf. Er setzte sich auf den Waldboden und wollte scheinbar auf einen Schlafsack verzichten. »Stellt euch vor, ihr müsstet Jahrzehnte lang die gleichen hässlichen Bräute sehen!«

»Du musst es ja wissen. Bei den Heerscharen, die dich stets verfolgen«, erwiderte Edward. »Außerdem will ich mir nicht vorstellen, was die Emronder noch alles anstellen.«

»Ja, aber ...« Das Gespräch steuerte auf Themen zu, mit denen Ann nichts anfangen konnte.

Raphael zuckte mit den Schultern. »Wahrscheinlich war ihnen einfach nach ein wenig Abwechslung im Bett.«

»Leute«, warf Daisuke ein, »ihr redet hier auch über meine große Schwester.«

Ann stocherte mit einem Ast im Boden und schwieg. Jedoch wusste Charlie, dass sie sich über Liebe, Händchen halten und allem anderen nie Gedanken machte. Das Thema musste ihr genauso unangenehm sein, wie es Charlie unerträglich war, über seinen Quallenunfall zu erzählen.

Ann holte aus und zielte mit dem Ast auf das Feuer, als könnte sie so das vorangegangene Gespräch verscheuchen.

»Halt!«, rief Charlie und griff nach ihrem Arm. Im Hintergrund kreischte eine Eule empört auf und flog davon.

Alle blickten ihn verblüfft an.

»Das ist kein Ast«, meinte er leise.

»Wieso soll das kein Ast sein?« Ann drehte das Stückchen Holz zwischen den Fingern. »Es ist aus Holz, es hat Blätter. Definitiv ein Ast.«

»Eben nicht.« Er nahm ihr den dünnen Stock aus der Hand. »Haltet mich für verrückt, aber das ist kein Ast.« Vorsichtig stellte Charlie das Holz senkrecht auf den Boden und wartete. Wobei er nicht einmal sagen konnte, worauf er genau wartete. Außer, dass ihm sein Gefühl riet, den Glauben daran nicht zu verlieren.

»Du bist wirklich seltsam, wenn …« Doch Becca beendete ihren Satz nie.

Der Ast erzitterte leicht, obwohl kein Wind wehte. Die einzelnen Zweige, die ihn plötzlich an Arme und Beine erinnerten, bewegten sich schleppend und zupften sich ein einzelnes Blatt zurecht, als ob es ein Mantel wäre.

Das besagte Stück Holz beugte sich zum Boden, hob die Kappe einer Eichel auf und setzte sie sich auf den Kopf. Zumindest vermutete Charlie, dass es sich dabei um eine Art Kopf handelte. Immerhin war es nur ein Stück Holz.

Beccas Augen leuchteten vor Neugier. »Was ist das?«

»Das sind wohl Twiggles. Astwesen«, erklärte Edward. Es gab tatsächlich nichts, das er nicht wusste. »Die Einwohner von Taun erzählen Geschichten über sie und ein paar andere Geschöpfe dieser Welt.«

Der Twiggle verbeugte sich vor Charlie und stocherte mit seinen dünnen Beinen durch das Moos. Einen Moment später war er in der Dunkelheit verschwunden.

»Da sind noch mehr!«, rief Sarah und wies auf das gesammelte Feuerholz. Nach und nach erhoben sich Äste aus ihrem sorgfältig aufgeschichteten Haufen und stakten in die Nacht.

Keiner von ihnen wagte es, sich zu rühren, als die Twiggles ihr Lager verließen. Das Einzige, das sie für eine Weile hörten, war das Zirpen der Grillen und das letzte Klopfen eines Spechtes.

Sie alle lebten mit der Tatsache, in einer völlig fremden Dimension gestrandet zu sein. Türmännchen und maulende Statuen gehörten für Begabte zum Alltag. Aber Charlie hatte sich nie Gedanken darüber gemacht, dass Tougard sich in noch viel, viel mehr Dingen von seiner Welt unterschied.

»Wenn man von lebenden Bäumen spricht, bekommt das hier eine ganz andere Bedeutung, nicht wahr?«, warf Edward ein. Ann war die Erste, die in Lachen ausbrach, woraufhin Daisuke mit einstimmte. Astwesen! Damit hatte keiner gerechnet.

»Glaubt ihr wirklich, ich sei verrückt?«, brummte Charlie und vergrub sich tiefer in seine Regenjacke.

»Nein.« Becca sah den Twiggles nach. »Wobei du zugegeben musst, dass das äußerst seltsam war.«

»Zumindest scheinen die Twiggles nicht bedrohlich zu sein.« Daisuke lehnte sich mit den Rücken an einen Felsen. Er legte die Hände hinter den Kopf und war im nächsten Moment eingeschlafen.

»Geht das immer so schnell?«, fragte Edward, worauf Charlie nickte.

»Dann sage ich auch ›Gute Nacht‹.« Ann zog den Reißverschluss ihres Schlafsacks zu und kringelte sich um Charlie, wie eine Raupe um den rettenden Ast. »Der Tag morgen wird anstrengend genug.«

Verdammt ich habe noch etwas Wichtiges vergessen. Charlie hielt Ann ihr Taschenmesser vor die Stupsnase. »Hier, das habe ich gefunden.«

»Ich dachte schon, ich hätte es im Wald verloren.« Sie hielt kaum noch die Augen offen, lächelte jedoch glücklich. »Ohne mein Taschenmesser bin ich nicht vollständig.«

»Klar, MacGyver.«

»Egal wie oft du das sagst, ich kann keine Bombe aus einem Kugelschreiber und einem Haargummi basteln«, murmelte sie und legte ihren Kopf an Charlies Schulter, als wäre er ein Kissen. »Mir fehlt ein echtes Schweizer Taschenmesser. Die Dinger sind viel zu teuer. Dafür hab ich immer Isolierband.«

Charlie lief im Gesicht knallrot an, hatte jedoch keine Chance, Anns Klammergriff zu entkommen. Die anderen Begabten grinsten und dachten ihren Teil; selbst Raphael zwinkerte ihm zu. *Wann wirst du mich nicht nur als guten Freund sehen, Ann?*, dachte Charlie und fühlte sich wieder betrübt. Er sprach seine Frage nicht aus, da sie längst eingeschlafen war.

Stunden später schreckte Charlie hoch. Der Nebel hatte sich verzogen, so dass zwischen den Baumkronen ein tintenblauer Nachthimmel hervorstach. Zwar ließ die Morgendämmerung noch auf sich warten, aber der feine Nieselschauer hatte sich in den altbewährten Tougard-Regen verwandelt. Allein das Platschen der gigantischen Tropfen hätte Charlie aufwecken sollen. Es prasselte und tropfte auf Blätter und Steine wie bei einem Trommelkonzert.

Irgendetwas stimmt nicht, sagte ihm sein Instinkt. Charlie rieb sich den Schlaf aus den Augen und hielt inne. Die Glut des Lagerfeuers loderte noch, als hätte jemand immer wieder Holz nachgelegt. Ann neben ihm atmete ruhig, lediglich Sarah war verschwunden. Das an sich hätte ihn nicht gestört. Sarah suchte oft nachts nach Blumen und Kräutern. Aber auch Raphael und Edward waren nirgends zu entdecken.

Ann hatte sich im Schlaf von ihm weggedreht, so dass Charlie aus seinem Schlafsack schlüpfte, ohne sie aufzuwecken. Als er den Lagerplatz verlassen hatte, zog er sich die Kapuze der Regenjacke tiefer ins Gesicht und knipste seine Taschenlampe an. Sarah war bestimmt nur ein paar Meter spazieren gegangen, doch nach dem Übergriff durch die Emronder wollte er sichergehen.

»Mach sofort das Licht aus«, knurrte Raphaels Stimme hinter ihm.

Nur knapp konnte Charlie einen Aufschrei unterdrücken. Raphael hätte ihm fast einen Herzinfarkt verpasst! Dennoch knipste er die Taschenlampe aus. Die

Nacht stürmte auf ihn ein und hüllte ihn in ihr finsteres Tuch.

Irgendwo knackte und raschelte es im Unterholz. »Willst du ihn zu Tode erschrecken?«, fragte Edward vorwurfsvoll.

»Man kann seine Taschenlampe meilenweit sehen, Ed.«

Charlie blinzelte, seine Augen gewöhnten sich nur langsam an die Dunkelheit. Seine Ohren funktionierten allerdings einwandfrei und er hörte jedes Wort.

»Wir sollten sie weiter suchen.«

»Ach, wahrscheinlich ist sie nur für kleine Mädchen.«

»Was, wenn nicht? Es soll Wölfe im Wald geben.«

Raphael brummte. »Ja ja, ich wollte mich ja umsehen, doch dann ist der Kleine reingeplatzt.«

»Ich stehe immer noch neben euch«, bemerkte Charlie säuerlich.

»Du würdest nicht mal wissen, ob dich etwas von rechts oder links erwischt«, erwiderte Raphael. »Daher ab mit dir ins sichere Camp.«

Charlie ballte die Fäuste vor Zorn. Ja, es stimmte! Er war keine große Hilfe. Doch alleine um Raphael zu beweisen, dass er ihn nicht wie ein kleines Kind fortschicken konnte, würde er Sarah suchen. »Ihr wisst nicht, wo sie ist?«

»Sie war nicht da, als wir aufgewacht sind«, erklärte Edward.

Charlie überlegte nicht lange. Er hatte Sarah beim Angriff nicht vor den Emrondern beschützen können. Aber wenn sie sich im Wald verlaufen hatte oder über eine Wurzel gestolpert war, konnte er behilflich sein. Dies war seine Chance, um zu beweisen, dass nicht nur Edward und Raphael etwas ausrichten konnten, sondern auch er.

»Ich gehe sie suchen«, sagte er bestimmt.

»Du bleibst hier!«, herrschte Raphael ihn an.

Charlie schaltete seine Taschenlampe an und leuchtete dem Brasilianer mitten ins Gesicht. Geblendet hielt er sich die Hand über die Augen. »Und? Was siehst du jetzt? Also ich kann alles prima erkennen.« Ohne ein weiteres Wort ließ er die beiden stehen.

»Echt witzig, Ed. Der Kleine hat mich nur überrumpelt«, sagte Raphael und wischte sich über das regennasse Gesicht.

»Am besten«, Charlie hörte Edward leise lachen, »wir teilen uns auf und suchen Sarah.«

Ein paar Meter weiter schluckte der Wald die Stimmen der Begabten. Charlies Übermut erhielt einen kräftigen Dämpfer und wich einem mulmigen Gefühl. Bäume ragten wie Pfähle in die Dunkelheit, so dass am Rand seines Lichtkegels tiefe Schatten lauerten. Ein Zweig zerbrach mit einem lauten Knacken unter Charlies Schuhen und er erschrak bis ins Mark. *Vielleicht wäre ich doch lieber im Lager geblieben.*

»Nein, ich muss Sarah finden«, sagte Charlie und setzte seinen Weg fort. Etwas Schlimmeres, als sich zu verlaufen oder auch noch von Raphael zurückgebracht zu werden, konnte ihm nicht zustoßen. Selbst wenn das verdammt peinlich wäre.

»Sarah?«, rief Charlie.

Kein Blatt regte sich, kein Wind rauschte durch die Baumwipfel, nur die Regentropfen trommelten auf die Blätter. Charlie zog immer weitere Kreise um ihr Lager, rutschte auf den nassen Blättern aus und war bald bis zu den Knien mit Schlamm bespritzt.

»Sarah, wo bist du?«

Eulen kreischten eine Antwort. Es raschelte und knackste in den Büschen, als ein Tier vorbeihuschte. Charlie ging tiefer und tiefer in den Wald hinein, ohne ein Zeichen von ihr zu sehen oder zu hören.

Keine Panik. Charlie musste nur den Weg zurückgehen, den er gekommen war. Doch seine Füße trugen ihn weiterhin vom Lager fort. Da war dieses Gefühl, das er nicht abschütteln konnte. Als würde ihn jemand beobachten, ihn auf Schritt und Tritt verfolgen. *Wenn ich stehen bleibe, kriegt es mich.*

Charlie schüttelte den Kopf über seinen absurden Gedanken.

Er lauschte angestrengt, hörte aber nichts außer seinem eigenen Atmen. Totenstille. Charlie schwenkte seine Taschenlampe wild umher. Das Licht tanzte über Geröll und Baumstämme. Es rief Schatten hervor, in denen Tieraugen aufblitzten. Sein Gehirn spielte ihm einen Streich; Klauen und Reißzähne schnellten auf ihn zu. Doch wenn er in die Richtung leuchtete, umgaben ihn nur Bäume und Dunkelheit.

Raphael hatte gesagt, man würde sein Licht meilenweit sehen können. Was, wenn er Wölfe auf sich aufmerksam gemacht hatte? Oder Bären? Oder schlimmer noch: die Emronder? Rasch steckte Charlie seine Lampe fort.

Schwärze legte sich auf seine Augen. Charlies Puls beschleunigte sich. Denn er war nicht allein. Er sah nichts, hörte nichts, und doch wusste er, da war etwas. Dieses Gefühl, dass etwas ihn suchte. Oder jemand. Charlie konnte es sich nicht erklären.

Langsam stachen Konturen hervor und die Nacht färbte sich zu einem schalen Grau. Ein Twiggle stand vor ihm auf dem Waldboden und starrte zu ihm herauf.

»Ach, du bist es.« Charlie atmete erleichtert aus. So viel zu seinen gruseligen Beobachtern. Zwei weitere Twiggles steckten ihre Nasen aus einem Busch und alle vollführten die gleiche Bewegung: ein Winken.

»Wisst ihr, wo Sarah ist?«, fragte Charlie.

Die Twiggles nickten und stakten los. Erleichtert folgte Charlie ihnen. *So werde ich Sarah definitiv vor Raphael finden,* dachte er und fühlte sich zufrieden.

Doch die Astwesen stoppten auf einmal.

»Ihr wollt nicht weiter?« Die Twiggles schüttelten ihre kleinen Köpfe. Was auch immer Charlie erwartete, er stieg vorsichtig über sie hinweg. Kaum hatte er sie hinter sich gelassen, flüchteten die Twiggles so flink sie ihre dünnen Beine tragen konnten.

»Was zum ...?« Charlie erstarrte. Jetzt wusste er den Grund.

Der Schatten.

Der Schatten, den er einst an den Klippen von Tougard entdeckt hatte, schwebte zwischen den Bäumen. Seine langen Tentakel rankten über den Boden, als würden sie sich verankern. Im Gegensatz zum ersten Mal war der Schatten aber keine formlose Wolke mehr. Es war ein Mensch.

Nein, kein Mensch. Eher ein Geist. Die eine Hälfte eine wabernde Masse, die andere der Oberkörper eines Mannes, der sich über Sarah beugte.

»Sarah!«, schrie Charlie und löste sich aus seiner Starre.

Der Schattenmann hob den Kopf und zischte. Rauch quoll aus seinem Mund, woraufhin Charlie zurückwich. Die Tentakel wanden sich fester um Sarah, die reglos im Gras lag, als wollte das Wesen seine Beute mit niemandem teilen.

Charlie griff nach einem Stein und warf, aber dieser flog einfach durch den Schatten hindurch. »Azz'Guul!«, zischte der Schatten bedrohlich. Es klang wie ein Fluch.

»Lass sie in Ruhe!« Charlie schleuderte sogar seine Taschenlampe, in der Hoffnung, dass das helfen würde. Doch auch sie sauste durch den Kopf des Schattens, und er ließ nicht von Sarah ab. Verärgert spie er weiteren Rauch aus seinem Mund – zähen, stinkenden Rauch.

Charlie wollte die Luft anhalten, hustete bereits. Dann verschwamm die Welt und er taumelte. Was hatte er da eingeatmet?

»Idiot!« Wie aus dem Nichts riss Raphael ihn nach hinten. »Du machst es nur wütender!«

Der plötzliche Ruck befreite Charlie aus seiner Trance.

»Lass mich los!« Er stemmte sich vergeblich gegen Raphaels Umklammerung. »Wir müssen ihr helfen!«

»Glaubst du, wenn es Sarah erwischt, hättest du eine Chance?« Raphaels Griff verfestigte sich. »Willst du die Wolke wegpusten, oder was?«

Die Tentakel begannen zu zucken, als ein helles Glühen Sarah umhüllte. Fast als saugte er es aus ihr heraus.

Raphael zog Charlie weiter vom Schatten fort. Irgendwo in der hintersten Ecke seines Bewusstseins wusste er, dass der Brasilianer ihn nur beschützen wollte. Doch Charlie wehrte sich mit aller Kraft. Sah Raphael denn nicht, dass sie Sarah helfen mussten? Nicht ihm?

»Verschwinde!«, rief Charlie verzweifelt. »Verschwinde endlich!«

Der Schatten drehte sich zu ihnen um und offenbarte sein entstelltes Gesicht. Narben überzogen die Haut und ein glühender Blick bohrte sich in Charlies. Die Lippen des Schattens bewegten sich, zeigten faulige Zähne, aber nur ein Laut formte sich: »Kazz!«

Wie ein Feuer brannte es durch Charlies Nerven, ließ ihm die Finger zucken und die Haut kribbeln.

Kazz!

Wieder und wieder. Kazz! Kazz! Kazz!

Raphael reagierte nicht, während Charlie das Gefühl hatte, dass seine Knochen vor Schmerzen Blasen schlugen und sich sein Innerstes nach außen kehrte. Er schrie, schrie aus Leibeskräften, ohne dass es etwas bewirkte. Was dieser Ausruf auch bedeutete – es galt allein ihm. Charlie hatte den Schatten bei seiner … bei was auch immer gestört und jetzt würde er ihn bestrafen.

Dann löste sich der Schatten in Rauch auf.

»Sorry, ich wollte nicht so laut sein«, keuchte Charlie und konzentrierte sich auf seinen alten Trick des gleichmäßigen Atmens. »Diese Schmerzen waren die Hölle.«

»Du hast nicht geschrien«, ging Raphael dazwischen. »Wann auch? Das Ding zischte und weg war es.« Er lockerte seinen Griff und Charlie stürzte zu Sarah. Sein Körper vibrierte, ein stetes Echo der Qualen, die er erlitten hatte. Sanft schüttelte er sie, um sie aufzuwecken. Aber Sarah lag blass zwischen nassen Blättern und rührte sich nicht.

»Habt ihr das auch gesehen?«, fragte Edward, kaum dass er sie erreichte. Er stemmte seine Hände in die Seite, als wäre er gerannt. »Was war das?«

Raphael näherte sich vorsichtig, während er die Bäume nach Anzeichen des Wesens absuchte. »Ein verdammt hässliches Gesicht hatte das Ding.«

»Das war der Schatten. Ich habe schon gesehen, wie er Hasen tötete. Joy hatte auch keine Erklärung dafür. Dieser Laut, dieser schreckliche Laut.« Charlies Zunge redete von allein, während er mit fahrigen Bewegungen nach Sarahs Puls tastete. Nichts. Er beugte sich über sie. Keine Atmung. »Ich hab nie einen Ersthilfekurs gemacht und Joy hat es mir nicht erklärt«, er sah die Begabten hilfesuchend an. »Wie macht man das?«

Edward kniete sich zu ihnen und versuchte, Sarah wiederzubeleben. Charlie blieb nichts anderes übrig, als ihre Hand zu halten.

»Ich sehe keine äußeren Verletzungen«, sagte Raphael. »Sie könnte auch einfach bewusstlos sein.«

Mit einem letzten Aufleuchten verflüchtigte sich das Glühen ihres Körpers in der Dunkelheit.

Da verloren Charlies Finger ihren Halt und fassten durch Sarahs Hand hindurch. Die Farbe ihrer Kleidung verblasste, wurde transparent, bis sie völlig verschwand.

»So viel zu deiner Annahme«, sagte Edward und lehnte sich zurück. »Sie ist zurückgekehrt.«

Schon wieder hatte Charlie versagt. Nur der Abdruck von Sarahs Körper im Waldboden, ein paar frisch gepflückte Kräuter und Mondwinden blieben von ihr übrig.

Zitternd suchte Charlie seine Taschen ab, um etwas zu hinterlassen. Er musste diesen Ort markieren, um ihn nicht zu vergessen. Sarahs Verschwinden, ihr Grab – das durfte niemals in Vergessenheit geraten.

»Was«, Charlies Stimme brach, »was sagen wir den anderen?«

Die beiden Begabten zögerten keine Sekunde.

»Sarah ist zurückgegangen«, schlug Edward vor. »Sie fühlte sich nicht wohl und wollte nicht zur Last fallen. Der Weg ist in ein paar Stunden zu schaffen.«

»Und sie wünscht uns viel Glück auf unserem Weg«, ergänzte Raphael. »Das sollten die Mädchen glauben.«

Für Charlie, der kaum das Erscheinen des Schattens begriffen, geschweige denn Sarahs Tod verstanden hatte, waren sie sich viel zu schnell einig. Er hätte sich am liebsten übergeben, so wie sich sein Magen drehte. »Aber ich kann doch nicht einfach lügen.«

Ehe er sich versah, packte Raphael ihn am Kragen und zog ihn auf die Füße.

»Wenn du auch nur ein Wort verrätst, Kleiner«, drohte er, »verschwindest du schneller aus Tougard, als du es dir vorstellen kannst. Verstanden?«

»Was er damit sagen wollte«, lenkte Edward ein, »ist, dass wir die Mädchen und Daisuke nicht übermäßig ängstigen müssen. Im Gegensatz zu dir waren wir uns der Gefahren bewusst.«

»Abgesehen von dieser Wolke«, ergänzte Raphael. »Wir sollten die Augen offen halten.«

Edward nickte. »Am besten wir beide halten abwechselnd Wache.«

Raphael ließ von Charlie ab und besprach, wer die erste Wache übernehmen sollte. Ihn ließen sie außen vor. Er war nicht mal als Heiler zu gebrauchen, warum sollten die Begabten überhaupt Vertrauen in ihn setzen? Dennoch war Charlie unwohl bei dem Gedanken, die Mädchen zu belügen. Natürlich würde ihre Reise kein Campingausflug sein, aber solch eine Gefahr zu verschweigen, war dumm. Einfach dumm.

»Kommst du nun?«, fragte Raphael genervt. »Oder muss ich dich hinter mir herschleifen, Kleiner?«

»Ja, sofort«, presste Charlie hervor. Er sollte es sich nicht zu Gewohnheit machen, Raphael zu reizen, aber er hatte den Kopf voll mit anderen Dingen.

Rasch sammelte er Sarahs Kräuter ein und machte sich auf den Rückweg. Wobei Charlie sich sagte, dass er ja Edward folgte und nicht von Raphael zurück gebracht wurde.

Charlie wagte es nicht zurückzusehen. Er wagte noch weniger, sich zu fragen, warum und wie Sarah gestorben war. Es galt nach vorne zu schauen, denn Emrond war das Ziel, das sie erreichen wollten.

Von jetzt an muss ich mich mehr auf meine Fähigkeit verlassen, die zwar nichts mit Tougard zu tun hat, mir aber immer geholfen hat, dachte Charlie entschlossen. Schließlich hatten weder Raphael noch Edward dieses seltsame Glühen bemerkt, während Charlie es deutlich gesehen hatte.

Kapitel 15

DIE RICHTIGE ZUKUNFT GIBT ES NICHT

Avids erste Begegnung mit den *Gudra* würde er niemals vergessen. Ihr Name war Seileena gewesen. Seileena tötete seine Eltern und Geschwister vor seinen Augen, schlachtete sie regelrecht ab. Damals war er keine fünf Jahre alt gewesen, noch viel zu jung, um so etwas wie Mord oder den Tod zu verstehen. Doch noch heute schmerzten die Erinnerungen wie eine frische Wunde, die nie verheilte. Seileenas eisiger Blick, der sich in seinen bohrte. Die blutüberströmten Leichen, die zerstückelten Körper.

Avid schüttelte den Kopf. Seileena gehörte zur Vergangenheit. Das Jetzt zählte. Seine Existenz als Assassine zählte.

»Avid.« Sein Onkel Osmar, der ihn aufgezogen hatte wie einen eignen Sohn, riss ihn aus seinen Gedanken. »Hast du das Gebet beendet?«

»Ja, ich habe nur über etwas nachgedacht.« Er rollte seinen Gebetsteppich zusammen und verstaute ihn sicher in dem Behälter auf seinem Rücken. Schon sein Vater hatte diesen Teppich benutzt; er hütete ihn wie einen Schatz. Den einzigen Schatz, den Avid sich zu besitzen erlaubte.

»Ich habe einen Auftrag für dich.« Osmar reichte ihm ein rotes Stück Papier. In weißen Buchstaben stand der Name dessen geschrieben, der seine Familie bedrohte und der Ort, an dem Avid ihn finden würde. Er übernahm nie einen Auftrag aufgrund von Geld. Assassinen waren keine Mörder, die man anheuerte, um Rachegelüste zu stillen. Sie gehorchten allein ihrem Anführer Osmar. Mithilfe seiner Visionen beseitigten sie all diejenigen, die in Zukunft ein Problem darstellen würden.

»Ich mache mich sofort auf den Weg.«

»Gib auf dich acht.«

Die Assassinen bildeten die einzige Familie in dieser Stadt. So seltsam dieses Wort auch zwischen all den Heuchlern, Prostituierten, Dieben und Mördern klang, so war Avid doch stolz, eine Familie zu haben. Sie war verglichen mit den *Gudra* nicht groß, aber er schätzte jedes Mitglied. Ohne sie wäre er bereits vor vielen Jahren gestorben.

»Avid?«, rief Osmar ihm hinterher.

»Ja, Onkel?«

»Du darfst deinen Glauben nicht verlieren. Dann wird die Zukunft den richtigen Weg beschreiten.«

»Natürlich.« Avid nickte zum Abschied. Seit langem hatte er den Glauben an die Zukunft verloren. Es würde nie einen Weg geben, den alle für richtig empfanden.

Auch die *Gudra* agierten nur für ihren eigenen Vorteil. Eine Verbindung, sei es Vater, Freund oder Geschäftspartner, bildete ein zusätzliches Risiko, verraten und verkauft zu werden. *Gudra* besaßen Untergebene. Wenn nicht, dann waren sie welche. Welche, die demütig im Staub knieten, während sie ein Messer versteckten. Bereit, im günstigen Moment die Macht an sich zu reißen.

Avids Heimat besaß nichts, was eine Stadt ausmachte. Es gab keine Verfassung. Keine Rechte. Und die endlosen Intrigen der *Gudra* forderten weitaus mehr Opfer als die ewig Betrunkenen, welche die Stadt selbst an ruhigeren Tagen ins Chaos stürzten. Was also sollte richtig an dieser Zukunft sein?

Mit schnellen Schritten verließ Avid die geheimen Häuser der Familie. Sein neuer Auftrag würde ihn quer durch die Stadt führen, bis hin zur Arena. Schmutzige

Lehmbauten säumten die Straßen, aber er beachtete sie längst nicht mehr. Fenster und Türen waren verriegelt, um die Bewohner vor Hitze und Einbrechern zu schützen. Avid schob sich an einem losen Fensterladen vorbei und schlich durch ein leerstehendes Haus. Er hielt den Atem an, als er einen Hinterhof voller Müll und Fäkalien passierte. Avid blieb keine andere Wahl. Um jeden Preis musste er seine Spuren verwischen, bevor Rufus' Bluthunde seinen Geruch verfolgten. Als Assassine wurde man stets gejagt. Vorsicht, so hieß das oberste Gesetz des Überlebens.

Avid setzte seinen Weg über die Dächer fort. Auch wenn er immer wieder einen prüfenden Blick über die Schulter warf, hier oben fühlte er sich frei. Der Glutwind, der von den Bergen herüberwehte, und die Aussicht auf den Dschungel vor der Stadt ließen ihn seine Lage für einen Moment vergessen. Alles, ja, er würde alles geben. Selbst sein Leben, um die Welt außerhalb dieses Käfigs, den er Schicksal nannte, mit eigenen Augen zu sehen.

Als Avid wieder einen Fuß auf die Straße setzte, entging er nur knapp einer Straßenschlägerei vor den Toren des Aunties. Normalerweise erwachte die Stadt erst zu neuen Gräueltaten, wenn die Hitze der Abenddämmerung wich, aber die Kämpfer ließen sich nicht abhalten. Warum auch? Wurde ein Mensch getötet, wechselte seine Seele ins Jenseits und die Hülle, die an diesem Ort zurückblieb, löste sich auf. Niemand musste sich darum kümmern, die Leichen fortzuschaffen oder zum Schutz vor Seuchen zu bestatten. Die *Gudra* konnten feiern, trinken, prügeln und morden, als gäbe es kein Morgen mehr. Jeden Tag aufs Neue.

Woher die *Gudra* kamen, hatte Avid nie erfahren. Aus einer fremden Stadt, einem fernen Land, einer verlorenen Welt? Das Einzige, das die Begabten immer und immer wieder verfluchten, war der Name Tougard. Er konnte sich nichts darunter vorstellen und die älteren Assassinen verloren darüber kein Wort.

Avid holte den roten Zettel hervor und befestigte ihn im Laufen an einem seiner Ringmesser. Als Assassine war er in einer Vielzahl von Kampfkünsten ausgebildet worden. Er beherrschte den Schwertkampf, das Bogenschießen, und konnte sich im Nahkampf behaupten. Aber die selbst entworfenen Ringmesser blieben Avids liebste Waffe. Sie waren so scharf wie eine flache Speerspitze, endeten aber in einem kleinen Ring. Dadurch konnte er sie problemlos schleudern oder zwischen drei Finger klemmen, wenn er sich verteidigte.

Die Assassinen zählten zu den Nachkommen der Gründerväter seiner Heimat. Wie die Männer und Frauen von einst kümmerten sie sich um die Ordnung in der Stadt. Um die unzähligen Kämpfe der *Gudra* zu koordinieren, errichteten Avids Urahnen eine Arena. Jeder, der sich benachteiligt fühlte oder eine Schlacht auszutragen hatte, kämpfte an diesem Ort. Dem Sieger sprach man Recht zu. Gleichzeitig konnten sich die Zuschauer an erbitterten Gefechten, Blut und gebrochenen Knochen erfreuen. So hatte jeder etwas davon.

Um der Hitze zu entfliehen, bohrten sich die Häuser und Bauten bis ins tiefste Kellergeschoss. Doch die Arena überragte die Gebäude bei weitem. Wie ein gewaltiger, sonnendurchfluteter Kessel konnte man sie von allen Punkten der Stadt ausmachen. Dies machte auch ihren Reiz aus. Die *Gudra* wussten stets, wo sie ihre Streitereien und Kämpfe austragen konnten.

Avid kletterte über einen versteckten Aufgang auf die Balustrade. Von hier oben blockierte nichts seinen Blick auf Rufus' Festung und die Hängenden Gärten, die man in den höher liegenden Ebenen der Stadt angelegt hatte. Zwar schraubte sich die Arena in den Himmel, dennoch konnte er sie von den Dächern aus gut einsehen, da sie auf der untersten Ebene der Stadt lag.

Sein Ziel prügelte sich auf dem sandigen Kampfplatz. Fairness war für die *Gudra* ein Fremdwort. Der Stärkere gewann; so einfach war das.

Keine Fahnen, keine Blumen, nichts schmückte die Arena, die in anderen Kulturen eine glanzvolle Stätte des

Triumphs und der Stärke bildete. Avid hatte über Gladiatorenkämpfe gelesen und über Wagenrennen. Über Zirkusse, über Tänze und über Theaterstücke. Doch in ihrer Arena schlugen sich die *Gudra* nur brutal die Köpfe ein. Es war ein Trauerspiel, an dem er unweigerlich teilnehmen musste. Dabei wollte er so viel mehr.

»Der Tod ist kein Ausweg«, flüsterte Avid und brachte sich in Position. Diese Nachricht stand in den verschiedensten Sprachen, die Avid verstand, an allen Plätzen, Versammlungshäusern und an der Arena selbst. Denn die *Gudra,* die aus dem Nichts in Emrond erschienen, glaubten daran, dass es einen Ausweg aus der Stadt gab. Seit er ein Kind war, rätselte Avid, wohin sie flüchten wollten. Denn Orte wie Chicago, Berlin oder Shanghai konnte er nicht einordnen. Diese Stadt war ihrer aller Heimat.

Avids Opfer wandte ihm den Rücken zu und beschimpfte seinen Kontrahenten wüst. Er hörte nur mit halbem Ohr zu. Sein Auftrag würde schneller vorbei sein, als dieser ehrlose Kerl seine Schimpftirade beenden konnte.

»Der Tod ist kein Ausweg«, flüsterte Avid erneut. Der Satz war sein Mantra. Das letzte Seil, an das er sich mit aller Macht klammerte, das ihm noch mit seinem Leben und seiner Heimat verband.

Es gab wirklich einen Ausweg, aber kein *Gudra* würde ihn erreichen. Denn schon die Gründerväter hatten gepredigt, dass man nicht in das Leben anderer eingreifen durfte. Seit Jahrhunderten kursierte die Vermutung, dass jemand – der eines natürlichen Todes starb, ohne jegliches Fremdeinwirken – in ein neues Leben einkehrte. Doch in Avids Heimat war es unmöglich, keine Feinde zu haben, die einem nach dem Leben trachteten. Jeder beneidete den anderen, stritt und bekämpfte sich bis aufs Blut.

Avid zog das präparierte Wurfmesser langsam aus seinem Ärmel und kontrollierte seine Wurfbahn. Fünfzehn Meter waren keine Herausforderung. Die Waffe zischte durch die Luft – sein Ziel starb, bevor der Mann überhaupt merkte, was mit ihm geschah. Noch bevor es die übrigen Menschen in der Arena merkten.

Nie würde Avid einen Menschen töten, weil er dadurch Genugtuung empfand und schon gar nicht aus Spaß. Er nahm sein Leben als Assassine äußerst ernst. Ganz im Gegensatz zu den leichtlebigen, mit Sünden belasteten *Gudra*. Dennoch war Avid wie sie. Denn Mord war die schlimmste Sünde, die er begehen konnte.

Am Ring des Wurfmessers flatterte der rote Zettel im heißen Wind. Alle Augen richteten sich auf das dünne Papier und die Zuschauer verstummten. Es war sein Markenzeichen. Sein persönlicher Stempel, den er all seinen Aufträgen aufdrückte, und ein simpler Trick, der Avids Überleben sicherte.

Ein Flüstern kroch durch die Ränge und steigerte sich zum Gemurmel, als die *Gudra* das rote Papier entdeckten. Rufe und wütendes Buhen brachen aus. Die *Gudra* fühlten sich um ihren Kampf betrogen. Sie wussten, dass die Assassinen für den verfrühten Abbruch verantwortlich waren.

Die Ersten rannten bereits zu dem Toten, während Avid sich an der Balustrade hinunterließ. Seit Jahren waren die Assassinen den *Gudra* zahlenmäßig unterlegen. Er und die anderen wiesen die Sünder nicht mehr so sehr in ihre Schranken, wie Osmar es sich wünschte. Aber sie hatten eine effektive Waffe gefunden: die Angst. Jederzeit, an jedem Ort konnte Avid sein nächstes Opfer aufsuchen. Doch je mehr die *Gudra* sich fürchteten, desto skrupelloser jagten sie auch die Assassinen. Sobald man ihn erkennen würde, hätte sich Avid in eine lebende Zielscheibe verwandelt. Denn im Gegensatz zu den Assassinen, die nur diejenigen töteten, die eine Bedrohung für die Familie waren, würden die *Gudra* sie zu gerne ausrotten.

Ohne ein Geräusch zu verursachen, rannte Avid zu einem seiner Verstecke, die über die ganze Stadt verteilt waren. Dreckige, feuchte Gassen, hohle Dächer und nützliche Abkürzungen flogen an ihm vorbei. Er zog sich an Vorsprüngen hoch, kletterte über Leitern und sprang durch zerschlagene Fenster in verlassene Häuser. Seine Heimat war ein gigantischer Ameisenhügel bestehend aus Höhlen, Löchern und unendlichen Wegen; komplexer als jeder Irrgarten. Doch Avid kannte alle Schlupfwinkel. Die staubigen Straßen fühlten sich unter seinen Stiefeln wie ein Teil seiner Seele an.

Beim Laufen senkte er den Kopf und rief seine eigene Fähigkeit herbei. Bis zum Einbruch der Dunkelheit sollten die *Gudra* ihren Ärger im Selbstgebrannten ertränkt haben. Erst dann würde Avid in die geheimen Häuser seiner Familie zurückkehren.

»Dort ist einer!«, rief ein Mann zwei Straßen weiter.

»Nein, ich habe ihn dort drüben gesehen«, erwiderte ein anderer.

Avid wusste, wie die Stadt über ihn sprach. Den Jungen ohne Gabe nannten sie ihn. Aber nicht aus Hohn oder Verachtung, nein die *Gudra* fürchteten ihn. In den zwanzig Jahren, die er sie überlebt hatte, war es noch niemandem gelungen, seine Begabung herauszufinden. Selbst ein Großteil seiner Familie ahnte nichts davon. Mit Ausnahme seines Onkels natürlich.

In drei Metern Höhe sprang Avid über Holzbalken, die die Häuserschluchten miteinander verbanden. Die *Gudra* waren viel zu beschäftigt mit sich selbst und dem Morden, als dass sie dem Himmel Aufmerksamkeit schenkten. Höchstens verfluchten sie die brütende Sonne über ihren Köpfen. Doch wenn es einmal im Jahr regnete, fluchten sie noch lauter.

»Willkommen daheim«, wisperte Avid, während er den Eingang zu seinem Unterschlupf sorgsam verschloss. Seine Mutter hatte mit diesem Satz stets ihren Mann begrüßt und Avid tat es ihr gleich. Auch wenn es in seinem Leben niemanden gab, der ihm antworten würde.

Er glaubte nicht mehr daran, dass die Zukunft den einzig richtigen Weg beschritt. Längst hatte er einen Plan vor Augen, damit sein Leben eine andere Gestalt annahm. Er würde den Jungen beschützen, so wie Osmar es ihm aufgetragen hatte. Er würde sich Rufus' entledigen, so wie er einst Seileena getötet hatte. Und dann würde er einen Ausweg aus dieser Stadt finden.

Schließlich war die Zukunft nur die Zeit, in der man bereuen konnte, was man nicht getan hatte.

Kapitel 16

ÜBER DIE GRENZE HINAUS

Der nächste Tag verlief anstrengend.

Die Lüge, dass Sarah nach Tougard zurückgekehrt sei, hatten die anderen Begabten ohne Zögern geglaubt. Schließlich hatte Edward auch Sarahs Sachen versteckt und die letzten Spuren ihrer Anwesenheit beseitigt. Charlie konnte es kaum ertragen, dass die Gruppe weiterreiste, als ob nichts geschehen wäre. Er machte den anderen keinen Vorwurf; sie wussten es nicht besser. Jedoch warf Raphael ihm regelmäßig warnende Blicke zu, wenn es der Rest der Gruppe nicht bemerkte. Er würde schon nichts sagen! Aber warum sollten die beiden ihm glauben? Nach der letzten Nacht traute er ihnen noch weniger.

Notgedrungen sonderte sich Charlie von der Gruppe ab und heftete sich an Edwards Seite. Er sprach kein Wort, dafür hörte Raphael auf zu starren. Allerdings war Charlie viel zu tief in seinen Gedanken gefangen, um dies zu bemerken. Nicht mal als Becca und Daisuke ihn aus Langeweile zum Singen überreden wollten, antwortete er.

Auch in der zweiten Nacht fand Charlie nur wenige Stunden Schlaf. Dichter Nebel schlich an ihr Lager heran, verschluckte den Wald und kesselte die Begabten ein. Sarah fehlte ihm. Nicht nur in diesem Wald. Ihr Lächeln fehlte Charlie. Ihre Fähigkeit, alles um sie herum erblühen zu lassen, ihre ruhige Art ihm zuzuhören, ihr Enthusiasmus, wenn sie über irgendwelche Kräuter erzählte. Er wollte nicht glauben, dass Sarah nicht mehr da war.

Als vor ein paar Jahren Charlies Großtante verstorben war, hatte er nichts von dem Chaos gespürt, das in seinem Inneren tobte. Er war furchtbar wütend. Der Schatten hatte Sarah aus seinem Leben gerissen und plötzlich klaffte dort eine fiese Lücke. Sarah sollte mit ihm auf dieser Reise sein, aber sie war es nicht. Wie sehr er auch darüber nachdachte, er konnte es nicht begreifen und fragte sich andauernd: »Warum gerade sie?«

Als er es nicht mehr aushielt, brach er zu einem Spaziergang auf.

Raphael, der abwechselnd mit Edward Wache hielt, bemerkte seinen Aufbruch. »Wo willst du hin?«

»Das geht dich nichts an«, erwiderte Charlie ungerührt. »Wenn mir etwas zustößt, wirst du eh sagen, ich sei nach Hause gegangen. Aber wehe, du verbuddelst meine Skizzen in irgendeinem Erdloch, dann wird mein Geist dich auf ewig verfolgen.«

Wie schon in der Nacht davor stieß Charlie auf Twiggles, sobald er sich vom Lager entfernte. Die Astwesen stakten durch die Dunkelheit wie bei einer großen Wanderung. Sie sprangen über Felsen und kletterten auf Bäume, um einen besseren Überblick zu erlangen. Der Twiggle, den Charlie vor dem Feuer gerettet hatte, hielt sich einfach an seiner Jeans fest und ließ sich eine Weile tragen.

Zu Charlies Überraschung bemerkte auch Ann, dass etwas mit ihm nicht stimmte. Sie fragte nicht, was ihn bedrückte; so war halt ihre Art. Schon zur Grundschulzeit hatte sie nie die richtigen Worte gefunden, Charlie zu trösten oder zu ermutigen. Ann war einfach mit Käsekuchen vor Charlies Haustür aufgetaucht und hatte so lange geklingelt, bis er mit ihr Basketball spielte. Und in Tougard kam Ann wieder zu ihm, setzte sich an seine Seite und beobachtete, wie die Twiggles ihre Wanderung fortsetzten. Aber Charlie musste auch nichts sagen. Wenn man sich so viele Jahre kannte, waren Worte nur eine von vielen Möglichkeiten, sich zu verständigen. Das Wichtigste war das Gefühl, dass Charlie nicht allein war.

Der Frust am nächsten Morgen war dafür um einiges größer. Zwar wich sie nicht von seiner Seite, ansonsten hatte sich nichts an ihrem Verhalten geändert. Wenn Ann über Raphaels Witze lachte, kochte Charlie fast über. Wenn sie den Brasilianer anlächelte, stach es ihm ein glühendes Messer ins Herz. Über kurz oder lang würde sie ihn noch wahnsinnig machen. Daran bestand kein Zweifel.

Warum wohl hielten Becca und Ann ihre unerschütterliche Fröhlichkeit aufrecht? Obwohl Daisuke nur schwerlich durch den Bindfadenregen vorankam und jeder in seinen durchnässten Kleidern fror? Charlie wollte sich den Grund nicht ausmalen. Doch dann hakte Ann sich plötzlich bei ihm unter und Charlie seufzte innerlich. Es war viel zu behaglich mit ihr am Arm zu laufen. Dafür, dass sie ihn »nur« als guten Freund sah.

»Wenn wir zurück sind, versuche ich, einen Twiggle nachzubauen«, plapperte Ann. »Ob ich die Mechanik so winzig bekomme?«

»Bestimmt.« Charlie ging nicht einmal mehr von ihrem richtigen Zuhause aus, sondern wusste, dass Ann von Tougard und ihrer Werkstatt sprach.

Er fragte sich, warum Ann ihn in ihre Pläne einweihte. Sie konnte über Stunden mit Raphael reden, ohne auch nur einmal ihre Arbeit zu erwähnen. Warum sprach sie mit ihm darüber, wenn er doch nicht die leiseste Ahnung von ihren Maschinen hatte?

»Wie hast du den Twiggle überhaupt erkannt?«

»Ich weiß es nicht.« Seine Gedanken wanderten zu dem Tag, an dem er Ann kennengelernt hatte. Sie hatten damals den gleichen Schwimmkurs besucht und Ann weinte ununterbrochen. Doch nur Charlie war der Gedanke gekommen, dass sie sich vor dem Wasser fürchtete. Bei dem Twiggle war es ein ähnliches Gefühl gewesen.

»Uns kommt jemand entgegen«, meinte Daisuke, als er noch einmal ihre Richtung kontrollierte.

»Nicht jemand«, korrigierte Vivienne. »Es sind zwei.«

»Was machen wir nun?«, flüsterte Daisuke panisch.

»Wir splitten uns auf! Jeder in eine andere Richtung!«, kommandierte Raphael. »Becca, du kommst mit mir. Ed, du nimmst Daisuke mit. Und hab nicht solche Angst, Daisuke!« Im nächsten Augenblick war er im grünen Dickicht verschwunden.

Charlie zog Ann mit sich. Büsche und Farne raschelten, als sie sie streiften. Wahrscheinlich machten sie genug Krach, um den ganzen Wald zu alarmieren, aber erst einmal wollte Charlie weit, weit weg. Zusammen mit Vivienne liefen sie hinter eine große Eiche, die ihnen wie ein halbwegs vernünftiges Versteck erschien.

Finster starrte Vivienne in den Regen. Charlie erkannte mit seiner normalen Wahrnehmung jedoch nichts Ungewöhnliches.

»Was ist, wenn wir die anderen verlieren?«, flüsterte Charlie.

Vivienne sah sich in alle Richtungen um. »Glaub mir, Raphael findet uns.«

»Meinst du«, wisperte Ann, doch Charlie legte ihr einen Finger auf die Lippen. Falls es sich um Emronder handelte, durften sie unter keinen Umständen ihren Standort preisgeben.

Die Zeit verstrich. Lange hörten sie nur das gleichmäßige Geräusch des Regens. Oder ein leises Rascheln, wenn Ann und Vivienne sich in ihrem Versteck rührten. Das Einzige, das sie verriet, war ihr gleichmäßiger Atem, der in der kalten Luft zu weißem Dunst kondensierte.

»Ann, in welcher Richtung liegt Tougard?« Sie zeigte nach Süden. »Wenn ich ›Lauf‹ rufe, dann rennst du zurück, verstanden? Und wenn eine von euch einen schwarzen Schatten sieht, dann erst recht.«

»Charlie, was …?«

Aber er rannte bereits zum Ausgangspunkt zurück. Wenn alle anderen sich versteckten, würde er die Aufmerksamkeit auf sich ziehen. Plötzlich knackte es und das Blätterwerk eines Busches erzitterte. Jemand bewegte sich noch ungeschickter durch den Wald als er. *Falls dies überhaupt möglich ist,* dachte Charlie bitter.

Zwei Begabte – er erkannte sie an den Mänteln mit Tougards Symbol – stolperten hervor und starrten ihn ungläubig an.

»Ich kenn dich doch!«

Trotz seines schlechten Gedächtnisses landete Charlie schließlich bei den Basketballspielen, die er mit Daisuke und ein paar anderen Begabten ausgetragen hatte. »Paul und Jake? Der Unsichtbare und der Gummimensch?« Eine böse Mischung, wenn man gegen sie gewinnen wollte.

»Was machst du hier?«, fragte Paul verdutzt. Beide zitterten und ihre Mäntel waren komplett durchnässt.

»Die Frage kann ich euch genauso gut stellen.« Raphael erschien hinter ihnen wie aus dem Nichts, so dass für Jake und Paul keine Möglichkeit zum Entkommen blieb. Allerdings entging Charlie nicht der Blick, mit dem Raphael ihn aufspießte. *Was zum Teufel machst* du *hier?*, sagte er deutlich.

»Wir und ein paar andere wollten nach Emrond, um den Mädchen zu helfen«, erklärten sie. »Du bist doch Raphael aus dem siebten Jahr, oder?«

Der Brasilianer nickte.

»Hey, ich hab dir gesagt, wir hätten ihn und Edward fragen sollen, Jake.«

»Ja ja, du hast ja recht.«

Jake strahlte dennoch. »Hast du Raphael gefragt, Charlie? Das hätten wir dir nicht zugetraut.«

Die Farne raschelten erneut. Vivienne und Ann kämpften sich in Sichtweite.

»Das ist doch die Mechanikerin«, flüsterte Paul, worauf Ann knallrot anlief. Sie alle waren Neulinge und wurden kaum von den Älteren aus Tougard beachtet. Bis auf Ann, die seit ihrer Ankunft eine kleine, wenn auch ungewollte Berühmtheit geworden war.

Sturkopf, schalt Charlie sich in Gedanken, als Ann an seine Seite trat. Sie machten immer alles zusammen; selbst jetzt.

»Wieso befindet ihr euch auf dem Rückweg?«, wollte Vivienne wissen.

»Ich bin gestern über ein Erdloch gestolpert und habe mir den Fuß verdreht«, erklärte Jake. »Der Rest von uns wollte mich nicht mitnehmen, weil ich sie nur aufhalten würde.«

»Zum Glück, denn …« Vor Unbehagen brach Paul ab.

»Denn was?«, wiederholte Raphael.

Jakes Gesicht verlor jegliche Farbe. »Da waren Schreie. Wir haben die anderen Jungs schreien gehört. Als ob sie angegriffen wurden.«

Ob es wieder der Schatten war? Charlie lief ein eiskalter Schauer über den Rücken.

»Wir haben uns gestern Nachmittag getrennt«, fuhr Paul fort. »Als wir es hörten, sind wir nicht mehr stehen geblieben. Wir irren schon die ganze Nacht im Kreis umher.«

»Hier.« Ann fischte eine kleine Dose aus seiner Jackentasche. »Nehmt meinen Kompass. Immer nach Süden.«

Jeder setzte seinen Weg fort, doch Charlie überkam ein mulmiges Gefühl. Was oder wer auch immer Paul und Jakes Freunde angegriffen hatte – sie steuerten direkt darauf zu.

Nach dem Treffen mit Paul und Jake verloren die Begabten kaum mehr ein Wort. Die Neuigkeiten drückten ihre Stimmung auf einen Tiefpunkt und ein jeder sorgte sich darüber, was sie noch erwarten würde.

Bald verdrängten grüne Wiesen den Wald. Wie ein Teppich aus Hochgras und Wildblumen streckten sie sich bis zum Horizont. Doch egal wie sehr Charlie seine Augen anstrengte, er konnte die Emronder nicht ausmachen. Ihr Vorsprung war viel gewaltiger, als er vermutet hatte.

»Ed.« Raphael zeigte auf einen Kreis verkohlter Erde, der in paar Meter vor der Gruppe in den Boden gebrannt war. »Ist es das, was ich denke?«

Edward schmunzelte. »Gwen. Sie hinterlässt Spuren.«

Charlie erinnerte sich noch gut an das Lichterspektakel, das Gwen auf den Kellertreppen veranstaltet hatte. Mit ihrer Pyrokinese hatte sie eine ungewöhnliche Brotkrumenspur hinterlassen, aber sie erwies sich als gut überlegt und sinnvoll. In regelmäßigen Abständen fanden die Begabten angesengtes Gras und verkohlte Baumrinde, so dass Daisuke seine Augen entlasten konnte. Charlie jedoch hätte sich viel mehr über eine Art Nachricht oder ein verstecktes Zeichen gefreut. Einen Beweis, dass den Mädchen nichts zugestoßen war.

»Was ist das?« Becca, die mit Raphael vorausgegangen war, blieb wie angewurzelt stehen.

Bei ihren Worten blickte Charlie auf. Das graue Einerlei des Regenwetters hatte ihn schon vor Stunden das Interesse an der Umgebung verlieren lassen. Doch keine hundert Meter entfernt teilte ein mehrere Meter breiter Streifen die Bindfadentropfen. Dort trübte nicht eine Wolke den türkisblauen Himmel und ein Regenbogen spannte sich über den sonnenbeleuchteten Flecken Erde.

»Ich nenne das Sonne, Süße.« Ohne große Bedenken schritt Raphael darauf zu.

»Nenn mich nicht so«, zischte Becca und folgte ihm.

»Wartet!«, warnte Edward. »Wer weiß, was das wirklich ist?«

Charlie musste Edward zustimmen, obwohl das Licht im Gegensatz zu Tougards Dauerregen äußerst verlockend war. Sonnenstrahlen brachen sich glitzernd mit dem Vorhang aus Regentropfen. »Was soll an Sonne so gefährlich sein, Ed?«

»Pah!«, stieß Vivienne hervor. »Ich sage nur: Sonnenbrand, Hautkrebs, Sonnenstich. Ich bin Australierin, ich weiß das besser als du.«

Daisuke verengte seine Augen zu Schlitzen. »Himikochan geht direkt durch das Licht.«

Charlie äußerte sich nicht dazu. So wie er Raphael kennengelernt hatte, würde er jeglichen Rat ignorieren, und er behielt recht. Raphael und Becca ließen den kalten Regen hinter sich. Innerhalb eines Schrittes veränderte sich Farbe ihrer Regenjacken in ein leuchtendes Grün. Charlie kniff die Augen zusammen, so kräftig strahlte die Farbe.

Nacheinander fügten sich die Begabten dem Wunsch nach verlockender Sonne. Auch Charlie und Ann wagten den Schritt über die Grenze. Er schlug seine Kapuze zurück und streckte den Kopf der Wärme entgegen. Die Helligkeit belebte schlagartig Geist und Gemüt. Die Luft flimmerte und Charlie fing an zu schwitzen, obwohl er seit Stunden fror. *Noch eine Minute,* dachte er und stoppte. *Noch eine Minute länger, bevor wir weiter müssen.*

»Le soleil brille magnifigement!«, jauchzte Becca. Ihre Jacke dampfte im Sonnenlicht.

Zunächst war Charlie nicht aufgefallen, dass sie auf Französisch gesprochen hatte. Doch als er es merkte, traf ihn der Schock umso heftiger.

»Nani?«, fragte Daisuke und hielt sich vor Schreck die Hand vor den Mund.

»Almaldiçoado!«, fluchte Raphael noch lauter als Vivienne und stampfte mit dem Fuß auf. »Que nao pode ser verdade!«

Charlie erinnerte sich, dass er als Kind lange mit Sprachbarrieren gekämpft hatte. Seine Eltern hatten ihn in seiner Grundschule angemeldet, obwohl er kaum Deutsch sprach – ein weiterer Grund, warum ihn die anderen ignoriert hatten. Bis auf Ann. Sie hatte Charlie beiseite gezogen und ihm alles Mögliche vor die Nase gehalten. Stifte, Bücher, den Hamster ihrer Brüder und ihm die deutschen Begriffe beigebracht. Er hatte jedes Wort aufgesogen, jedoch waren seine Erklärungen nicht bei Ann hängen geblieben. Jahre verstrichen, bis Charlie Deutsch ebenso fließend wie Englisch beherrschte.

Zumindest kann Ann nicht mehr mit Raphael reden, sagte eine Stimme in Charlies Kopf schadenfroh, doch ihm missfiel der Gedanke gleich wieder. Im Moment hatten sie ganz andere Probleme.

Da zog und zerrte Ann an ihm, bis sie erneut im Regen standen. Die eiskalten Tropfen verpassten Charlie eine Gänsehaut und rüttelten ihn wach wie der Schmerz von einer schallenden Ohrfeige. Nervös knabberte Ann an ihrer Unterlippe und bedachte ihn mit einem Blick voller Zweifel. Charlie glaubte, Angst in ihren Augen zu sehen.

»Alles in Ordnung, Ann?«

»Ich kann dich verstehen!« Sie umarmte ihn so plötzlich, Charlie vergaß glatt zu reagieren. »Was hätte ich gemacht, wenn ich erst wieder zu Hause mit dir reden könnte? Oder nie mehr?«

Charlie bedachte Ann mit einem langen Blick. Regentropfen prasselten ihr auf das Gesicht, liefen ihr den Nasenrücken entlang, und durchnässten ihr Haar. Was hätte er gemacht, wenn er seine Freundin nicht mehr verstanden hätte? Sich mit Ann auszutauschen, war doch für ihn zum Alltag geworden. Er selbst führte keine langen Gespräche, aber er mochte Anns ewige Erklärungen über Technik und Physikgesetze. Was dieses Mädchen betraf, war er ein ziemlich hoffnungsloser Fall.

Derweil waren Edward und Vivienne in eine Diskussion vertieft. Charlie hörte nicht jedes Wort, außer »futile« und »abandon«. Becca tröstete einen weinenden Daisuke, während Raphael nicht stillstehen konnte und alarmiert die Umgebung beobachtete.

Die Fähigkeit miteinander zu sprechen, so verstand Charlie nun, verringerte die Unterschiede in ihrer Gruppe; in Tougard gab es keine Barrieren. Aber in diesem Moment verband die Begabten etwas ganz anderes: ihre Unsicherheit. Selbst wenn es sich Raphael nie eingestehen würde: Niemand wusste, wie es weitergehen sollte. In diesem Punkt waren sie alle gleich hilflos.

»Was machen wir denn jetzt?«, fragte Ann und unterdrückte ein Schluchzen. »Was machen wir nur?«

Charlie nahm ihr Gesicht in seine Hände, damit sie ihm tief in die Augen sah. Nur so würde sie sich von nichts ablenken lassen. »Hör mir gut zu, ja?«

Automatisch setzte sie zu einer Antwort an und hielt inne. Schließlich nickte Ann stumm.

»Was ist denn Sprache?«, fragte Charlie. Ann zuckte mit den Schultern. »Im Endeffekt sind es Laute, denen wir eine Bedeutung zuordnen. Wir wissen ganz genau, dass Becca *laut* ist, wenn sie nonstop Fragen stellt.«

Ann lächelte. Der Trick funktionierte immer. Charlie fuhr ihr mit den Daumen über die Wange, als würde er ihre Tränen wegwischen. Bei dem Regen, der auf sie niederfiel, ein hoffnungsloses Unterfangen. Dennoch wünschte er sich, Ann viel häufiger so berühren zu können.

»Wenn dieser automatische Übersetzungszauber ab hier nicht mehr funktioniert, dann müssen wir Raphael vermutlich Charade beibringen.« Ann lachte auf. Mit einem Lachen verflogen die größten Probleme. »Zum Glück gibt es noch Englisch.«

»Muss ich dich an meine glatte Fünf in Englisch erinnern?«

»Dann werde ich wie immer für dich übersetzen, Ann.«

»Sorry, you two. Was ist nun?« Edward erschien plötzlich neben ihnen. Seine Stimme klang anders, nicht so überzeugend und war deutlich von seiner Muttersprache gefärbt.

»Du sprichst Deutsch?« Charlie war mehr als überrascht. Er tastete über den nassen Stoff von Anns Regenjacke und fand ihre kalte Hand. Mit seiner Berührung wollte er ihr ein bisschen Zuversicht und Trost spenden.

»Ich komme aus Scottland, aber meine Granny ist German.« Edward wirkte nicht weniger erstaunt über ihre Situation.

Charlie tastete nach den Schnüren seines Armbands, als müsse er sich daran erinnern, dass er sich auf Fremde einlassen sollte. »Wir brauchen einen Plan.«

Ann nickte voller Enthusiasmus und straffte die Schultern. »Selbst mein kleiner Bruder kann sich verständigen und der ist keine zwei Jahre alt.«

»Das kriegen wir hin«, versicherte Edward.

Bis auf Raphael konnte sich jeder der Begabten in Englisch unterhalten; Schulbildung und Kolonialismus zum Dank. Charlie übersetzte für Ann ins Deutsche, doch bei Raphael hatten sie ihre Schwierigkeiten. Zwar gab sich Becca alle Mühe, es ihm auf Französisch zu erklären, aber Raphael zuckte nur mit den Schultern. Als sich die Gruppe wieder auf den Weg machte, folgte er Edward.

Das Erste, was auf der anderen Seite des sonnengetränkten Streifens an Charlies Ohr drang, war ein tiefes Knurren.

Daraufhin stieß Daisuke einen beängstigend hohen Schrei aus.

»There's a wolf!« Vivienne deutete mit einer Hand in die Ferne; ein schwarzer Schatten huschte hinter eine Baumgruppe. Ob es ein Wolf gewesen war, konnte er nicht einschätzen. Dennoch war es viel zu groß für einen Fuchs oder einen Dachs gewesen.

Charlie schluckte.

»Corra para …«, begann Raphael und hielt inne. Er sprintete mehrere Meter davon und suchte im matschigen Untergrund nach Fußspuren. Charlie erkannte nichts Bestimmtes, aber er hoffte auf eine Entwarnung. Vielleicht wär es nur ein Hund gewesen, den jemand in Taun ausgesetzt hatte? Der jetzt durch den Wald streifte und der …?

Was mache ich mir eigentlich vor?, schalt er sich in Gedanken. Angst wallte in ihm auf. *Ich kann froh sein, wenn es nur ein Wolf ist. Hauptsache in Tougard gibt es nicht noch magische Riesenwölfe oder Drachen!*

In der Ferne erschallte ein Heulen, das verdächtig nach einem animalischen Ruf klang.

»Das war tatsächlich ein Wolf«, flüsterte Ann und klammerte sich an Charlies Arm.

Die Begabten wandten in einem Anflug von Panik die Köpfe nach links und rechts. Jedoch konnten sie im dichten Bindfadenregen nichts erkennen.

»Ed.« Raphael tippte sich mit den Fingern an die Stirn.

»No way. I promised.« Zur Antwort schüttelte Edward den Kopf.

Raphael zuckte mit den Schultern.

»How many? Two? Three?«, wollte Edward wissen und zeigte die entsprechende Anzahl von Fingern.

»Sieben«, keuchte Ann, als sie Raphaels Finger zählte. »Wie sollen wir gegen sieben Wölfe ankommen?«

Charlie teilte ihre Bedenken, wusste aber keinen Ausweg. Das Sonnenlicht hatte die Begabten mitten in die weite Ebene gelockt. Sie brauchten wieder ein Versteck, aber bis auf ein paar Felsbrocken bot das Flachland nichts.

Raphael wies mit der Hand zu einem Waldausläufer, der sich in der Ferne erstreckte. In einer für Charlie viel zu weiten Ferne. Aber der Wald war ihre Rettung, normalerweise konnten Wölfe nicht auf Bäume klettern. Hoffentlich galt diese Regel auch in Tougard.

Charlie hatte das Gefühl, dass der Wald nicht näherkam, egal wie lange sie liefen. Ann wiederum versetzte ihn in Panik. Ständig musste sie sich umsehen. Von wegen – alles machte ihn gerade panisch. Edward, der einen kreidebleichen Daisuke vor sich herschob, und Vivienne einige Meter vor ihm sowieso. Mit den Wölfen im Nacken stolzierte sie zwar nicht mehr wie ein Model, dennoch bewegte sie sich unheimlich flink.

Ein weiterer Wolf heulte auf. Was Charlie betraf, kam das Geräusch viel zu schnell näher.

Er lauschte – seinem hektischen Atem. Anns schmatzenden Schritten durch den Matsch. Regentropfen, die auf seinen Kopf trommelten. Wartete auf ein weiteres Aufheulen oder das Scharren von Krallen über Stein. Doch nichts störte die trügerische Stille. Nur Atem, Schritte, Regen – ein unendlicher Rhythmus.

Der Waldausläufer rückte mit jedem Schritt in eine immer leichter erreichbare Nähe. Charlie beschleunigte und wagte nicht, nach hinten zu sehen. Er starrte stur geradeaus, behielt nur die rettenden Bäume im Blick.

»Corre!«, brüllte Raphael plötzlich und sie alle zuckten zusammen.

»Run!«, kommandierte Edward.

Charlie brauchte Edwards Übersetzung nicht. *Lauft!*

Die Wölfe griffen an. Schlamm spritzte zu allen Seiten auf, als er mit Ann lossprintete.

Vivienne saß bereits sicher in einer Baumkrone, als die Wölfe auf Edward und Daisuke zurasten. Charlie wollte sie nicht weiter beachten, aber die kraftvollen Muskeln und angespannten Sehnen wären für ihn ein schönes Motiv zum Zeichnen gewesen. *Idiot!*, schalt er sich in Gedanken und rannte weiter. Zeichnen konnte er, wenn er das hier überlebte.

Ein Wolf setzte zum Sprung an. Wie in Zeitlupe sah Charlie, wie Edward seinen Arm schützend hob und sich zur Seite wandte. Doch ein schemenhafter Schatten rannte, ja flog fast auf Edwards Angreifer zu und riss ihn zur Seite. Krallen blitzten auf und gruben sich in die Gestalt, die Edward verteidigte.

Vor Schreck blieb Charlie wie angewurzelt stehen. Ein Schatten. Sein Atem stoppte. *Ist das der Schatten, der Sarah tötete? Aber warum verteidigt er uns?*

Der Schatten, die Gestalt, was auch immer es war, es bewegte sich schneller, als Charlies Augen es erfassen konnten. Gequältes Jaulen heulte auf, während Edward sich ebenfalls auf einen hochgelegenen Ast rettete. Nur Charlies Kopf war wie leer gefegt. Mit aller Macht versuchte er, sich zu konzentrieren.

Er musste laufen!

Charlies Fuß rutschte im Matsch weg und er fiel nach vorne. Ja, er ahnte bereits, was passieren würde: Er würde mit der Nase voraus aufschlagen, die Wölfe kämen, um ihn zu zerfleischen. Sie würden ihn bei lebendigem Leibe fressen. Ja, er spürte schon, wie sie ihm seine Gedärme rausrissen und sich die Wolfskiefer in sein Fleisch gruben.

Meine Fantasie übertreibt es mal wieder, schoss es im durch den Kopf. Ein echt mieser, letzter Gedanke.

Aber zunächst geschah nichts.

Verwundert blickte Charlie auf.

Weiß.

Der Wald war verschwunden. Die Wiese, die Wölfe, die Begabten. Hier war nichts außer einer weißen Unendlichkeit. Charlie fluchte. Schon wieder. Erst bei Laurens Racheaktion, dann in Taun und nun an diesem Ort. Er konnte die verdammten Panikattacken nicht gebrauchen.

Im gleichen Moment hörte er es.

»Du musst ihr helfen.«

Charlie wirbelte herum und sah Raphael. Er glaubte zumindest, den Brasilianer vor sich zu haben, obwohl seine übliche Maske fehlte. Raphael versteckte sich hinter seinem aufgesetzten Grinsen und großspurigen Gehabe. Doch seit der Mutprobe sah Charlie wieder denjenigen, den er tief in sich verbarg.

Jemanden, der sich sorgte.

Raphaels Schultern hingen herab. Die Stärke, die er sonst ausstrahlte, hatte sich in Schmerz verwandelt. »Bitte hilf Becca«, flehte er leise.

Charlie traute seinen Ohren nicht. Seinen Augen noch weniger. Denn ein faustgroßes Loch klaffe in Raphaels Brustkorb, an der Stelle, an der sein Herz sein sollte. Blut und schwarzer Schleim sickerten heraus und strömten an Raphael herunter.

»Sie darf nicht wie Maria sterben.«

Plötzlich zerrte ein Ruck an Charlie. Er blinzelte und die Welt kehrte in ihre gewohnte Ansicht zurück. Der Regen, das Wolfsgeheul und die panischen Rufe der Begabten stürmten auf ihn ein.

Charlie stand erneut auf seinen Füßen, so viel registrierte er zumindest, während sein Verstand raste. Was war geschehen?

Dann gefror ihm das Blut in den Adern.

Becca war auf dem matschigen Boden ausgerutscht und probierte auf die Füße zu kommen. Mit einem letzten Blick versicherte er sich, dass Ann beinahe am Waldrand angekommen war. Charlie machte auf dem Absatz kehrt und sprintete zurück, um Becca aufzuhelfen. Woher er den plötzlichen Mut und die Kraft nahm? Er wusste es selbst nicht. Darüber konnte er sich Gedanken machen, wenn sein in die Höhe geschnelltes Adrenalin abklang.

Die Wölfe fielen mehrere Meter zurück, sammelten sich, um im richtigen Moment zuzuschlagen. Charlie zerrte Becca hinter sich her und holte Ann wieder ein. Der Schatten hetzte, sprang und zuckte über die Ebene. Jeden Moment, in dem Charlie rechnete, von einem Wolf zu Boden gerissen zu werden, stellte sich der Schatten dem Kampf.

Die beiden erreichten einem Baum, an dem Ann hochzuklettern versuchte.

Ein weiteres Jaulen erklang.

Sieh nicht nach hinten. Sieh nicht nach hinten!

Charlie hob Ann hoch. Stumm zog sie sich nach oben, suchte sich einen sicheren Stand. Dann hielt sie Charlie die Hand hin. Er konnte ihr nicht folgen, selbst wenn er wollte. Zunächst musste er Becca helfen, sich in Sicherheit zu bringen. Aber seine Hände waren eisig kalt und seine Bewegungen fahrig. Er war wie gelähmt.

Die Mädchen starrten angsterfüllt zu ihm herunter. Ob sie ihn ansahen oder den Wolf, der auf Charlie zustürmte, konnte er nicht unterscheiden. Wenn, dann war es ohnehin zu spät. Mit rasendem Puls griff Charlie nach einem Ast und zog sich hoch. Da explodierte ein heißer Schmerz in seiner linken Wade – seine Finger rutschten ab.

»Scheiße!«, fluchte Charlie noch, bevor er im Matsch landete.

Es war vorbei.

Die Wölfe, zwei riesige, zottelige Exemplare, hatten ihn eingekesselt. Eine Flucht war zwecklos. Sich bewegen sowieso. Der einzige Ausweg war ihm durch die Finger geglitten.

Er sah die gelben Zähne der Wölfe, die ihn jede Sekunde zerfleischen würden. Er sah das hungrige Flackern in ihren Augen. Er würde sterben. Jetzt. In dieser Sekunde. Und Ann saß dabei in der ersten Reihe.

Doch der Schemen, der bereits die anderen Wölfe attackiert hatte, griff mit voller Wucht eines der Tiere an. Von einem Augenblick zum nächsten war der Schatten mit dieser unmenschlichen Geschwindigkeit herangerast, stoppte abrupt und baute sich nun vor Charlie auf.

»Oh, verdammt!«, entwich es ihm. »Das warst du?«

Wieder für das menschliche Auge erfassbar, stellte sich der Schemen als Raphael heraus. Raphael trat dem Wolf in einer Position entgegen, als sei er das einzige gefährliche Wesen. Seine Finger spannten sich um den Griff eines Bowie-Messers, das Charlie nur aus Militärfilmen kannte. Der Wolf knurrte und senkte den Kopf; zum Angriff bereit. In einer fließenden Bewegung überwältige Raphael ihn und stieß ihm sein Messer in die Kehle. Bei einem Film würde Charlie wegsehen, aber er konnte sich nicht rühren. Er musste ihn anstarren, als hinge sein Leben davon ab.

Raphaels Körper war übersät mit Verletzungen. Er hatte Kratzer an den Armen, tiefe Schnitte an den Beinen und Wunden, die aussahen, als wäre dort ein überdimensionaler Kiefer ins Fleisch getrieben worden. Charlie wusste nicht, wer bedrohlicher war. Der Wolf, der ihn töten wollte, oder Raphael, der sich schneller als das menschliche Auge bewegte?

Er schüttelte den Kopf.

Der Brasilianer beschützte ihn. Wie ein Alphatier seine Herde.

Raphaels Atem beschlug in der kalten Luft, während er den Wolf fixierte. Charlie starrte unentwegt in seine Augen, die in einem dunklen Violett glühten. Der Ausdruck in Raphaels Gesicht war bedrohlich, finster, wild, aber Charlie fühlte, dass er alles unter Kontrolle hatte.

Letztlich zog sich der verbliebene Wolf kampflos, jedoch knurrend zurück.

Trotzdem verharrte Raphael still in seiner Position, bis der Wolf aus seiner Sicht verschwunden war. Charlie konnte nicht sagen, ob er überhaupt atmete. Nicht einmal sein Hemd, das nur noch in blutigen Fetzen an ihm herunterhing, hob und senkte sich. Schließlich – von einem Moment auf den anderen – fiel alle Spannung von Raphael ab. Der Brasilianer kippte zur Seite und brach im Matsch zusammen. Charlie hievte sich zu ihm, drehte ihn auf den Rücken. Mit schnellen Handbewegungen taste er über Raphaels Brustkorb. Wischte Blut und Schlamm fort, dennoch fand er dort kein Loch mehr, aus dem dieses schwarze Zeug quoll, wie zuvor. *Ich habe es doch gesehen, oder nicht?*

»Ich lebe noch, also nicht so grob«, murmelte Raphael erschöpft.

Wurde er verrückt? Charlie wusste, wie er das herausfinden konnte. »Wer ist Maria?«

Der Brasilianer riss alarmiert die Augen auf. Charlie hatte Gewissheit, aber sie hinterließ einen bitteren Nachgeschmack. Leb wohl, geistige Gesundheit. Willkommen Wahnsinn.

»Raphael!«, rief Ann plötzlich und kletterte die Buche hinunter. Becca ließ sich von ihrem Ast fallen, eilte schleunigst zum Brasilianer.

Missmutig rappelte sich Charlie auf. Was hatte er erwartet? Dass Ann sich um ihn sorgte? Dass sie seinen Namen rief und nicht den eines Kerls, den sie keine Woche kannte? Es war verrückt. Nein, er war verrückt. Alles, was er in den letzten Tagen erlebt hatte, ergab keinen Sinn. Charlie fühlte sich … er konnte sich nicht mehr erklären, wie er sich fühlte.

»Hast du große Schmerzen?«, fragte Becca den Brasilianer. Die Sorge in ihrer Stimme ließ sich nicht leugnen. Raphael gab gewiss keine Antwort, aber Charlie sah deutlich sein schiefes Grinsen.

Doch Anns besorgter, leicht verlegener Ausdruck traf ihn wie ein Schlag.

Er wich ein paar Schritte zurück und sein verletztes Bein pochte bei der Bewegung. Seine Jeans hing zerrissen herunter und war mit mindestens zwei Schichten Schlamm bedeckt.

»Wir hatten Glück«, meinte Daisuke. Erst in diesem Moment dämmerte es Charlie, dass er die Begabten problemlos verstand. Der kleine Japaner redete auf ihn ein, doch er konnte nicht zuhören, denn seine Gedanken wanden sich zäh wie Gummi. Vielleicht stand er einfach nur unter Schock. Oder gleich unter mehreren.

Bis auf die Knochen durchgefroren bibberte Charlie vor Kälte. Er wünschte sich in diese weiße Welt zurück. Dort müsste er sich über nichts Gedanken machen. In dieser weißen Welt musste er nicht sehen, wie Ann sich um Raphael kümmerte, ihn liebevoll umsorgte. Dort würde nicht jeder Schritt schmerzen, als würde er durch Feuer laufen.

»Charlie-kun!« Daisuke hatte seinen Arm über die Schulter gelegt. »Du darfst jetzt nicht umkippen. Komm, ich stütze dich.«

Edward und Vivienne trugen Raphael tiefer in den Wald hinein. Sie brauchten einen sicheren Ort, ein gut geschütztes Versteck, aber nach endlosen Baumreihen gab Edward auf. Sollten die Wölfe erneut angreifen, wären sie ihnen so oder so ausgeliefert. Ann und Becca versorgten Raphaels Wunden. Ihre Möglichkeiten mitten im Nichts waren eingeschränkt, aber die beiden gaben sich alle Mühe, die Blutungen zu stillen und ihn sorgfältig zu verbinden.

Eigentlich war ja Charlie der Heiler ihrer Gruppe. Er musste also etwas tun.

»Warte Edward!«, rief Charlie dem Schotten hinterher, der mit Daisuke zu einem Rundgang aufbrach. »Was macht dein Arm?«

»Geht, solange ich ihn stillhalte.« Sein Gesicht war weißer als jedes Laken. Charlie holte ihn ein und untersuchte seine Verletzung. Blut sickerte unentwegt aus den Kratzern.

Dank Joy konnte er zumindest Verbände anlegen. Doch was half ihm dieses Wissen ohne einen Verband? Ann würde er gewiss nicht danach fragen. Also blieb ihm nur eins: Kurzerhand riss Charlie sich die Regenjacke herunter und verwendete seine geliebte Sweatshirtjacke. Geschickt legte er einen provisorischen Druckverband an, bis Ann ihn auf einmal mit sich riss. Sie bemerkte nicht einmal, dass Charlie sein verletztes Bein hinterher schleifte. »Du musst Raphael heilen!«

»Das kann ich nicht«, erwiderte Charlie und kämpfte dagegen an, nicht vor Schmerz aufzuschreien. Ann war so in Sorge, ihr fiel nicht einmal auf, dass Daisuke Charlies Regenjacke weiterhin in den Händen hielt.

»Willst du, dass er stirbt?«, warf Ann ihm vor. Sie starrte ihn wutentbrannt an und das Ziel ihres Zorns war er.

»Nein, aber ich weiß nicht, wie ich ihm helfen soll. Ich kann das noch nicht!« Auf keinen Fall würde er sich vorwerfen lassen, der Brasilianer sei seinetwegen gestorben. Doch was erwartete Ann? Charlie konnte nicht einmal Schnittwunden heilen. Raphaels Verletzungen kämen geradezu einem Wunder gleich.

»Lass gut sein.« Ann schüttelte den Kopf. »Du bist keine große Hilfe. Weder mir. Noch für Raphael.«

»Denkst du eigentlich noch an etwas anderes?«, regte er sich auf und verlagerte unauffällig sein Gewicht auf sein gesundes Bein. »Für dich gibt es nur noch Raphael!« Charlie bereute seine Worte, kaum dass er sie ausgesprochen hatte.

»Ich hab ihn gern, na und?«, erwiderte Ann säuerlich. Sie ahnte es nicht, aber ihr Satz unterschrieb das Todesurteil seiner Gefühle. Charlie würde niemals gegen Raphael ankommen können. Und er würde das nie mehr vergessen können.

Ann drehte sich noch einmal zu ihm um und ihre Wut traf ihn mit voller Wucht. »Im Moment habe ich weitaus Besseres zu tun, als mit dir zu streiten.«

Sie hatte Besseres zu tun, als bei ihm zu sein. Das ließ sie ihn jeden Tag spüren.

»Warum sollte ich überhaupt mitkommen? Wenn ich doch so nutzlos bin!«, schrie Charlie wütend. »Wäre es dir lieber gewesen, wenn ich gleich nach England verschwinde?«

Ich habe es Ann gesagt. Er fühlte sich benommen, denn so hatte er die Enthüllung nicht geplant. Aber nach einem Tag voller Anspannung und Gefahren brauchte Charlies Erkenntnis etwas länger. *Ich habe es ihr tatsächlich gesagt.*

»Du ziehst weg?« Anns Stimme zitterte.

Charlie wollte nicht antworten. Nicht jetzt. Nicht morgen. Nicht, solange sie wie ein Groupie um Raphael herumschwirrte. Verbissen setzte Charlie einen Fuß vor den anderen und verschwand aus ihrem Lager.

»In zwei Wochen eurer Zeit«, hörte er Becca sagen. »Nach London.«

»Warum weißt du das?«

»Ich habe gefragt.«

Ein Teil von Charlie hoffte, dass Ann ihm nachgehen würde, während er tiefer und tiefer in den Wald humpelte, doch seine Freundin folgte ihm nicht. Warum auch? Er war nutzlos, wenn es seine Gabe betraf. Verglichen mit Raphael war er nur ein normaler Junge, was in dieser Dimension einer Kakerlake gleichkam.

Anscheinend brauchte Ann ihn nur, wenn sie ein Problem hatte, wenn er sie brauchte, bemerkte sie es nicht. Wie damals, als er über den Schraubenschlüssel gestolpert war. Er hatte sich in so vielen Dingen verändert, aber weder das noch seine Gefühle drangen zu ihr durch. Und letztere würden es nie, wenn Ann sich zudem noch in Raphael verknallte.

Charlies verletztes Bein gab unter der Last seines Körpers nach. Er hob den Kopf, hatte jedoch keine Ahnung, wo er war und wie er an diesen Ort gelangt war.

Frustriert hämmerte Charlie mit der Faust auf das Gras ein. Auf was hatte er sich nur eingelassen?

Kapitel 17

GAR NICHT SO VERSCHIEDEN

Nach dem Wolfsangriff hätten die Begabten zum Zerreißen angespannt sein müssen. Aber sie waren müde und erschöpft; ihre Kraftreserven waren aufgebraucht. Ann und Becca wichen den Blicken der anderen aus und schwiegen sich an. Was eine Herausforderung war, da sie sich um Raphael kümmerten. Daisuke – plötzlich in der Rolle des Verantwortlichen – beschäftigte sich mit dem Wichtigsten, das anfiel. Er sammelte Feuerholz, richtete alles für die Nacht her und wirbelte durch ihr Lager. Eine Weile verging, während Vivienne die Umgebung mit ihrer Fähigkeit wachsam im Auge behielt, als fürchtete sie einen erneuten Angriff der Wölfe.

Edward wollte sich ebenfalls nützlich machen, aber sein Arm glühte und pochte vor Schmerz. Jede Bewegung trieb ihm fast die Tränen in die Augen, so dass er sich im Lager ausruhte und kurz vor Erschöpfung wegdämmerte.

Ohne eine Aufgabe ertappte sich Edward jedoch schnell dabei, den Gedanken der anderen zu lauschen, obwohl er seine Fähigkeit lieber nicht einsetzen wollte. Es gab so viele Dinge, die man lieber nicht wissen sollte. Geheimnisse, flüchtige Überlegungen, die wie Blitze durch die Köpfe der anderen zuckten. Als Zuhörer hatten sie ihn einst tief verletzt. Mittlerweile rechnete Edward mit Hohn, Spott und Neid. Einen Menschen, der einem ins Gesicht lächelte und insgeheim keine Hintergedanken hatte? So einen gab es nicht.

Edward hatte sich geschworen, die Gedanken seiner Mitmenschen nicht zu belauschen, aber er konnte seine Neugier nicht zügeln. Telepathie war ein Fluch, ausgesprochen schwierig zu handhaben und lastete schwer auf der zerbrechlichen Seele. Seine Gabe bildete nicht unbedingt die beste Voraussetzung, Vertrauen zu fassen. Von Zeit zu Zeit kam er sich regelrecht paranoid vor, jedoch schätzte Edward die Telepathie wie einen Freund. Sie lehrte ihn, nur sich selbst zu vertrauen und nahm ihm die Ungewissheit, was die Begabten in Wirklichkeit planten. Mit seiner Gabe war er ihnen stets einen Schritt voraus. Edward entging nicht das kleinste Wort. Weder aus- noch unausgesprochen.

Der menschliche Geist war leicht zu beeinflussen, wenn man nur wusste, wie. Ein dahingeworfenes Wort und schon wanderten die Gedanken von alleine los. »Autsch«, ächzte Edward gespielt und tat, als knotete er seinen Verband neu. Dafür, dass Charlie ihn aus den Streifen einer Jacke angefertigt hatte, saß er erstaunlich fest.

»Wie soll es jetzt weitergehen?«, fragte Becca sogleich. »Haben wir die Zeit abzuwarten, bis alles verheilt ist? Oder wird es in diesem Fall unmöglich, die Mädchen zu finden?«

»Mit jedem weiteren Tag werden die Umrisse schwächer und schwieriger zu erkennen«, gab Daisuke zu bedenken. *Wo bleibt Charlie nur so lange?*

»Müsst ihr so laut sein, während ich schlafe?« Raphael streckte seine Glieder und wollte sich aufrichten, Becca drückte ihn jedoch zu Boden. *Sieht aus, als hätten es alle geschafft.*

»Du solltest dich nicht so viel bewegen«, schalt Becca ihn. »Sonst fangen deine Wunden von neuem an zu bluten.« *Zum Glück geht es Raphael wieder besser.*

»Lass das mal meine Sorge sein.« *Sie macht sich Sorgen um mich.* Raphael grinste und wickelte seine blutigen Bandagen ab. Die Mädchen staunten, als sie unter den Lagen Stoff frische, rosa Haut entdeckten.

»Raphaels Gabe ist nützlich«, erklärte Edward. »Er kann seinen Stoffwechsel so anregen, dass seine Wunden schneller heilen.«

»Sugoi!«, stieß Daisuke aus. »Du bist ja wie ein Superheld.«

Vielleicht sollte ich ihm den rosa Superheldenanzug vom Phantom schenken, dachte Becca. *Ob die Kreischfraktion ihn dann noch anhimmelt?*

Edward konnte sein Lachen nicht unterdrücken und die Begabten sahen ihn fragend an.

»Ich kann es kontrollieren, ja.« Raphael schaute argwöhnisch in die Runde und machte ein Gesicht, als wäre ihm ein übler Geruch in die Nase gestiegen. *Wie werden sie reagieren?* »Schnelligkeit, Kraft, Gehör, Sehkraft.«

»Deinen Geruchsinn, wenn du zu Weihnachten die Zimtsterne aus deinen Paketen angeln möchtest«, ergänzte Edward, worauf Raphael mürrisch brummte.

»Das ist ein bisschen unheimlich«, rutschte es Daisuke heraus, doch er entschuldigte sich sofort.

»Aber damit hätten wir einen Verletzten weniger, um den wir uns kümmern müssen.« Ann klang erleichtert.

Sein Verhalten verletzte die Privatsphäre der Begabten, aber Edward war es egal. Die Gedanken rauschten durch seinen Kopf wie Musik aus einem alten Radio. Ängste, Sorgen, Zweifel. Es war so einfach! Er musste nur auf den einen Gedanken warten, der sein Misstrauen weckte. Dieser Gedanke würde kommen, das wusste Edward. Es war noch nie anders gewesen.

»Womöglich wäre es das Beste, wenn du wie Sarah nach Tougard zurückreist, Edward«, schlug Ann vor.

»Wir schicken niemanden mehr zurück«, beharrte Raphael. *Solange der Schatten im Wald lauert, wäre das Selbstmord.*

»Wieso? In Tougard könnte man ihn behandeln«, argumentierte Becca. *Joy rechnet bestimmt mit ihrer Rückkehr.* Sie strich mit den Fingern über Raphaels verheilte Haut. *So warm! Oh, nein, lass dich davon nicht ablenken. Sobald Charlie zurück ist, werde ich Ann zwingen, dass sie sich aussprechen. Wo bleibt er nur?*

»Diese Entscheidung habt ihr aber nicht zu fällen«, erwiderte Daisuke strikt und Edward konzentrierte sich wieder auf ihn. »Sondern jeder für sich.« *Sollte ich Charlie-kun begleiten? Er konnte kaum laufen. Aber wer verfolgt an meiner Stelle die Spuren der Mädchen?*

Um Daisuke musste sich Edward keine Sorgen machen. Der kleine Japaner gehörte zu dem Typ Mensch, der eine Spinne mit einem Glas fing, um sie anschließend freizulassen. Daisuke war ein Kind, handelte und dachte auch so naiv und unbedacht wie eines.

Edward versuchte, seinen mentalen Empfang auf Vivienne auszurichten, doch schnappte er nur flimmernde Farbeindrücke auf. Offenbar fiel es ihr schwer, an etwas anderes zu denken, wenn sie in die umgekehrte Welt vor ihren Augen blickte.

»Ich habe nicht vor umzukehren«, sagte Edward bestimmt.

»Paul und Jake waren vernünftiger«, erwiderte Ann. »Sie wussten, dass sie ihre Gruppe behinderten. Ebenso Sarah.«

Was hatten wir getan, wenn Raphael gestorben wäre, weil er uns beschützte? Charlie hat sein Leben ihm ebenso zu verdanken. Aber was ist? Aus irgendeinem sturen Grund ist er jetzt sauer auf Raphael. Edward spürte, wie Ann eine eiskalte Welle der Furcht überrollte, als sie sich ausmalte, was die Wölfe mit Raphael hätten anrichten können.

Für den Moment hatte Edward genug gehört. Seine Zweifel hatten sich nicht bestätigt; noch nicht. Doch reichte der neugewonnene Zusammenhalt, um gegen Emrond zu bestehen? Ein Ort wie Emrond vergiftete den reinsten Geist, falls ihre Gruppe überhaupt standhielt. Edward wusste, dass er den Begabten vertrauen sollte, aber es funktionierte nicht. Er hielt nichts von Vivienne und die Australierin machte auch keine Anstalten, dies zu ändern. Becca log ihnen allen etwas vor, warum sie aufgebrochen war. Ann hinterging ihren besten Freund, ohne eine Sekunde zu zögern. Wie sollten sie so Emrond überleben?

Und Charlie ...

»Wo ist Charlie?«, fragte Raphael auf einmal alarmiert. »Ich sehe ihn nirgends.«

Edward hatte sich fast daran gewöhnt, Charlies Gedanken nicht wahrzunehmen und sich so im ersten Moment nicht gewundert, warum seine Stimme nicht auftauchte.

»Er lief in den Wald.« Vivienne deute mir einer Hand in die Finsternis. »Dort hinten.«

»Wie lange schon?«

Daisuke wand sich unbehaglich, während er überlegte. »Eine Stunde bestimmt. Vielleicht länger.«

»Da du seine Aura siehst, ist ihm nichts zugestoßen, Vivienne?«, fragt Edward.

Die Angesprochene nickte, doch Becca und Daisuke rissen erschrocken die Augen auf.

»Ich geh ihn zurückholen.« Sein Blutverlust ließ die Welt einen Moment schwanken, aber Edward richtete sich vorsichtig auf.

»Ed«, begann Raphael, wurde jedoch sofort wieder unterbrochen.

»Du bleibst. Wer soll sonst die Mädchen beschützen, wenn die Wölfe angreifen?« Edward setzte einen Fuß vor den anderen, suchte eine Position, in der sein Arm nicht schmerzte.

»Edward-kun, ich kann dich begleiten. Ich finde ihn ganz schnell.«

Auch Becca versuchte aufzuspringen, wurde jedoch sofort von Raphael zu Boden gezogen.

Da draußen wartete der Schatten. Edward würde niemanden von der Gruppe dieser Gefahr aussetzen. Daher drehte er sich zu Daisuke und bedachte ihn mit einem kalten, harten Blick. »Nein, du bleibst.«

»Aber ich ...«

»Ich sagte ›du bleibst‹.«

Daisukes Augen wurden für einen Moment stumpf, bevor er zusammenzuckte und sich wieder fasste. »Ich bleibe«, murmelte er niedergeschlagen und setzte sich ans Feuer.

Edward würde nichts zustoßen, das hoffte er zumindest. Wenn doch, konnte er sich darauf verlassen, dass Raphael es hörte. Wenigstens Raphael hatte ihn noch nie im Stich gelassen.

Also biss Edward die Zähne zusammen und machte sich auf den Weg, rannte, so schnell es seine Verletzung zuließ. Der Wald rauschte an ihm vorbei, einzelne dünne Äste streiften ihn, während im schwachen Mondlicht gelbe und rote Blätter wie Signallichter aufblitzen. Er brauchte keine Taschenlampe, um Charlie zu finden, höchstens, um nicht ständig über Wurzeln zu stolpern. Seine Telepathie funktionierte wie ein Radar. Je mehr Edward sich dem Sender näherte, desto lauter hörte er die Stimmen in seinem Kopf. Dazu durfte er aber nicht mehr an Charlies Schutzschild abprallen.

Edward zog den silbernen Ring, der seine Fähigkeit dämpfte, von seinem Finger und verstaute ihn in seiner Tasche. Gedanken stürmten auf ihn ein, wie ein eiskalter Regenschauer. Becca, Ann und Daisuke schrien in seinem Kopf wilde, verworrene Sätze. Raphael hingegen dachte zum Glück nie viel, wenn er sich konzentrierte.

Selbst wenn, musste er dem Brasilianer nicht zuhören. Raphael sprach fast immer das aus, was er dachte, außer wenn er mit einem Mädchen flirtete.

Wieso hat es mich nicht erwischt?, flüsterte Charlies Stimme dazwischen. Sie klang wie ein Hauch, ein Rauschen im Wind, obwohl Edward seinen Ring abgelegt hatte. Zumindest konnte er sich danach richten.

Seitdem er in Tougard erschienen war, hatte Edward vielen Gedanken gelauscht, aber Charlies beunruhigten ihn. Etwas, das nicht sehr oft geschah.

Sarah könnte helfen. Sie würde irgendeine Pflanze hervorholen und Raphael und Edward heilen. Wieso hat es nicht mich erwischt!

Auf einer kleinen Lichtung stieß Edward auf Charlie, der vor einem umgestürzten Baum kauerte. Er hatte den Kopf zwischen den Armen vergraben, die Finger in sein T-Shirt verkrampft.

»Was machst du hier?«, fragte Edward.

»Verschwinde.« *Im Grunde ist es ihm egal,* dachte Charlie jedoch.

Um ihn waren Büschel Gras herausgerissen. Seine Hände waren mit Gras und Schlamm verschmiert, als hätte er mit den Fäusten auf den Boden eingeschlagen. Einige Schritte entfernt lag sein Lederarmband im Matsch.

»Willst du es wirklich riskieren, dass dich der Schatten findet?« Mit Mühe streifte Edward seine Regenjacke ab und legte sie ihm über. Wie lange er hier schon saß? Charlie zitterte vor Kälte, doch seine Wangen glühten, als hätte er sich eine Fiebergrippe eingefangen.

»Hau einfach ab.« *Wieso tötete der Schatten nicht mich? Niemandem würde es auffallen.*

Ihre Reise nach Emrond barg Gefahren, mit denen Neulinge niemals rechnen würden. Allerdings hätte niemand dabei sterben sollen. Edward fühlte Charlies Trauer nach, dennoch musste er herausfinden, was den Jungen belastete. Trauer allein verursachte nicht diese düsteren Gedanken.

»Ich versprach den Anderen, dich zurückzubringen.«

»Dazu hätte ihnen auffallen müssen, dass ich nicht mehr da war.«

»Wäre ich sonst hier?«

Charlie zuckte mit den Schultern. »Und das soll mir jetzt was beweisen?«

Für den Anfang reichte Edward ihm das Armband mit Tougards Schutzzeichen, schließlich konnte er ihm nicht verraten, wie viele Gedanken sich Becca und Daisuke um ihn gemacht hatten. »Hier. Man wirft Geschenke nicht weg.«

Charlie rührte sich nicht. »Ich komme alleine klar. Das musste ich immer.« *Ich wünsche mir ja, dass jemand bemerkt, dass eben nicht alles in Ordnung ist.*

Edward fühlte sich in die Vergangenheit zurückversetzt. Wie oft hatte er sich noch zu Hause diese Frage gestellt? Seine Familie hatte stets eifrig für ihn Pläne geschmiedet. Über seine Berufswahl, sein College – seine Zukunft lag ausgebreitet vor ihm. Aber nie hatte ihm jemand gefragt, wie er mit dem Verschwinden seines Bruders zurechtkam. Ob er überhaupt seinen Platz einnehmen wollte oder doch weiter in dieser kleinen, vielleicht schäbig wirkenden Firma Computerspiele entwickeln und programmieren wollte.

»Was willst du noch hier?«, fragte Charlie. Mit aller Kraft klammerte er sich an sein T-Shirt, als wäre es das Einzige, das ihn nicht verlassen würde.

Hab bitte ein Auge auf ihn, erinnerte sich Edward an die Worte des Ältesten Protektors. *Er wird deinen Rat brauchen.*

Edward war noch nie gut darin gewesen, Menschen aufzubauen. Er konnte ein mathematisches Problem mit Leichtigkeit lösen, aber Gefühle verhielten sich so verdammt irrational.

»Du musst dich nicht nur auf dich selbst verlassen«, versuchte es Edward. »Wir sind eine Gruppe. Da passt man gegenseitig auf sich auf und hilft einander.«

Endlich hob Charlie den Kopf und starrte ihn wütend an. »Hör auf, dich in meinen Kopf zu schleichen!«

Er wartete einen Moment ab, aber er hörte Charlies Gedanken nicht mehr. Als hätte er wieder diesen Schutzschild hochgefahren, den Edward sich seit Tagen zu erklären versuchte.

»Tu nicht so ahnungslos und probier nicht diesen Jedi-Trick mit den Augen. Ich lasse mich nicht einlullen wie die Mädchen in Taun.«

»Das hatte ich nicht vor.«

Charlie erhob sich, aber sein Knie zitterte und er fiel erneut zu Boden. »Was sind eigentlich deine Gaben, Edward? Sei wenigstens einmal ehrlich.«

»Telepathie«, gestand er offen – ein seltsames Gefühl, es wirklich auszusprechen.

Edward wollte ihn hochziehen, doch Charlie riss sich von ihm los und wandte sich ab.

»Wie soll man zu jemandem Vertrauen fassen, der die geheimsten Dinge hören kann? Der Antworten gibt, die so gut sind, dass man ihn mögen muss. Aber man sich gleichzeitig fragt, ob er das nur sagt, weil er aus meinen Gedanken weiß, dass ich es hören möchte?«

»Ich höre dich nicht.« Edward steckte seinen Ring wiederum an. »So gut wie nicht.«

»Du hast es also versucht.«

»Versuch mal, nicht zu denken«, konterte Edward.

Nicht zu denken, ist leichter gesagt, als getan. Es war praktisch unmöglich. Selbst wenn man sich fest vornahm, nicht an einen rosafarbenen Elefanten zu denken, stellte man sich den Rüssel, die weiten Ohren und die runzelige Haut vor. Edward hatte lange gebraucht, um die Gedanken der Begabten und auch seine eigenen auszublenden. Nur dann konnte er so etwas wie Stille genießen.

»Toast«, rief Charlie triumphierend. »Frisch geröstet und mit Butter bestrichen, die langsam zerläuft. Ich denke ab sofort nur noch an Toast!«

Edward runzelte die Stirn. »Machst du das mit Absicht? Mir knurrt schon der Magen.«

Charlie sah ihn über die Schulter hinweg an. »Mir auch.«

Die Begabten verfielen in ein verhaltenes, aber befreiendes Lachen.

»Mir ging in den letzten Tagen so viel Mist durch den Kopf. Das meiste würde ich am liebsten vergessen«, sagte Charlie und stützte sich gegen einen Baum. »Ich will nicht, dass du das auch noch hörst.«

Auf einmal kam Edward sich idiotisch vor. Seit wann verließ er sich nur auf seine Gabe? Konnte er es nicht mehr anders? Protektor Peel würde ihm vorhalten, er sei vom rechten Weg abgekommen. Bis Charlie auftauchte.

Er war nur ein Junge, der nicht weiterwusste. Edward kannte dies Gefühl zu gut. Viele Jahre war er seinen telepathischen Fähigkeiten ausgeliefert gewesen. Ständig Gedanken zu hören, tötete jede Neugier ab, bis man sich völlig zurückzog. Aber Charlie war erst seit ein paar Wochen in dieser Welt. Wie sollte er sich an ihre

Absonderlichkeiten gewöhnt haben? Die Emronder, Sarahs Tod, Wölfe und Anns seltsames Verhalten vereinfachten das keineswegs.

Was Charlie brauchte, war jemand, der zuhörte. Wenn Edward etwas seinen Fähigkeiten zu verdanken hatte, dann das. *Der Älteste Protektor behält wie immer recht,* dachte er mit einem Schmunzeln.

»Ich kann dir vertrauen, nicht wahr?«, fragte Charlie. »Du lauschst meinen Gedanken nicht, um mich zu manipulieren?«

Edward stutze. »Wieso fragst du das?«

Charlie biss sich vor Schmerz auf die Lippen, als er sich zu Edward umdrehte. »Wir sind gar nicht so verschieden, du nimmst ebenfalls mehr wahr, als du willst. Abgesehen davon, dass du viel erfahrener bist. Aber das ändert sich hoffentlich mit der Zeit.«

»Ich habe nicht vor, dich zu manipulieren«, sagte Edward eindringlich und reichte ihm erneut sein Armband. »Dein Jedi-Trick, wie du so schön sagst, ist nur eine Ergänzung, wie ein Add-on. Anstatt Gedanken zu hören, kann ich meine eigenen anderen aufdrängen. Dennoch nutze ich es nur in Notfällen, ich bin mir der Konsequenzen sehr wohl bewusst.«

»In Notfällen, wie als die Mädchen uns beim Beschaffer fast zerquetscht hätten?«

»Zum Beispiel. Würde ich meine Gabe nicht gewissenhaft einsetzen, wäre ich jetzt nicht hier, sondern bereits in Emrond.«

Charlie maß ihn mit einem Blick, bevor er das Armband entgegennahm. »Dann verrate mir, was du denkst.«

»Was?«

»Was denkst du? Über diese Reise, über den Schatten. Darüber, seit sieben Jahren in Tougard zu sein? Wie konntest du Raphaels dämliches Grinsen ertragen? Wie geht es deinem Arm?«

Edward wusste nicht, was er antworten sollte. Bisher hatte man ihn immer gefragt, wie er mit seiner Telepathie und den vielen fremden Gedanken zurechtkam. Aber nie, wie er darüber dachte.

»Das erzähle ich dir, wenn wir wieder zurück im Lager sind. Einverstanden?«

Charlie zögerte dennoch. Er war fast so misstrauisch wie Edward selbst.

»Wenn wir noch lange brauchen, werden Becca und Daisuke dich auf eigene Faust suchen«, erinnerte ihn Edward, erwähnte jedoch nicht den Schatten.

»Lass uns losziehen.«

Charlie, dessen Bein versorgt werden musste, und Edward, der ihn mit seinem verletzten Arm kaum stützen konnte, ergaben ein seltsames Gespann. Ihr Weg war beschwerlich und die Gespräche nur verhalten, da keiner irgendwie Aufmerksamkeit auf sich lenken wollte. Woher sollten sie auch wissen, was noch im Wald auf sie lauerte?

Edward rechnete fast damit, dass Raphael ihnen ungeduldig entgegenkommen würde, um seinem Ärger Luft zu machen. Doch zu ihrer Überraschung erwartete sie Ann.

»Was ist passiert?« Die Sorge stand ihr ins Gesicht geschrieben, als sie Charlie erblickte. »Bist du gestolpert?«

»Nein.«

Ann hielt ihn am Jackenärmel fest. »Was ist dann passiert?«

»Lass gut sein, Annabelle«, erwiderte Charlie kalt und humpelte weiter. »Du hast bestimmt Wichtigeres zu tun, als mit so einem wie mir zu reden.«

Mit einem genervten Schnauben ließ sie Charlie stehen und stampfte in Richtung Dunkelheit davon.

»Keinen Schritt, weiter«, kommandierte Raphael und Ann hielt inne. »Mir reicht es, dass hier jeder kommt und geht, wie es ihm gefällt.«

»Das fällt dir aber früh auf«, erwiderte Charlie. Daisuke eilte zu ihm und hielt einen Verbandskasten in der Hand.

»Wieso bist du einfach abgehauen?«, brummte der Brasilianer.

Charlie würdigte ihn keines Blickes. »Ich schulde dir keine Rechenschaft, nur weil du dich als Beschützer aufspielen willst.«

Edward ahnte, was geschehen würde, war aber nicht schnell genug, um es zu verhindern. Einmal in Fahrt, war niemand schneller als Raphael.

In einer fließenden Bewegung packte er Charlie am Kragen und rammte ihn gegen den nächsten Baum, hielt ihn in der Luft, so dass seine Füße einige Zentimeter über den Boden baumelten. »Ich fragte, wieso?«

»Soll das zur Gewohnheit werden?«, würgte Charlie hervor.

Edward verdrehte die Augen. Wie sehr wünschte er sich, dass Raphael sein Temperament besser ihm Zaun halten würde. »Jeez, ich hab's ihm erklärt. Komm runter.«

»Hoffentlich das letzte Mal, Ed.«

»Was erklärt?«, fragte Ann, doch die Begabten schwiegen. »Und wieso sollen wir nicht das Lager verlassen?«

Edward überlegte, wie er eingreifen sollte. Doch wenn Raphael einmal in Rage geraten war, konnte er nur abwarten, bis es sich wieder legte. Danach würde Edward die Scherben einsammeln und sehen, wie er Anns Fragen beantworten könnte.

Da zog Becca Raphael am Ohr. »Autsch! Becca!«

»Es ist nicht fair, Charlie so zu behandeln. Du bist viel stärker als er.«

»Lass das!« Sie zog nur noch fester, bis er Charlie schließlich freigab. »Ich komm ja mit!«

Edward schmunzelte. *So funktioniert das natürlich auch.*

Die Französin schubste ihn sanft zu seinem Schlafplatz und setzte sich wie eine Wächterin an seine Seite. »Also, was sollte Edward erklären?«

Raphael verschränkte die Arme vor der Brust. »Ein Wort, Kleiner, und du stirbst einen qualvollen Tod.«

Charlie runzelte die Stirn. »Glaubst du, nach den letzten Tagen habe ich noch Angst vor dir?«

Edward wechselte einen Blick mit Charlie. Das Problem mit dem Vertrauen fassen war, dass man sich nie sicher sein konnte. Man musste daran glauben, dass das Vertrauen nicht enttäuscht wurde, sonst erhielt man es nie zurück. Der Glaube war dabei der schwierigste Teil, besonders für Edward. Aber was, wenn sie den Schatten weiterhin verschwiegen und dieses Geheimnis im Nachhinein alles scheitern ließ? Was, wenn ein weiteres Mädchen, dem Schatten zum Opfer fiel? Oder Daisuke?

Charlie ließ Edward nicht aus den Augen. *Der Junge schleppt genug Geheimnisse mit sich herum,* befand er und nickte ihm zu. Raphael stöhnte gequält über seine Entscheidung, als würde Edward alles vermasseln.

»Es geht um Sarah«, sagte Charlie langsam. »Sie ist nicht zurückgekehrt. Sie ist tot.«

Kapitel 18

ABGRÜNDE

Seit dem Streit mit Charlie fühlte sich Ann wie ausgestoßen. Sie traute sich nicht, ihn anzusprechen, geschweige denn, sich in seiner Nähe aufzuhalten. Wann immer sie es doch tat, endete ihr Gespräch spätestens nach zwei Sätzen, wenn Charlie sich abwandte und sie ein »Du bist so ein Idiot!« hinterherbrüllte. Schlimmer als Charlies Gleichgültigkeit blieb jedoch Becca, die ihr in den Ohren lag, warum sie sich nicht entschuldigte. Selbst Raphael hatte sie darauf angesprochen. Und er war wirklich nicht der Sensibelste.

Die Nachricht von Sarahs Tod und dem bedrohlichen Schatten löste unter den Begabten ein ungeahntes Solidaritätsgefühl aus. Raphael hatte ihnen erklärt, dass man sich nicht allein von der Gruppe entfernen sollte, doch das wagte ohnehin keiner. Bis auf Ann.

Edwards Verletzung beeinträchtigte das Vorankommen kaum, Charlie konnte jedoch nicht verhindern, um einiges langsamer zu sein. Warum hatte Ann das nicht bemerkt? Früher hatte Charlie oft Schrammen und Krater vor ihr verborgen, damit sie sich nicht sorgte. Aber eine Bisswunde? Wie sollte ihr das entgangen sein? Zwar kaschierte er seine Verletzung so gut es ging, aber sein Humpeln löste immer wieder eine frische Welle Schuldgefühle aus. *Als beste Freundin hast du versagt,* dachte Ann bitter. *Falls du dich noch so nennen kannst.*

Je weiter die Gruppe nach Osten vordrang, verwandelten sich Wald und Wiesen in eine hügelige Felslandschaft. Schwärme von Elstern, Krähen und Schwalben zogen über sie hinweg. Die Vögel pickten zwischen Geröll nach Skorpionen und Käfern, die an jeder Stelle über den Boden krabbelten. Bei Skorpionen, die sie mit aufgestellten Stacheln bedrohten, blieb es jedoch nicht. Im Geröll versteckten sich Schlangen, die sofort nach den Knöcheln der Begabten schnappten, wenn sie ihnen zu nahe kamen. Raphael hatte alle Hände voll zu tun, die Schlangen aus dem Weg zu räumen. Wobei er bald nur noch genervt die Augen verdrehte, wenn eins der Mädchen »Vorsicht neben dir!« ausstieß.

Die Begabten sagten nichts zu Raphaels neu entdecktem Beschützerinstinkt. Obwohl Ann das Gefühl nicht abschütteln konnte, dass Becca den Brasilianer häufig ohne Grund zu sich rief.

Die Tage glitten vorbei, während sie den Umrissen der Emronder folgten und auf neue Spuren stießen. Weitere Feuerkreise, zurückgelassene Kleidungsstücke oder verlassene Lagerplätze, die von verkohlten und regelrecht zerplatzen Bäumen umgeben waren. Gwen hatte mit ihrer Fähigkeit ganze Arbeit geleistet, auch wenn Edward die Sorge über ihre immer aggressiver werdenden Ausbrüche ins Gesicht stand.

Ann fühlte sich jedoch schrecklich. Egal wie sie es drehte und wendete, Charlie traf keine Schuld an ihrem letzten Streit. Dass er nicht richtig heilen konnte, das wusste sie. Warum also wich sie ihm feige aus? Sie hatte es immer als selbstverständlich angesehen, dass Charlie für sie da war. Aber auf ihr Drängen hin, sich neue Freunde zu suchen, folgte, dass sie die gemeinsame Zeit mit ihm vermisste.

Ann hätte nur den Mund öffnen und »Es tut mir leid« sagen müssen. Das konnte doch nicht so schwer sein! Bisher hatte Charlie ihre Entschuldigungen immer akzeptiert. Allerdings verbot ihr das ihre Sturheit. Charlie hatte seit Wochen seinen Umzug verschwiegen. War ihm nie der Gedanke gekommen, dass er sie dadurch verletzte? Wenn Charlie fortzog und sie ihn nie wiedersah, dann – sie wüsste nicht, was sie dann machen sollte. Also warum entschuldigte *er* sich nicht bei *ihr*?

Erst Nächte später, als Ann aus einem Albtraum hochschreckte, wollte sie Charlie nach den Gründen seiner Verschwiegenheit fragen. Als Mechanikerin reparierte sie meist Dinge, indem sie diese auseinanderlegte und die kaputten Teile austauschte. Wie sehr sie die Freundschaft zwischen ihr und Charlie allerdings untersuchte – ohne seine Sichtweise würde sie nie den Fehler finden.

Bis auf Raphael und Edward, die Wache hielten, schliefen die Begabten tief und fest. Auf Zehenspitzen huschte Ann zu Charlies Schlafsack, fand ihn dort jedoch nicht.

»Du alterst«, flüsterte Charlies Stimme stattdessen. Abseits der Schlafenden spielten er und Edward am Lagerfeuer Karten.

Anns Finger ballten den Schlafsack zusammen und stießen gegen Charlies Skizzenbuch. Früher hätte Charlie sie gefragt, ob sie mitmachen möchte. Wollte er mit ihr keine Zeit mehr verbringen? Oder lag es doch an den Vorwürfen, die Charlie ihr entgegengebracht hatte. Dennoch verstand sie nicht, warum er ihr aus dem Weg ging. Nur weil Raphael sich für sie interessierte?

»Und wie alt bist du mittlerweile?«, fragte Charlie weiter.

Edward legte seine letzte Karte ab und beendete das Spiel. »Mau-Mau. Ich bin sechsundzwanzig.«

Ann blickte über die schlafenden Begabten. Niemand würde bemerken, wenn sie sich Charlies Skizzen kurz ansah, die er in jeder freien Minute anfertigte. Selbst wenn er momentan keinen Wert auf ihre Freundschaft legte, Anns Neugier besiegte Vernunft und Reue. So hatte sie wenigstens eine Beschäftigung, während sie lauschte.

Seitdem er den dritten Platz bei einem Zeichenwettbewerb gewonnen hatte, waren Charlies Porträts noch besser und detaillierter geworden. Die Abbildungen von Raphael und Edward wirkten fast lebendig im flackernden Feuerschein. Beim Anblick von Raphaels unbändigen, violetten Augen auf der Zeichnung lief Ann ein eiskalter Schauer über den Rücken. Diese Seite des

Brasilianers war ganz anders als die Heiterkeit, die er sonst aufrecht hielt.

»Wie ist es dir aufgefallen?« Rasch mischte Charlie und teilte erneut aus.

Edward fuhr sich über einen frischen Kratzer seiner Wange, den Charlie mit einem Pflaster versorgt hatte. »Ich war nach der Mutprobe der einzige Junge, der sich rasieren musste.«

Ann blätterte verstohlen durch die Seiten. Sie sah, wie Becca sich gedankenverloren durch die Haare fuhr und Daisuke mit seinem Pager spielte. Wie Edward in Gedanken versunken schmunzelte, Vivienne und Raphael sich böse anfunkelten und Sarah in einem unbeobachteten Moment an einer Blüte roch. Ann fragte sich, ob ihr all diese Kleinigkeiten überhaupt aufgefallen wären.

»Darf ich dich etwas fragen?« Edward nickte und Charlie fuhr fort. »Was hat es mit Raphaels Mutprobe auf sich? Was sollte diese blaue Schicht?«

»Die Protektoren verbieten Raphael jedes Jahr die Mutprobe, aber davon lässt er sich nicht abhalten«, erklärte Edward. »Es ist die eine Prüfung und die Wahrscheinlichkeit, sie zu bestehen, liegt praktisch bei null.«

»Deswegen meintest du, du wärst längst in Emrond, wenn du deine Gabe missbrauchen würdest?«

Edward nickte.

»Das erklärt, warum Raphael mich unbedingt aufhalten wollte.«

Ann lenkte ihre Aufmerksamkeit wieder auf die Skizzen, die herrlicher aussahen als jede Fotografie. Beim Blättern blieb Ann jedoch die Luft weg. Auf gefühlt jeder zweiten Seite sah sie Abbilder von sich. Sie lächelten ihr entgegen, ärgerten sich über eine umgestoßene Tasse Kakao oder zogen einen Schmollmund. Ann war niemals bewusst gewesen, dass Charlie sie in jeder Sekunde beobachtet und auf Papier eingefangen hatte.

»Stell dich darauf ein, eine neue Gabe zu entdecken«, scherzte Edward und legte erneut seine Karten ab. »Mau-Mau.«

»Noch eine Fähigkeit?«, seufzte Charlie. »Großartig.«

So wie sie Charlie kannte, würde er nicht ruhen, bis er sich zum besten Heiler hochgearbeitet hatte. Er war nicht wie sie, die nicht funktionierende Projekte auch für ein Jahr in eine Ecke verbannte. Oder gar für immer.

Ann warf einen letzten Blick auf die weichen Linien. Was war der Sinn dahinter? Warum ging Charlie ihr aus dem Weg, wenn er sie doch offensichtlich rund um die Uhr beobachtete?

Sollte ich ihn darauf ansprechen?, fragte sich Ann und überlegte, wie Charlie reagieren würde. Schließlich durchwühlte sie seine Sachen. Wenn er in ihrer Werkstatt auch nur Papiere durchgesehen hatte, war sie immer in die Luft gegangen.

Da trat Raphael in den schwachen Lichtkreis des Lagerfeuers und Ann zuckte vor Schreck zusammen. »Ich bin daheim«, scherzte er.

Charlie grinste frech. »Du hast zu lange gebraucht, als das etwas Wichtiges passiert sein kann.«

Diese Reaktion kannte Ann nicht von ihm. Bei ihren älteren Brüdern hatte er sich so etwas nie getraut.

Raphael knurrte bedrohlich und verpasste Charlie eine Kopfnuss. »Vergiss nicht, ich höre alles. Im Umkreis von einem Kilometer ist außer uns nichts mehr wach.«

Ann schmunzelte.

»Du hörst fast alles«, konterte Edward und sah in ihre Richtung.

Das Lächeln gefror Ann auf den Lippen.

Raphael rempelte Charlie noch einmal an, bevor er sich zum Kartenspiel dazu setzte.

»Wehe, du schummelst«, warnte Charlie, bevor er erneut austeilte.

So fröhlich hatte Ann ihn lange nicht mehr erlebt. Er war wie ausgewechselt, ging auf Fremde zu und bot Raphael mit Vorliebe die Stirn. Was, wenn Charlie nicht das Problem war? Sondern sie? In ihrer Gegenwart lächelte er immer gequält und verweilte in Gedanken an einem anderen Ort.

»Willst du auch mitspielen, Daisuke?«, rief Edward leise und winkte ihn herüber.

Der kleine Japaner setzte sich auf und strahlte. »Gern, ich kann eh nicht schlafen. Und gegen Himiko-chan hab ich immer gewonnen.«

»Schläft hier eigentlich niemand?«, fragte Raphael aufgebracht.

Charlie unterdrückte ein Gähnen. »Doch. Die Mädchen.«

Ann schlich zu ihrem Schlafsack zurück, bevor sie noch jemand entdeckte. Zwischen den Begabten war etwas entstanden, das Ann nicht begriff. Die vier waren so unterschiedlich und doch hatte Charlie einen nach dem anderen um sich geschart. Wenn sie sich jetzt dazugesellen würde, würde sie nur stören.

Die Schlafsäcke raschelten erneut und Becca rollte sich mit offenen Augen auf die Seite. Als sie Ann bemerkte, legte sie einen Finger auf die Lippen.

»Was mache ich falsch?«, wisperte Ann dennoch. Die Französin schüttelte stumm den Kopf und legte tröstend einen Arm um sie. Fast so, als wollte sie sagen, dass alles wieder gut werden würde. Irgendwie.

Ein paar Tage später erreichte ihre Reise einen Punkt, der Ann an ihre Grenzen brachte. Vor ihr stürzte eine Schlucht in die Tiefe, durch die ein Strom aus den Bergen rauschte. Die Spalte, die das massive Gestein aufriss, verlief links wie rechts bis zum Horizont. Nur wenn Ann sich anstrengte, konnte sie in der Ferne erkennen, wie der Abhang nach und nach abflachte.

Ein Knoten bildete sich in ihrem Hals.

»Warum können wir nicht einen anderen Weg suchen?«, fragte sie und hoffte, dass niemand die Nervosität in ihrer Stimme hörte.

»Wir nehmen die Brücke«, stellte Raphael fest. »Alles andere bedeutet einen Umweg von mindestens zwei Tagen.«

Allein der Anblick der Brücke verstärkte Anns Zweifel. An beiden Seiten ragten Baumriesen über den Abhang. Ihre starken Wurzeln gruben sich tief in den Fels und dicke Stricke schlangen sich um ihre Stämme. Die Brücke selbst sah jedoch wenig vertrauenserweckend aus. Die Holzlatten knackten im Wind, während die Brücke hin und her schaukelte.

»Himiko-chan passiert die Schlucht und verschwindet in der Ferne.« Mit leicht zusammengekniffenen Augen deutete Daisuke auf die andere Seite. Ohne ihn hätten sie niemals die unscheinbare Hängebrücke entdeckt.

Raphael hockte sich in den Staub und wischte mit einer Hand über den Boden.

»Ist es das, was ich vermute?«, fragte Edward.

»Ja. Blut.«

Bei seinen Worten drehte sich Ann der Magen um. Sie waren zu einer Rettungsaktion aufgebrochen, aber der Gedanke, dass die Emronder die Mädchen verletzten, war ihr nie gekommen.

»Nur ein Grund mehr, um sich zu beeilen!«, rief Vivienne und inspizierte die Brücke.

»Was, wenn eins der Bretter morsch ist?«, wollte Ann wissen.

»Musst du eben schwimmen«, stellte Raphael fest. »Bei mir zu Hause zählen schon zwei Seile als Brücke, über die du dich rüber hangeln musst. Piranhas hin oder her.«

Edward schüttelte über Raphaels Enthusiasmus nur den Kopf und auch Anns Zweifel wollten nicht verstummen. Erst als Raphael und Becca heil die andere Seite erreicht hatten, legte sich zumindest Anns Angst, dass die Brücke nicht stabil genug sei.

»Wow!« Daisuke blieb in der Mitte stehen und blickte über den Rand in die Tiefe. »Was für eine Aussicht! Besser als das Aquarium in Okinawa!«

»Ann?«, forderte Edward sie auf.

»Ich?« Sie musterte die Holzbretter skeptisch, die sich unter den Füßen der anderen bogen und knarrten. Ihre Reaktion war übertrieben und unnötig. Nur weil sie als Kind fast ertrunken wäre, führte sie ein wasserloses Leben. Mit viel Mühe und Geduld traute sie sich mittlerweile wenigstens ins Nichtschwimmerbecken. Wobei es nicht ihre Geduld gewesen war, sondern die ihres Vaters und natürlich Charlies.

Doch dann lugte Ann hinunter zum Fluss. Das Wasser spülte rasend schnell an den Felswänden entlang, überschlug sich. Von wegen übertrieben. Es war Irrsinn, diese Brücke überqueren zu wollen!

Ann wandte sich hilfesuchend zu Charlie, der ihre Furcht jedoch ignorierte. Lediglich aus den Augenwinkeln linste er herüber. *Du schaffst das auch ohne ihn,* sprach Ann sich Mut zu und fasste ihr Ziel ins Auge. Keine fünfzig Schritte trennten sie von der kargen Landschaft gegenüber.

Da schob Vivienne sich an ihr vorbei. »Das dauert mir zu lange.«

Ann sammelte alle Entschlossenheit, die sie aufbringen konnte, und setzte den Fuß auf das erste Holzbrett. Die Erinnerung an die Fluten, die alles mit sich rissen, stieg in ihr auf. Sofort beschleunigte sich Anns Atem und sie klammerte sich an den dicken Seilen fest. So viel zu ihrem Mut, der hatte sich in Luft aufgelöst.

»Du musst keine Angst haben«, flüsterte Charlie auf einmal in ihr Ohr. Ann spürte, wie die Brücke sich unter seinem Gewicht bewegte. Sie wollte es sich nicht eingestehen, aber Erleichterung durchflutete sie. Sie musste sich nicht fürchten und ihre Angst alleine bekämpfen.

»Musst du so schaukeln?«, jammerte Ann trotzdem.

»Glaubst du ernsthaft, ich lass dich alleine über eine Brücke laufen? Bei deiner Wasserangst?«, scherzte er, während er sie behutsam umrundete. Mit einer Hand klammerte er sich an das Seil, die andere bot er Ann dar. »Deine Ma würde mich umbringen. Wenn nicht sie, dann deine Brüder.«

»Wahrscheinlich.« Ann biss sich auf die Lippen. Diese verfluchte Brücke stellte ein Wagnis für sie dar. Ann mit ihrer Angst vor Wasser und Charlie, der sich nicht einmal auf die zweite Stufe einer Leiter traute. Dennoch griff sie nach seiner Hand. Charlie war bei ihr. *Uns wird nichts geschehen,* wiederholte Ann in Gedanken.

Charlie machte einen Schritt rückwärts über die wackelige Brücke; die Seile spannten sich unter ihrem Gewicht. Ann folgte, ohne zu zögern, bis eine Windböe die Brücke durchschaukelte. Ihre Füße verweigerten sogleich den Dienst.

»Sieh mich an, Ann.«

»Ich probiere es«, erwiderte sie mit zitternder Stimme.

Charlie drückte ihre Hand. »Du schaffst das.«

Wenn sie nicht all ihre Überwindung gebraucht hätte, sich vorwärtszubewegen, wäre Ann bereit gewesen, sich sofort bei Charlie zu entschuldigen. Bei ihrem Verhalten der letzten Wochen hatte sie es nicht verdient, dass er sich um sie sorgte.

»Warum denkst du nicht an deine Werkstatt? An das Chaos, das du hinterlassen hast?« Charlie verschränkte seine vor Angst schweißnassen Finger mit ihren und zog Ann vorwärts.

»Das ist kein Chaos.« Anns Mundwinkel zuckten zu einem halbherzigen Grinsen. Wie immer neckte er sie, um sie abzulenken. »Hast du keine Angst, Charlie? Bei dieser Höhe?«

»Rede nicht von Höhen.« Er legte ein weiteres Stück zurück. »Außerdem sagst du selbst, dass du in deiner Werkstatt nichts wiederfindest.«

»Ich wette, Tyrdon räumt heimlich auf.«

»Du meinst, er schlafwandelt? Tyrdon hat doch nur zwei Hobbys: schnarchen und Begabte bespitzeln.«

»Und Geschichten von früheren Mechanikern erzählen«, ergänzte Ann.

Mit Charlies Unterstützung schaffte es Ann, die Hälfte der Strecke zurückzulegen. Er drängte sie zu nichts und wartete geduldig, bis sie zum nächsten Schritt bereit war. Doch Anns Gedanken rasten. Ein falscher Schritt und sie – nein, über so etwas sollte sie nicht nachdenken.

Da rannte Vivienne erneut über die wackelige Konstruktion; dieses Mal in ihre Richtung. Panisch krallte Ann die Finger in Charlies Hand. Mit einem Schritt war er bei ihr und legte schützend den Arm um sie. Die Geste kam überraschend, doch schenkte sie ihr das Gefühl von Sicherheit. Instinktiv drängte sie sich näher an ihn, ließ sich von seiner Wärme einfangen.

»Wir müssen springen!«, kommandierte Vivienne.

Ann musste sich verhört haben. Das war nur ein dummer Witz, ein Scherz. Doch spätestens, als Becca hinter der Australierin hereilte, wusste Ann, dass etwas nicht stimmte. Konnten die alten Seile das Gewicht von vier Menschen tragen? Ann legte den Arm um Charlie und hielt sich fest. Solange er an ihrer Seite war, würde ihr nichts passieren. Streit hin oder her, Charlie hatte immer auf sie aufgepasst.

»Emronder?«, fragte er. Wie konnte seine Stimme nur so ruhig klingen?

»Nein, harmlose Spaziergänger. Auf wen sollen wir hier schon treffen?«, erwiderte Vivienne.

Die Luft flimmerte, als Becca ihre Illusionsgabe hervorrief. Nebelschwaden zogen auf und umhüllten die Klippen. »Raphael hält sie auf«, erklärte die Französin, »und ich sorge dafür, dass uns niemand sieht.«

Vivienne zeigte nach unten. »Wir nehmen den Notausgang.«

»Nein!«, schrie Ann angsterfüllt. »I-ich kann nicht schwimmen.«

Unbeeindruckt von ihrem Ausbruch zog Vivienne ihren Rucksack aus, kletterte unter dem Seil durch und stellte sich auf die Kante. »Ich will jedenfalls nicht geschnappt werden.« Ein Schritt nach vorne und sie würde direkt in die Tiefe rasen.

Ann sah vor ihrem geistigen Auge, wie die Australierin von den Fluten fortgezerrt wurde und ertrank. Doch Viviennes Kopf tauchte nach wenigen Sekunden an der Wasseroberfläche auf. Sie winkte mit den Armen und trieb flussabwärts. Dann knickte die Strömung nach links weg und Vivienne verschwand.

»Es gibt Klippen, die weitaus höher sind«, erzählte Charlie und löste sich vorsichtig aus ihrer Umarmung. Ann wollte nach seiner Hand greifen, ihn wieder bei sich wissen, doch ihre Furcht lähmte sie.

Vorsichtig stieg Charlie unter dem Seil durch. »Das ist wie ein Sprung vom Zehnmeterbrett. Außerdem ist jede Meeresströmung stärker als der Fluss dort unten. Glaubst du mir? Ich war oft genug am Meer. Zumindest ein paar Mal mehr als du.«

Gerade wegen der Wellen und der Felsen rechnete Ann ihre Überlebenschancen gegen null.

»Oh nein, Raphael-san, nicht! UWAAH!« Daisuke flog über die Klippen, als hätte man ihn geworfen. Stocksteif beobachtete sie, wie auch er hinter der Biegung verschwand.

»Du musst keine Angst haben, Ann«, beruhigte Charlie sie. »Ich halte dich fest und bringe dich an Land.« Er schlüpfte ebenfalls aus dem Riemen seines Rucksacks und warf ihn in den Fluss.

»In meinem Internat war ich Mitglied des Schwimmteams«, stimmte Becca mit ein, die andere Seite der Schlucht fest im Blick. »Dir wird nichts passieren.«

Charlie pfiff zwei Mal, erlangte Edwards Aufmerksamkeit und zeigte mit den Daumen nach unten. Der Schotte nickte, warf seine Tasche voraus, um mit Anlauf über den Abhang zu springen.

»Bereit?«, fragte Charlie zuversichtlich, obwohl sein Gesicht vor Angst bleich war.

»Bereit«, wimmerte Ann. Ein Windstoß schüttelte die Brücke erneut durch und sie verlor fast ihren Halt.

»Beeilt euch!«, warnte Becca hastig. »Ich kann meine Gabe nicht ewig einsetzen!«

Ann schluckte schwer. Sie ließ sich nie von ihrer Angst steuern, warum also jetzt? Wenn Charlie sagte, ihr passierte nichts, dann würde das auch eintreten. Sie fasste den Abgrund ins Auge und trat an den Rand der Brücke.

Doch Becca stieß einen erschrockenen Schrei aus.

»Rufus wird äußerst zufrieden mit uns sein.«

Zwei Emronder hielten Becca gefangen, die sich gegen ihren Griff wehrte. »Jetzt macht schon!«

Ann sah sich bereits in die Fluten stürzen, da schlang sich der Arm eines weiteren Emronders um ihre Taille. Im Gegensatz zu Charlies Berührung wollte sie diesen Kerl schleunigst wegstoßen. »Mach keine Dummheiten«, zischte der Emronder.

»Was machen wir mit dem Jungen?«, fragte der andere.

Vergeblich versuchte sich Ann loszureißen, dennoch entging ihr nicht, wie es in Charlie arbeitete. Er konnte springen und wäre außer Gefahr. Aber ihr Freund würde sie nicht im Stich lassen. Selbst als sie auf eine überstürzte Rettungsmission quer durch eine ihr fremde Welt aufgebrochen war, war er ihr gefolgt.

Allerdings hatte Ann sich längst mit der Wahrheit abgefunden. Es gab für sie keine Chance zu entkommen, für Charlie schon.

Mit aller Kraft, die sie aufbringen konnte, trat sie dem Emronder auf den Fuß. Dadurch lockerte sich der Griff um ihre Taille nicht, doch während er laut aufjaulte, war er für einen Augenblick abgelenkt.

Fahrige Finger langten nach Charlie, streiften Wange und Lippen, Ann wagte es nicht, ihn näher zu sich zu ziehen. Wer wusste schon, wozu die Emronder bereit waren?

Trotzdem reichte die kurze Berührung völlig. Wie bei einem Schalter, der umgelegt wird, schloss sich der Stromkreis und Ann sog daraus die Kraft und die Zuversicht, die sie in den kommenden Tagen bitter nötig haben würde.

»Ich verlass mich auf dich«, brachte sie mit bebender Stimme hervor und begegnete ein letztes Mal seinem verzweifelten Blick.

Dann stieß sie Charlie von der Brücke.

Charlie spürte noch einen heftigen Stoß, bevor er im nächsten Moment schmerzhaft aufschlug. Der Fluss umschloss ihn, zog ihn in die Tiefe der braunen Fluten. Panisch strampelte Charlie um sich. Atemlos. Seine Kleidung wog Tonnen und fast wäre er auf den Grund gestoßen, bis er sich besann und sich an die Oberfläche hochkämpfte.

Begierig schnappte Charlie nach Luft. Ein Schrei und ein Platschen ließen seine Hoffnung steigen, Ann könnte den Emrondern entkommen sein. Schnell wandte er den Kopf zurück, um seine Freundin, die vermutlich Todesängste ausstehen musste, zu unterstützen. Sah jedoch nur, wie Raphael rücklings auf dem Wasser aufprallte.

Charlie warf sich gegen die Strömung und versuchte zu ihnen zu schwimmen. Bestimmt hatte der Brasilianer auch Ann mit sich gerissen.

Dann stieß Becca mit ihm zusammen.

»Raphael!«, rief sie besorgt und drückte Charlie unter Wasser. »Wieso hat er plötzlich losgelassen?«

»Wo ist Ann?«, keuchte Charlie.

Becca hielt sich mühelos gerade, als die Strömung sie fortriss, sie war tatsächlich eine gute Schwimmerin. »Sie haben sie mitgenommen.«

»Hörst du mich, Charlie?«, echote Anns Stimme durch die Schlucht. »Es tut mir leid! Es tut …«

»Oh, Charlie«, obwohl Becca versuchen wollte, ihn zu trösten, fehlten ihr die Worte.

Schweigend blickte er zum Himmel hinauf und ließ sich treiben. Die steilen Klippen ragten wie ein steinerner

Rahmen der Natur vor ihnen auf. Mit Gras bewachsene Vorsprünge, ein paar Bergziegen und vereinzelte Bäume mischten sich mit in das Bild. *Fast wie in einer überdimensionalen Badewanne,* dachte er missmutig. *Aber was zählt das jetzt noch?*

Die Emronder hatten Ann gefangen genommen. Was, wenn sie nun auf diesen Rufus traf, der die Mechanikerin suchte?

Edward rief nach ihnen, doch Charlie ließ sich wie ein Stück Holz forttragen. Er wusste nicht, wie viel Zeit vergangen war, als ihn Becca ans Ufer zog, an dem Daisuke bereits auf sie wartete. Zehn Minuten? Oder doch zwei Stunden? Es änderte nichts an der Tatsache, dass er Ann vielleicht dem Seelenseher ausgeliefert hatte. Dabei hätte er sie nur mit sich reißen müssen. *Was hätte es geändert? Hätte ich mich gegen die Emronder behaupten können? Aber sie hat mich gerettet – ich kann ihr nicht bedeutungslos sein.*

Die letzten Schritte liefen Becca und Charlie, bis beide im groben Sand des Uferstreifens zusammensackten. Charlie rollte sich auf den Rücken und begann laut zu lachen. Er hatte wieder versagt. Offenbar war Scheitern das Einzige, das er wirklich beherrschte.

»Das war um einiges besser als das Aquarium in Okinawa!«, jubelte Daisuke und kniete sich zu ihnen.

Charlie versuchte, sich zu orientieren. Edward und Vivienne fischten nach den Rucksäcken. Die Sandbank, auf der er saß, endete im Dickicht eines tropischen Urwalds.

»Hat doch alles geklappt«, kommentierte Vivienne zuversichtlich.

Eigentlich wollte Charlie vor Wut über seine Unfähigkeit schreien, aber wenn er den Mund öffnete, drang nur ein ungläubiges Lachen heraus. Hätte er Ann von der Prophezeiung erzählen sollen? Wäre sie dann vorsichtiger gewesen? Er wusste es nicht.

»Wo ist Ann?«, fragte Edward. »Charlie, wieso ist sie nicht bei dir?«

Anstatt etwas zu erwidern, trat Charlie gegen den Sand. Wenn Tougard sich doch nur als Traum herausgestellt hätte. Er könnte aufwachen und alles wäre beim Alten.

»Und wo ist Raphael?« Becca zog sich die Turnschuhe aus und ein Schwall Wasser ergoss sich.

Eine beklommene Stimmung breitete sich unter den Begabten aus. Niemand hatte den Brasilianer auftauchen sehen und die Fußabdrücke im Sand ließen sich eindeutig zuordnen. Raphael hatte es nicht ans Ufer geschafft.

»Er wird noch kommen«, versicherte Edward.

Notgedrungen beschäftigten sie sich damit, das Nötigste auszuwringen, den Sand auszuschütteln und zu kontrollieren, was die Fluten mit sich gerissen hatten. Nur Becca starrte immer wieder zum Fluss, als ob sie hoffte, Raphael zu entdecken. Selbst als sie ihre Sachen über den halben Strand verteilt hatten, blieb der Brasilianer verschwunden.

»Oh nein, Charlie-kun!«, rief Daisuke plötzlich und griff nach seinem Skizzenbuch. »Deine Bilder sind nass geworden!«

Vorsichtig schälte Charlie die gewellten Seiten auseinander. Anns Zeichnungen lächelten ihm entgegen und auf einmal konnte er den Anblick nicht mehr ertragen. Er wollte das Skizzenbuch in viele kleine Stücke zerreißen, brachte es dann doch nicht über sein Herz und schleuderte es so weit wie möglich von sich. Was, wenn er sie nie wiedersah?

»Nicht!« Daisuke sprang hinterher und langte danach, bevor der Fluss das Buch fortspülte. »Du hast so lange daran gearbeitet.« Der kleine Japaner kramte eine halbwegs trockene Taschentücherbox hervor. Auch Edward warf ihm ein Päckchen Taschentücher zu, mit dem Daisuke die Seiten trockenlegte.

»Hier, fast wie neu.« Als Daisuke ihm dieses Mal das Skizzenbuch reichte, nahm er es entgegen. Wäre Tougard nur ein Traum, könnte Charlie aufwachen, aber dann wären seine Freunde wieder verschwunden. Und missen wollte er sie nicht mehr.

»Wir sollten überlegen, was wir als Nächstes tun«, schlug Edward vor.

Vivienne schnaubte. »Was gibt es da zu überlegen? Wir müssen weiter!«

»Wir können Raphael nicht zurücklassen!«, regte Becca sich auf. »Das können wir nicht!«

»Die Strömung verändert ihr Tempo nicht – er hätte längst hier sein müssen. Wahrscheinlich hat er beim Aufschlagen das Bewusstsein verloren.« Vivienne stopfte ihre Sachen in ihren Rucksack. »Sieh es ein. Er ist längst tot.«

»Das sagst du nur, weil du ihn nicht mochtest!«, schrie Becca. »Er ist nicht tot!«

»Immerhin reden wir hier von Raphael«, gab Edward zu bedenken.

Eiskalte Angst legte sich um Charlies Herz. Raphael war stark, er konnte kämpfen wie ein Tier. Aber Ann war nur eins: schrecklich stur und kämpferischer, als es gut für sie war. Genau die richtigen Eigenschaften, wenn man sich in Gefangenschaft befand. Wahrscheinlich würde sie dem Seelenseher binnen einer Stunde auf die Nerven gehen.

»Wir befinden uns in Tougard – hier müssen wir nicht schlafen«, warf Vivienne ein. »Wir können die Nacht durchlaufen.«

»Unsere Taschenlampen halten keine Nacht durch«, erwiderte Edward. »Die Batterien werden leer sein, wenn wir sie tatsächlich benötigen.«

Daraufhin schüttelte Vivienne den Kopf. »Dennoch müssen wir uns beeilen. Die Emronder haben einen gewaltigen Vorsprung und wir müssen erst herausfinden, wo wir hier sind.«

Edward und Vivienne verfingen sich in einer Diskussion, die Charlie nicht beachtete. Er hatte Ann immer für ihren Mut bewundert. Jetzt, da sie in Gefangenschaft geraten war, lag es an ihm, mutig zu sein.

Als erstes zog er Becca vom Fluss weg. »Mit all diesen Sachen, die Raphael beherrscht, wird er dich sicher wiederfinden«, meinte er mit so viel Zuversicht, wie er aufbringen konnte. »Er hat bestimmt Vivienne keifen gehört und ist längst auf dem Weg zu uns.«

»ICH KEIFE NICHT!«

Becca lächelte und zog Charlie in eine tröstende Umarmung, die er ebenfalls bitter nötig hatte. »Du hast recht. Wir sollten uns darauf konzentrieren, die Mädchen wiederzufinden.«

»Und dein Medaillon, Becca-chan.«

Daisuke hielt beharrlich sein Lächeln aufrecht, so dass Charlie mit einstimmte. Sie waren viel zu weit gekommen, um jetzt aufzugeben. Dazu hatte er jetzt noch einen Grund, so schnell wie möglich in Emrond anzukommen. Er musste den Seelenseher finden, bevor dieser Ann für sich beanspruchte.

Kapitel 19

DER ANFANG VOM ENDE

Knapp eine Woche war vergangen, seitdem die Begabten von der Hängebrücke gesprungen waren. Nach dem tropischen Urwald, in dem sie gestrandet waren, folgte ein Streifen hügeligen Ödlands. Der Schotter hatte sich mit jedem Schritt zu feinen Staub zermahlen und bald wanderten sie durch einen gewaltigen Sandkasten. Gerade in dieser Wüste war Daisuke durch Zufall auf die Umrisse der entführten Mädchen gestoßen und die Hoffnung, Emrond zu erreichen, keimte erneut unter den Begabten auf. Becca hingegen verfluchte nur die winzigen Sandkörner, die sich in ihre Schuhe stahlen oder in ihren Haaren verfingen.

Wie die anderen fragte sie sich, an welchem Ort sich Emrond versteckte. Ob sie diesen jedoch jemals erreichen würden, kümmerte sie nicht mehr. Raphael und Ann hatten ihr die Kraft und die Zuversicht gegeben, jeden Morgen aufs Neue aufzubrechen. Aber Ann war von Emrondern verschleppt worden und Becca musste sich damit abfinden, dass Raphael ertrunken war.

»Mach nicht so ein trauriges Gesicht«, flüsterte Charlie und reichte ihr eine Wasserflasche. »Das passt nicht zu dir.«

»Ich versuche es.« Becca gab sich Mühe zu lächeln. Sie durfte nicht vergessen, dass Charlie und Daisuke weiterhin an ihrer Seite waren. Nachdem die beiden Jungen sie nächtelang über den Verlust von Raphael getröstet hatten, sollte sie sich nicht so hängen lassen. Charlie und

Daisuke würden sich nur unnötig sorgen und Sorgen hatten die beiden gewiss genug.

Die Begabten legten eine Pause im Schatten einer verfallenen Hütte ein, dem einzigen Gebäude weit und breit. Am Horizont flimmerten im Sonnenlicht graue Bergwipfel, die so hoch waren, dass sie fast den Himmel berührten. Der Wüstenkessel, der sich vor den Begabten erstreckte, ließ sich in seiner Größe und Breite kaum schätzen. Gewaltig. Das traf es zumindest ansatzweise.

Ziellos wanderte Becca auf und ab. Wenn sie sich setzte, würde ihr die Kraft fehlen, wieder aufzustehen. Emotionen waren schon eine seltsame Sache. Äußerst förderlich, als sie einen Antrieb brauchte, um diese Rettungsaktion zu starten, und nun schrecklich hinderlich, da Becca durch die vielen Verluste kurz vor dem Aufgeben stand. Zu Beginn ihrer Reise hätte sie sich niemals ausgemalt, dass dabei überhaupt ein Begabter sterben könnte.

»Ich vermisse Sam«, seufzte Vivienne und betrachtete niedergeschlagen den wolkenlosen Himmel. »Und den Regen.«

Becca dachte an ihren Sonnenbrand, der ihre Nase wie die von einem Clown aussehen ließ. Was gäbe sie für zwei Tage Dauerregen.

»Ist es nicht aussichtslos, in Tougard eine Beziehung zu führen, wenn man sein altes Leben wieder aufnimmt?«, wollte Becca wissen, um sich abzulenken. Da Raphael fort war, musste sie sich dieser Frage nicht mehr stellen. »Wie soll man sich wiedertreffen?«

Daisuke, dem das Thema unangenehm war, fischte seinen Pager hervor und warf ein Blick auf das Display. Niedergeschlagen ließ Charlie die Schultern hängen und ging einige Schritte auf Abstand. Sobald die Gespräche nur Ann streiften, sackte er mutlos in sich zusammen. Becca biss sich auf die Lippen, ihr Einwurf war furchtbar unsensibel gewesen.

»Nichts wird mich davon abhalten, Sam wiederzusehen!«, erwiderte dagegen Vivienne hitzig. »Ich reise für sie sogar ans Ende der Welt!«

»Sie?«, hakte Edward nach, der Charlie besorgt nachblickte. »Sprichst du von Samantha?«

»Nein, Sam«, wich Vivienne aus. »Das ist ein Männername.«

Becca kannte keinen einzigen Sam. Das war ungewöhnlich, immerhin lebten nicht so viele Begabte in Tougard. »Du stehst auf Frauen!«, stellte Becca fest.

»Na und?«, fuhr Vivienne sie an. »Ist dir noch nie eine Lesbe begegnet?«

Becca hob abwehrend die Hände. »Ich habe mich nur gewundert, warum du Raphael immer die kalte Schulter gezeigt hast.« Seit seinem Verschwinden hatte sich in ihr eine Leere ausgebreitet, als würde ein Teil fehlen. Sie hatte sich nie so an ihn gehangen wie Lauren und die Kreischfraktion, aber nach den letzten Wochen vermisste sie seine Anwesenheit sowie ihre Wortgefechte. Mehr denn je musste sie an ihn denken.

»Tja, das erklärt natürlich einiges.«

Vor Schreck und Aufregung überschlug sich Beccas Herz. Sie hatte sich in den vorangegangenen Tagen immer wieder eingebildet, Raphael hinter sich zu hören, sich gewünscht, er würde innerhalb einer flirrenden Bewegung neben ihr erscheinen, als wäre er den ganzen Weg zu ihr gerannt. Aber immer wenn sie sich umdrehte, war niemand zu sehen gewesen.

»Schön, dass du auch noch kommst«, rief Edward.

»Soll ich wieder verschwinden, Ed?«

Ein leichter Atemzug streifte Beccas Locken.

»Nein. Muss ich mir Sorgen machen, dass deine Ausdauer zu wünschen lässt?«, konterte Edward mit einem schiefen Grinsen. »Du hast eine Ewigkeit gebraucht.«

»Ich musste über einiges nachdenken.«

Ein Versuch war es wert, Edward würde kaum mit ihren Sinnestäuschungen sprechen. *Hoffentlich habe ich mich nicht geirrt.* Sie ließ sich nach hinten fallen und stieß gegen etwas Festes. Fast hätte sie vor Freude gejubelt.

Raphael grinste selbstgefällig auf sie herab.

»Wir gehen schon mal ein Stück vor«, sagte Charlie und zog einen verwirrten Daisuke mit sich.

»Aber warum denn, Charlie-kun? Wir haben Raphael noch gar nicht begrüßt. Wir müssen ihn doch fragen, wo er plötzlich herkommt und was er in der Zwischenzeit erlebt hat!«

Die Begabten lachten über den kleinen Japaner und entfernten sich, als wollten sie Becca und Raphael einen Moment für sich gönnen.

»Na, hast du mich vermisst, Süße?«

»Niemals! Wer würde denn dich vermissen?« Becca wirbelte herum und schlug mit der Faust auf Raphaels Brust. Doch der Brasilianer fing ihre Hände ein. Erleichterung siegte über ihre Wut und Becca dankte im Stillen, dass ihm nichts geschehen war.

Raphael zog sie hinter sich her und sie betraten die kühle Ruine. Der Raum lag im Schatten, da alle Fenster verriegelt waren. Vereinzelte Sonnenstrahlen brachen durch Löcher in den Wänden und der Decke, tanzten in der Dunkelheit. »Ich dachte, du freust dich, mich zu sehen.«

»In dieser Dunkelkammer kann ich kaum etwas von dir erkennen«, sagte Becca und blinzelte, bis sich ihre Augen an die Lichtverhältnisse gewöhnten. »Was hast du mit mir vor, dass die anderen es nicht mitbekommen sollen?«

Raphael runzelte die Stirn. Eine tiefe Sorgenfalte bildete sich zwischen seinen Brauen. »Du solltest Angst vor mir haben, anstatt mich ständig zu provozieren.«

»Hab ich aber nicht«, entgegnete Becca mit fester Stimme und sah sich im Raum um. Innerhalb eines Blinzelns drückte Raphael sie gegen die nächste Wand. Schutt rieselte auf Becca herab, bedeckte Raphael mit weißem Staub, und die Dachbalken knackten. Dennoch war es nicht der Aufprall, der Becca die Luft aus den Lungen trieb.

»Du solltest lieber Angst haben«, warnte Raphael. Die Drohung färbte seine Stimme düster. »Die anderen werden es nie zugeben, doch ich konnte ihre Furcht riechen, als ich gegen die Wölfe gekämpft habe.«

»Wer hätte da keine Angst gehabt?«, konterte Becca.

Raphael zuckte mit den Schultern, behielt sie aber im Blick. Sie würde es ihm niemals eingestehen, aber sie hatte die Art und Weise, wie er sie ansah, vermisst. Sehr vermisst. »Ich könnte dir den Arm brechen. Oder dir den Brustkorb zerschmettern.« Das violette Glühen leuchtete bedrohlich in seinen Augen auf. »Ich muss nur einmal die Kontrolle verlieren und du …«

»Das ist dein Problem?«, fragte Becca und stemmte trotzig eine Hand gegen die Hüfte. »Deswegen heule ich mir die Augen aus, weil du Mistkerl über sowas nachdenken musst?« Den Zeigefinger der anderen bohrte sie Raphael in die Brust. »Ich habe mir Sorgen gemacht, habe mir nicht verzeihen können, dass du dich opferst, um mich zu retten. Bei jedem Knacken, jedem verfluchten Geräusch habe ich gehofft, dass du hinter mir auftauchst, um mich zu erschrecken. Ist dir nie in den Sinn gekommen, dass der Gedanke, dich verloren zu haben, schlimmer ist als der, dass du mir wehtun könntest?«

Raphael grinste schelmisch. Er näherte sich ihr, bis sich ihre Nasen berührten. Becca spürte seinen warmen Atem auf ihrer Haut. »Du hast mich also doch vermisst.«

»Das ist alles, was dir dazu einfällt?« Sie versuchte, ihn von sich zu schieben, aber Raphael wog schwer wie eine Tonne. Vorsichtig umfasste er Beccas Gesicht. Raphael würde sie küssen, oder nicht? Die Situation schrie geradezu danach. All die heimlichen Berührungen und das Flirten hatten sie unausweichlich an diesen Punkt geführt. Gleich würde Raphael sie …

Da spürte sie einen sanften Druck auf ihrer Stirn. *Was soll denn das? Bin ich seine kleine Schwester, oder wie?*

Doch Raphael wandte sich von ihr ab und ging ein paar Schritte in die Hütte hinein. Sie konnte sein Gesicht nicht sehen, dafür seine verkrampften Schultern. Eine Anspannung hatte ihn ergriffen, als müsste er sich zurückhalten, um eine unsichtbare Grenze nicht zu überschreiten. Musste sie ihm erst zeigen, wie es richtig geht? Dass er etwas von ihr wollte, stand mit Großbuchstaben auf seine Stirn geschrieben.

»Bleib da«, kommandierte Raphael zornig. Er murmelte etwas, das sie zwar nicht verstand, es dennoch sehr gut denken konnte.

»Wie du willst.« Lässig lehnte sie sich gegen die Wand in ihrem Rücken und konzentrierte sich auf ihre Gabe. »Aber nur weil du dich von mir abwendest, wirst du mir nicht entkommen.«

Direkt vor Raphael materialisierte sich eine Illusion von ihr selbst, die ihn herausfordernd angrinste. Er versuchte auch dem Blick von ihr auszuweichen, also ließ Becca prompt ein weiteres Abbild erscheinen.

Schatten verschlangen Raphaels Gesicht, so dass Becca seine Reaktion nicht deuten konnte. Das violette Flackern in seinen Augen erlosch jedoch nicht. Wie immer, wenn er mit starken Empfindungen rang.

»Du kannst dich nicht von allem fernhalten, weil es dir in den Kram passt.« Sie stieß sich von der Wand ab und machte einen Schritt auf ihn zu, ihre beiden Abbilder folgten der Geste. »Ich lasse mich nicht mehr von dir wegstoßen.«

»Bitte, lass es gut sein, Becca. Denn bisher habe ich jeden, der mir nahesteht, nur in Gefahr gebracht.«

»Das stimmt nicht. Seitdem wir von Tougard aufgebrochen sind, beschützt du uns.« Herausfordernd warf sie ihre schwarzen Locken über die Schulter. »Außerdem kann ich gut auf mich alleine aufpassen.«

Raphael schüttelte den Kopf. »Ich war nicht schnell genug.«

»Wann? Auf der Brücke?«

»Ich musste mich entscheiden und habe dadurch Ann in Gefahr gebracht.«

»Niemand wird dir deswegen Vorwürfe machen. Hättest du Ann gewählt, würde ich jetzt von den Emrondern verschleppt werden. Es würde nichts an der Situation ändern.«

Er wirkte nicht ansatzweise überzeugt. »Maria, sie ist …«

»Du kannst mir vertrauen, Raphael.« Oft genug gab er ihr das Gefühl, dass sie anders als die Mädchen war, die ihn anhimmelten. Sie stand zwar nicht auf der gleichen Stufe wie Edward, doch Becca wollte auch nicht sein bester Freund werden.

»Meine Schwester Maria ist wegen mir gestorben.«

Becca hatte mit vielen gerechnet, aber nicht damit. Vor Schreck verlor sie die Kontrolle über ihre Illusionen, weil ein Gedanke ihr Bewusstsein beherrschte: Raphael zog sie tatsächlich ins Vertrauen. Raphael Valente, Großkotz und Charmeur, der Begabte immer nur oberflächlich an seinen Gedanken teilhaben ließ, offenbarte seine Seele vor ihr.

»Was ist passiert?«

»Als wir uns wiederfanden, hatten sie die Drogen fast zerstört. Aber wir haben's hingekriegt«, begann er stockend, »unser Leben umgekrempelt. Ich hätte alles für sie getan, solange sie wieder lächelte, dennoch konnte ich sie nicht retten.« Die Worte kamen nun hastiger, Raphaels Blick verlor sich in der Dunkelheit. »Bei der Schießerei am Fluss war ich nicht schnell genug, ich hätte sie nur zu Boden reißen müssen, es fehlten nur Sekunden und ich hätte es geschafft. Hätte ich meine Gabe Minuten früher beherrscht, hätte ich es geschafft.«

Becca wusste keine passende Erwiderung, umrundete ihn schweigend und zog ihn in eine Umarmung. Raphael wirkte weiterhin wie erstarrt, während sie sich von seinem Duft gefangen nehmen ließ und hoffte, ihm ein wenig Trost zu spenden.

»Kurz nachdem sie starb, landete ich in Tougard, aber das ändert nichts daran, dass ich nur eine Gefahr darstelle. Mit meiner Gabe oder ohne.«

»Das siehst du falsch.« Verwirrt blickte er auf sie herab. »Du kannst dir nicht die Schuld für jedes Unglück geben. Böses passiert, Raphael. So wie die Wölfe, die uns angegriffen haben. Oder diese Schießerei. Du kannst nicht verhindern, dass es geschieht. Du bist nicht schuld daran, wenn jemand verletzt wird, wenn jemand eine Waffe abfeuert oder die Emronder uns hinterrücks überfallen.«

Raphael versuchte, sich von ihr zu lösen, so dass sie sich nur noch dichter an ihn schmiegte und seinem aufgeregten Herzschlag lauschen konnte. Diese Situation war doch absurd – Becca bedeutete ihm genug, dass er Ängste ausstand, sie zu verlieren. Sie wusste aus eigener Erfahrung, dass diese Furcht einen nicht lähmen durfte, sondern anspornen musste, jede gemeinsame Minute zu wertschätzen.

»Du hast die Schlacht längst verloren, Raphael«, neckte sie ihn nach einer Weile des Schweigens.

»Welche Schlacht?«

Worte würden ihm nicht beweisen, was Becca bereits spürte, seitdem er ihr heimlich Blicke auf den Fluren Tougards zugeworfen hatte. Sie würde ihn auf eine viel subtilere Art überzeugen.

Raphael war so verdammt groß, sie musste sich mit den Zehenspitzen auf seine Füße stellen, um ihn überhaupt in Reichweite zu haben. Sanft umschlang sie seinen Nacken und drückte ihren Mund auf seinen. Der Kuss war einfach, dennoch reagierte er, wie sie es erwartet hatte. Er legte ihr eine Hand auf den Rücken und zog sie zu sich. Ließ die Finger ihre Wirbelsäule entlanggleiten, bis er mit den Spitzen ihrer Locken spielte.

Becca hatte schon ein paar Männer geküsst. Aber Raphael war anders, beinahe unsicher. Mit einem Lächeln löste sie sich von ihm und hätte am liebsten über ihren Triumph gejubelt. Denn Raphael folgte unterbewusst ihrer Bewegung, als wollte er sie nicht loslassen. »Eindeutig: Du solltest Angst vor *mir* haben«, scherzte sie.

Raphael lachte leise über ihre Herausforderung, doch Becca ließ ihn wortlos stehen. Sie trat aus der Ruine und schattete ihre Augen gegen das grelle Sonnenlicht ab. Der Wüstenkessel ließ sie an einen ausgetrockneten See denken, in dem Geröll wie Seerosenblätter über einen hoffnungslos überwucherten Teich verteilt war.

Du hast Raphael geküsst, dachte Becca, einerseits begeistert, andererseits schockiert über ihre Offensive. Warum endete es jedes Mal im Chaos, wenn sie allein waren? Sie reagierte oft impulsiv, doch Raphael wirkte auf sie wie ein Streichholz, dass man in einen Benzintank warf. Jede Vernunft verbrannte binnen Sekunden.

Was fand sie an Raphael? Er sah gut aus, das konnte Becca nicht leugnen. Selbst wenn sie nur seine Schultern von hinten betrachtete. Aber Raphael war überhaupt nicht das, was sie sich an einem Mann wünschte. Er war großspurig, ein Frauenschwarm; aufsässig und unvernünftig in jeder Situation, die sich ihm bot. Ihr Vater würde explodieren, wenn Becca einen Freund wie Raphael vorstellte. War es das? War der Hass auf ihren Vater so groß, dafür, dass er sie immer in Internate abgeschoben hatte? So dass sie selbst noch in Tougard gegen ihn rebellierte?

Wahrscheinlich lag es an Lauren. Das Mädchen hatte ihr sooft von Raphael in den Ohren gelegen und Becca terrorisiert, dass sie ihr einfach eins auswischen wollte. Lauren und all die anderen Groupies würden vor Wut platzen, wenn ihr Kriechen und ihre Erniedrigungen letzten Endes nichts bei ihrem Schwarm bewirkt hätten.

»Wenn dich das schon in Tagträume versetzt, *ma chérie*«, neckte Raphael. »Was passiert erst, wenn ich richtig loslege?«

»Großmaul. Ich habe gerade über Emrond und Ann nachgedacht. Als ob ich einen Gedanken an dich verschwende.«

Ma chérie. Becca lächelte. In Raphaels Nähe fühlte sie stets, wie eine Blase in ihr anschwoll, und diese simplen Worte ließen sie platzen, so dass sich ein heißer Strom aus Glücksgefühlen in ihr ergoss. Zwar hatte er einen ganzen Katalog von kitschigen Kosenamen für seine Groupies, aber *ma chérie* galt nur ihr.

Schnellen Schrittes holte Raphael sie ein. Ein paar Wochen zuvor wäre er einfach an ihr vorbeigelaufen, jetzt schlenderte er gemütlich neben ihr. Es gab so viele Fragen, die Becca ihm stellen wollte. Über seine Vorlieben, seine Vergangenheit, über Banales und alles Mögliche. Als Raphael zögerlich seine Finger mit den ihren verschränkte, löste sich die Neugier in Luft auf. Sie musste nicht drängen. Seit sieben Jahren war sie das erste Mädchen, für das er seine Fassade eingerissen hatte und ihm einen Blick auf den zweifelnden, den schweigsamen und den angsterfüllten Raphael gewährte.

Es gab viele Seiten an ihm, von denen seine Groupies nichts ahnten, dafür gehörten diese ganz allein Becca.

Die Diskussion, was als nächstes geschehen würde, war noch nicht abgeflaut, als Becca und Raphael wieder bei den restlichen Begabten ankamen. Niemand verlor auch nur ein Wort über ihr Verschwinden. Lediglich Edward warf ihnen einen amüsierten Blick zu, woraufhin Raphael ihre Hand losließ.

Das zwischen uns wird noch einiges an Überzeugung brauchen, dachte Becca mit einem Schmunzeln, woraufhin Edward unbemerkt von den anderen den Daumen nach oben zeigte.

»Ich hab euch gesagt, es gibt Probleme, wenn wir auf eine Kreuzung stoßen«, beschwerte sich Daisuke und rieb sich über die Augen.

»Wir stehen mitten in einer Wüste!«, erwiderte Vivienne. »Hier gibt es nur Sand. Sand, soweit das Auge reicht!«

Daisuke wies nach vorne. »Aber die Umrisse teilen sich hier auf. Himiko-chan geht …«

»Was ist, wenn Sam einen ganz anderen Weg gegangen ist?«, warf Vivienne ein.

»Das können wir nicht wissen«, erwiderte Edward ruhig. »Wir sollten jede Spur nutzen, die wir haben. Doch wir haben nur diese eine.«

Daisuke verschränkte die Arme. »Ich sehe nicht ein, warum wir Himiko-chan nicht folgen sollten.«

»Aber Sam!« Vivienne keifte mal wieder – wie so oft. Als wäre es die einzige Möglichkeit, ihren Willen durchzusetzen.

»Was bringt es uns, deiner Sam zu folgen, wenn Daisuke nur mit absoluter Sicherheit seine Schwester ausmachen kann?« Wie immer hatte Charlie sich die Argumente und Streitereien schweigsam angehört, um dann eine Entscheidung zu fällen.

»So werden wir nie weiterkommen«, warf Raphael ein.

Mittlerweile konnte Becca sich nicht vorstellen, dass die Begabten vor wenigen Tagen mit dem Gedanken gespielt hatten, Edward und Charlie zurückzulassen. Ohne die beiden würden sie sich nie zu einem vernünftigen Schluss durchringen.

»Wohin geht nun die andere Gruppe?«, fragte die Australierin schließlich.

»Himiko-chan geht nach links und durchquert den Kessel«, entgegnete Daisuke prompt. »Beide Gruppen halten sich an den Rändern. Zumindest soweit ich es erkennen kann.«

»Hmm.« Viel mehr erwiderte Vivienne nicht. Als wüsste sie, dass weiteres Aufbegehren nichts nützte.

Die Begabten folgten Himikos Umrissen tiefer in die Wüste hinein. Es war beschwerlich, durch den weichen Sand zu stapfen, der unter ihren Füßen nachgab. Becca sank immer wieder einige Zentimeter tief ein und schlitterte in die Tiefe, wenn sie zu nah an den Kamm einer Düne herantrat. Ihre Gruppe hatte nur ein mäßiges Tempo eingeschlagen, doch schwitzte Becca wie bei einem Dauerlauf. Heißer Wind blies Furchen und Spalten in den Sand, als wäre ein Rechen durch die Wüste gezogen worden. Die Umgebung selbst gab ihnen keinen Anhaltspunkt, wie weit es noch bis Emrond war. Luftmassen flimmerten am Horizont und nirgends konnte Becca einen einzigen Fußabdruck erkennen.

Vor ihrer Zeit in Tougard hatte Becca es immer gehasst, laufen zu müssen. Sie war langsamer gewesen als ihre

Mitschülerinnen und hatte mehr Pausen gebraucht. An den schlimmsten Tagen hatte sie keinen Schritt machen können, dann war der Neid am größten gewesen. Sie hatte genauso rennen, springen und tanzen wollen wie ihre Freundinnen.

Jetzt konnte Becca sich nichts anderes vorstellen, als unterwegs zu sein. Jeden Tag für mehrere Stunden in Tougards Klassenzimmer eingesperrt zu sein, wäre für sie eine Tortur gewesen. Ihre Reise war zum Alltag geworden und sollte immer weiter gehen. Vivienne würde sich ihren eigenen Weg suchen, als müsste sie damit ihre Unabhängigkeit von Raphael beweisen. Edward und Raphael würden sich gespielt anfeinden, während sie die Umgebung im Auge behielten. Charlie würde Daisukes Staunen folgen, wenn der kleine Japaner wie ein Abenteurer Sanddünen hinunterrutschte und schwarzen Skorpionen – mit gehörigem Sicherheitsabstand – beim Vorbeikrabbeln beobachtete. Sie würden Geschichten am Lagerfeuer erzählen, in Teichen schwimmen und – nicht zu vergessen – die kleinen Momente genießen, in denen sich Becca mit Raphael davonschlich. Würden am Ende dieser Reise nicht die entführten Mädchen auf Rettung warten, hätten diese Tage niemals zu Ende gehen können.

Dabei weiß ich längst, dass nichts auf ewig hält, dachte Becca.

Das Ende ihrer heiteren Zeit ereilte sie jedoch schneller als erwartet.

Charlie, der eine Sanddüne hinaufgeklettert war, um eine bessere Aussicht zu haben, blieb plötzlich stehen. »Ugh!«, kam es ihm angewidert über Lippen. Becca deutete es als schlechtes Zeichen. Ein ›ugh‹ aus Charlies Mund kam einem Startsignal gleich, um sofort loszurennen.

Charlie ging in die Knie und beugte sich über den Rand. »Hier liegt eine riesengroße, tote Schlange.«

»Wie groß?«, fragte Raphael halbwegs interessiert. Schlangen, Fledermäuse, lästige Käfer – Becca klagte weiterhin darüber, aber zumindest erschreckte deren Anblick sie nicht mehr halb zu Tode.

Vorsichtig beugte Charlie sich noch weiter vor. Becca fürchtete schon, dass er vornüberkippte. Sorge zeichnete sich in seinem Gesicht ab. »Gut drei Autos lang?«

Die Begabten hielten inne und starrten zu Charlie hinauf. Becca konnte sich nicht vorstellen, wie sich so etwas hinter der nächsten Düne verstecken sollte. Wie breit war wohl der Körper der Schlange, wenn sie diese Länge hatte?

»Ich geh mir das näher ansehen!«, rief Charlie und rutschte den Kamm hinunter.

»Bist du dir sicher, dass sie wirklich tot ist?«, rief Edward ihm hinterher.

Becca lauschte gespannt. Sie hatte es praktisch in ihm arbeiten sehen. Etwas stimmte ganz und gar nicht, denn Charlie war eher der Typ, der von weitem erst in Ruhe die Lage abschätzte. Dieses eilige Voranstürmen passte viel eher zu Ann.

»Sie ist in zwei Hälften gerissen«, erklang Charlies verspätete Antwort.

Rasch umrundeten die Begabten die Düne, als wollten sie seinen Worten keinen Glauben schenken, doch hatte er nicht gelogen.

Eine Windböe blies Becca entgegen, wirbelte den Sand auf, und sie schirmte das Gesicht mit einem Arm ab. Hinter der Düne lag der Kadaver einer überdimensionalen Schlange, die die Natur mit den Eigenschaften eines Tausendfüßlers vermischt hatte. Das Ding hatte unterhalb seines Schlangenkörpers so viele Beine, Becca wusste nicht, wo sie zu zählen beginnen sollte. Sie verzog das Gesicht bei dem Anblick, den der Kadaver ihr bot. Anstatt einer Schlangenhaut bedeckten schuppige Panzerplatten den Körper – wie bei diesem Dinosaurier mit dem Keulenschwanz. Am Kopf der Schlange waren jedoch noch ein paar Krebsscheren gewachsen, ein zusätzliches Paar Mundwerkzeuge. Die Einzelteile passten vorne und hinten nicht zueinander, dennoch ließen sie Becca schaudern. Allein die gewaltige Größe jagte ihr Angst ein.

Allerdings war es wirklich in zwei Hälften gerissen.

»Was nun?«, fragte Vivienne. »Ob es noch mehr von den Dingern gibt?«

»Lasst mich einen Moment überlegen«, sagte Edward nachdenklich.

»Der Moment ist vorbei.«

»Ed mag um einiges schneller sein als wir, aber zaubern kann er auch nicht«, verteidigte ihn Raphael.

Vivienne schnaubte. »Na toll.«

»Was machst du da, Charlie?«, polterte Raphael und behielt den Kadaver im Blick. »Wir sollten sofort weiterziehen!«

»Ich seh mir nur was an!« Charlie steckte den Kopf zwischen den Kadaverhälften hervor und verschwand sogleich wieder. Becca hätte nicht gedacht, dass er an so etwas Interesse fand. Was auch immer sich im Kadaver verbarg, es zog ihn völlig in seinen Bann.

»Das Ding ist definitiv tot«, entgegnete Edward. »Die Frage ist, was etwas derart Großes ausschaltet.«

»Etwas noch Größeres, Ed!«, zischte Raphael.

Das vertraute Piepen von Daisukes Pagers drang an Beccas Ohren. Da sie nichts beitragen konnte, wandte sie sich an den kleinen Japaner. »Was machst du da?«, fragte sie neugierig.

Daisuke grinste verlegen. »Ich will eine Nachricht schreiben.«

Ganz was Neues! Es schmerzte Becca, Daisuke wieder und wieder seine gespeicherten Nachrichten lesen zu sehen. Aber so wie er über die Tasten flog, sollten ihm längst die Zeichen ausgegangen sein.

»Ich muss die richtigen Worte finden.« Es piepte erneut, Daisuke löschte den Text und fing noch einmal von vorne an. »Ich weiß nur noch nicht, welche das sind.«

»Wem schreibst du, Daisuke?«

»Eigentlich müsste ich meinem Freund, das Go-Kon absagen.« Der kleine Japaner zuckte mit den Schultern.

»Aber ich schreibe Kanae-chan. Ich wollte ihr schon lange sagen, dass sie total süß ist.«

Sie überlegte ebenfalls, was Daisuke schreiben könnte. Ohne gleich ein »Das sagt man nicht, Becca-chan!« zu riskieren.

»Wie lange sollen wir noch warten?« Ungeduldig tappte Vivienne mit dem Fuß auf und ab. Der gleichmäßige Rhythmus klang in der Stille wie eine Trommel. Von allen Seiten erschienen Wirbel im Sand.

»Vivienne, hör auf!«, zischte Raphael. Zum ersten Male befolgte sie seine Worte ohne Widerspruch und die Wogen und Kringel glätteten sich.

Etwas war unter ihnen.

Erneut blickte Becca zum Kadaver. Hoffentlich war da keine lebende Version unter ihnen.

»Es ist viel zu heiß!« Daisuke ließ sich auf den Boden fallen.

»Sei kein Schwächling«, zog Becca ihn auf. Unter dem Sand begann es zu rumoren und zu rütteln. Ein kleiner Krater erhob sich, genau an der Stelle, an der Daisuke saß. Sein Pager glitt zu Boden und er starrte Becca angsterfüllt an. Sandkörner rutschten am steiler werdenden Krater herab, sie wollte noch nach Daisukes Hand greifen, ihn zu sich ziehen, aber sie fasste ins Leere.

»Becca-chan!« Daisukes Mund formte noch einen Laut, den sie nicht mehr verstand, dann riss ihn etwas in die Tiefe.

Ungläubig starrte Becca in ein schwarzes, gähnendes Loch im Sand. Genau an der Stelle, an der Daisuke zuvor noch gesessen hatte. Von einem Moment zum nächsten hatte ihn etwas mit sich gerissen.

Jemand schrie. Einen Trommelfell zerfetzender Schrei.

Erst als Raphael ihr die Hand auf den Mund legte, merkte Becca, dass sie diejenige war, die kreischte.

»Sei still«, flüsterte Raphael, als würde das Fallen eines einzelnen Sandkorns zu laut sein, und zog sie mit sich.

»Aber Daisuke …«

Einen Moment lang blitzte etwas im brütend heißen Sonnenlicht auf. Sie riss sich von Raphael los und stolperte darauf zu, die Beine schwankend, vor Schreck am ganzen Körper zitternd.

»Verdammt, Becca!«, zischte Raphael bedrohlich. »Bleib stehen!«

Obwohl Becca die erneuten Bewegungen im Sand registrierte, hielt sie weiter auf das Loch zu, in dem Daisuke verschwunden war. Auf ihrer linken Seite durchfuhr ein Rütteln den Boden und Becca duckte sich mit einem erstickten Schrei, als ein Wurm in hohem Bogen über sie hinwegsauste. Sandkörner, Schuppen und Steinchen rieselten auf sie herunter. Von einem Moment zum anderen schoss ein weiterer Sandwurm aus dem Untergrund und baute sich wie ein Gigant über Becca auf. Sein Paar Scheren klackerten in der Höhe eines Zehnmeterturms. Unzählig viele Beine krabbelten und Borsten stellten sich auf, als seien sie eiserne Lanzen und ein Sekret tropfte von seinem Körper. Dort, wo es auf Beccas Kleidung traf, brannte es Löcher in den Stoff und äzte auf ihrer Haut.

Der Kopf des Sandwurms ruckte hin und her – er suchte. Becca hoffte, dass das Vieh nicht auch noch sie verschlingen wollte. Plötzlich geriet sie in den Schatten des Untiers, doch ehe diese Information an ihr Gehirn vorgedrungen war, hatte sich der Wurm wieder in die Erde gebohrt. Eine Welle aus Sand schwappte direkt auf sie zu, so dass Becca nur zwei Möglichkeiten blieben: Entweder sie rannte schneller als die Sandwelle oder sie musste augenblicklich lernen, aus dem Stand wenigstens zwei Meter hoch zu springen.

»Sei bloß still«, meinte Raphael auf einmal dicht bei ihr und schirmte sie mit seinem Körper ab. Trotz allem hielt er Becca eine Hand über den Mund, während der aufgewirbelte Sand an ihnen vorbeirauschte.

Während Raphael sie noch frei grub, kletterte Becca bereits zu der Stelle, an der sie Daisuke zum letzten Mal gesehen hatte. »Becca!« Raphaels Stimme war nur ein

Flüstern, aber sie hörte ihn, als stünde er noch immer neben ihr. Seiner Warnung zum Trotz vergrub sie die Finger im heißen Sand. Was hatte sie aufblitzen gesehen? Was hatte im Sonnenlicht reflektiert? Gedankenverloren buddelte und schaufelte Becca Sand beiseite, bis ein kleines Metallobjekt am Rand des Kraters zum Vorschein kam. Daisukes Pager. Mehr war von dem kleinen Japaner nicht übrig geblieben. Nichts als ein kleines Stück Metall und Plastik.

Mutlos hämmerte Becca mit den Fäusten auf den heißen Sand. »Wieso?«, fragte sie sich selbst und Wirbel eilten in ihre Richtung. »Wieso Daisuke?« Sie hatte nur noch Daisukes letzten angsterfüllten Blick vor Augen, bevor er in die Tiefe gerissen wurde.

Raphael zog sie auf die Füße, aber Becca konnte ihr Gleichgewicht nicht halten. Schließlich hob er sie hoch, trug sie über die Schulter gelegt und setzte sie in Sekundenschnelle beim Kadaver ab. Die anderen Begabten waren hinter den auseinandergerissen Hälften in Deckung gegangen.

»Passt auf sie auf«, erklärte Raphael, ein violettes Leuchten schlich sich in seine Augen. »Ich bin gleich wieder zurück.«

»Warte, nimm mich mit«, rief Vivienne. »Vielleicht kann ich die Auren der Würmer erkennen.«

Becca richtete ihren Blick wieder auf Daisukes Pager. Dank Tougards Fähigkeit, alle Sprachen verständlich zu machen, verstand sie die leuchtenden Schriftzeichen wie in ihrer Muttersprache.

Lass uns doch mal zusammen weggehen.
Nachricht senden? Ja? Nein?

Mit zitternden Fingern bestätigte Becca die Kurznachricht und der Pager wechselte in den Energiesparmodus.

»Es ist eine Maschine.« Becca verstand zunächst nicht, was Charlie wollte, dann entdeckte sie die Metallteile in seinen Händen, die im Sonnenlicht glänzten. »Nur die

Hülle sieht aus wie ein Lebewesen. Im Innern ist es eine Maschine.«

Becca blickte auf. Dort, wo sie zerrissene Gedärme und Knochen erwartet hatte, quollen aus dem Sandwurm Kabel und Drähte. Warum sollten man solche Maschinen zum Töten erschaffen? Und sie dann als Lebewesen tarnen?

Es ist doch egal, ob es eine Maschine oder ein Lebewesen ist!, fluchte Becca. Wie viele sollten noch auf dieser Reise sterben? Sie mussten etwas unternehmen, um Daisuke zu retten!

»Das ist allem weit voraus, was ich je gesehen habe«, staunte Edward. »Ich kann mir nicht einmal vorstellen, wie man so etwas bauen sollte.«

Charlie nickte. »Auf der Innenseite ist sogar ein Name eingraviert.«

»Wie könnt ihr nur so gefasst sein?«, warf Becca den beiden vor und kämpfte ihre Tränen nieder. »Daisuke ist tot! Wirklich tot!«

Edward wandte sich von ihr ab. »Ich versuche, uns heil rauszubringen. Dazu müssen wir verstehen, was diese Würmer sind.«

»Das hilft Daisuke auch nicht mehr! Wir haben ihn im Stich gelassen!«

»Deswegen muss du Edward nicht verurteilen.« Charlies Stimme klang tröstend und warnend – nein tadelnd. Becca konnte den Unterschied nicht mehr heraushören.

Becca wusste nicht, auf was die Sandwürmer reagierten. Auf Geräusche? Schwingungen? Vielleicht hatte sie das Piepen von Daisukes Pager angezogen. Sie wusste nicht, warum diese Dinger sie angriffen, geschweige denn, wie sie Daisuke aufgespürt hatten. Aber sie wusste, dass sie nicht an dieser Stelle verweilen wollte. Daisuke war hier vor ihren Augen verschwunden!

Becca rannte los. Die Richtung war egal, solange sie vom Kadaver fortführte. Doch der Sand begann sich zu kräuseln, der Untergrund zu schwingen. *Du bist nicht schnell genug*, schoss es Becca durch den Kopf. Sie verlor den Halt, Sand wogte über ihre Hand. Rennen würde nichts bringen. Der Sandwurm war direkt unter ihr.

Im nächsten Moment riss Edward Becca von den Füßen. Sie rollten eine Düne hinab, überschlugen sich, bis er schützend über ihr lag. Ein Getöse dröhnte, wie wenn man in einer Unterführung steht, über die Züge rasten. Zischend verdampfte das Sekret des Ungeheuers.

Der Sand beruhigte sich, das Rumpeln verklang. Stille drückte sich auf Beccas Ohren, so dicht, sie schrie sie fast an. Ihr Puls pochte in den Ohren, als Becca die Augen öffnete und erstarrte. Edward lag schwer auf ihr; bewusstlos. Sie versuchte, ihn wegzuschieben, da fiel Charlie schon neben ihr auf die Knie.

»Becca!« Er schüttelte Edward, während Becca den Blick nicht abwenden konnte.

Im Sand lag eine Hand. Der Ring, der in der Sonne daran aufblitzte, war definitiv Edwards. Becca tastete nach Edward und fand seine linke Hand. Sie griff fest zu, doch anstatt seiner Rechten – Becca fürchtete, sich vor Ekel zu übergeben, aber es stieg nur Magensäure ihre Kehle hinauf. Da war Blut. Warmes, schmieriges Blut klebte an ihren Fingern.

»Becca!«, rief Charlie erneut, dieses Mal hörte sie das Zittern in seiner Stimme.

Sie reagierte immer noch nicht, da sie mit den Fingern auf etwas Hartes stieß. Knochen.

»Ich brauche deine Hilfe!«

Beccas Blick verschwamm. Alles, was sie sah, waren nur noch Daisukes Augen. Angsterfüllt, da sie ihn nicht zu fassen bekam. Ihre Finger umklammerten seinen Pager. Was würde sie dafür geben, dass er sie noch einmal ›Becca-chan‹ rief?

Da piepte das Gerät, als Daisuke eine Antwort erhielt, die er nie mehr lesen würde. Ihr war es egal. Zum ersten Mal in Beccas Leben gab es etwas, worauf sie nicht neugierig war, es zu erfahren.

Kapitel 20

EIN WEITERER PLAN

Avid träumte. Er träumte stets. Während der Nacht träumte er von den *Gudra*, die er getötet hatte. Während des Tages träumte er von Dingen, die hätten sein können. Die Realität war nichts anderes als ein weiterer Albtraum. Avid sagte sich wieder und wieder, dass es bald vorbei sein würde; sehr bald. Denn Träume wie Albträume endeten immer an dem Punkt, an dem man aufwachte.

Nur wachte er nicht auf.

»Es hat gedauert, die Stadt nach dir abzusuchen, Assassine.«

Avid spannte die Muskeln an. Rufus, der Mann, den er seit Jahren töten sollte, stand vor ihm auf dem Kampfplatz der Arena. Die Zuschauer tobten, schrien wild. Aus den Augenwinkeln sah Avid, wie die *Gudra* ihrem Anführer zu Hilfe eilten, aber Rufus zuckte nicht einmal. Seelenruhig machte er einen Schritt auf den Assassinen zu.

Avid zückte sein Ringmesser. *Wer hat hier wen gefunden?*, dachte er. Der Klang seiner Stimme könnte ihn verraten oder den *Gudra* eine Möglichkeit geben, ihn wiederzufinden.

»Dummer Junge.« Rufus schnippte und der Sandplatz dehnte sich um das Dreifache aus. »Glaubst du, so hättest du eine Chance?«

Avid wusste nicht, wie ihm geschah. Rufus schnippte, die Szenerie änderte sich erneut und Avid fühlte sich in der Zeit zurückversetzt. Er war wieder ein Kind im Alter von fünf Jahren. Eine Eskorte brachte ihn nach seinem Training in einen abgelegenen Teil der geheimen Häuser. Die Tür war aufgebrochen, das Innere verwüstet. Doch er starrte nur auf die verstümmelten Körper seiner Eltern. An ihre Gesichter erinnerte er sich nicht mehr. Seileena hatte ihre Köpfe mitgenommen.

Blinde Wut ballte sich in Avid zusammen.

»Das ist also dein Schwachpunkt«, stellte Rufus fest und sah sich um. »Der Verlust deiner Eltern. Viel zu einfach.« Er klang gelangweilt.

Wieso nur? Seit Jahren dachte Avid an nichts anderes als an den Tag, an dem er seinen Auftrag erfüllen würde. Wieso war Rufus nicht besorgt?

Da drehte Rufus ihm den Rücken zu und gestikulierte in die Luft. »Verdammt, Büchse!«, rief er wütend. »Du störst mich in meiner Konzentra…«

Plötzlich schreckte Avid aus seinem Albtraum hoch.

»Mir läuft die Zeit davon«, seufzte er und rieb sich die pochenden Schläfen. Sein Onkel hatte es immer und immer wieder in seinen Träumen vorausgesehen. Entweder entledigte Avid sich ein für alle Mal von Rufus oder er würde das gefürchtete Mal empfangen und daran sterben. Wenn Rufus ihn jedoch in seinen Träumen aufspürte, blieben Avid noch Stunden, vielleicht Tage, bis er seinen letzten Auftrag ausführte. Aber der Junge, in den Osmar seine Hoffnung legte, war nicht aufgetaucht. Die Zukunft bestand zwar aus endlosen Variationen, dennoch fühlte er sich im Stich gelassen.

Avid schob den zerrissenen Vorhang beiseite und kontrollierte die Situation auf den Straßen. In diesem Teil der Stadt war nicht viel los. Ein paar Betrunkene schubsten sich gegenseitig in den Rinnstein.

Ein letztes Mal würde er es in dieser Nacht wagen. Wenn der Junge nicht erschien, dann hatte er seinen Kampf verloren.

Bevor Avid aus seinem Versteck schlüpfte, zog er die Kapuze seines Mantels tief ins Gesicht. Er hatte es sich zum Brauch gemacht, außerhalb der geheimen Häuser sogar mit Kapuze zu schlafen. Wenn er sein Aussehen preisgab, riskierte er, dass die *Gudra* seine Zufluchtsorte ausfindig machten. Er riskierte, dass seine Familie zur Zielscheibe wurde.

Immer wenn er die Zeit und seine Probleme vergessen wollte, begann Avid zu laufen. Er achtete nicht darauf, wohin ihn seine Füße führten. Sein Weg beschränkte sich auf Abkürzungen und staubige Pfade, aber je näher er den untersten Ebenen und den Stadtausgängen kam, desto unübersichtlicher wurde die Menge. Avid schob sich an Schlägereien vorbei und ignorierte die Rufe der Freudenmädchen. Er war ein lebender Geist, ungesehen und doch gefürchtet. Die Emronder jagten ihn stets, aber einen Geist konnten sie nicht erwischen.

Zurzeit besaß Rufus Trench die größte Macht in Emrond. Er war ein Begabter, der seit rund hundert Jahren lebte, und die meisten *Gudra* stimmten den Vorstellungen zu, wie er die Stadt führte. Aus Angst, aus Dummheit oder einfach nur, um einen Vorteil daraus zu ziehen. Wenn es etwas gab, das Rufus nicht duldete, waren es Ungehorsam oder Widerworte. Oft genug sah Avid, wie er durch die Straßen Emronds stolzierte. Stets flankiert von seiner Stahlarmee, die alles niederschoss, das den Weg versperrte.

Ohne diese Kolosse aus Metall hätten wir ihn längst besiegt, dachte der Assassine bitter. *Aber ihre Waffen töten mit einer Handbewegung fünf der unseren.*

Neben Rufus besaß nur der Beschaffer der *Gudra* vergleichbare Macht und Einfluss. Er war unangreifbar in seiner Position, dafür umso korrupter und gieriger. Er verlangte Preise für seine Beschaffungen, bei denen Avid sich immer fragte, woher die Sünder überhaupt das Geld nahmen. Doch niemand wagte die Hand, nicht einmal die Stimme gegen den Beschaffer zu heben, da alle *Gudra* von ihm abhängig waren. Die Assassinen begegneten dem Beschaffer mit Misstrauen und verließen sich auf ihren eigenen. Tarek, der über die gleiche Gabe verfügte, war mittlerweile alt, grau und verwendete seine restliche Lebenszeit dazu, einen Lehrling auszubilden. Selbst wenn das bedeutete, auf die Dienste des korrupten *Gudra* zurückzugreifen, um weiterhin Papier und alles Nötige zu besitzen.

Aus vollem Herzen verabscheute Avid die Stadt. Es waren die gleichen Gebäude, die er links und rechts auf den Straßen erblickte. Der gleiche Staub, der sich in seinen Kleidern verfing und der gleiche blaue Himmel, von dem die Sonne unnachgiebig brannte. Abgesehen von der ständig steigenden Zahl der Toten änderte sich nichts. Wie sehr er auch an seinen Käfigstangen rüttelte, Avid konnte nicht fliehen. Emrond war umgeben von unwegsamen Wüsten und unbezwingbaren Bergen. Avid hatte keine Ahnung, ob überhaupt etwas hinter den Bergen existierte.

Nachdem er die Fassade eines verlassenen Hauses hochgeklettert war, setzte er sich auf einen hervorstehenden Dachbalken. Wie jede Nacht quetschten sich die Emronder durch die Straßen. Ein Dieb steckte seine Hände in fremde Taschen, während der allseits bekannter Schwindler billigen Goldschmuck anpries. Avid kontrollierte ein letztes Mal die Menge und lehnte sich für einen Augenblick entspannt zurück. Wenn der Tod ihn bereits in wenigen Stunden ereilen sollte, dann konnte er einmal seinen Wachposten vernachlässigen.

Früher hätte Avid keine Sekunde gewagt, seine Pflichten zu vernachlässigen. Aber Zweifel hatten sich tief in seine Seele genagt. Konnte man Gewalt mit Gewalt verhindern? Emrond war der beste Beweis. Das System der Assassinen, Gleiches mit Gleichem zu vergelten, funktionierte nicht. Dennoch verfügte Avid nicht über die Macht, um das zu ändern. Er war nur eine Figur in dem Spiel, das Rufus und sein Onkel Osmar austrugen. Er führte Befehle aus und sorgte dafür, dabei nicht umzukommen.

Sein Onkel erzählte ihm oft, dass er sich mehr Gerechtigkeit für die Stadt wünschte und diese mit seinen Anschlägen und Attentaten zu erlangen versuchte. Aber was war gerecht? Konnte man die Gerechtigkeit einfach für sich beanspruchen und sagen, man handelte in ihrem Willen? War es gerecht gewesen, ihm nach dem Tod seiner Eltern zu einer Mordwaffe auszubilden? Warum gab es niemanden, der sich darum kümmerte, dass sich die Gerechten treu blieben? Warum gab es niemanden, der den Assassinen und Rufus Einhalt gebot? Damit dieses unsinnige Morden ein Ende fand.

Gerade Rufus, der Sünder aller Sünder, hatte einen Weg in die andere Welt gefunden. Doch wie war es ihm gelungen? Wieso gelang es ihnen nicht? Aber das war nicht das Schlimmste. Rufus' Männer hatten eine Handvoll Mädchen mitgebracht. Sie waren entführt worden, das stellte Avid außer Frage. Niemand würde die andere Welt freiwillig für Emrond verlassen.

Seit drei Tagen behielten die Assassinen seiner Familie die Mädchen im Auge, von denen sie die meisten in den Kerkern weggesperrt hatten. Avid lief ein Schauder über den Rücken, als er an ihre Schicksale dachte. Einige der neuen Mädchen hatte Rufus an die *Gudra* verkauft. Er sammelte an allen Ecken und Enden der Stadt seine Anhänger und gab sich Mühe, in der Gunst der Sünder aufzusteigen. Die Assassinen versuchten, die Mädchen rechtzeitig in Sicherheit zu bringen, viel Blut war seitdem auf den Seiten der *Gudra* geflossen. Nur bei zwei der entführten Mädchen hatte die Familie nicht schnell genug gehandelt. Sie hatte sie nicht befreien können, bevor Rufus sie ans Aunties verkaufte, und noch in der ersten Nacht stürzte sich eins aus dem Fenster. Avid sprach sich keine Schuld zu, dennoch konnte er das Bild ihrer verrenkten Gliedmaßen nicht aus seinem Kopf verscheuchen.

Da richtete sich Avids Blick auf den blauen Eingang und er fiel fast von seinem Dachbalken.

Etwas regte sich unter dem Torbogen. Dabei betrat oder verließ niemand die Stadt durch den blauen Tunnel; das war lebensgefährlich. Aber Avid entdeckte eine Reihe Gestalten, die am Rande der Straßen verharrten.

Geschickt hangelte sich Avid am Dachbalken entlang und landete geräuschlos auf der Straße. Ein paar *Gudra* stießen ihm die Ellbogen in die Rippen, als er den Weg versperrte, doch er beachtete sie nicht. Sein Onkel hatte ihm so oft die Ankunft der Fremden beschrieben, Avid litt bereits unter Tagträumen. Trotzdem musste er sich mit eigenen Augen davon zu überzeugen. Er schob sich zwischen den *Gudra* entlang, die über die Straßen strömten. Immer näher Richtung Tor. Zehn Schritte, fünf.

Sein Atem beschleunigte sich. Der Junge hätte schon vor Tagen auftauchen sollen und Avid war des Wartens so überdrüssig.

»Lauf nicht so weit voraus, Charlie«, rief jemand im Tunnel. »Wir sollten dicht zusammenbleiben.«

Endlich!

Avid rannte die letzten Schritte, so leicht fühlte er sich. Dieses Gefühl in ihm zersprang in tausend Funken, die heller strahlten als die Sonne. So konnte sich nur Freude anfühlen. Avid hatte sie in den Jahren als Assassine bitterlich vermisst.

Aber Charlie sah müde und erschöpft aus. Er hinkte und er war vollkommen anders als der Retter, den Osmar ihnen prophezeit hatte.

Nichts passt mehr zusammen, dachte Avid. *Hast du die falschen Entscheidungen getroffen, Charlie?*

Avid entschied sich, alle Gesetze der Assassinen zu ignorieren, nicht auf seine Vernunft zu hören, sondern zu handeln. Zu viele Leben hingen davon ab, ob er scheiterte oder sein Auftrag gelang. Den Blick des Jungen suchend stellte er sich ihm entgegen, denn er wollte noch so viel mehr als nur eine Schachfigur sein.

Kapitel 21

DIE SUCHE BEGINNT – JETZT

Wie ein Zelt spannte sich ein wolkenloser Himmel über Charlie. Sonnenstrahlen übergossen ihn mit Wärme, so gleißend hell, dass er die Augen zusammenkniff. Die Luft roch wie eine Blumenwiese. Schwer und süßlich. Eine Hummel summte heran, landete auf seiner Nase. Verwundert setzte er sich auf, und die Hummel flog weiter. Charlie lag inmitten eines gepunkteten Teppichs aus Sommerblumen. In der Ferne blitzten im Sonnenlicht Dächer und Zinnen auf, die zu Tougard und Taun gehörten. Hinter ihm erstreckte sich der Wald, in dem die Reise der Begabten begonnen hatte.

Verwirrt sah er sich weiter um. Dies alles erschien ihm falsch. Oder war es doch richtig?

Entspann dich, riet er sich. *Der Moment ist zu schön, um ihn nicht zu genießen.*

»Und haben meine Kräuter gegen das Fieber geholfen?« Lächelnd trat Sarah auf ihn zu und setzte sich ins Gras. »Du weißt, ich helfe dir gern.«

Charlie konnte das Gefühl nicht abschütteln, dass etwas nicht stimmte. »Ja, das haben sie. Danke.«

Sarah ließ sich rücklings fallen. Sogleich reckten sich die Blumen und wandten die Köpfe in ihre Richtung. »Begleitest du mich nachher in den Wald? Ich kenne eine wunderschöne Stelle, dort steht eine uralte Eiche. Vielleicht möchtest du sie zeichnen?«

Im hellen Sonnenlicht wirkte der Waldrand dunkel und bedrohlich. Freiwillig würde Charlie ihn nicht betreten. Aber was sollte schon passieren?

»Das geht heute nicht«, antwortete er. »Joy erwartet mich.«

»Du weißt doch, was sie gesagt hat.« Sarah streichelte mit den Händen über den Boden. Dort, wo sie ihn berührte, sprossen kleine Triebe und wuchsen zu kleinen Pflanzen heran. Charlie mochte es, wenn sie das tat. »Die Erfahrung kommt mit der Zeit, zunächst musst du an dich glauben. Bis dahin ist es nicht so schlimm, wenn du schwänzt.«

Er schüttelte den Kopf. »Woher soll dieser Glaube kommen? Joy lässt es mich nicht versuchen. Es funktioniert nicht, wenn ich es im Geheimen probiere. Vielleicht sollte ich es einfach einsehen: Ich kann nicht heilen.«

Mit einem Ruck setzte Sarah sich auf. Ihr Lächeln gefror zu einer Maske, als fürchtete sie sich vor etwas.

»Was ist los?«

»Du musst besser aufpassen, Charlie.«

»Ich höre Joy doch immer zu, wenn sie …«

»Sie verfolgen uns.« Sarah suchte den Waldrand mit den Augen ab. »Dich. Uns alle.«

Tiefe Schatten klafften zwischen den Bäumen, aber er konnte nichts erkennen. »Wer verfolgt mich?«

Sie langte nach seiner Hand. Trotz des warmen Sommertages fühlte sie sich eiskalt an. »Hol mich hier raus, Charlie.«

»Was soll ich …«, Charlie führte den Satz nicht zu Ende. Sarah zog ihn in eine Umarmung und saß plötzlich auf seinem Schoß. Charlie schoss die Röte ins Gesicht und er vergaß, was er überhaupt sagen wollte.

Sarah zitterte. »Bitte, Charlie!«

Er wollte Sarah helfen, sie rausholen – aus was auch immer.

»Rette uns!«

Charlie stockte der Atem. Es war unmöglich, jemanden im Gras auszumachen. Dennoch hockten kaum eine Armlänge entfernt drei Fremde. Ihre langen Mäntel und Gewänder waren verschmutzt und zerkratzt wie nach einer langen Reise. Schwerter und Feuerwaffen hingen an ihren Gürteln.

»Emronder!«, rief Charlie entsetzt. »Was wollt ihr hier?«

Der Anführer der Drei zeigte auf ihn. »Nur du kannst uns helfen, Junge.«

Bevor Charlie zurückweichen konnte, umklammerte Sarah ihn nur noch fester. »Bitte, sonst verschlingt es uns.« Tränen liefen über ihre Wangen. »Du hast es schon einmal getan.«

Selbst die Emronder sahen ihn flehend an. »Rette unsere Seelen!«

»Wie soll ich das anstellen?«

Die Schatten am Waldrand vibrierten, bis sie eine unförmige Gestalt annahmen und Tentakel gierig in Charlies Richtung schnellten.

»Du musst nur …«, flüsterte Sarah, doch Charlie schreckte hoch.

Über ihm spannte sich der atemberaubendste Nachthimmel, den er jemals erblickt hatte. Die winzigen Lichtpunkte, die er zu Hause betrachtet hatte, wirkten jämmerlich im Vergleich zu dem Sternenteppich am Firmament.

Ein Schatten tötete Sarah, rief Charlie sich ins Gedächtnis. *Emronder haben Ann entführt und die Sandwürmer haben Daisuke mit sich gerissen.* In seinem Traum schien jedoch nichts davon passiert zu sein.

Mit einem rebellierenden Magen erhob sich Charlie wankend und stolperte in die Nacht, bevor er sich übergeben musste. Wie aus dem Nichts kniete sich Raphael zu ihm und rieb seinen Rücken. Das Gespräch mit Sarah hatte sich so real angefühlt. Als würde er nun träumen, anstatt wach zu sein. Aber was war wirklich geschehen?

»Du siehst beschissen aus.« Mit einem Ruck zerrte Raphael ihn hoch und stellte ihn auf wackelige Füße.

»Was ist passiert? Wo sind wir?«

»Vor den Toren Emronds. Kaum haben wir ein sicheres Versteck gefunden gehabt, bist du vor Erschöpfung zusammengeklappt. Du musst mehr auf dich achtgeben, Kleiner, für dich gelten nicht die gleichen Regeln.«

Charlie musste wirklich fürchterlich aussehen, wenn sich sogar Raphael um ihn sorgte.

Vor ihnen erstreckte sich ein wüstengleiches Plateau und die Stadt der Verbannten erhob sich wie ein Riese in der Finsternis. Nichts schien mit Emrond in Berührung treten zu wollen. Pflanzen wagten sich nur bis zu einer bestimmten Grenze heran, als würden sie die karge Erde scheuen.

Hinter einer gewaltigen Außenmauer schraubte sich eine Stadtkonstruktion in die Höhe, die Charlie so noch nie erblickt hatte. Anhand des Widerscheins von Feuern und beleuchteten Fenstern machte er mehrere, ineinander verschachtelte Straßenebenen aus, die immer spitzer zuliefen, bis an höchster Stelle nur noch wenige Gebäude sich zusammendrängten. Zunächst waren die einzelnen Häuserringe noch vom Gebirge gestützt, bis sie sich freistehend dem Himmel entgegen streckten. Von den obersten musste man jedoch einen fabelhaften Ausblick haben.

»Sieht ein bisschen wie Babylon aus«, rutschte es Charlie heraus und die Erinnerungen an die letzten beiden Tage tauchten zwischen den beunruhigenden Traumfetzen auf. Die Gruppe verharrte auf der Rückseite des massiven Gebirgszuges, in den der Wüstenkessel übergegangen war. Raphael hatte sie dazu gebracht, halsbrecherische Kletterpartien zu bewältigen, über Hänge voller Geröll und Felsspalten gescheucht, während niemand ermessen konnte, welchen Weg die entführten Mädchen eingeschlagen hatten.

Am Rande ihres Verstecks marschierte Vivienne, sichtbar angespannt, als könnten sie jeden Moment angegriffen werden, und ihre Blicke wanderten immer wieder zur Stadt über ihnen. Die Begabten waren so nah an ihrem Ziel und doch mussten sie warten. Darauf, dass Edward aus seinem komatösen Schlaf erwachte.

Noch benommen von seinem Traum setzte sich Charlie zu Becca, die neben Edward wachte. Raphael baute sich hinter den Gesteinsbrocken auf, die sie abschirmten, und behielt Emrond ebenfalls im Blick.

Als Heiler hatte Charlie Edward nicht helfen können, aber dieses Mal machte er sich keine Vorwürfe. Die Wucht des Zusammenstoßes hatte seine Hand sauber abgetrennt und das ätzende Sekret die Blutbahnen halbwegs verschlossen. Charlie hatte regelmäßig die blutgetränkten Verbände gewechselt und die Wunde kontrolliert. Er konnte nur dafür sorgen, dass sie sich nicht entzündete; mehr stand nicht in seiner Macht.

»War Babylon nicht die Stadt aus der Bibel? Mit dem Turm zu Babel?«, fragte Becca leise. Besorgt hielt sie Edwards gesunde Hand, während sich der Schotte im Schlaf hin und her wälzte.

»Die Menschen der Stadt Babel wollten einen Turm errichten, der bis zum Himmel reichte«, erzählte Charlie automatisch. Der Boden unter ihm fühlte sich warm an, aufgeladen von der unbarmherzigen Hitze, dennoch fror er entsetzlich. »Angeblich fürchtete Gott, die Menschen könnten in ihrem Übermut vor nichts mehr zurückschrecken und bestrafte sie, indem er jedem eine andere Sprache verlieh und sie so über die Erde verteilt wurden. Babylon ist nur das griechische Wort für Babel.«

»Wirklich?«, fragte Becca und wischte Edward mit einem Tuch den Schweiß von der Stirn. Heftige Schuldgefühle plagten sie, Charlie erkannte dies mit einem Blick, aber Becca hatte noch kein Wort darüber verloren. »Das ist fast wie in dieser Dimension. Wir stammen aus allen Ecken der Welt, trotzdem gibt es keine Sprachbarriere.«

Charlie rieb sich die müden Augen. Vivienne hatte sie in den vorangegangenen zwei Tagen unermüdlich vorwärtsgetrieben. Falls er beizeiten doch ein paar Minuten Schlaf bekam, quälten ihn seltsame Träume wie der mit Sarah.

»Beinahe keine Barriere«, Raphael erinnerte an den Vorfall mit den Wölfen, »und jetzt seid endlich still. Nachher hört uns noch …«

Plötzlich schlug Edward die Augen auf und schreckte hoch. »So laut!« Charlie versuchte ihn zu stützen, aber er krampfte sich zusammen und hielt sich den Kopf. Ein Schrei löste sich aus Edwards Kehle, als litte er Höllenqualen.

Sofort drückte Raphael ihn zu Boden. »Ed«, meinte er eindringlich. »Beruhige dich!«

Doch Edward schrie, selbst als Raphael ihm den Mund zuhielt.

Panik wallte in Charlie auf und mit ihr traten die weißen Flecken erneut in sein Gesichtsfeld. Ein stechender Schmerz explodierte hinter Charlies Schläfen, drohte seinen Schädel zu bersten. *Mein Ring!* Die Stimme echote von überall und nirgendwoher, lauter, leiser, aber keiner der anderen Begabten reagierte darauf.

Edward bäumte sich gegen Raphaels Klammergriff, aber der Brasilianer hielt ihn am Boden und erstickte die lauten Schreie.

Mein Ring! Mein Ring! Tausendfach wurde der Satz geschrien, und kurz bevor Charlies Sicht völlig verschwamm, begriff er, dass er Edwards Stimme hörte.

»Ich hole den Ring«, meinte er mehr zu sich selbst. »Gleich werden die Schmerzen vorbei sein.«

Die weißen Flecken fortblinzelnd, holte Charlie eine Plastiktüte aus seinem Rucksack hervor und wickelte sie vorsichtig auf. Sie wog fast nichts, zumindest viel weniger, als er von einer menschlichen Hand erwartete. Charlie kniff die Augen zusammen und tastete die Finger ab. Die Haut fühlte sich kalt an, schmierig und verdammt tot. Er hatte es nicht über sich gebracht, Edwards Hand in der Wüste zurückzulassen. Nicht wenn es in Emrond vielleicht einen Heiler gab, der sie wieder anpflanzen konnte. Allerdings stülpte sich eine schwüle Hitze wie eine Glocke über die Stadt und die Haut verfärbte sich bereits schwarz.

»Jetzt mach schon!«, schimpfte Raphael, der wohl begriffen hatte, welche Idee Charlie gekommen war.

Vor Erschöpfung war Edward bereits wieder erschlafft, als Charlie zu ihm zurückkehrte und den Ring ansteckte.

»Jeez, war das laut«, flüsterte Edward unsicher, als konnte er den Klang seiner eigenen Stimme nicht einschätzen. »So viele Gedanken.«

Raphael ließ von ihm ab und die Begabten versammelten sich um Edward, als läge er auf einem Krankenbett. Nur Charlie wich ein paar Schritte zurück und ihm wurde gewahr, was er gerade erlebt hatte. Wie war es möglich gewesen, Edwards verzweifeltes Flehen zu hören? Derweil ließ Edward sich von Raphael vorsichtig aufrichten.

Charlie hatte sich in den letzten Tagen oft ausgemalt, wie Edward reagieren würde. Würde er wütend sein? Doch er betrachtete verwirrt den bandagierten Stumpf, an dem seine Hand gewesen war. Dann wie bei einem Schleier, den man vor seinem Gesicht fortzog, traf ihn die Erkenntnis. Seine Augen weiteten sich vor Schreck.

»Es tut mir leid«, jammerte Becca, neben ihm in die Knie gehend. Dicke Tränen flossen ihr über die Wangen. »Es tut mir schrecklich leid!«

Edward bedachte sie mir einem aufmunternden Lächeln, aber auf Charlie wirkte es gezwungen. »Schon gut, es ist nur eine Hand.«

Charlie schauderte jedoch. Er bewunderte Edward für seine unerschütterliche Ruhe und seinen Wissensdrang, der so ganz anders als Beccas war. Sein Blick war stets wachsam gewesen und Charlie hatte schnell begriffen, wann Edward über ein Problem sinnierte. Aber jetzt schauten seine Augen kalt und leer in die Ferne. Wie zwei Steine, denen man den Glanz geraubt hatte. Edward hatte weitaus mehr verloren als nur seine Hand.

Schweigend betrachtete Charlie die Begabten, Raphaels Sorge um seinen besten Freund, Beccas Schuldgefühle und die Ungeduld, die in Vivienne brodelte, jedoch wusste er nicht mehr, was er fühlen sollte.

Wenn er könnte, so hätte er sich für eine Welt entscheiden, in der ihre Verluste ungeschehen gemacht wären. In der Sarah und Daisuke lebten, Edward niemals seine Hand verlor. In der Charlie Ann vor dem Angriff der

Emronder beschützen konnte und die Begabten niemals diese katastrophale Reise antreten mussten.

Sein Traum hatte sich realer angefühlt als diese Welt, gestand sich Charlie ein. Die weißen Flecken tauchten wieder in seinem Gesichtsfeld auf, hüllten ihn ein und dämpften gleichzeitig die verworrenen Empfindungen, gegen die er ankämpfte. Eine behagliche Stille legte sich um seinen Geist – wenn er sich darin verlor, müsste er sich keine Sorgen mehr machen. Sich nicht schuldig oder unfähig fühlen.

Er könnte darin versinken und würde wieder bei Sarah aufwachen. Wäre wieder mit Ann zusammen.

»Charlie, lass den Quatsch«, hörte er plötzlich Edward sagen, klarer und deutlicher, als jemals zuvor. Wie durch einen Zwang musste Charlie die Augen aufschlagen, die Welt wahrnehmen, so ungerecht sie auch war.

Schwer atmend ließ Charlie sich zu Boden gleiten, Edward direkt gegenüber. Sein Körper zitterte und bebte, als wäre er einen Marathon gelaufen.

Die anderen Begabten tauschten besorgte Blicke aus.

»Entschuldige, aber dein Geist war gerade völlig offen, ich musste mich nicht einmal anstrengen.«

Die Tatsache, dass Edward sich in seine Gedanken geschlichen hatte, beunruhigte Charlie kaum noch. Es war sein ernster Blick, der ihn zusammenzucken ließ.

»Wie lange schon?«, fragte Edward kurz angebunden.

»Es fing ein paar Tage nach Raphaels bescheuerter Mutprobe an.«

Der Brasilianer schnaubte, mischte sich aber nicht ins Gespräch ein.

Jedoch dämmerte Charlie von allein, was mit ihm passierte – Edward hatte es ihm längst erklärt: eine zweite Gabe.

Genervt seufzte Vivienne auf. »Dafür haben wir jetzt echt keine Zeit.« Sie trommelte mit den Fingern auf den sandigen Untergrund. »Stell deine Fragen schnell, denn ich werde vor Sonnenaufgang die Stadt betreten.«

Manchmal war es tatsächlich besser, sich Hilfe zu holen, als Kämpfe allein auszufechten. Diese Tatsache wollte er nie mehr missen. Charlie holte tief Luft. »Wer ist Maria?«

»Woher weißt du davon?«, fragte Becca erstaunt.

Charlie schloss die Augen. Die Angst, ausgelacht zu werden, griff mit ihren kalten Fingern nach ihm. Aber nicht wegen einer Banalität wie seine Narben. Im schlimmsten Falle würden ihn die Begabten für verrückt halten. »Raphael hat es mir gesagt. Beim Wolfsangriff. Es wurde alles weiß, so wie gerade eben, und er hat gesagt, ich soll dir helfen, Becca, damit du nicht wie Maria stirbst.« Seine Stimme begann zu zittern. »Weiß einer, was das bedeutet?«

»Meine große Schwester«, brummte Raphael und richtete den Blick in die Ferne.

»Aber das ist noch nicht alles. Ich sehe ständig diese weißen Flecken, höre Dinge, die ich nicht hören sollte. Spüre Dinge, die ich nicht spüren sollte. Ich habe den Schatten von irgendetwas abgehalten.« Charlie hielt seinen viel zu schweren Kopf und raufte sich Haare. Das alles ergab keinen Sinn.

Und solange Edward ihn weiterhin aus diesen kalten, emotionslosen Augen anblickte, während er das Gesicht vor Schmerzen verzog, glaubte Charlie auch nicht daran, eine Lösung zu finden.

»Ich hätte eine Idee, was ein sein könnte«, sagte Raphael plötzlich.

»Du?«, hakte Becca nach.

»Was dagegen? Peel liegt einem ständig mit den unterschiedlichen Gaben, die einem innewohnen, in den Ohren.«

»Du hast ihm tatsächlich zugehört?«

»Natürlich. Das ist der einzige Weg, wie man den Kurs besteht und ihm entkommt.«

»Bitte, Leute«, ging Charlie dazwischen. Die beiden konnten solche Wortwechsel scheinbar über Stunden führen, aber so lange wollte er nicht warten.

Raphael schenkte Becca einen letzten, triumphierenden Blick, woraufhin sie ihm die Zunge herausstreckte. »Ich würde sagen, deine neue Gabe ist das Seelensehen.«

Nein! Das konnte nicht wahr sein!

Charlie sprang auf die Füße. Das konnte Raphael nicht ernst meinen, das wäre das Schlimmste, was noch passieren könnte. »Nein, niemals!«

Am liebsten wäre er gerannt, aber wohin? Sie saßen verdammt noch mal keine hundert Meter von Emrond entfernt! Er konnte nicht davonlaufen, er musste sich der Realität stellen. Ganz gleich, welchen Verlauf sie nahm.

»Könnte es nicht auch etwas anderes sein?«, fragte Charlie, zerrissen zwischen Zweifel und Hoffnung.

»Es ist definitiv etwas Mentales.« Vivienne überlegte einen Moment. »Ich bin nicht ganz sicher, da nur wenig über die Gabe des Seelensehens bekannt ist. Aber es spricht alles dafür.«

»Warum wühlt es dich so auf?«, fragte Edward ruhig. Kalte Steinaugen ließen keinen Moment von ihm ab.

»Das würde bedeuten«, Charlie schluckte schwer, »dass ich Ann töten werde.«

Die Begabten sahen ihn erschrocken an, als glaubten sie seinen Worten nicht.

»Die Statuen in den Katakomben sagten«, Charlie schnürte sich der Hals zu, »es gäbe eine Prophezeiung. Ein Seelenseher soll die Mechanikerin für sich beanspruchen, sie verlieren und dann töten.«

War es schon zu spät? Charlie hatte alles versucht, um Zeit mit Ann zu verbringen. War der Wunsch, sie bei sich zu haben, gleichzusetzen mit besitzen? Erneut erfasste ihn Übelkeit.

»Wenn ich ein Seelenseher wäre, würde ich es auslösen, oder?« Charlie begann, auf und ab zu gehen, immer Emronds beeindruckend hohe Fassade im Augenwinkel. »Dann muss ich mich von Ann fernhalten. Ich hab alles falsch gemacht!«

»Nicht so laut«, warnte Raphael eindringlich, bevor Charlie seine Stimme weiter erhob. Dabei hatte er noch gar angefangen, all seinen Ängsten Luft zu verschaffen.

»Trench sagte immer«, meinte Becca, die bisher eher unverhältnismäßig still gewesen war, »dass jede Entscheidung die Zukunft beeinflusst, die kleinen und die großen. Selbst wenn du eine Entscheidung nicht treffen willst, hast du dich bereits entschieden. Du musst jetzt also genau überlegen, was du tust.«

Umdrehen und weit, weit weg von Ann bleiben, kam es Charlie in den Sinn. Sogleich folgte daraus aber auch die bittere Konsequenz: ein Leben ohne Ann. Egal, ob er auf Abstand ging oder in ihrer Nähe blieb.

Vivienne erhob sich mit einem Seufzen. »Du steigerst dich rein. Überleg doch mal, würdest du Ann schaden wollen? Würdest du nicht.« Damit schien das Thema für sie beendet zu sein, denn sie machte sich daran, ihre Sachen für einen baldigen Aufbruch zu packen. Innerhalb eines Blinzelns verschwand auch Raphael, vermutlich hatte er auf ein verdächtiges Geräusch reagiert.

Entgeistert starrte Charlie ihnen nach. Hatten sie ihm nicht zugehört? Er könnte der Grund sein, warum Ann starb. Womöglich. Oder vielleicht auch nicht.

»Das Letzte, was du von Ann gesehen hast, ist, dass sie dich von der Brücke stieß«, fuhr Edward ruhig fort und lenkte Charlies Aufmerksamkeit wieder auf sich. »Soll das deine letzte Erinnerung an sie sein?«

Charlie schüttelte den Kopf. Anns trauriger Gesichtsausdruck suchte ihn genauso heim wie diese Albträume.

»Kannst du mit der Ungewissheit leben, nicht zu wissen, ob es Ann gut ergeht und ob sie sich in Sicherheit befindet?«, fragte Edward weiter. »Denn wenn du dich jetzt nicht um sie kümmerst, wirst du diese Gedanken für den Rest deines Lebens nicht abschütteln können.«

Charlie gab die gleiche Antwort wie zuvor. Außerdem hatte Tougard ihn gelehrt, dass er nichts still ertragen sollte. Es gab immer irgendeinen Weg.

»Werden denn Prophezeiungen nicht immer sehr vage gestellt, damit sie so variabel wie möglich bleiben?«, fragte Edward. »Vielleicht stellst auch nicht du die Gefahr dar, vielleicht sind es die Emronder.«

»Natürlich würdest du Ann nie etwas antun, also hör auf, über so was Bescheuertes nachzudenken, Charlie.« Becca hörte auf, ihre Locken zu drehen. »Du wirst ihr nur schaden, wenn du jetzt aufgibst.«

»Außerdem«, fuhr Edward fort, »bist du im Vorteil. Eine Prophezeiung, die man kennt, kann man verändern. Sie verändert sich bereits, weil du etwas erfahren hast, von dem du vermutlich keine Ahnung haben solltest. Oder haben die fünf Quälgeister es dir freiwillig verraten?«

»Nein, haben sie nicht«, flüsterte Charlie mit belegter Stimme und ließ die Worte auf sich wirken. Er konnte von Glück reden, Edward und Becca als seine Freunde zu haben, allein wäre er vermutlich längst durchgedreht. Obwohl ihn weiterhin Zweifel plagten und die Sorge um Ann mit jeder Minute wuchs, hatte Charlie wieder ein Ziel vor Augen: Ann finden und retten. So wie die anderen Mädchen.

Es war das gleiche Ziel wie vor ein paar Wochen, nur hatte sich der Einsatz ins Unermessliche erhöht. Doch nach den tausend Schritten, die er gegangen war, den tausend Ängsten, die er ausgestanden hatte, und den tausend Unmöglichkeiten, die er erlebt hatte, würde er nicht aufgeben. Nicht, wenn sie vor den Toren Emronds lagerten.

»Was man sich nicht erkämpft, hat man nicht verdient, nicht wahr?«, entgegnete Charlie und fasste für sich einen Entschluss. Er würde nicht mehr schweigen, nicht mehr hinnehmen oder aus der Ferne beobachten, er würde kämpfen. Für Ann.

Für seine Ann würde er sogar einen Weg finden, diese Prophezeiung auszuhebeln.

»Es gibt noch eine weitere Frage, die du dir stellen solltest«, warf Becca ein. »Glaubst du daran, dass du ein Seelenseher bist?«

»Was bewirkt die Gabe?«

»So simpel es klingt, sie sieht in die Seele eines Menschen«, erklärte Edward. »Der Seelenseher nimmt die Welt ohne den Schleier wahr, den wir nutzen, um unser Innerstes zu verhüllen.«

Die Antwort darauf fiel Charlie leicht. Schon immer hatte er es als eins seiner Talente betrachtet, zu erkennen, was in seinen Mitmenschen vorging. Sein Skizzenbuch bestätigte die Erfahrungen, die er auf dieser Reise gesammelt hatte, und stellte damit eine Art Beweis dar.

»Ja, das trifft wohl zu.« Unwillkürlich musste Charlie daran denken, wie Daisuke bei dieser Neuigkeit ausflippen würde. Er vermisste seinen Freund mehr denn je.

Plötzlich schnipste Becca ihm gegen die Stirn und funkelte ihn gespielt zornig an.

»Wofür war das?« Charlie rieb sich die getroffene Stelle.

»Dafür, dass du mir wochenlang diese Prophezeiung verheimlicht hast«, meinte sie schnippisch. »Ich dachte, wir könnten uns alles sagen.«

Er lächelte, setzte jedoch zu keiner Erwiderung an, da Edward sich aufrichtete. Erst schwankte er, dann strahlte er die gewohnte Sicherheit in seiner Haltung aus.

»Wir sind schon so weit gekommen«, meinte er und ging einen Schritt auf Emrond zu. »Ziehen wir's durch.«

Raphael und Vivienne erwarteten sie bereits mit gepackten Rucksäcken.

»Und?«

»Alles geklärt«, erwiderte Edward und Becca stimmte zuversichtlich mit ein.

»Treten wir denen in den Arsch!«

Raphael zog fragend die Brauen hoch, als hätte er mit einer anderen Reaktion gerechnet. Charlie konnte es ihm nicht verübeln, dennoch schlich sich ein leichtes Lächeln in sein Gesicht. Das erste, seitdem er von Ann getrennt worden war. Wenn er Emrond vor dem Nachthimmel aufragen sah, stellte er sich einen Kampf vor, der dem von David gegen Goliath gleichkam, doch die Zuversicht wollte nicht verschwinden.

»Ich habe zwar einen Weg gefunden, wie ich reinkomme, aber ihr seid nicht schnell genug«, führte Raphael weiter aus, während die anderen ihre Rucksäcke schulterten.

»Und du bist nicht losgerannt?«, spottete Edward und stützte sich bei dem Brasilianer auf, als zehrte die kurze Strecke bereits an seinen Kräften. »Du lernst ja doch.«

Raphael ging nicht darauf ein, sondern zeigte den Begabten eine Öffnung, die zwischen zwei mitternachtsblauen Säulen lag. Über die Ebene verteilt lagen die rund drei Meter hohen Felsen – Findlinge in der Größe von Kleinbussen. Um die grauen mauerartigen Brocken von Emrond rankten sich zähe Büsche voller Dornen und Stacheln. Da durchfuhr ein Klacken die Nacht und die Flammenwerfer der Außenmauer spien ihre tödlichen Stöße in die Dunkelheit. In unterschiedlichen Zeitspannen schickten sie brennende Walzen in alle Richtungen und die Nacht erhellte sich im Glanz einer nicht endenden Explosion.

Raphael sprintete mit Edward über der Schulter zwischen zwei Flammenstößen in einer übermenschlichen, verschwommenen Bewegung los. Die Ebene wurde erneut in feuerrotes Glühen getaucht und Raphael suchte Schutz hinter einem Steinbrocken. Einen Augenblick lang hob und senkte sich seine Brust, dann hatte sich der Brasilianer wieder im Griff.

»Bist du lebensmüde? Was sollte das?«, polterte Edward. Raphael setzte ihn vor dem Stein ab, als wäre er so leicht wie eine Puppe. »Willst du uns umbringen?«

»Ist nur eine Frage des Timings«, erwiderte Raphael. »Wir haben lange genug gewartet! Du musst zu einem Heiler! Und ich werde dich hinbringen!«

Charlie stieß den angehaltenen Atem aus und zog Beccas verkrampfte Finger von seinem Arm. »So ein

Idiot«, flüsterte sie und er konnte nur nicken. Für einen Moment hatte er vor Augen gehabt, wie Edward und Raphael in der Gluthitze starben.

Eine Feuerwand raste über die Begabten hinweg und verwandelte die Ebene kurzzeitig in eine Welt aus züngelnden Rot- und Gelbtönen. So rasch, wie sie gekommen waren, wichen die Flammen wieder zurück und offenbarten einen unversehrten Raphael, der mittig vor seinem Stein stand.

Edward starrte Raphael wütend nieder, doch der scherte sich nicht darum.

»Was ist mit uns?«, fragte Becca. »Ich will nicht geröstet, flambiert oder auch nur teilweise geschmort werden.«

»Gebt mir eine Minute«, entgegnete Edward atemlos.

»Geht das schon wieder mit deiner Minute los?«, beklagte sich Vivienne und stapfte auf. »Letztes Mal hat das viel länger gedauert!«

»Seid still!«, zischte Raphael gerade laut genug.

Keiner der anderen wagte es, zu widersprechen, als Edward die Flammenwerfer musterte. Aufmerksam huschten seine Augen zwischen den Flammen umher, die Schicht für Schicht frischen Ruß zurückließen.

Warum sollte man eine Stadt, die im absoluten Nichts erbaut wurde, schützen?, fragte sich Charlie. Es ergab keinen Sinn. *Wer hat überhaupt diese Flammenwerfer gebaut?*

»Becca, Charlie, auf mein Kommando lauft ihr hierher.« Edward ließ die Flammenstöße nicht aus den Augen. »Jetzt!«

Augenblicklich riss Becca ihn mit sich. Ein stechender Schmerz durchzuckte seine Wade, in die ihn der Wolf gebissen hatte, aber Charlie biss die Zähne zusammen. Eine gewaltige Hitze schlug ihm ins Gesicht und die Luft brannte ihm in den Lungen, so heiß wie der Atem eines Vulkans. Becca erreichte zuerst den Schutzstein, während Charlie angeschlagen hinter ihr herhumpelte.

»Wo sind sie?« Raphael und Edward waren wieder verschwunden, jedoch vermutete Charlie, dass sie bereits am nächsten Stein in Deckung gegangen waren.

»Pass auf!« Eine Sekunde später rauschte ein Flammenstoß über ihre Köpfe hinweg. Der Geruch von angesengten Pflanzen stach ihm in die Nase.

Das ist Irrsinn, kam es ihm in den Sinn. *Absolut lebensmüde!*

»Charlie, als nächstes nach rechts … Jetzt!«, kommandierte Edward und sogleich rannte er los. Becca überholte ihn erneut mit Leichtigkeit, während er seinen Blick auf die Außenmauer richtete. Das mechanische Klicken drang an sein Ohr und rotgelber Lichtschein näherte sich ihm schnell … nein, rasend. Verzweifelt machte Charlie einen Satz nach vorne und riss Becca von den Füßen. Flammen züngelten um den Stein, als sie gerade noch rechtzeitig im Staub landeten.

»Das war knapp.« Charlie rollte von ihr runter. »Alles heil geblieben?«

»Ja, alles heil«, keuchte Becca vor Anstrengung. »Ich war noch nie eine gute Läuferin. Weder vor noch in Tougard.«

Raphael war bereits mit den Schatten des Tores verschmolzen, während Edward Vivienne weitere Kommandos zurief.

Mit den Fingerspitzen fuhr Charlie durch den warmen Sand. Wie glühend heiß mussten erst die Steine sein, die den Flammen trotzten? Charlie tippte das Gestein vorsichtig an und zog seine Hand gleich wieder zurück.

Wie durch ein Wunder passierten die Begabten die Flammenwerfer unversehrt, bis auf Brandblasen und verkohlte Haarsträhnen. Keine Wache begegnete ihnen, als sie durch das sperrangelweit offene Tor schlichen und Charlie vergaß schnell den Schrecken der Flammen, während er die neue Umgebung mit Faszination in sich aufsog. Trotz der Dunkelheit schimmerten die glasierten Steine des Tores in einem tiefen, fast vibrierenden Blau.

»Wisst ihr, woran mich das erinnert?«, fragte er unvermittelt.

»Kein Plan«, entgegnete Raphael, Edward weiterhin stützend.

»Das Ishtar Tor. Der legendäre Eingang der Stadt Babylon. Benannt nach der Kriegsgöttin Ishtar.«

»Wenn wir wirklich in Babylon gelandet sind«, überlegte Becca, »was hätte uns im Westen dieser Welt erwartet? Südamerika zur Zeit der Inka? Oder hätten wir Yetis in der Antarktis besucht?«

Charlie schmunzelte bei dem Gedanken, dass seine Freunde unabhängig ihrer Situation diese Gespräche führten. Auf dieser Reise hatten sie alle schlimme Verluste erlitten, dennoch waren sie auch enger zusammengewachsen.

»Bitte nicht, ich will nicht auch noch gegen Viecher aus dem Urwald kämpfen«, erwiderte Vivienne angewidert. »Gegen riesige Schlangen, Affen und Raubkatzen hätten wir keine Chance. Von Schneemenschen ganz zu schweigen.«

»Über Raubkatzen muss man sich keine Gedanken machen. Nur Riesenschlagen und Piranhas können einem gefährlich werden. Selbst wenn, es gibt nur eine Art, wie man den Angriff einer Riesenwürgeschlange überlebt«, stellte Raphael fest.

Das Tor übte einen ungeahnten Reiz auf Charlie aus, er wollte es unbedingt berühren. In einem unbeobachteten Moment strich er also über die Verzierungen aus vielen bunten Mosaiksteinchen. Fast konnte er spüren, wie viel Leid, wie viele Morde schon an diesem Ort begangen worden waren. *Moment, Morde?* Seine Müdigkeit spielte ihm hoffentlich einen Streich.

»Und wie?«, wollte Becca voller Neugier wissen.

»Du musst dich tot stellen und hoffen, dass die Schlange deine Beine zuerst schluckt.« Edward, der sich bei Raphael aufstützte, verdrehte die Augen. »Wenn sie bei deiner Hüfte ankommt, muss sie ihren Kiefer ausrenken und kann nicht mehr richtig zupacken. Dann kannst du sie mit einem Messer seitlich ganz leicht aufschneiden.«

Becca zog die Nase kraus. »Das ist echt eklig.«

»Wie oft begegnet man Schlangen?«, fragte Charlie beiläufig – die Augen immer in Kontakt mit dem Tunnel.

»Das will ich gar nicht wissen!«, antwortete Vivienne.

»Ach, einmal bin ich einer Anakonda schon entwischt«, sagte Raphael.

Charlie zeichnete das Muster der Mosaiksteine mit den Fingern nach und rieb plötzlich über Eis. Er blinzelte und trat näher an den Torbogen heran, fand jedoch nichts Ungewöhnliches.

Da griffen zwei Pranken nach Charlie und pressten ihn gegen die Kacheln. Stinkender Atem schlug ihm entgegen.

»Her mit euren Wertsachen«, zischte ein Emronder. »Dann passiert euch nichts.«

Wie lange waren sie schon in dieser Stadt? Zwei Minuten? Wie war es möglich, bereits in Schwierigkeiten zu stecken?

Raphael schnaubte auf, als er sich den Angreifern entgegenstellte. Charlie konzentrierte sich jedoch auf den Emronder, der an seiner Armbanduhr zerrte und ein übergroßes Messer – Raphael hätte bestimmt Gefallen daran gefunden – drückte sich an Charlies Kehle.

»Und natürlich die Mädels«, fügte der stinkende Emronder hinzu, »die nehmen wir auch mit.«

Becca schrie vor Schmerz auf, in seiner Position konnte Charlie jedoch nicht erkennen, was passierte. »Guckt euch die Haut an! Die wird einen guten Preis bringen!«

Vergeblich stemmte sich Charlie gegen den Emronder, so dass die Klinge sich nur fester gegen seinen Hals drückte. Wie großspurig hatten seine Gedanken noch einen Moment zuvor geklungen. Er würde kämpfen, sich nicht unterkriegen lassen. Jetzt fühlte er sich lediglich verdammt wehrlos!

»He!«, rief ein Emronder panisch und im nächsten Moment sackte Charlie zu Boden. Vivienne hatte sich schützend vor ihm aufgebaut, wiegte vor und zurück in einer Karate-Grundstellung. Der Emronder flüchtete, während Raphael zwei weitere bewusstlose Angreifer tiefer in die Schatten zog.

»Er hat nichts von nicht rühren gesagt«, stellte Vivienne fest.

Raphael klopfte ihr anerkennend auf die Schulter. »Nicht übel.«

Charlie hingegen rieb sich den Hals. Zum ersten Mal kam ihm der Gedanke, dass er sich mit einer Waffe sicherer fühlen würde. Das Wissen, wie man einem Emronder mit einem Karateschlag niederstreckt, wäre natürlich auch nicht übel.

»Es ist wohl am besten, wenn ich ab hier übernehme.« Raphael schritt an die Spitze ihrer Gruppe. »Los geht's.«

»Du meinst, du kommst weiter, wenn du erst schlägst und dann fragst?«, wollte Edward wissen.

Raphael zuckte unbeeindruckt mit den Schultern. »Ich habe die Slums von La Chacarita überlebt. Dort fragt niemand, dort schlägt jeder einfach zu, Ed.«

»Nein.« Becca rutschte an der Tunnelwand entlang und umarmte zitternd ihre Knie. »Ich gehe nicht weiter.«

Bevor Charlie sich neben die Französin knien konnte, um sie zu beruhigen, zog Vivienne sie auf die Füße. »Reiß dich zusammen!«

»Aber ...«

Vivienne versetzte ihr eine schallende Ohrfeige. »Ich sagte, reiß dich zusammen! Wir haben es so gut wie geschafft!«

Sie waren in Emrond angekommen – das stimmte. Aber sie kannten weder den Ort, an dem die Mädchen festgehalten wurden, noch wussten sie, was mit ihnen überhaupt passiert war. Die wirkliche Suche würde jetzt erst beginnen.

Du musst dich beeilen, Charlie, flüsterte eine Stimme. Sie klang so nah, als wäre sie sein eigener Gedanke und doch so fern wie das Rauschen in einem Radio.

»Hört ihr das?«, fragte Charlie.

Raphael schloss die Augen und lauschte. »Das sind nur die Geräusche einer Stadt.«

Seiner Eingebung folgend hastete Charlie zum Ausgang des Tunnels. Die Nacht mündete in den Morgen, Emronds Straßen sollten still und ausgestorben vor ihnen liegen. Trotz der späten (oder besser gesagt: frühen) Stunde pulsierte das Leben.

»Lauf nicht so weit voraus, Charlie«, rief Raphael ihm hinterher.

Auf den engen, überfüllten Wegen johlten feiernde und sich streitende Emronder. Sie eilten an ihm vorbei, verschwanden mit Mädchen in Seitenstraßen oder schlossen sich Pöbeleien an. Eine Gruppe fand ihren Spaß darin, ein Haus mit ihren Fähigkeiten zu demolieren. Steine flogen, Glas klirrte, ein Emronder schmetterte eine schwarze, zuckende Kugel zwischen den Häusern hindurch, die alles verschluckte, was sie berührte.

Charlie starrte in einen flirrenden Ameisenhaufen, in dessen Abgründen Ann gefangen gehalten wurde. Der letzte Zwischenfall hatte ihm erneut bewiesen, dass er sich nicht selbst verteidigen konnte. Wie sollte er Ann aus diesem Haufen Mensch gewordener Aggression befreien?

»Wir sollten dicht zusammenbleiben«, warnte Raphael, aber Charlie hörte nicht zu.

Beeil dich!, wisperte es dicht an seinem Ohr. Oder doch in seinem Kopf?

Charlie konnte nicht sagen, was schlimmer war. Die Stimme, der Menschauflauf in Emronds Straßen oder die weißen Gestalten, die er an jeder Ecke entdeckte. Männer, Frauen und Kinder, sie alle schwebten wie Geister zwischen den Emrondern. Sie stritten untereinander, ohne dass Charlie ein Wort verstand, und glitten mühelos durch Mauern hindurch. Genauso wie die Emronder schlugen einige Geister aufeinander ein, bis sie sich zu waberndem Nebel auflösten. Diese Gestalten waren sogar deutlich in der Überzahl.

Die Begabten waren davon ausgegangen, dass sie nachts unerkannt in Emrond eindringen und sich ein sicheres Versteck suchen konnten, bevor die Sonne aufging. Doch weit gefehlt. Ein regelrechter Tross aus bärbeißigen, bis an die Zähne bewaffneten Männern eilte an ihnen vorbei. »Zur Arena! Zur Arena!«, bellten sie, während sie vor allem die Mädchen gierig anstarrten.

»Das macht es kompliziert«, stellte Edward fest und schlüpfte ungeschickt aus seiner leuchtend blauen Regenjacke. »Wir sind viel zu auffällig.«

Kompliziert. Hah. Charlie rieb sich die Augen und hoffte, dass sich das Bild änderte. Die anderen Begabten hatten doch keine Ahnung, was kompliziert bedeutete, denn niemand schien die weißen Gestalten zu bemerken. War das der Seelenseher in ihm?

Zunächst blieb Charlie keine Zeit, darauf eine Antwort zu finden.

Raphael schleuste die Begabten durch die Menschenmenge und wich den größten Schlägereien aus, noch bevor sie ausbrachen. Charlie fragte erst gar nicht, wie er das gelernt hatte. Entweder besaß er etwas wie ein Radar dafür oder er bewegte sich auf einem für ihn normalen Terrain.

Ein paar Ecken weiter erregte jedoch ein Emronder Charlies Aufmerksamkeit, da er ihnen durch die Straßen folgte. Der Mann in einem rotbraunen Mantel starrte unentwegt in ihre Richtung, als wollte er sie nicht einen Moment aus den Augen lassen. Doch seine Kapuze war tief ins Gesicht gezogen, so dass Charlie nicht viel erkannte.

»Wir werden beobachtet«, meinte er leise und bis auf Raphael sahen sich die anderen überrascht um. Selbst ein paar Geister blieben verwundert in der Luft hängen.

Charlie gab sich Mühe, normal zu wirken. Jedes Mal wenn nach den Geistern Ausschau hielt, hatten sich mehr von ihnen an seine Fersen geheftet. Sie schwirrten um ihn herum, folgten jedem seiner Schritte genauso beharrlich wie der Fremde. *Geh einfach weiter*, sagte ihm sein Verstand. *Wenn du ihnen kein Zeichen gibst, dass du sie siehst, verschwinden sie vielleicht wieder.*

»Becca, deine Gabe ist jetzt gefragt«, sagte Raphael, nachdem er die Gruppe in eine kleine Seitengasse geführt hatte, um Edward eine kurze Pause zu gönnen.

»Wie kann ich dir helfen?«, fragte Becca. In Tougard hatte sie gern und oft mit ihren Illusionen geprahlt und Ärger gestiftet. Aber ihre Reise hatte sie offenbar ernster werden lassen, Becca ging mittlerweile viel vernünftiger mit ihrer Fähigkeit um.

»Schaffst du es, uns alle zu tarnen?«, fragte Edward. »Sieh dir die Emronder an. Wir müssen ihnen gleichen.«

Becca wog ihre Möglichkeiten ab und nickte. »Ich kann nichts versprechen, aber ich versuche es.«

Charlie kämpfte weiter mit seinem Geisterproblem. Sie hingen sich an seine Arme, sammelten sich um ihn, als würde er sie magisch anziehen. Die Berührungen jagten Charlie Schauer über den Rücken, wie es keine Geisterbahn je geschafft hatte.

»Verschwindet!«, zischte er und wedelte möglichst unauffällig mit den Armen durch die Luft. So kurz nachdem er seinen Freunden von der Prophezeiung erzählt hatte, sollten sie nichts von diesen Gestalten ahnen. Anscheinend schuf er auch als Seelenseher mehr Probleme, als er lösen konnte.

»Vertrau nicht dem Assassinen«, flüsterte ein Geist in Charlies Ohr, ehe er davonglitt, »er wird dich nur töten.«

Die anderen heulten ein einstimmiges »JA!« und strömten aus der Gasse heraus. »Er hat uns alle getötet. Pass bloß auf!«

Charlie folgte ihren Bewegungen und erblickte erneut den Mann im rotbraunen Mantel, der auf einem Fenstersims des gegenüberliegenden Hauses hockte. *Wie ist er da so schnell hochgeklettert?*

Die Geister scharrten sich um den Fremden, machten wüste Gesten, schlugen nach ihm, jedoch mit wenig Erfolg. Der Fremde zuckte nicht einmal, während die Rachegeister um ihn wüteten.

»Das wird niemals klappen«, wandte Vivienne ein, keiner der anderen Begabten hatte von dem Schauspiel um sie herum etwas bemerkt. »Becca ist zu jung und unerfahren. Das Risiko ist zu groß.«

»Es wird klappen.« Trotz hallte in ihrer Stimme wider, als Becca die Augen schloss und ihre Konzentration suchte. »Mein Protektor hat mir erklärt, wie es funktioniert. Oder wollt ihr mir erklären, dass Trench nicht wusste, wovon er sprach?«

Daraufhin verfielen die Begabten in einsichtiges Schweigen. Auf seine Art hatte Trench jedem von ihnen einen Tipp auf den Weg gegeben. Der Älteste Protektor hatte Charlie geraten, an seinem Glauben festzuhalten. Auch jetzt durfte er seine Überzeugung nicht verlieren.

Ein angenehmer, lauer Wind zupfte an Charlies Kleidung und fuhr durch sein Haar. Becca grinste triumphierend, während Sand, Staub und sämtlicher Straßendreck aufwallten und sich unter einem unsichtbaren Willen aufbäumten. Die Illusion schloss sich um die Begabten wie ein Zylinder, so dass die Gruppe ungehindert weitermarschierte.

Auch der Fremde sprang vom Sims, rollte sich ab und schritt direkt auf Charlie zu. Selbst wenn er versuchte, mit den anderen Schritt zu halten, er konnte den Blick nicht von dem Mann im rotbraunen Mantel abwenden. Da war etwas an diesem Fremden, dass er nicht verstand. *Aber es ist wichtig, es zu verstehen,* riet ihm seine Intuition.

»Du musst innerhalb des Zirkels bleiben«, warnte Becca ihn, als Charlie hinter den Begabten zurückfiel. »Sonst funktioniert es nicht.«

Für einen Moment trat Charlie aus der Illusion und betrachtete sein eigenes, gehetztes Abbild. Er war zu einer Himmelfahrtsmission aufgebrochen, und das in einer Stadt, in der jeder sein Feind war. Anstatt jedoch wieder in die Sicherheit des Zirkels zu treten, suchte Charlie diesen Fremden, der am anderen Straßenrand verharrte. Es war jemand, der mit einem Messer bestimmt schneller töten konnte, als Charlie für die Formulierung des Gedankens brauchte, dazu vermittelte er nicht den Eindruck, ein harmloses Gespräch zu suchen. Wahrscheinlich war es besser, auf die Geister zu hören. Was, wenn der Fremde sie wirklich getötet hatte?

Charlie holte tief Luft und schob sich an dem Fremden vorbei, tat so, als wäre ihm nichts Ungewöhnliches aufgefallen. Doch der Emronder packte ihn an der Schulter und stellte sich ihm in den Weg. Es erfolgte kein Übergriff, obwohl Charlie vermutlich keine Chance gehabt hätte, um zu entkommen. Der Fremde wies lediglich mit der freien Hand in Richtung Nachthimmel. Charlie konnte nicht viel erkennen, aber das, was er sah, reichte ihm vollkommen aus.

In den höher liegenden Ebenen Emronds schwirrten die Schatten durch die Luft, hielten alle auf das gleiche Ziel zu und prallten ab. Wie bei einem Bannkreis, einem Schutzschild – was auch immer es war – die Schatten konnten es nicht passieren.

»Dort oben seid ihr vor Rufus in Sicherheit«, raunte der Fremde. Bevor Charlie etwas erwidern konnte, war er bereits zwischen den Menschenmassen verschwunden.

Wem sollte er Glauben schenken? Den Geistern? Dem Fremden? Das eine war schlimmer als das andere und Charlie entschied, sich auf sein Gefühl zu verlassen.

Rasch holte er die Gruppe wieder ein und tauchte in Beccas Spiegelillusion ab.

»Ich weiß, wo wir hin müssen«, eröffnete Charlie und wappnete sich für die Proteste der Begabten.

Raphael zögerte. »Woher?«

»Das würdest du mir sowieso nicht glauben.« Die letzten Stunden waren anstrengend genug gewesen und Charlie sehnte sich nach ein wenig Sicherheit. Außerdem war er schlicht zu erschöpft, um zu diskutieren. »Du musst mir schon vertrauen.«

Allmählich glitt Charlie aus einer tiefschwarzen Welt in die Wirklichkeit hinüber. Er hatte tiefer als jemals zuvor in seinem Leben geschlafen, allerdings war er auch nie so erschöpft gewesen. Seit Daisukes Tod hatten sich seine Albträume verschlimmert. Wenn er es vermeiden konnte, blieb Charlie wach, bis ihm die Augen zufielen. Doch wenn die Müdigkeit ihn übermannte, spielten Ann und Raphael vor seinen Augen die Hauptrollen. Sie spazierten Hand in Hand durch Taun und jagten auf Anns Reitvogel über das Gelände. Manchmal tauschten Raphael und Dustin auch die Rollen, was es keinesfalls besser machte.

Dann wollte Charlie nur noch aufwachen, aber seine Träume hielten ihn gefangen, erstickten ihn. Als ob er in dunklem, kaltem Wasser versank, ohne die Kraft zum Auftauchen zu haben. Immer und immer wieder strahlte Ann ihm glücklich entgegen. Glücklich ohne ihn.

»Bist du wieder wach?« Ann musterte ihn besorgt.

Charlie musste noch träumen, sonst wäre sie ihm nie so nah gewesen. Verschlafen griff er nach Anns Locken und fuhr ihr mit den Fingerspitzen sanft über die Wange.

»Was wird das?«, fragte Becca irritiert und zog seine Hand weg.

»Oh, verdammt!« Das war gar kein Traum! Charlie kniff für einen Moment die Augen zusammen und schalt sich für seine Dummheit. Als er die Augen wieder öffnete, beugte sich Becca über ihn.

»Entschuldige«, murmelte er, »ich habe dich mit Ann verwechselt.«

»Sie weiß gar nicht, was für ein Glück sie hat.« Becca grinste breit. »Ich sag den anderen, dass wir weiter können.«

Die Französin verschwand nach draußen und Charlie rollte sich von seinem Nachtlager herunter, das aus Säcken voller Laub bestand. Der Tipp des Fremden hatte die Begabten in Charlies persönliche Gärten der Semiramis geführt, auch wenn sein Schlafplatz eher an eine Abstellkammer erinnerte. Der Raum war an allen Seiten zugestellt mit Regalen voller Tontöpfe, steinernen Kübeln und Kannen aus Blech.

Charlie griff nach seiner Tasche und entdeckte darin Beccas Erste-Hilfe-Set. Er schmunzelte. Obwohl Charlie sich Mühe gegeben hatte, seine Verletzung zu verheimlichen, konnte er Becca nichts vormachen. Vorsichtig krempelte er seine Jeans hoch und wickelte den blutgetränkten Verband ab. Nach dem unfreiwilligen Bad im Fluss und den Sandstürmen im Wüstenkessel war seine Verletzung wieder aufgebrochen und hatte sich entzündet. Charlie wagte es nicht, über die Schmerzen zu klagen, nicht solange sie Ann und die Mädchen suchten. Selbst wenn – was waren ein paar Kratzer gegenüber Edwards Verletzung?

»Wann lerne ich endlich zu heilen?«, fragte er sich deprimiert, während er eins seiner T-Shirts für einen frischen Verband zerriss.

»Dir mangelt es an Erfahrung.«

»Woher soll ich sie denn nehmen?«, entgegnete Charlie.

»Du hast es doch schon vollbracht. Als du das erste Mal gefluppt bist. Und das zweite Mal solltest du nicht vergessen.«

»Ja, aber beim ersten Mal war es Zufall und ehrlich gesagt, keine Ahnung, wie es das zweite Mal funktioniert hat«, widersprach Charlie vehement und wunderte sich, warum Becca auf einmal so bedacht und ruhig sprach. »Damals kannte ich die ganzen Regeln noch nicht. Ein einziger Fehler und …«

»Als du nach Tougard gefluppt bist, hast du es auch nicht bedacht. Manchmal muss man es einfach versuchen.«

»Du klingst schon wie Sarah.« Charlie hatte diesen Satz schon oft gehört. Er sollte selbstbewusster sein und nicht immer im Hintergrund stehen. Er sollte versuchen, neue Freunde zu finden, lernen, sich einzubinden und seinen Umzug nicht als Weltuntergang betrachten. In Tougard hatte er all das bewältigt.

»Du musst an dich glauben, Charlie, und üben.«

Er schnaubte. »Ja, das sagt Protektor Besenstiel auch immer. Üben, üben und nochmals üben.«

»Vielleicht hat er ja recht?«

»Was ist in dich gefahren, Becca? Seit wann bist du mit Peel einer Meinung?« Charlie blickte von seinem

Verband auf, doch es war niemand im Raum. »Bist du schon wieder weg?« Er wartete irgendwie darauf, dass sie hinter dem Gerümpel hervorkam und ihn breit über ihren Scherz angrinste, den sie sich erlaubt hatte, aber nichts rührte sich.

Nur ein schwacher, weißer Schimmer verflüchtigte sich im Zwielicht. Einer, der Charlie sogleich wieder an die Geister in Emronds Straßen denken ließ.

Langsam wird es unheimlich, sagte ihm sein Unterbewusstsein. Zwar war er davon ausgegangen, dass Becca mit ihm sprach, wenn er aber genau die Wortwahl bedachte, hatte es viel mehr wie Sarah geklungen. Als hätte ihr Geist ihn aufgesucht, um ihm erneut einen Tipp zu geben. Auch in den Träumen, in denen sie erschien, erinnerte Sarah ihn immer wieder an ein und dieselbe Sache: Er sollte an sich glauben.

Charlie hatte auf sein Können vertraut, als er einmal ein Porträt zu einem Wettbewerb eingeschickt hatte. Gewonnen hatte er nicht, aber dennoch erreichte er den dritten Platz. Das Porträt des alten Paares hatte ihm gefallen, obwohl er nicht wusste, warum es sich richtig angefühlt hatte. Stundenlang hatte er an den vielen Lachfalten gearbeitet, war sich sicher gewesen, das richtige Motiv ausgesucht zu haben. »Vielleicht sollte ich es noch einmal versuchen«, überlegte er laut. Daisuke hatte ihm stets erzählt, seine Fähigkeit zu benutzen, riefe eine ganz besondere Stimmung hervor. Die Begabten fühlten sich euphorisch, spürten ein Kribbeln im Bauch oder im Falle des kleinen Japaners ängstlich, da er nie gewusst hatte, ob er irgendwo gegenlief.

Charlie lehnte sich gegen die Laubsäcke und verscheuchte die Gedanken an Daisuke, die in ihm nur Trauer hervorriefen. Er musste sein besonderes Gefühl finden, dafür brauchte er einen klaren Kopf.

Etwas Vertrauen in seine Entscheidungen zu legen, löste jedoch kein Kribbeln aus. Charlie versuchte sich daran zu erinnern, warum er damals nicht ein anderes Motiv für den Wettbewerb gewählt hatte. Warum hatte er begonnen, auf Beccas Fragen zu antworten? Warum hatte er aufgehört, Raphael zu ignorieren? Okay, die Streitereien mit ihm machten Spaß, ja, aber warum hatte er sich entschieden, Edwards Freund zu sein?

Charlie hatte darauf vertraut, dass er richtig handelte. Doch woher hatte er gewusst, dass er sich nicht irrte? Er hatte es nie wissen können.

Aber genau dieser Glaube machte Vertrauen aus.

Charlie legte eine Hand auf sein Bein, um seine Verletzung genauer zu lokalisieren. Vielleicht lag der Schlüssel zu seiner Gabe in seiner Vorstellungskraft. Immerhin konnte er sich genau vorstellen, wie die Kratzer aussahen und wie der Normalzustand seiner Wade gewesen war. Auf einmal juckte und kribbelte es wie wahnsinnig, so dass Charlie sich am liebsten gekratzt hätte, aber diesmal brach seine Konzentration nicht ab.

Er war auf dem richtigen Weg, er durfte sich nur nicht selbst unnötig unter Druck setzen. Während dieser Gedanke noch durch seinen Kopf schwirrte, verschwand das Kribbeln und ließ ein angenehm warmes Gefühl zurück.

Charlie nahm seinen Mut zusammen und wickelte den Verband ab. »Ich hab es geschafft!«, rief er begeistert. Tatsächlich war seine Verletzung verheilt.

All seine Zweifel, ob er mit den anderen Begabten auf einer Stufe stehen könnte, waren mit einem Mal verstummt. Auch er besaß eine Fähigkeit, die er irgendwie kontrollieren konnte. Um dieses Irgendwie musste er sich noch kümmern, doch eine ungeahnte Zufriedenheit breitete sich in Charlie aus. Als hätte er von der Mittellinie aus einen perfekten Korb geworfen und sein Team zur Meisterschaft geführt.

Vorsichtig erhob er sich von seinem Lager und ging ein paar Schritte durch den Raum. Kein Ziehen, kein Brennen. Er musste den anderen Begabten unbedingt von seinem Fortschritt erzählen, vielleicht konnte er nun auch Edwards Schmerzen lindern?

In der vorangegangenen Nacht hatte Charlie nicht viel von ihrem Versteck gesehen, aber er sprintete durch die schmalen Gänge ins Freie, als wollte er keine Sekunde länger warten. Wie angenehm es sich anfühlte, wieder rennen zu können!

Die Gärten der Semiramis waren angelegt wie ein Atrium, die sich im Freien zu gewaltigen Dachterrassen ausbreiteten. Charlie erkannte Palmen, Pappeln, Dattelbäume und jede Menge Pflanzen und Bäume, die er sonst nur in exotischen Filmen sah. Sorgsam gepflasterte Alleen führten zu kleinen Brunnen und Teichen, in denen Wasser gluckerte und rauschte. Dennoch vermisste er das gewohnte Quaken der Frösche und das Zwitschern der Vögel.

Sarah hätte diesen Ort geliebt, dachte Charlie. Die Gärten – so hatte er einst gelesen – galten als eines der Weltwunder und Aufzeichnungen bezeichneten sie als schönste und aufwendigste Parkanlage der alten Zeit. Der Legende nach baute ein babylonischer König die Anlage als Geschenk für seine Frau, um ihr ein Stück ihrer Heimat Persiens zurückzugeben.

In welche Richtung Charlie auch blickte, alles war aus glasierten Brandziegeln gebaut. Mauern, Bänke, Begrenzungen – jemand hatte Hunderttausende, wenn nicht Millionen davon aufgeschichtet. Aber wer hatte diesen Ort errichtet? Charlie konnte es sich nicht erklären, außer, dass diese Bewohner ganz anders als die Emronder sein mussten.

Charlie passierte reich verzierte Säulen, die den Weg wie Wächter flankierten. Ein neuer Morgen brach vor seinen Augen an, rot glühend kletterte der Sonnenball höher und höher. Charlie wusste, dass er den Anblick niemals auf eine Leinwand bannen konnte, aber dieser Sonnenaufgang würde ein Leben lang zu denen zählen, die er nie vergessen konnte. Wenn auch nicht aus den Gründen, die Charlie sich in diesem Moment noch vorstellte.

»Woher wusste er von diesem Ort, Edward?«, fragte Viviennes Stimme. »Ich verstehe es nicht.«

»Er ist ein Seelenseher, das würde es erklären.«

Erstaunt blieb Charlie stehen. Die beiden Begabten saßen auf dem Rand einer Brüstung und blickten in die Tiefe hinab. Sie schienen seine Ankunft nicht bemerkt zu haben.

»Und das ist in Ordnung für dich?« Vivienne ließ ihren Blick über die Stadt schweifen, als würde sie ihre Freundin von oben entdecken können. »Du weißt, wie gefährlich diese Gabe ist, nicht wahr? Wir würden es nicht einmal merken, wenn er …«

Wenn er was? Charlie schluckte und wich zurück, damit sie ihn nicht entdeckten. Was war es, das sie sich nicht traute, auszusprechen? Normalerweise nahm Vivienne doch nie ein Blatt vor den Mund.

»Du redest hier von Charlie, vergiss das nicht.« Edward winkte ab. »Er ist nur ein kleiner Junge.«

»Hat deine Gabe dich nicht verändert, Edward? Ich weiß, wie die Mädchen dich in Tougard nennen. Sie nennen dich ›Eiskönig‹.«

Edward runzelte die Stirn. »Worauf willst du hinaus?«

»Deine Aura ist zwar nicht kalt«, schnappte Vivienne, »doch hin und wieder erscheinst du kühl und unnahbar, was vermutlich nur an deiner Gabe liegt. Denn unsere Moral, unsere Überzeugungen und Fähigkeiten prägen die Aura eines Menschen. Aber Charlies Aura wird immer dunkler. Wenn das so weiter geht, wird sie bald schwarz sein.«

Schwarz? Charlie wagte es nicht, sich zu rühren. *Schwarz bedeutet nie etwas Gutes.*

Edward ließ ihre Worte einen Moment auf sich wirken. »Was willst du damit sagen?«

»Wir sollten ihm nicht blind vertrauen.« Vivienne verschränkte die Arme. »Ich tue es jedenfalls nicht.«

»Dann solltest du mir auch nicht vertrauen«, erwiderte Edward regungslos.

Charlie rechnete nicht damit, mit jedem Begabten gut auszukommen; es war generell unvorstellbar, mit jedem Menschen gut auszukommen. Selbst wenn der Umgang mit Vivienne immer etwas oberflächlich gewesen war, so trafen ihn ihre Anschuldigungen wie aus dem Nichts. Wie konnte es sein, dass sich seine Aura augenscheinlich verschlechterte? Charlie fand keine Lösung für diese Frage, dafür war er sich umso sicherer, dass er die Geistererscheinungen vor den anderen besser verschweigen sollte.

»Ist Raphael schon zurückgekehrt?«, fragte Charlie laut und kam aus seiner Deckung hervor.

Die beiden Begabten zuckten zusammen, als hätte man sie bei etwas Unangenehmen erwischt.

»Hast du endlich ausgeschlafen?«, fragte Edward zurück. Charlie würde ihm seinen lockeren Tonfall nicht mehr abnehmen. Er sollte wie Edward unbekümmert auftreten, aber die wenigen Sätze, die er gehört hatte, veränderten alles.

Vivienne ließ ihn nicht aus den Augen und Charlie hätte schwören können, dass sie nicht ihn, sondern nur seine Aura musterte. »Wie lange bist du schon hier?«

»Lange genug.«

Ein kühler Wind sauste Charlie durch die Haare, als er sich über die Brüstung beugte. Zwei weitere Terrassen lagen kaskadenartig angeordnet unter ihm. Abgesehen von einer Gruppe Betrunkener, die weiter hinten in der Anlage lärmte und randalierte, waren die Gärten paradiesisch. Doch die Sonne wirkte nur noch blass, der Duft der Blumenbeete roch schal. Sein Leben lang hatte er immer wieder mit Enttäuschungen kämpfen müssen. Warum traf es ihn nun so sehr, dass die Begabten hinter seinen Rücken über ihn sprachen?

»Hast du dir Sorgen gemacht, dass ich nicht den Weg zurückfinde, chérie?«, fragte Raphael und betrat zusammen mit Becca die Terrasse. Der Brasilianer war vor Stunden aufgebrochen, um einen besseren Eindruck von Emrond zu gewinnen.

»Ach, du bist wie ein Hund«, scherzte Becca. »Die finden auch immer zurück.«

»Und freut er sich auch, wenn man ihm den Bauch krault?«, fragte Edward und lachte.

Er benimmt sich wie immer oder macht es einen Unterschied, dass ich die angeblich schlechte Aura eines Seelensehers besitze? Charlie setzte sich mit dem Rücken zur Brüstung auf den Boden. *Wie kann Edward so schnell wieder scherzen, bei dem, was Vivienne ihm eröffnet hat? Oder ist das der Beweis, dass es ihn einfach kalt lässt?*

Eben noch euphorisch über seine erste Heilung, war er nun verunsichert. Gedanken waren eine dumme Sache, das hatte Edward ihm einmal erklärt. Ein falsches Wort und sie wanderten von alleine los. Charlie musste sie unbedingt stoppen, bevor seine Bedenken ein falsches Bild von seinen Freunden zeichneten.

Vivienne zeigte auf den Stapel Kleidung, den Raphael über dem Arm trug. »Hast du die Sachen von einer Wäscheleine geklaut?«

»Das ist die typische Kleidung der Stadt.« Raphael hielt einige braune und helle Stoffmäntel hoch. »Weniger auffällig als unsere Sachen.«

Doch sie schnaubte, wie immer, wenn sie Raphaels Taten abwertete. »Solange die Sachen nicht von einer Leiche sind, wird's schon gehen.«

»Ich würde nie einer Leiche …«

»Also doch von einer Wäscheleine«, schlussfolgerte Vivienne.

Becca beendete die Diskussion, indem sie Raphael die Mäntel abnahm und verteilte. Die Begabten schlüpften in ihre Verkleidungen und für einen Moment verstummten alle Gespräche. Dennoch konnte Charlie das Gefühl nicht abschütteln, dass dies nur die Ruhe vorm Sturm war.

»Und wo warst du acht Stunden lang? Oder werden Wäscheleinen hier bewacht?«, wollte Edward wissen. »Was, wenn du uns nicht mehr gefunden hättest?«

»Ich hätte euch auf jeden Fall wieder aufgegabelt, denn ohne die Klamotten wärt ihr weiterhin aufgefallen«, erwiderte Raphael und straffte die Schultern.

»Können wir nun los?«, drängte Vivienne.

»Um die Mädchen in dieser Stadt zu finden, müssen wir koordiniert vorgehen«, stellte Edward fest. »Wenn wir eine Karte hätten, dann könnten wir eine Straße nach der anderen absuchen.«

»Leider habe ich weder einen Infostand oder noch ein Tourismusbüro ausfindig machen können«. Ein bissiger Unterton schwang in Raphaels Stimme mit.

Charlie ignorierte die sinnlose Diskussion. Seit Daisukes Tod hatte er diesen Moment befürchtet, in dem der Zusammenhalt der Gruppe zerbrechen könnte. Sein japanischer Freund hatte sie unbeabsichtigt von Anfang an zusammengehalten, da alle seiner Spurenleserfähigkeit gefolgt waren, doch mit seiner Abwesenheit wollte jeder den eigenen Weg durchsetzen, ohne etwas abzusprechen.

Obwohl sich Charlie den Kopf darüber zermarterte, wie er eingreifen sollte, obsiegte seine Angst, wieder nur ein Niemand zu sein, der nicht beachtet wurde.

»Es ist keine gute Idee, wenn wir …«, begann er.

»Ich gehe jedenfalls gleich los«, unterbrach ihn Vivienne.

»Becca wurde erst gestern hinterrücks überfallen, daher sollten wir nicht übereilt handeln«, erwiderte Edward.

»Wir können genauso gut hier überfallen werden, wenn wir noch länger warten«, argumentierte Vivienne.

Raphael zuckte unbeeindruckt mit den Schultern. »Die eine Hälfte der Stadt ist betrunken und die andere prügelt sich mit ihnen. Es wird ganz leicht, zwischen ihnen unterzutauchen.«

Edward schüttelte den Kopf. »Daisuke musste sterben, weil wir unbedacht gehandelt haben. Reicht das nicht?«

»Vielleicht sollten wir uns prügeln, damit wir nicht auffallen«, erwiderte Raphael gereizt.

»Auf den Kampf lasse ich mich nicht ein.«

»Brauchst du auch nicht, Ed. Ich muss dir nur eine Flasche Hochprozentiges überkippen, dann passt du perfekt dazu. Siehst jetzt schon wie ein schlechter Verlierer aus.«

Oh, oh. Das Gespräch entwickelt sich in keine gute Richtung. Wenn Raphael ihn mit so einem Blick aufgespießt hätte, würde Charlie im nächsten Moment mit den Füßen in der Luft baumeln.

»Da-das kannst du nicht einfach so behaupten, Raphael«, mischte sich Becca unsicher ein.

»Wenn ich recht habe, schon.«

»Aber …« Charlies Mund war wie versiegelt und die Worte wollten ihm nicht über die Lippen kommen.

Edwards Blick wurde hart. »Muss ich noch meine zweite Hand verlieren, damit ihr auf meinen Rat hört?«

»Deine Füße wären günstiger!«, erwiderte Raphael. »Die brauchst du in dem Schneckenhaus, indem du lebst, sowieso nicht. Du wärst ohnehin nicht hier, wenn dich die Mechanikerin nicht interessiert hätte.«

»Es ging dabei nicht um Ann. Ich habe mich lediglich gefragt, woher Neulinge von Emrond wussten«, hielt Edward dagegen. »Streitest du etwa ab, dass es bei dir anders war, Raphael? Hat die Mechanikerin dich nicht ebenfalls interessiert?«

»Was?«, rutschte es Charlie heraus, doch keiner beachtete ihn.

»Lenk jetzt nicht vom Thema ab.« Der Brasilianer zeigte auf ihn. »Charlie vertraut sich selbst nicht, Vivi vertraut ihm nicht, als wäre er eine tickende Zeitbombe und du, Ed, du vertraust sowieso niemandem! Wir hatten alle dasselbe Ziel und sind doch nur nebeneinander hergelaufen. Niemals miteinander!«

»Howgh«, spottete Edward. »Der große, einsame Wolf hat gesprochen.«

Wieso fühlte es sich für Charlie anders an? Vor seiner Zeit in Tougard wollte er nie Teil einer Gruppe sein. Dennoch war er davon überzeugt gewesen, dass er mit seinen Freunden selbst Emrond hätte überstehen können. War er der Einzige gewesen, der daran geglaubt hatte?

Raphael schnaubte verächtlich. »Verarsch mich nicht, Ed. Ich kenne dich. Du wärst niemals aufgebrochen, um zu helfen, oder um Gwen zu retten. Du hättest es einfach abgehakt und weitergemacht.«

»Warum bist du dann überhaupt mitgekommen?«, fragte Becca verwundert.

»Trench hat mich gebeten, für ihn«, Edward wies mit seinem Armstumpf auf Charlie, »den Babysitter zu spielen. Was mit mir allerdings dabei passieren würde, hat er nicht erwähnt.«

Schockiert setzte Charlies Herz aus, bevor es wild in seinen Ohren pochte. Es gab keine Möglichkeit, dass er sich verhört hatte. Edward hatte sich klar ausgedrückt. Er hatte klar gesagt, warum er zu dieser Reise aufgebrochen war.

Charlie biss sich auf die Lippen, um nicht zu schreien. Edward war nicht sein Freund um seiner selbst willen geworden, sondern weil Trench ihm das aufgetragen hatte.

Warum warfen die Begabten ihm nicht gleich vor, dass er die Schuld an allem trage? Schließlich hatte er Becca dazu überredet, diese Rettungsaktion zu starten und von da an war alles schief gelaufen. Er hatte Daisuke nicht davon abgehalten, hatte Sarah mit in die Gruppe eingeladen und letzten Endes nicht einmal Ann beschützt.

Charlie erhob sich schwerfällig und ging an den Begabten vorbei. In ihren Streit vertieft, bemerkten sie weder, wie er aufstand noch wie er in einem letzten Anflug von Naivität und Hoffnung einen Blick über die Schulter warf. Doch Charlie sah nur ihre Lügen. Entsprach überhaupt irgendetwas der Wahrheit, von alldem, was auf dieser Reise gesprochen worden war?

Stumm betrat er die Kammer, in der sie ihre Ausrüstung aufbewahrten, und schulterte seinen Rucksack. An diesen Morgen würde sich Charlie tatsächlich sein Leben lang entsinnen, da er Narben hinterlassen hatte, die deutlich schmerzhafter waren als die Wundmale an seinem Arm.

Jeder muss den Weg wählen, der ihm passt. So war es schon immer, dachte Charlie niedergeschlagen und eilte die

Stufen hinunter. Im Gegensatz zu den Begabten hatte Ann ihn noch nie angelogen.

Egal, was für eine Gefahr auf ihn warten würde, Charlie würde sie für Ann bewältigen. Für niemanden sonst.

Kapitel 22

VERRATEN, VERKAUFT, VERZWEIFELT

Ann folgte schweigend zwei Emrondern, die sie durch ein Gebäude voller Türen führten. Sie gingen tiefer und tiefer, bis in die Keller, in denen Ann eine angenehme Kühle in Empfang nahm. Im Gegensatz dazu war Emrond wie ein Backofen gewesen.

Kerzen beleuchteten die Gänge, warfen tiefe Schatten. Sie passierte Wachposten, die ihr mit den Augen folgten. Aber es waren nicht nur Menschen, die die Gänge bewachten. Je weiter die Eskorte vordrang, desto mehr Maschinen standen zu beiden Seiten. Roboter oder zumindest etwas, das dem sehr ähnlich sah, denn ihre Arme endeten in Schusswaffen, Flammenwerfern und Arsenalen voller Wurfmesser. Anns Eskorte zeigte ihr sogar, wie sie Stolperdrähte umging und auf welche Steine im Fußboden sie nicht treten sollte. Sie fühlte sich miserabel, als hätte man ein Stück aus ihr herausgerissen. Seit ihrer Ankunft in dieser Dimension war sie vollkommen allein. Dieser Gedanke klaffte wie eine eiternde Wunde in ihr, die sie von innen vergiftete. Jedes Mal, wenn Charlie oder Becca sie in Tougard aufgehalten hatten, wünschte sich Ann in Ruhe arbeiten zu können. Jetzt, gefangen in dieser Stadt, konnte sie sich nichts Besseres vorstellen, als dass Charlie und Becca sie aus der Gewalt der Emronder befreien würden.

Auf sich gestellt hatte Ann keine Idee, wie sie den Emrondern entkommen sollte. Sie hatten ihr Taschenmesser gefunden und es ihr abgenommen – genau wie das wenige Werkzeug, das sie bei sich getragen hatte. Dazu erschien jeder ihrer Wächter bis an die Zähne bewaffnet.

»Hier rein.« Einer der Männer schubste sie in eine dunkle Kammer. Dann lief er ein paar Schritte in die Dunkelheit und legte einen Schalter um. *Klick!* Ihr zweiter Wächter schloss jedoch von außen ab und entfernte sich mit hastigen Schritten.

Ann behielt den verbliebenen Emronder im Auge. Bisher war sie mit ihren Entführern nie allein in einem Raum eingesperrt gewesen. Was konnte er von ihr wollen? Da sie wusste, dass die Emronder einen Mechaniker suchten, hatte sie höllisch aufgepasst, sich nicht zu verraten.

Etwas quiekte vor Aufregung, aber Ann konnte das Geräusch nicht zuordnen.

Ein Summen schwoll an, Funken stoben zischend durch die Luft und eine Reihe primitiver Lampen begann zu glühen. *Die haben hier Strom!*, schoss es Ann durch den Kopf. *Wie ist denen das gelungen?*

Bevor sie den Raum näher betrachten konnte, schrie der verbliebende Emronder aus Leibeskräften. Er brach vor ihr zusammen und hielt sich den Kopf, als ob ihm eine unsichtbare Kraft den Schädel auseinanderriss. Sein Gebrüll warf ein Echo aus dem Keller zurück. Ann betrachtete den Mann und erstarrte. Was sollte sie tun? Sie selbst war mit Handschellen gefesselt und die Tür war von außen verriegelt.

Da verstummte der Emronder und blieb reglos liegen. Ann zählte bis zehn, ehe sie sich der erschlafften Gestalt näherte. Sein Brustkorb hob und senkte sich, jedoch zeigte er keine Reaktion, als Ann ihn mit der Fußspitze anstieß. Stumpf blickten seine Augen in die Ferne. Er war nicht tot, aber lebendig wirkte er auch nicht.

Das Quieken erklang erneut, deutlich lauter als zuvor. Anns Blick schweifte über den Boden. Nicht, dass hinter diesem Geräusch noch jener Angreifer des Emronders steckte.

»Ich muss hier schnellstens verschwinden.« Ann wandte sich von dem Emronder ab und schritt tiefer in den Raum. »Oh, verdammt!«

Sie stand inmitten einer Werkstatt.

In Tougards Werkstatt zeugte jeder Zentimeter vom gewaltigen Wissen und der noch gewaltigeren Kreativität der Mechaniker. Hier in dieser unterirdischen, muffigen Kammer – mehr als das war es wirklich nicht – sah Ann nur Waffen. Sie hingen an den Wänden, lagen auf Tischen und zu Haufen in Regalen oder auf dem Boden. Manche schwebten sogar an dünnen Seilen über ihrem Kopf.

Das Quieken schwoll zu einem herzzerreißenden Wimmern an, doch Ann konnte die Quelle nirgends ausmachen. Was konnte nur diese hohen Geräusche von sich geben? Warum klang es so gequält, wenn es gerade noch den Emronder ausgeknockt hatte?

All die Messer, Schwerter, Bögen, Armbrüste, Speere und Schusswaffen beunruhigten Ann. Hatte sie sich verraten? Nein, sie hatte nichts gesagt, das auf ihre Gabe hätte deuten können. Dennoch musste sie wachsam bleiben. Die Emronder durften nicht herausfinden, dass sie eine Mechanikerin war. Aber warum hatte man sie dann in dieser Werkstatt eingesperrt?

Ann wog ihre Möglichkeiten ab. Ganz gleich, ob die Emronder ihre Fähigkeit herausgefunden hatten, sie in so einem Raum allein zu lassen, war verdammt dumm. Mit all dem Werkzeug, das hier verstreut lag, knackte sie ihre Handschnellen binnen Sekunden. Schnell stopfte sie Zangen, Schlüssel und alles Nützliche in die Socken und ihren Hosenbund, damit sie noch in der Nacht ausbrechen konnte.

Erst als ihre Finger auf silbern glänzende Metallstücke trafen, hielt sie inne und blickte sich erneut um. Ann erschrak, denn zwischen den Stücken Metall hockte der kleine Drache, den sie an ihrem ersten Tag in Tougard gebaut hatte.

Das Tier hüpfte beim Anblick seiner Erbauerin. »Du hast also so laut gequiekt.« Es wurde noch eine Spur höher, der Drache musste Höllenqualen erleiden.

Das silberne Stück zwischen ihren Fingern war ein Einzelteil des Drachenflügels, den man ihm abmontiert hatte. Jemand hatte ihre Maschine auseinandergeschraubt und einfach hier hineingeworfen. Wie konnten die Emronder es wagen …? Niemand pfuschte an ihren Erfindungen herum!

»Du musst mir versprechen, genau das zu machen, was ich sage.« Ihr Drache nickte eifrig. »Halt still.«

Mit gezielten Handgriffen schraubte Ann den Flügel zusammen. Sogleich sprang der Drache hoch und flatterte ein paar Zentimeter über der Tischplatte, als wäre er nie demoliert gewesen.

Klack! Draußen drehte jemand einen Schlüssel im Schloss. Hektisch blickte Ann zwischen der Tür und ihrem Drachen hin und her.

»Bleib sitzen«, mahnte Ann. Die Maschine sah sie aufmerksam an. »Du darfst auf keinen Fall fliegen, verstanden?« Zur Antwort stieß der Drache ein paar Rauchkringel hervor.

Ann stellte sich vor den Tisch und verdeckte ihren metallenen Begleiter. Ihre Hände verbarg sie ebenfalls hinterm Rücken.

»Müsst ihr immer euren Müll liegen lassen?«, stöhnte eine gebückte Gestalt. Schwerfällig schob sie den bewusstlosen Emronder in den Kellergang.

Die Gestalt entpuppte sich als Greis, der mehr Falten als Haare besaß. Eine zerkratzte Lederschürze schlang sich um den Großteil seines Körpers. »Noch so ein hohles Frauenzimmer?«, krächzte er, als er Ann erblickte. »Womit hab ich das verdient?«

»Wer seid Ihr?«, fragte Ann und behielt die unverschlossene Tür im Auge.

»Der Büchsenmacher, der jetzige Mechaniker Emronds. Aber das wird dir nichts sagen.« Er schlurfte auf sie zu, bis sich ihre Nasen fast berührten, und starrte Ann in die Augen. »Was für eine Gabe beherrschst du?«

Ann hielt die Luft an, da ihr der Gestank von Alkohol in die Nase stach. »Ich … ich kann heilen.«

»Du hast gezögert«, stellte der Büchsenmacher fest. Er packte Ann an den Schultern, als würde er sie in einer Klemme fixieren wollen. Hinter ihr knurrte der Drache bedrohlich. »Sei still, du dummes Monster!«

»Ja, ich habe gezögert«, erwiderte Ann, bevor der Büchsenmacher noch einen Blick auf den Drachen erhaschte. Sie schwor sich, Charlie niemals von diesem kleinen Schwindel zu erzählen. »Ich bin ziemlich mies darin, wissen Sie. Ich kann nicht den kleinsten Schnitt an meinen Fingern heilen.«

Der Alte seufzte, so dass all seine Falten im Gesicht erzitterten. »Was tue ich hier eigentlich? Diese verdammten Tests nützen niemandem was! Es muss ein Junge sein.«

»Wie bitte?«

Knochige, vom Alter zitternde Finger hielten ihr einen antiken Schraubenzieher vors Gesicht, der von einer Schicht Rost umhüllt war.

»Hast du so etwas schon in den Händen gehalten?«

»Ja.« Der Büchsenmacher zog die Brauen hoch und Ann unterdrückte ein Grinsen. »Ich darf es meinen Vater reichen, wenn er irgendetwas in seinem Hobbykeller bastelt.«

Der Greis musterte sie einen Moment voller Abscheu. »Und was ist das?«

»Keine Ahnung. Irgend so ein Ding.« Ann lächelte in sich hinein. *Das in meiner Socke steckt und mit dem ich das Scharnier meiner Zelle löse.*

Der Alte ließ von ihr ab und griff nach einer Flasche mit dem Aufkleber »Laudanum«, die auf einer Werkbank stand. »Warum sollte ich eine Mechanikerin suchen?«, grummelte er, als hätte er Ann bereits vergessen. »Warum muss ich die Mädchen überhaupt testen? Das bringt einem nichts als Kopfschmerzen.«

Ann wusste, dass Laudanum früher als schmerzstillendes Mittel verwendet worden war. Viele geniale

Köpfe hatten es getrunken, um ihre Kreativität zu steigern. Doch Laudanum bewirkte, wenn überhaupt, nur das Gegenteil und trieb dazu in die Abhängigkeit. Sogar Tyrdon hatte Ann von einigen traurigen Schicksalen erzählt.

Der Mechaniker schraubte die Flasche auf und genehmigte sich einen tiefen Schluck. Ann nutzte die Chance, um nach ihrem Drachen zu sehen.

»Runter!«, zischte sie. Sofort huschte die Maschine unter den Tisch. Der Büchsenmacher zeigte kein Interesse an ihr, aber ohne ihren Drachen würde sie die Werkstatt nicht verlassen.

Ann hatte alle Trümpfe in der Hand. Die Socken voller Werkzeug, einen feuerspeienden Drachen zu ihrer Verteidigung und der Büchsenmacher trank sich in die Besinnungslosigkeit. Das war ihre Chance, ein paar Antworten zu erhalten.

»Wie sind Sie in den Besitz des Drachen gekommen?«, fragte sie arglos. »Haben Sie den gebaut?«

»Nein. Mechaniker reparieren oder stellen Waffen her, aber das Ding lebt!« Rage ließ jede Silbe des Büchsenmachers erbeben. »Es gibt also einen neuen Mechaniker! Einen, der meinen Platz einnehmen soll!«

»Aber warum?« Ann zeigte auf die vielen Waffen. »Ich habe so etwas noch nie gesehen.«

»Das ist noch echte Handwerkskunst«, erzählte der Büchsenmacher, die Zunge locker vom Alkohol. »Aber mein Herr will immer was Neues, er will den Fortschritt. Er will jetzt Maschinen, die leben! Also soll ich den neuen Mechaniker finden.«

Ann machte einen Schritt in Richtung Tür. Der Alte stürzte einen weiteren Schluck hinunter. Er war so vollkommen anders, als Ann sich Mechaniker vorstellte. Bisher hatte sie immer ihren Vater als Idol, als Vorbild betrachtet. Stets ging er Probleme mit Sorgfalt an und versuchte, immer an sein Ziel zu gelangen, um seinen Kunden auszuhelfen.

Emronds Mechaniker war hingegen das schlechteste Beispiel jener Handwerkskunst.

Nur noch wenige Meter trennten sie von der erlösenden Tür. Ann schlich weiter, bis sie gegen eine Maschine stieß.

»Pass doch auf!«, warnte der Büchsenmacher.

Doch Ann hatte sich längst umgedreht und starrte einem Roboter in die Verkabelung. Das Modell wirkte plump wie die Wächter auf den Gängen, allerdings war es wie ein Mensch geformt. Kopf, Rumpf, Beine aus grob vernieteten Blechen. Die Arme endeten in Maschinengewehren.

»Finger weg, Mädchen!«

Zu spät. Die geöffnete Brustklappe offenbarte Ann einen Einblick auf sein Innenleben. Wie bei einem Reflex fuhren ihre Finger über die Kabel und Verstrebungen. Sie brauchte keinen Plan, keine Blaupause, um zu wissen, dass sie diese Maschine viel besser bauen konnte. Effizienter, leichter, mit größerem Bewegungsspielraum. Ann erschreckten diese Gedanken, aber gleichzeitig faszinierte sie die Herausforderung.

Plötzlich knarrte und ratterte das Maschinengewehr. Das Getriebe quietschte und Rauch stieg aus dem Inneren auf.

»Du hast den Schalter aktiviert! Das überlastet ihn nur!«

Der Büchsenmacher eilte schockiert zur Maschine und werkelte so schnell an ihr herum, als würde sein Leben und das des Roboters davon abhängen.

Wie von selbst erkannte Ann das Problem. Wie stolz der alte Büchse auch auf seine Waffen war, so war das Maschinengewehr nur eine Vollautomatik. Einmal betätigt, würde der Roboter schießen, bis man ihn ausschaltete. Und der Schalter klemmte augenscheinlich.

»Schon mal was von Bewegungsmeldern gehört?«, spottete Ann. Sie bereute ihren Satz, im gleichen Moment, in dem sie ihn aussprach.

Der Büchsenmacher verpasste ihr eine Ohrfeige. »Red nicht so respektlos!«

Bevor Ann ein weiteres Kommando erteilen konnte, hörte sie das metallische Geräusch der Drachenschwingen. Der Drache landete auf ihrer Schulter, rollte den langen Schwanz um ihren Arm, und fauchte.

Der Alte starrte sie entsetzt an und vergaß darüber sogar das rauchende Getriebe seines Roboters. »Der konnte nicht fliegen. Ich habe dafür gesorgt, dass das Vieh nicht mehr fliegen kann!«

»Es sah aus wie ein Puzzle«, murmelte Ann und versuchte sich an den Blick zu erinnern, den ihre Schwester Claire immer aufsetzte, um Ärger aus dem Weg zu gehen.

»Ein Puzzle?« Der Büchsenmacher schlug sich mit der Hand vor den Kopf. »Die Einzelteile waren nicht zum Zusammenstecken, oh nein, du hast es repariert!« Zähe Spucke sprühte durch den Raum. »Du bist der Mechaniker!«

Du hast es vermasselt. Ann holte tief Luft und ging ihre Möglichkeiten durch. Wie sie es auch drehte, sie hatte sich verraten. Leugnen war zwecklos. Aber reizen, das konnte sie den Alten immer noch. Allein schon dafür, dass er es gewagt hatte, ihren Drachen auseinanderzunehmen.

»Was dagegen, dass Sie nun von einem dummen Mädchen ersetzt werden?« Ann legte so viel Härte in ihre Stimme, wie sie konnte.

»Wachen!«, brüllte der Alte und sofort traten zwei weitere Emronder in die Werkstatt. »Ergreift sie!«

Ann bereute bereits, dass sie die Verwirrung des Büchsenmachers nicht genutzt hatte, um aus der offenen Tür zu stürzen. Anstatt zu fliehen, wurde sie erneut in Ketten gelegt.

Der Büchsenmacher entriss ihr den Drachen, der wild um sich kratzte. Trotz seines Alters wehrte er die Angriffe der Maschine ab und riss an ihren Gliedern. Eine Schwinge nach der anderen landete auf dem Boden.

Das wirst du büßen, dachte Ann voller Zorn. Niemand zerstörte ihre Sachen, selbst ihre nervigen Geschwister hielten sich an diese Regel. Erst recht legte niemand ungestraft einen Finger an ihren Drachen, den sie wie ein Haustier schätzte.

»Los, komm mit.« Der Büchsenmacher packte Ann am Handgelenk und zerrte sie mit sich. »Ich bringe dich persönlich zu meinem Herrn.«

Sie nannten ihn den Eiskönig.

Nicht, weil Edward es sich vorbehielt, seine Telepathie zu verschweigen, und deswegen schwerer Vertrauen fasste. Edward hatte es geschafft, eine Maske aus Ausflüchten und Gefasstheit aufzubauen – ruhig und kühl. Nur Raphael war es gelungen, ihn zu durchschauen. Seit neuestem auch Charlie, aber das spielte keine Rolle mehr. Er hatte die Begabten gereizt, dazu sich selbst reizen lassen und nun war seine schlimmste Befürchtung eingetreten: Ihre Gruppe hatte keinerlei Zusammenhalt gefunden.

Er hatte gesucht und gesucht, um einen Vertrauensbruch aufzuspüren. Schließlich hatte er ihn in Raphaels hitzigen Worten gefunden.

War er jetzt glücklich?

Nein.

War er jetzt zufrieden?

Erst recht nicht.

Edward saß auf der Treppe eines verlassenen Hauses inmitten der untersten Ebene der Stadt. Emronder eilten über den großen Platz hinweg, gingen in den anliegenden Gebäuden ein und aus. Er hatte sich den belebtesten Punkt ausgesucht, um von dort seine Suche zu starten.

Er war nicht auf die anderen Begabten angewiesen, das stand außer Frage. Probleme bereitete ihm jedoch seine Verletzung. *Mein Stumpf,* berichtigte sich Edward in Gedanken. *Sprich aus, was es ist. Sonst hegst du nur falsche Vorstellungen.* Sein Stumpf hatte wieder zu bluten begonnen. Edward hatte die Wunde nicht überprüft, aus Angst, Charlies Verband nicht wieder anlegen zu können. Doch der Arm pochte, glühte und wenn Edward zurzeit einen Wunsch hegte, dann den nach einer extrastarken Schmerztablette.

Aber zunächst brauchte er einen Anhaltspunkt.

Edward schloss die Augen und sammelte seine Konzentration. Wohl jeder Begabte in Tougard wandte mittlerweile die gleiche Technik an, da Peel sie ihnen erbarmungslos einhämmerte.

Das leise Rauschen, das Edward stets im Hintergrund hörte, steigerte sich zu einem Flüstern. Stimmen traten hervor, aber sie waren zu konfus. Es fühlte sich an, als befände er sich inmitten eines gewaltigen Open Air Festivals. Nur dass die Zuschauer nicht zu der Musik feierten, sondern ihn jeder anschrie.

Es war doch hier versteckt! Es muss hier sein! Nur wo?

Dennoch nahm er nur flüchtige Fetzen wahr. Viel zu wenig, um herauszufinden, wohin seine Gruppe verschwunden war. Geschweige denn, wo sich die entführten Mädchen aufhielten. Er schreckte davor zurück, seinen Ring abzunehmen, denn die Gedanken der Emronder waren viel zu stark von Emotionen geprägt. Sie schlichen sich fast von allein in seinen Kopf und bereiteten ihm Schmerzen, als zerteilte man ihn mit einem glühend heißen Messer.

Ich werde ihn töten, wenn er mich weiter anstarrt. Ich werde … JETZT!

Diese kurzen Mitschnitte brachten ihn nicht weiter. Er musste einen Hinweis finden, bevor er noch mehr Blut verlor und ohnmächtig wurde.

Ich weiß, dass ihr mich hintergeht. Das tue ich auch!

Ich wette, du schummelst beim Spiel. Nachher gibt's dafür 'ne Abreibung.

Edward hatte sich daran gewöhnt, dass Menschen von Hass zerfressen waren, sich um niemanden scherten und doch alles und jeden beneideten. Seine eigene Familie hatte nicht anders gedacht. Aber die Emronder waren schlimmer, widerlicher und grausamer. Sie kannten nur Betrug, Niedertracht und Mordlust.

Geiler Sex mit der Kleinen. Voller Abscheu zwang sich Edward trotzdem zuzuhören. *Das neue Mädchen war seinen Preis wert.*

»Das neue Mädchen?«

Ich hasse es, wenn er mich schlägt. Morgen bin ich wieder grün und blau. Ich will zurück nach Tougard.

Edward wollte sich seinen Ring abziehen, aber der Gedanke hatte sich bereits verflüchtigt. Sein Protektor hatte ihm gezeigt, wie man Gedanken lokalisierte, aber er hatte sich nicht dafür interessiert. Er wollte diese fremden Geheimnisse, Lügen und Verschwörungen nicht hören, erst recht nicht wissen, von wem sie stammten.

Vorsichtig richtete sich Edward auf und schwankte die Treppenstufen hinunter. Stillsitzen war eindeutig einfacher gewesen, denn bei jeder Bewegung drehte sich die Straße vor seinen Augen.

Er musste etwas gegen den Blutverlust unternehmen. Dringend.

Edward strauchelte durch die vorbeieilenden Passanten, bis seine Füße vor dem größten Gebäude des Platzes hielten. Die Mauern waren aus Sandstein, nur den Eingang zierte ein übergroßes Holzschild – wie bei einem Saloon im Wilden Westen.

»Aunties«, las er langsam, mit schwerer Zunge vor. Der Laden klang nicht danach, als würde sich eine liebe Tante um ihre Gäste kümmern.

Im Innern erinnerte das Aunties Edward nur noch mehr an einen Saloon. Bis hinter die Theke gefüllt schwatzten darin Männer über die letzten Unruhen in der Stadt und sangen frivole Lieder. Bier, Wein und etwas, das an eine braune Brühe erinnerte, floss in die verstaubten Gläser, in schnelltrocknende Kehlen und zum größten Teil auch über die klebrigen Tische. Die kellnernden Mädchen trugen bloß knappe Bikinis am Leib.

Schwindel legte sich über seine Sinne, tauchte die Welt in einen zähen Nebel. Entweder waren Halluzinationen Teil der Symptome des Blutverlusts oder Edward war in einem Bordell gelandet. Da führten zwei Mädchen einen torkelnden Mann ins Obergeschoss, ganz wie in den Wildwest-Filmen. Erstaunt blickte er ihnen nach. *Wohl doch ein Bordell,* stellte er fest.

Von da an verwendete er seine restliche Konzentration, um die Gedanken der Emronder zu blockieren. Irgendwie schaffte er es, den Tresen des Aunties zu erreichen, ohne jemanden anzurempeln.

»Ich suche eine Unterkunft«, erklärte er, auch wenn seine Zunge nicht mehr mitspielte, wie er wollte. Ob der Emronder, der die Gläser polierte, ihn überhaupt verstanden hatte?

»Zimmer gibt's nur mit Mädchen.« Der Barmann drehte sich nicht einmal in seine Richtung. »So sind die Regeln.«

Ohne Aufforderung setzte sich ein Mädchen auf den Hocker neben Edward. Sie zupfte an ihrer Kleidung – oder besser, legte ihre Brust frei – als versuche sie damit, noch mehr von seiner Aufmerksamkeit zu erregen. Doch Edward fokussierte sich auf seinen Armstumpf.

»Pass auf, dass du mir nicht alles vollblutest!«, kommandierte der Barmann, während er ihn grob anpackte. »Hey, bringt den mal zu Sonya!«

Ein Sog erfasste Edward und teleportierte ihn in ein höheres Stockwerk. Von der plötzlichen Bewegung überrascht, fiel er beim Ankommen hinten über, doch für seine betäubten Sinne war der kalte Holzboden fast komfortabel. Die Ränder seiner Sicht trübten sich, Edward ahnte, dass er in eine Ohnmacht driftete. *Nicht einschlafen,* wies er sich an. Er drehte den Kopf nach rechts und sah eine Blutlache. Sein Blut.

Da hörte er eine sanfte Stimme rufen.

Edward öffnete die Augen – wann hatte er sie geschlossen? Er hatte es nicht bemerkt.

Über ihm kniete ein Mädchen, sie schien kaum älter als Becca zu sein. Himmelblaue Augen weiteten sich vor Schreck, als sie sich über ihn beugte. *Wie Gwens Augen.* Mit einer fließenden Bewegung zog sie sich die Bluse über den Kopf, um sie auf Edwards Arm zu drücken. Das Mädchen versuchte, die Blutung zu stoppen.

»Hey«, sagte sie leise. Kühle Finger strichen über seine Wange. »Du musst durchhalten!«

Edward registrierte nur unterbewusst, dass sie ihm Fragen stellte. Sein Name, seine Gabe, wie es ihn ins Aunties verschlagen hatte. Er versuchte, sich auf ihre Stimme zu konzentrieren, aber dann drangen nur wieder die Gedanken der Emronder in sein Bewusstsein. »Edward«, war alles, das seine Zunge wiedergeben konnte.

»Ich bin Sonya.« Vorsichtig löste sie seinen Verband. »Ich bin die Heilerin des Aunties. Hast du noch die Hand?«

Mit einem beklemmenden Gefühl zeigte Edward auf seinen Rucksack, den das Mädchen sofort durchforstete. Nach dem unnötigen Streit ihrer Gruppe hatte er nach Charlie gesucht, um sich zu entschuldigen. Anstatt des Jungen hatte Edward nur die zurückgelassene Plastiktüte mit seiner abgetrennten Hand gefunden.

Es war ein eindeutiges Zeichen, wie sehr er ihn mit seinen gedankenlosen Worten verletzt hatte.

»Die kann ich nicht mehr verwenden. Hast du einen Ersatz dabei?«

Ersatz?, wiederholte Edward in Gedanken und schüttelte den Kopf.

Mit erstaunlich viel Kraft hievte Sonya ihn auf ein Bett und faste den blutenden Stumpf zwischen die Finger.

»Sonya?« Ein Mädchen mit zugeschwollenem Auge trat in den Raum. »Mein letzter Kunde war nicht zufrieden. Kannst du mal bitte?«

Sonya wischte sich Edwards Blut ab und eilte zur Tür. Mit ein paar Fingerstrichen heilte sie die Schwellung und verdeckte die grünen und blauen Flecken des Mädchens, als läge sie eine Schicht Make-up auf. »Was macht dein gebrochener Arm?«, fragte sie leise.

»Gut, solange mich niemand ans Bett fesseln will«, antwortete das Mädchen rasch und verschwand.

Da verbeugte sich Sonya vor Edward. »Bitte entschuldige, dass du das mit ansehen musstest. Normalerweise zeigen sich die Mädchen im Aunties nicht so vor ihren Kunden. Dies war eine absolute Ausnahme und ich wäre dir sehr dankbar, wenn du es nicht weiter erwähnst.«

»Ich bin kein Kunde«, stellte Edward fest. »Und zieh dir endlich was über.«

Sonya zog die Brauen hoch, machte sich aber schweigend an seinem Arm zu schaffen. Edward beobachtete fasziniert, wie sie die Blutung stoppte und das aufgerissene Fleisch flickte. Er selbst spürte nur ein angenehmes Kribbeln, als ob sie ihn mit einer Feder kitzelte.

»Jeder in diesem Haus ist ein Kunde. Wenn ich dir nicht gefallen sollte, dann schickt Aunties dir ein anderes Mädchen.«

»Ich suche jemanden«, ging Edward dazwischen. »Ein ganz bestimmtes Mädchen.«

»Ganz bestimmte Mädchen gibt es in dieser Stadt nicht. Nur Sklavinnen, Arbeitskräfte und Huren.«

»Ich muss sie zurück nach Tougard bringen.«

»Die Legende der anderen Welt ist also wahr«, wisperte Sonya. »Ich lebe seit meiner Geburt in Emrond und habe nur Glück gehabt, dass mich das Aunties als Heilerin aufnahm. Aber wenn du etwas gegen Rufus ausrichten willst, dann musst du dich an die Assassinen wenden.«

»Rufus?«, hakte Edward nach. Schon wieder dieser Name. »Wer ist das?«

»Still! Die Wände haben Ohren und Augen. Ein falsches Wort und es verbreitet sich schneller, als du deine Gabe anwenden kannst.« Sonya wich seinem Blick aus, konzentrierte sich darauf, frische Haut auf seinen Knochen wachsen zu lassen. »Ich möchte morgen noch leben!«

Schweigend beobachtete Edward, wie das Mädchen seinen Stumpf zusammenflickte. Hätte er sich nicht überreden lassen, nach Emrond aufzubrechen, dann würde er seine Finger noch bewegen können. Jedes Mal wenn er seine Hand ausstrecken wollte, etwas greifen wollte, erinnerte ihn das schmerzlich daran, dass da keine Finger, keine Hand, kein Arm mehr war. Auf dieser Reise hatte er nichts gewonnen, außer Verluste.

Edward wusste nicht, wie es weitergehen sollte. Er wusste nicht einmal, warum er die Mädchen suchte, seitdem sich die Begabten in den Hängenden Gärten getrennt hatten. Sie in dieser Stadt zu finden, war schwieriger als die symbolische Suche nach der Nadel im Heuhaufen.

Dennoch suchte er verzweifelt weiter, hoffte Gwens, Raphaels oder Charlies Gedanken mit seiner Telepathie wiederzufinden.

Nein, ich will nicht mehr, schrie plötzlich eine Frau so laut, dass Edward glaubte, sein Kopf würde platzen. Dabei war es nur ein Gedanke, den er aufgeschnappt hatte. Nur ein Gedanke! Doch Edward schlug sich die Hand vor das Gesicht. Er wollte diesen Gedanken aus seinem Kopf reißen, so unglaublich schmerzhaft fühlte er sich an.

»Edward, stimmt was nicht?«, fragte Sonya.

Ich will nicht mehr. Niemand wird mich mehr berühren.

»Nein.« Sein Gleichgewicht spielte verrückt. Etwas vergleichbar Intensives hatte er noch nie erlebt. »Tu das nicht.«

»Was soll ich?«

Ich mach Schluss!

Eine Explosion erschütterte das Aunties.

Sonya warf sich auf das Bett, bevor die Wand zum Nebenzimmer unter einer Flammenwand zerbarst.

Holzsplitter und Sandstein katapultierten sie durch den Raum. Die Druckwelle schleuderte das Bett gegen die nächste Wand.

Flammen fraßen sich an der Decke entlang und verschlangen, was ihnen in den Weg kam. Die Vorhänge, die abgenutzten Teppiche, alles verschwand in Sekunden. Edward wandte den Kopf zur Seite, konnte jedoch zwischen dem wirbelnden Staub nichts außer Umrisse erkennen. Das Nebenzimmer glich einem Krater, dessen Ausmaße nicht zu erahnen waren.

»Festhalten!«, rief Sonya und holte Edward in die Wirklichkeit zurück.

Holz knarrte. Stein rieb über Stein. Die Kerzen der Wandhalterung bogen sich nach vorne und Wachs spritzte über den Boden. Einer der Stützbalken in ihrem Zimmer schien unter der Last der oberen Etage nachzugeben.

Aus einem Reflex griff Edward nach einem Bettpfosten, doch stieß er sich nur schmerzhaft den Stumpf. Der Boden beugte sich in die Tiefe, verwandelte sich in eine abschüssige Rampe und das Bett rutschte immer näher in Richtung Loch.

Ich werde alles mit mir nehmen, sagte die Frau in Edwards Gedanken. *So wie ihr mir alles genommen habt.*

Die Stimme löste in ihm einen Schauer der Angst aus. Was hatten die Emronder der Frau angetan? Was trieb sie zu diesem Entschluss? Ein Gefühl wie Eis, das sich an seinem Rückgrat bildete, ergriff ihn und wanderte hoch bis in seinen Nacken. Warum kam ihm die Stimme so bekannt vor?

Draußen regnete es Bretter und ein Schrank stürzte von der oberen Etage herab. Kissen, Tische und ein nackter, schreiender Emronder fielen in die Tiefe. Der Stützbalken verbog sich, das Holz splitterte unter der Wucht der oberen Räume. Jeden Moment würde er nachgeben.

Edward ließ sich rückwärts vom Bett rollen, bevor auch dieses in das Loch rutschte. Er suchte nach einem Halt, aber alles gab unweigerlich der Schwerkraft nach.

Durch das Zimmer lief ein Ruck.

Vergeblich stieß sich Edward mit den Füßen nach oben, doch zog es ihn in die Tiefe. Für einen Moment glaubte er zu schweben, als die Etage auf die unter ihnen liegende Straße krachte. Dann schlug er mit voller

Wucht auf. Kleinere Trümmerstücke und Schutt prasselten herab und nur mit Glück schlug ein schwerer Balken neben ihm ein – und traf ihn nicht.

»Sonya!«, rief Edward besorgt. Das Mädchen hatte sich um ihn gekümmert, seine Verletzung geheilt. Emrond mochte ein Ort voller Abschaum sein, aber Edward hoffte, dass ihr nichts zugestoßen war. Er schob einen Haufen Bretter beiseite, wühlte durch Geröll und Steine und kippte eine hölzerne Trennwand über das herabgerutschte Bett. Dort fand er sie, nur ein paar Meter von seiner Absturzstelle entfernt. Mehrere Eisensplitter hatten ihre Lunge durchbohrt, so dass ihr Brustkorb zusammengefallen war, und sie starrte mit glasigen Augen in einen Himmel, den sie nie wieder sehen würde. Edward schloss ihr die Lider – mehr konnte er nicht für sie tun. So hatte sie die Aufnahme ins Aunties letztendlich doch das Leben gekostet.

»Feuer!«, brüllte jemand. »Feuer!«

»Intelligenzbolzen«, murrte Edward und stellte sich auf wackelige Füße.

Flammen schlugen in die Höhe und leckten an den Resten des Aunties. Wer auch immer sie kontrollierte, er wollte das Haus bis auf die Grundmauern ausbrennen.

»Es brennt!«, brüllte ein weiterer Emronder.

Edward hustete, als sich der Rauch verdichtete. Er hielt sich den Ärmel seines Mantels vor Mund und Nase, während er einen Weg aus dem Krater suchte. Dort, wo einst die Zimmer des Aunties waren, klaffte nun eine riesige Grube. Aber Edward beachtete nicht die Zerstörung, das in sich zusammenfallende Gebäude oder die verkohlten Emronder zu seinen Füßen. Edward sah etwas viel Schlimmeres.

»Gwen!«

Sie zuckte nicht einmal. Wie ein Racheengel schwebte sie in der Luft, umgeben von einer Flammensäule, die meterhoch in den Himmel ragte. Edward hatte einige Wutausbrüche von Pyros erlebt, aber Gwen – das war so anders. So erschreckend. *Was hat man dir angetan, Gwen?*

»Gwen! Ich bin es!« Sie hatte immer auf seine Stimme reagiert. Edward starrte wie gebannt zu dem Mädchen hoch, für das er quer durch diese Dimension gereist war. »Gwen!«

Pläne und Logik. Stets hatte Edward darauf bestanden. Aber würde die Situation anders aussehen, wenn er sich auf Raphaels übereilte Aktion eingelassen hätte? Die Zukunft bestand aus einer Reihe von Möglichkeiten, die sich nach den Entscheidungen des Einzelnen richteten. An welcher Kreuzung des Schicksals war er falsch abgebogen? Hätte er wie Charlie alles daran setzen müssen, seine Freundin zu finden? Wäre er dann rechtzeitig aufgetaucht?

»Gwen!«, rief Edward ein weiteres Mal und kletterte in den Kegel des Kraters. Was sollten diese Überlegungen? Die Vergangenheit ließ sich nicht mehr ändern. Edward konnte nur das Jetzt verändern.

»Du bist es«, wisperte Gwen erstaunt und streckte eine flammende Hand nach ihm aus. Ihr Feuer erlosch, schrumpfte zusammen, bis es in ihrem Inneren verschwand. Tränen liefen ihr über die Wangen, die jedoch sofort verdampften. Rasch machte er einen Satz nach vorne, um Gwen aufzufangen, die von der Schwerkraft erbarmungslos hinuntergerissen wurde. Bei der ersten Berührung unterdrückte Edward einen Aufschrei. Ihr Körper glühte und loderte, sengte seinen Mantel an.

»Wieso hat es nicht funktioniert?« Gwen krallte sich an seiner Schulter fest, als stürzte sie sonst in einen Abgrund. »Wieso lebe ich noch?«

Die Frage stellte sich Edward auch immer wieder. Anscheinend hatte das Schicksal noch eine Aufgabe für sie.

Charlie fühlte sich wie eine Ameise, die in einem fremden Hügel ausgesetzt worden war. Wie ein Verrückter eilte er auf der Suche nach Ann durch Emronds Straßen, jedoch ohne Erfolg. Oft hatte er geglaubt, Ann zu sehen, aber eine Enttäuschung reihte sich an die nächste. Die Emronder, die Charlie über Rufus befragte, hatten ihn ausgelacht, angespuckt und mit einer Handbewegung an die nächstliegende Häuserwand geschmettert. Wenn Blicke töten könnten, läge Charlie längst niedergestreckt in einer der staubigen Gassen.

Dennoch – jeder kannte diesen Rufus. Nur konnte keiner sagen, wo er sich gerade aufhielt oder mit wem er Geschäfte abschloss. Er war wie ein Phantom, das über allem schwebte. Die Emronder warfen einen angsterfüllten Blick über die Schulter, bevor sie über ihn sprachen.

Trotzdem dachte Charlie nicht daran aufzugeben. Emronds Bewohner begegneten ihm mit Unfreundlichkeit und einem Zorn, vor dem Charlie davonrennen wollte, aber er suchte weiter. Am Ende eines langen beschwerlichen Weges würde Ann auf ihn warten.

Charlie zweifelte stets, ob er im richtigen Teil Emronds Informationen erfragte, und erinnerte sich im gleichen Moment, nicht unnötig Zeit zu verschwenden. Doch eine Straße glich der anderen bis auf den letzten Stein. Zerfallene Fassaden, aufgebrochene Türen und winzige Öffnungen, damit die Hitze nicht in das Innere der Häuser drang. Nur die erhöhte Gartenanlage, von der er aufgebrochen war, gab ein wenig Aufschluss über seinen Standpunkt. Hoch über seinem Kopf thronte sie, lockte mit ihren paradiesischen Grünflächen, aber Charlie wagte es nicht, dorthin zurückzukehren.

Wie die Tage zuvor brannte die Sonne unerträglich hernieder, so dass Emronds Straßen in der Hitze flimmerten. Erschöpft lehnte Charlie sich für einen Moment an eine Hauswand und fuhr sich über die brennenden Augen. Seine Vorräte begrenzten sich auf eine halbgefüllte Wasserflasche und sonst nichts.

Ich muss Ann helfen, wiederholte er still. Allein das trieb ihn an. Sonst hätte er sich längst in den Sand gesetzt und für eine sehr lange Zeit über den letzten Streit der Begabten nachgedacht.

»Der Tod ist kein Ausweg«, las Charlie, während er seinen Weg fortsetzte. Dieser Spruch war wie ein schlechtes Graffiti an jede Wand geschmiert worden. Ein bizarrer Erinnerungsversuch, besonders wenn an jeder Straßenecke eine Leiche im Rinnstein lag, die sogleich von den Passanten ausgeraubt wurde.

Bald erreichte Charlie auf seiner Suche die unteren Ebenen Emronds und er warf einem Wächter ein paar Münzen hin, damit er ihn die Aufzüge benutzen ließ. Sie erinnerten Charlie an größere Kaninchenkäfige, aber sie waren der schnellste Weg, durch die Stadt zu streifen.

Charlie hatte nicht lange gebraucht, Emronds Regeln zu durchschauen, während er die allgegenwärtigen Gewalttaten beobachtete.

Erstens: Versuche, nicht getötet zu werden.

Zweitens: Versuche, nicht getötet zu werden.

Drittens: Versuche, nicht getötet zu werden, indem du immer ein Druckmittel mit dir führst. Münzen, Ringe, Schmucksteine, alles, was glitzerte und in den Taschen klimperte, gewährt Sicherheit.

Das Klauen – so hatte Charlie herausgefunden – funktionierte wie die Tricks bei seinen Basketballspielen. Antäuschen, Börse greifen und rennen, bevor er aufgehalten werden konnte. Obwohl Charlie sich irgendwie für sein Verhalten schämte, so halfen ihm ein paar Münzen, sich die Emronder ohne eine Waffe vom Hals zu halten. An Gier mangelte es nicht.

Die Geister folgten Charlie weiterhin, wenn auch nicht so zahlreich. Sie trudelten im Wind wie Luftballons an einer Schnur oder machten sich einen Spaß daraus, durch seinen Körper zu gleiten. Charlie war niemals allein, stets begleitete ihn ein halbes Dutzend. Als er ein paar Stunden zuvor in seinem Versteck – einem mit Gerümpel zugestellten Hinterhof – aufgewacht war, hatten die Geister ihm einen gehörigen Schreck eingejagt. Wie bei einer Versammlung hatten sich mehr und mehr zusammengefunden.

Sie beobachteten ihn. Zeigten auf ihn, als wäre er die Erscheinung und nicht sie.

Aber wenigstens waren sie verstummt. Noch mehr Stimmen, die irgendwie in seinem Kopf sprachen – aber gleichzeitig auch nicht – konnte Charlie nicht gebrauchen. Seine Suche nach Ann forderte all seine Aufmerksamkeit.

»Wenn ich du wäre«, flüsterte ein Geist, »würde ich einen Blick nach hinten werfen.« Bis jetzt hatten sie zumindest geschwiegen.

Charlie folgte dem Rat und blieb wie angewurzelt stehen, so dass ein paar Geister durch ihn hindurch purzelten und sich seine Nackenhaare aufstellten. Jedoch nicht, weil jede Berührung mit einem Geist sich anfühlte, wie wenn er schockgefrostet wurde. Inmitten einer Menschenmenge war es absoluter Irrsinn, aber Charlie fühlte sich verfolgt. Seitdem er niemandem mehr trauen wollte, hörte er umso mehr auf sein Gefühl, seine Intuition.

Die Emronder verhüllten ihre Gesichter mit Tüchern, um sich vor Sonne und Sand zu schützen, daher hatte Charlie noch mehr Probleme, sie auseinanderzuhalten, doch dieses eine schwarzblaue Tuch sprang ihm ins Auge. War ihm der Emronder nicht schon mehrfach begegnet? Ebenso wie jener, der weiter hinten am Hauseingang lehnte?

Charlie wich einen Schritt zurück und rempelte dabei einen weiteren Emronder an. Er rechnete mit einem Fluch, einem Schlag oder dass der Begabte ihn mit einem Blitz röstete – nichts geschah. Stattdessen erfassten Charlies Augen Rot und Braun. Jemand stieß ihn gegen die Schulter, als wollte er ihn vorwärtsdrängen.

»Sandfuhre!«, brüllte eine Stimme. Ein Schwall aus Sand ergoss sich über Charlie, da er bewegungslos verharrt war. Die Winde, die über die Berge fegten, begruben die Stadt unter dem Sand des Wüstenkessels. Immer wieder schaufelten die Emronder ihre Dächer frei und warnten die vorbeilaufenden Passanten selten. Charlie hatte schon ein paar dieser unfreiwilligen Lawinen erlebt.

Er kämpfte sich ins Freie und gab sich Mühe, unbeeindruckt weiterzugehen. Aber wenn er nach hinten blickte, verfolgten ihn mehrere Gestalten. Wenn er schneller voranschritt, taten sie es ebenfalls. Wenn Charlie verlangsamte, passten sie sich ebenso seinem Tempo an, blieben stets auf gleichem Abstand. Zeitweise tauchten sie in der Menge unter, damit er sie aus den Augen verlor, verschwanden allerdings nie völlig.

Um sich abzulenken, richtete Charlie seine Aufmerksamkeit auf die Gebäude. Ein sinnloses Unterfangen, immerhin zeichnete Emrond sich vor allem durch Unrat, Kritzeleien oder verriegelte Fenster aus. Dabei bemerkte er erst, wie der Fremde im rotbraunen Mantel über die Dächer lief. Es war beeindruckend, zu beobachten, wie er sich an Vorsprüngen entlanghangelte und von einer Dachkante zur anderen flog, aber er kreuzte auch verdächtig häufig Charlies Weg.

Als er sich erneut umwandte, schnellte die Panik in ihm hoch. Mehr und mehr Blicke der Emronder hefteten sich an Charlie, wenn er an ihnen vorbeiging. Was wollten sie von ihm? Er hatte nichts verbrochen.

Mit einem letzten Blick über die Schulter sprintete Charlie in die nächste Gasse. Die Geräusche der Straßen, das Geschrei, das Knarzen der Holzkarren verstummten, doch er rannte weiter, suchte nach einer Abzweigung. Die Häuser standen so dicht, dass er kaum die Arme ausstrecken konnte. Glibberiges Zeug lief an den Wänden hinab und vermischte sich mit dem Müll, der sich in jedem Winkel auftürmte. Charlie wollte sich nicht ausmalen, was das alles genau war, als er über die wackeligen Berge hinwegkletterte.

Hinter ihm krachte eine Kiste zu Boden.

Sofort beschleunigte Charlie seine Schritte. Der Weg knickte zur Seite, er hoffte, gleich wieder zwischen den Emrondern unterzutauchen, doch stattdessen erwartete ihn die Rückwand eines weiteren Hauses.

»Nein!« Charlie stieß mit der Faust gegen das Gemäuer. Er war in eine Sackgasse gelaufen. Der einzige Weg hinaus führte zurück.

Die Müllberge knirschten und knackten unter schweren Schritten.

Charlies Augen huschten umher, entdeckten aber nur eine weitere halbzerfallene Kiste, aus der es widerlich nach Verwesung stank. Immer noch besser als gar kein Versteck. *Du schaffst das!*, riet er sich in Gedanken und duckte sich in ihrem Schatten. Würmer krabbelten ihm über die Hände, Fliegen summten – Charlie hielt angewidert den Atem an und lauschte.

»Hab ich dich.« Ein Emronder zog Charlie grob auf die Füße und drehte ihm die Hände auf den Rücken. »Dumm von den Assassinen, dich nicht besser im Auge zu haben«, zischte er.

»Was wollt ihr von mir?«

Ein weiterer Emronder baute sich vor Charlie auf, eine Pistole ruhte in seiner Hand. »Rufus wird diesem Pack keine Trumpfkarte lassen.«

Sching!

Charlie zuckte zusammen, als etwas an ihm vorbeizischte. Der Griff des Emronders erschlaffte und der Mann schlug im Staub auf, den Hals aufgeschlitzt. Charlie wich einen Schritt zurück und stolperte sogleich über den Leichnam. Er fiel nach hinten über, seine Hand fasste in etwas Warmes. Ekel stieg in Charlie auf, seine Finger bohrten sich in den offenen Hals des Toten.

»Verdammter Assassine«, murrte der verbleibende Emronder und die Schusswaffe klickte. Ihr Lauf zeigte direkt auf Charlies Gesicht. Sein Herz beschleunigte, als wollte es in den letzten Sekunden besonders viele Schläge hinter sich bringen. Bei der Enge der Gasse konnte der Emronder ihn nicht verfehlen.

Rot und Braun wirbelten durch die Luft und rissen den Emronder brutal nach hinten, bevor sich ein Schuss löste und der Widerhall durch die Gasse dröhnte. Der Fremde, der ihm den Tipp mit den Hängenden Gärten gegeben hatte, kniete sich im nächsten Moment über einen bewusstlosen Angreifer. Sein Gesicht konnte Charlie nicht sehen, aber im Gegensatz zu ihm wirkte der Fremde vollkommen gelassen.

Sein Retter wischte sein Wurfmesser an der Kleidung der Leichen ab und steckte es weg. »Keine Angst, Charlie. Vor mir musst du dich nicht fürchten.«

Wer hatte gerade zwei Emronder in Sekunden ausgeschaltet? Nicht fürchten? Dass er nicht lachte!

»Warum glauben alle, dass ich Angst habe?«, blaffte Charlie jedoch zurück. Nach all den Gefahren, die er auf seiner Reise überstanden hatte, ließ er sich nicht so leicht erschrecken. Wer regelmäßig dem lähmenden Gefühl der Angst ausgesetzt war, lernte damit umzugehen. Trotz allem waren seine Beine weich, als er sich erhob.

Der Fremde zog ein Messer aus seinem Mantel hervor und hielt es ihm hin. Angespannt folgte Charlie der Bewegung.

»Würde ich dir eine Waffe geben, wenn ich dir schaden wollte?«, fragte der Fremde ruhig.

Vorsichtig langte Charlie nach dem Messer und rechnete damit, dass er ihn austricksen wollte. Doch der Emronder verharrte starr, als wäre ihm das Aushändigen unangenehm.

Das Messer war fast so lang wie sein Unterarm und lag unglaublich leicht in der Hand. Rasch befestigte Charlie es an dem Gürtel seiner Jeans. »Wie kann es sein, dass du mir überhaupt hilfst? Du müsstest mich doch nicht ausstehen können. Immerhin wurdest du aus Tougard verbannt.«

»Es gibt also die andere Welt?«, fragte der Fremde erstaunt.

»Das fragst du jetzt nicht wirklich, oder?« Charlies Misstrauen war verschwunden. Sein altes Ich, das keinen Laut herausbekommen hatte, war Vergangenheit. Er begann fast zwanglos, mit dem Fremden zu plaudern. Tougard hatte sein Leben so sehr auf den Kopf gestellt, als wäre er ein anderer Mensch.

»Du bist wirklich ein Assassine?«, fragte Charlie weiter.

Der Fremde sah ihn einen Moment an, als müsste er seine Antwort überdenken. »Ja.«

»Und du wirst mich nicht töten?«

»Das liegt an dir.«

Charlie fand den Scherz miserabel – hoffentlich war es nur ein Scherz. »Wie ist dein Name?«

»Das ist unwichtig.«

»Nein, ist es nicht!«, erwiderte Charlie. »Du verfolgst mich, aber du willst mich nicht töten, weil du mich aus irgendwelchen Gründen beschützt. Ist es in Emrond nicht wichtig zu wissen, mit wem man spricht?«

Der Mann zeigte keine Regung. »Das ist wichtig?«

Vom bronzefarbenen Hautton seiner Hände zu schließen, lebte er schon lange im Glutofen Emronds. Andere Schlüsse konnte Charlie aus seinem Äußeren nicht ziehen.

»Natürlich. Du kennst doch meinen Namen. Oder soll ich dich Assassine rufen?«

Augenblicklich versteifte sich der Typ. Unter seiner Kapuze maß er ihn mit einem langen Blick. »Ich bin Avid.«

»Hallo Avid.« Der Assassine blieb stumm. »Normalerweise sagt man jetzt auch ›Hallo!‹«, fügte Charlie hinzu.

»Ich rate dir, meinen Namen nur auszusprechen, wenn wir allein sind. Außer du sehnst dich nach einem schnellen Tod.«

Charlie stutzte. Hatte Avid nicht gesagt, er würde ihn nicht töten?

KABOOM!

»Was war das?«

Ohne eine Antwort abzuwarten, rannte Charlie zurück zur Straße. Er stolperte über die Kisten und stürzte, aber hielt nicht inne. Das Krachen der Explosion hatte so nah geklungen und tatsächlich schraubte sich ein paar Blöcke entfernt eine schier endlose Feuersäule in den Himmel.

Dichter Rauch quoll bereits über die Dächer. Männer und Frauen flüchteten vor dem Feuer; nicht einer dachte daran, zu helfen. Da sackte die Säule langsam in sich zusammen. Sie erinnerte Charlie an eine Hand, die sich ein letztes Mal zum Himmel streckte, bevor sie endgültig erschlaffte.

»Du machst es mir nicht einfacher, wenn du davonläufst«, sagte Avid plötzlich wieder hinter ihm.

Charlie runzelte die Stirn. »Ich bin nicht weggelaufen.« Der Assassine bereite ihm zwar Unbehagen, jedoch nicht genug, um davonzulaufen.

»Komm mit.« Avid zog Charlie mitten in die Menge. »Wir müssen verschwinden, bevor sie deine Spur wieder aufnehmen.«

»Und deine nicht?«, fragte er zurück, aber Avid verwehrte ihm jede Antwort.

Der Assassine musste auch nichts sagen. Er bewegte sich lautlos und flink, so dass Charlie Mühe hatte, Schritt zu halten. Avid huschte wie ein Geist zwischen den Emrondern hindurch. Er musste die Stadt verinnerlicht haben, so schnell, wie sie die Straßenzüge hinter sich ließen. Charlie hätte Stunden für die gleiche Strecke gebraucht.

»Zur Arena!«, brüllte eine Gruppe Männer, die sich grölend unter die Masse mischte.

Charlie verabscheute Menschenmassen. Wie in einem Strom rissen sie ihn mit sich, ohne dass er selbst die Richtung bestimmen konnte. Als Kind hatte sein Vater ihn in London zu Fußballspielen mitgenommen, bis Charlie regelmäßig beim Einlass zusammengebrochen war. All dieses Gedränge nahm ihm die Luft, und auch in diesem Moment fiel ihm das Atmen schwer.

In der Ferne ragte Emronds Arena auf, weit höher als die umliegenden Gebäude. Charlie hatte mit einer Art Versammlungsort gerechnet, nicht mit einem Kolosseum. Wie ein Gigant mit unzähligen, schwarzen Mäulern, die alles verschlangen, was durch sie hindurchtrat. *Was kann hier stattfinden, das so viel Publikum anlockt?*, fragte sich Charlie, während Männer wie Frauen durch die Rundbögen strömten. Dafür, dass die Emronder sich ständig in Streitereien und Faustkämpfe verwickelten, verlief der Aufmarsch zur Arena fast friedlich. Gut, sie wirbelten mit Schwertern durch die Luft und schossen mit Pistolen in den Himmel, aber die angespannte Freude überraschte Charlie. Es war, als eilten sie auf ein Fest zu, das nur einmal in einer Million Jahre gefeiert wurde.

Vor ihm stolperte eine ältere Frau. Charlie dachte sich nichts dabei und half ihr auf, woraufhin ihn mehrere Emronder skeptisch beäugten. Doch dieser Moment reichte, um den Anschluss zu Avid zu verlieren. Sein Umhang blitzte noch einmal auf, dann rissen die jubelnden Emronder den Assassinen mit sich, bis er völlig außer Reichweite war. Charlie blieb zurück, teilte derweil die Fluten von Menschen wie ein Fels den Fluss.

Er holte tief Luft, ließ den Atem einen Moment in seinen Lungen wirbeln, bevor er sich wieder von der Masse treiben ließ. Die Emronder stießen ihm die Ellbogen in die Rippen, als er ihren Weg kreuzte, drängelten und schubsten, umso enger es wurde. Ehe Charlie sich versah, stand er an einer Außenwand der Arena. Mehr und mehr Emronder wurden von den Toren geschluckt und er begann sich zu fragen, wie viele Plätze die Arena fassen konnte.

»Bist du vom Weg abgekommen, Junge?« Ein Hüne baute sich vor Charlie auf – mit Armen so dick wie Baumstämme.

»Nein.«

Wo war Avid? Hatte der Assassine ihn nicht stets bewacht? Charlie verstand zwar nicht den Grund hinter seinem Verhalten, aber wenn er ehrlich zu sich war: Ein Bodyguard konnte in dieser Stadt nur von Nutzen sein.

Drei Emronder stellten sich ihm entgegen, die Hände an ihren Säbeln. Die Warnung war eindeutig. »Bist du dir sicher, dass wir dir nicht den Weg zeigen sollten?«, sprach einer von ihnen, das Gesicht hinter einem schwarzen Tuch verdeckt.

Nichts wie weg, dachte Charlie, bevor er davonsprintete. Die Emronder fluchten, doch ließen sie nicht von ihrem Opfer ab. Und dies war Charlie sich schmerzlich bewusst: In dieser Stadt sah ihn jeder als Opfer an.

Würde er jemanden jagen, ginge er davon aus, dass sein Opfer sich zwischen den Arenabesuchern versteckte. Aber Charlie dachte nicht daran, in den Innenraum zu flüchten. Woher sollte er wissen, was ihn dort erwartete? Also lief er unter einem Balkon entlang und nahm die erste Treppe, die in die Tiefe führte. Das Kolosseum in Rom, so wusste Charlie, war wie aus zwei Halbkreisen gebildet. Irgendwann musste der Weg wieder an der Erdoberfläche herauskommen.

Die Treppe endete in einem unterirdischen Gang, der sich wie ein Bogen krümmte und in der Ferne verschwand. Fackeln zuckten an den Wänden, tauchten den Gang in unregelmäßiges Dämmerlicht. Es stank nach Schweiß, Urin und anderem, in das Charlie lieber keinen Fuß setzen wollte und er passierte eine Reihe von Zellen, von denen die meisten leerstanden. Schon zu Römerzeiten hatte man in Arenen Sklaven eingesperrt, so dass Charlie vermutete, in einer Art Kerker gelandet zu sein. Aber seine Geschichtsbücher hatten nie viel über die Gefangenen verraten. In Emrond schliefen sie auf Holzbahren, während Ratten an ihren Füßen knabberten, und beteten um eine schnelle Erlösung. Einige krümmten sich vor Schmerzen auf dem Boden.

»Charlie!«

Verwundert hielt er inne.

»Charlie, hier sind wir!« Tatsächlich hörte er Beccas Stimme. »Bist du hier, um uns zu retten?«

Die Französin war in einer Zelle eingesperrt und starrte ihn vermutlich genauso schockiert an wie er sie. Hinter Becca saßen Venja und Lauren auf Strohballen. Bei all den Wegen, die er in dieser Stadt hätte wählen können – er hatte die Mädchen gefunden! Charlie warf einen Blick über die Schulter und entdeckte noch mehr Begabte, die erwartungsvoll an ihre Zellen herantraten. Dachten sie, dass er sie alle befreite?

»Ähm, nein, Becca«, sagte Charlie schließlich. »Tut mir leid.«

»Was machst du dann hier?«, fragte Lauren herablassend. Tausend Kilometer oder mehr – das Mädchen verhielt sich unfreundlich wie eh und je.

»Eigentlich habe ich einen Fluchtweg gesucht.« Charlie lauschte angestrengt, aber noch hörte er seine Verfolger nicht. »Hast du Ann gefunden?«

»Die Mechanikerin?«, riefen ein paar Mädchen in den anderen Zellen und schnappten ungläubig nach Luft. »Ist sie auch in Emrond?«

»Nein, ich habe Ann nicht gesehen.« Becca ließ den Kopf hängen. »Aber ich bin mir sicher, die anderen haben nicht gemeint, was sie sagten!« Becca sah ihn mit verquollenen Augen an. »Ich weiß nicht, was in den Gärten passiert ist. Von einem Moment auf den anderen waren die beiden Idioten so wütend aufeinander, und irgendwie schaukelte sich das immer höher, bis es richtig fies wurde.«

Charlie hatte eine Idee, was passiert sein könnte, aber sprach sie nicht laut aus. Niemand ahnte etwas von Edwards Gabe und den Möglichkeiten, wie er Raphael ganz leicht provozieren konnte.

»Es tut mir leid, Charlie«, schniefte Becca. »Ich habe mir solche Sorgen gemacht, als ich dachte, ich hätte dich auch noch verloren.«

Er versuchte ein Lächeln, um sie wieder zu beruhigen, scheiterte jedoch kläglich. Denn obgleich er Becca so viel erzählen wollte, so war nun wirklich nicht der richtige Zeitpunkt dafür. Die Emronder würden ihn jeden Moment einholen.

»Lass uns dir den Weg zeigen, Junge.«

Verdammt! Sie hatten ihn bereits eingeholt.

Ein behaarter Arm umschlang ihn von hinten, würgte Charlie. Er tastete mit schweißnassen Fingern nach Avids Messer, doch entglitt ihm der Knauf, so dass es klappernd zu Boden fiel.

»Ich bräuchte Hilfe!«, schnappte Charlie, der kaum noch Luft bekam.

Lauren verdrehte die Augen, bevor sie sich auf seinen Angreifer konzentrierte. »Was zum …?«, stieß der

Emronder hervor und gab Charlie frei, der gegen Beccas Zelle taumelte.

Plötzlich landete ein Säbel direkt vor seinen Füßen und der Emronder, der ihn geworfen hatte, starrte ihn entsetzt an. Charlie kannte die Hilflosigkeit, wenn man in die Fänge eines Puppenspielers geriet, trotzdem empfand er kein Mitleid für den Kerl.

»Na los«, sagte Lauren kalt. »Mach was.«

»Und was soll ich mit der Waffe?«, beschwerte er sich. In Tougard schreckte das Mädchen vor keiner Qual zurück, aber hier schon? Genialer Zeitpunkt!

»Meine Freunde sind gleich da«, mischte sich Venja ein. Da fielen Ratten den zweiten Emronder an. Sie krabbelten an ihm hoch, bissen ihn. Er schrie, doch ein plötzlicher Jubel in der Arena übertönte ihn.

»Komm schon, Lauren!«

»Was geschieht hier?«, fragte der letzte Emronder, während er wie eine mechanische Puppe auf seinen entwaffneten Mitstreiter zuschritt; den Säbel zum Schlag erhoben. Der Mann versuchte zu fliehen, aber Lauren hielt ihn fest im Griff. Charlie wandte sein Gesicht ab, als der Emronder auf seinen Gefährten einhieb.

»Nicht! Bitte!«, flehte der verbliebene Angreifer, während er seine Waffe auf sich selbst richtete. »Ich …«

Den Rest hörte Charlie nicht mehr. Denn der Emronder hatte sich selbst erstochen.

»Genug Hilfe?«, fragte Lauren.

Baumstammarm befreite sich von den letzten Ratten und schlug blutüberströmt um sich. »Wenn ihr Mädchen nicht aufhört, schickt euch Rufus gleich ins Aunties!« Sogleich verschwanden die Zellen hinter einem schwarzen Sichtschutz. Ohne Blickkontakt nutzte Laurens Gabe reichlich wenig.

»Und jetzt zu dir Bürschchen.«

Der Emronder packte Charlie und schubste ihn vor sich her. »So einfach entkommst du mir nicht. Und deine Mädchen können dir jetzt auch nicht helfen.«

Plötzlich traf den Emronder ein Schuh am Kopf.

»Aufhören!«, rief Becca. Ein weiterer Schuh flog durch die Luft, verfehlte den Emronder um mehrere Meter.

»Becca, nicht!«, warnte Charlie.

Der Mann grinste hämisch. »Deine kleine Freundin? Ich werde mich an ihren Schreien erfreuen, wenn meine Männer sie …«

Charlie erfuhr nicht mehr, was die Männer mit Becca anstellen wollten. Avid hielt dem Emronder sein Wurfmesser an die Kehle. »Lass ihn in Ruhe.«

»Tsk. Als ob du halbe Portion etwas ausrichten könntest.«

Avid wirkte neben dem Emronder natürlich kaum bedrohlich, aber Charlie hatte ihn kämpfen gesehen. Der Mann ahnte nicht, mit wem er sich anlegte.

Der Emronder täuschte an und zielte auf Charlie. Mit einer fließenden Bewegung riss Avid ihn zur Seite, doch konnte er dem Hieb nicht ausweichen. Blut spritze, aber der Assassine zuckte nicht einmal vor Schmerzen. Im Gegenteil, er hatte auf diesen Moment gewartet. Während der Emronder zu einem weiteren Schlag ausholte, machte Avid einen Schritt vorwärts und rammte ihm sein Wurfmesser ins Herz. Der Emronder starb mit einem schockierten »Oh« auf den Lippen, bevor seine Knie nachgaben.

»Ich … du …«, stammelte Charlie. Ein tiefer Schnitt spannte sich über Avids Brust sowie dessen Arm. Blut sickerte in seine Kleidung, jedoch schien er es nicht zu bemerken. »Wieso?«

Avids atmete stoßweise. Wie schnell musste er gerannt sein, um rechtzeitig anzukommen? »Er hätte dich getötet.«

Entsetzt starrte Charlie auf den letzten Angreifer. Wie damals bei Sarah umhüllte ihn ein weißes Glühen, nur dass das Licht nicht verschwand, sondern sich zu einem Menschen formte, bis es dem Toten glich. Die Gestalt drohte Charlie mit der Faust und verschwand durch die Decke.

»Wieso sehe ich diese Geister?«, fragte Charlie verzweifelt.

Wie zur Beruhigung legte Avid die Hand auf seine Schulter. »Das sind die Seelen der Toten. Ich kann sie nicht wahrnehmen, aber die Stadt soll überfüllt von ihnen sein.«

»Charlie!« Beccas Rufe hallten zu ihm herüber. *Bestimmt ist sie besorgt,* dachte er schwerfällig, sein Kopf weigerte sich jedoch, die letzten Ereignisse zu verarbeiten. Rufus wusste über ihn Bescheid. Seine Männer durchsuchten die Stadt nach ihm, und wenn das so weiterging, würde Avid jeden von ihnen ausschalten. So viel Blut, so viele Tote – wegen ihm?

Charlie biss sich auf die Lippen. Der Schmerz fühlte sich gut an, zeigte ihm, dass dies kein Traum war. »Warum ich?«

»Du bist der Seelenseher aus der Prophezeiung.«

»Wie viele von diesen Prophezeiungen drehten sich eigentlich noch um mich?«, stieß Charlie hervor.

»Ich kenne nur die eine.«

Fast hätte Charlie gefragt, wessen Tode er denn noch verschulden sollte, hielt sich jedoch zurück. *Und da wundert Vivienne sich noch, dass meine Aura sich verdunkelt? Nach den Morden, die heute wegen mir geschehen sind, ist sie längst pechschwarz.*

Über ihnen brach erneut Jubelgeschrei aus, mischte sich mit dem Dröhnen von tausendfachem Klatschen. Die Wände zitterten unter dem Gebrüll und Sand rieselte aus allen Ritzen. Wut, Hass und Mordlust übergossen Charlie, als hätte er in einem eiskalten Wasserfall gestanden. Er konnte es nicht einordnen. Es waren nicht seine Gefühle, aber woher kamen sie?

»Die Kämpfe beginnen«, erklärte Avid. »Sie werden zunächst die Tiere …«

»Welche Tiere?«, rief Venja.

Charlie registrierte sie kaum. Weder sie, noch Becca, noch den Gang, in dem er sich befand. Er fühlte sich wie erdrückt. Als läge eine tonnenschwere Betonplatte auf seiner Brust. Kopfschüttelnd stieß er die fremden Emotionen von sich, doch ein neuer Schwall rauschte sogleich über ihn hinweg.

»Alles in Ordnung?«, fragte Avid. Charlie glaubte, es klang besorgt, aber sicher war er sich nicht. Auch Edward hatte oft besorgt geklungen.

Wie eine Maske setzte Charlie ein Lächeln auf. »Bin nur müde.«

Dann wurde es ihm schwarz vor Augen.

Kapitel 23

ALLES NACH PLAN?

Rastlos wanderte Becca in ihrer Zelle auf und ab. Die letzten Worte des Fremden gingen ihr nicht mehr aus dem Kopf. »Es ist noch nicht an der Zeit, euch zu befreien«, hatte er gesagt, bevor er mit einem bewusstlosen Charlie über der Schulter verschwunden war.

Was hieß hier »noch nicht an der Zeit«? Hatten die Mädchen nicht lange genug in ihren Zellen ausharren müssen? Was gab es so Wichtiges, dass es zuerst erledigt werden musste? Und überhaupt: Wohin war der Fremde *mit Charlie* verschwunden?

Becca lehnte sich an die kühlen Gitterstäbe. Ihre Gedanken drehten sich im Kreis, aber das half niemandem. Schon gar nicht Vivienne, die man Stunden zuvor aus ihrer Zelle geführt hatte und die seitdem nicht zurückgebracht worden war. Dabei war sie der eigentliche Grund für den ganzen Schlamassel. Vivienne hatte auf eigene Faust ihre Freundin suchen wollen. Becca und Raphael waren ihr gefolgt, damit sich die Australierin nicht in Schwierigkeiten brachte. *Hätte ich nur geahnt, dass es ihr Plan war, sich gefangen nehmen zu lassen.*

»Wieso muss ich dich selbst als Entführte im selben Zimmer haben?«, beschwerte sich derweil Lauren.

Becca umklammerte das Messer fester, das Charlie fallen gelassen hatte. Zumindest besaß sie jetzt eine Waffe. Eine, die sie zwar in den Hosenbund gesteckt hatte, aber bei der sie höllisch darauf aufpassen musste, sie hinter einer Illusion zu verbergen.

»Warum lassen die Leute immer ihren Dreck liegen?«, murrte ein Emronder in der Nähe. »Meinste, wir könnten die Ratten noch an einen Fleischer verkaufen?«

»Egal, wir haben keine Zeit dafür.«

Zwei ihrer Wächter traten an die Zelle heran und schlossen auf. Vivienne folgte in ihrem Schatten – Becca hätte fast vor Freude gejubelt. Vivienne wehrte sich nicht, sie lief den Emrondern wie ein dressiertes Hündchen hinterher. Sie trug nicht einmal mehr Fesseln.

»Was habt ihr mit ihr gemacht?«, fragte Becca zornig. Viviennes Augen wirkten kalt und leblos. »Was habt ihr Vivi angetan?«

»Seht es als Warnung.« Zu ihrer Verblüffung schob der Emronder die Mädchen ins Freie. »Wenn ihr euch uns widersetzt, erfahrt ihr das gleiche Schicksal wie sie.«

»Komm.« Vivienne griff Becca bei der Hand und lächelte milde. Diese Reaktion hatte sie noch nie bei der Australierin gesehen. Normalerweise wäre Vivienne immer die Erste gewesen, die die Stimme erhob. Sie fluchte, sie zeterte, sie hätte Emronder mit einem Karatekick zu Boden befördert! Becca konnte sich nicht vorstellen, wie man sie so drastisch einzuschüchtern vermochte.

Die Emronder führten die Mädchen in einen Raum im Erdgeschoss, der Becca an eine Kostümkammer erinnerte. Kleider aus allen Epochen verteilten sich auf Tischen wie ein bunter Farbenhaufen. Die anwesenden Greisinnen forderten sie auf, sich frisch zu machen, doch Becca fühlte sich eher, als wurde sie wie ein Auto durch eine Waschstraße gereicht. Wie ein besonders teures Auto, schließlich ließen die Emronder sie keinen Moment aus den Augen. Becca wollte ihnen ins Gesicht schleudern, was für widerliche Spanner sie waren, aber sie brauchte ihre Konzentration, um das Messer zu verbergen. Sie durfte nicht daran denken, dass sie sich vor aller Augen umzog, dadurch würde sie ihren einzigen Trumpf riskieren.

Die Greisinnen halfen ihnen, den Schmutz abzuwaschen und passende Kleider auszusuchen. Während

Lauren sich auf das Prachtvollste stürzte und Venja die Tische betrachtete wie ein loderndes Höllenfeuer, suchte Becca etwas Einfaches, in dem sie zur Not würde laufen können. *Das ist alles viel zu kurz oder zu eng geschnitten,* dachte sie. Nachdem sich Becca durch die Haufen gegraben hatte, wählte sie einen Stofffetzen in Sandfarben. Wenigstens unauffällig und praktisch.

»Was das wohl wird?«, fragte Vivienne, die ihre Freude nicht verbergen konnte. »Feiern wir ein Fest?«

Becca wusste nicht, was sie antworten sollte. Wer war die Person neben ihr? Rein äußerlich sah sie aus wie Vivienne, aber ihr Kampfgeist war verschwunden. Sie war nicht mehr sie selbst.

»Wo ist eigentlich mein Medaillon?«, fragte Becca, als sie Laurens leeren Hals entdeckte.

»Wie oft noch? Ich hab's dir längst zurückgegeben«, fauchte das Mädchen zurück. »Dein Problem, wenn du es verloren hast!«

»Streitet euch doch nicht«, ging Vivienne dazwischen.

Bevor Becca antworten konnte, begannen die Greisinnen ihre Haare zu kämmen und sie zu schminken. Das Gesicht hell, die Lippen knallrot wie bei Porzellanpuppen. Becca kam sich wie eine Geisha vor, traute sich jedoch nicht, diesen Gedanken zu Ende zu führen.

Zum Schluss wurden die Mädchen der Reihe nach einem Empathen vorgestellt, der sie einfach nur musterte. Becca schluckte. Die Berührungen der Emronder verabscheute sie, aber dieser Mann durchbohrte sie mit seinem Blick, als sähe er tief in ihr Herz.

»Die Letzte«, damit war Becca gemeint, »ist die Schlimmste. Trauer, Sorge, unerwiderte Liebe. Diese Gefühle machen einen krank. So kriegen wir sie nie verkauft.«

Der Mann legte ihr eine Hand auf die Stirn und flüsterte etwas, das Becca nicht verstand. Ein heißer Strom aus Glücksgefühlen rauschte durch ihren Körper und von da an war alles einfach sagenhaft schön.

Ausversehen hatte Becca einmal auf einer Party eine »Happy Pille« genommen, wie ihre Freundinnen sie genannt hatten. Der Abend war in einem Farbenrausch ausgeklungen. Doch das Gefühl, das sie in diesem Moment ergriff, war tausendfach stärker. Sie ging wie auf Seifenblasen durch eine kunterbunte Welt.

Ihre Wächter geleiteten sie hinaus auf einen Sandplatz, der von zwei Amphitheatern eingekreist wurde. Becca konnte die Gesichter der Zuschauer nicht erkennen. Sie sahen aus wie kleine, bunte Stecknadelköpfe. Doch der Lärm und das Gebrüll waren überwältigend. Hände klatschten, Pistolen knallten. Becca fühlte sich wie ein Popstar kurz vor einem restlos ausverkauften Konzert.

Ein Teil von ihr hätte den Trubel gern genossen, doch ihre Wächter führten sie durch die Ränge. Beim Vorübergehen kniffen ihr die Emronder in den Hintern und grapschten an Stellen, für die sie Prügel verdient hätten, aber Becca fühlte sich so ausgelassen, sie freute sich sogar über die nette Begrüßung. Jeder lächelte für sie, jeder wirkte freundlich dank der unfreiwilligen Glücksgefühle.

Schließlich stellte man sie der Reihe nach auf ein Podium im Unterrang des Kolosseums, damit alle Zuschauer sie betrachten konnten. Becca freute sich, im Zentrum all dieser Aufmerksamkeit zu stehen. Sie kannte diese Art von Balkon, auf dem ihre Bewacher die Mädchen platzierten. In Filmen hatte Cäsar ebenfalls in so einer Loge gesessen. *Ich bin die Königin dieser Arena,* dachte Becca zufrieden und winkte in die Menge.

»Die neuen Modelle, die Rufus zum Verkauf anbietet«, rief ein Ansager. Seine Stimme dröhnte auch ohne Megafon in Beccas Ohren. »Heute exklusiv!«

Der Ansager hielt ihr Kinn hoch und drehte Beccas Gesicht wie bei einer Pferdeauktion. Zu allen Seiten sollte sie ihre Vorzüge präsentieren. Ihre schwarzen Locken, die schmale Taille, der Ansager hob sie sogar hoch, um zu zeigen, wie federleicht sie war. Zurück in der Reihe, klammerten sich Beccas Finger um ihr Messer. Sie wollte es allen zeigen, ihre Illusion auflösen. Sie sollten jubeln, dass sie so ein Schmuckstück besaß.

Da hielt Vivienne ihre Hand fest. »Nicht«, flüsterte sie, »das gibt nur Ärger.«

Becca sah sie lediglich fragend an. Was sollte Ärger geben? Warum benahm sich Vivienne so seltsam? Dennoch ließ sie Beccas Hand erst los, als sie ihrem Drang nicht mehr nachgab.

»Gänzlich unverbraucht und alle noch minderjährig!«, verkündete der Ansager, worauf ein »Ahhh« durch die Menge ging. »Natürlich löscht Rufus sie, bevor sie den Eigentümer wechseln. Aber zunächst genießt das Spektakel unseres neusten Kämpfers!«

Warum protestiert Vivi nicht?, schoss es Becca durch den Kopf. *Sie ist doch zweiundzwanzig.*

Die angekündigten Kämpfer betraten den Platz und das Kolosseum explodierte förmlich. Nicht nur die Lautstärke schwoll an, nein, Pyros schickten Feuerbälle in den Himmel und Blitze zuckten durch die Luft. Der Ansager erzählte etwas über ein »Zwei gegen Einen«–Match, aber Becca hörte nur halb zu. Der Farbenrausch faszinierte sie so sehr, sie war sich nicht einmal bewusst, dass es für die Kämpfer um Leben und Tod ging.

Die ersten beiden Männer, zwei hünenhafte Exemplare, stellten sich in der Mitte auf. Ihre Schwerter blank poliert, die Schilde gezückt. Und wo war der Dritte? Die ersten Buhrufe stimmten an, dann erst beehrte auch der letzte Kämpfer sie mit seinem Auftritt.

Becca verliebte sich auf den ersten Blick in sein Haar, doch ihr Instinkt riet ihr, es nicht laut auszusprechen. Auch seine Schultern hatten etwas seltsam Anziehendes an sich und zu ihrer Überraschung trug er weder Ausrüstung noch Schutzkleidung. Becca bewunderte seinen Mut, sich unbewaffnet zu stellen, und stimmte in die Jubelschreie ein. *Was für eine tolle Veranstaltung!*

Bis Lauren den Kämpfer erkannte.

»Das ist Raphael!«, jauchzte sie. »Er ist gekommen, um uns zu retten!«

Raphael. Beccas Finger zuckten. Raphael! Ihre Hände ballten sich zu Fäusten. Der hatte vielleicht Nerven hier in diesem Moment aufzutauchen!

Vivienne hatte sich den Emrondern ausgeliefert und die Mädchen wurden von Raphael getrennt. Zwei Tage lang hatte Becca das Schlimmste befürchtet und gleichzeitig darauf gehofft, dass er mit einem selbstgefälligen Grinsen vor ihrer Zelle erschien. Sie hatte mit niemandem darüber sprechen können – Lauren wäre ihr nur an die Gurgel gesprungen. Und jetzt stellte er sich als einer jener Kämpfer heraus.

»Dieser Mistkerl!«, brach es aus Becca hervor.

Die gute, alte Wut und das herrliche Gefühl der Angst holten Becca zurück in die Realität. Sie verjagten den Effekt der Hypnose und hinterließen einen schalen Nachgeschmack. Beccas Rausch hatte die Welt in Regenbogenfarben getaucht, dann wirkte sie nur noch düster. Das Kolosseum war hell erleuchtet und die Sonne prallte ihr auf den Kopf, aber Becca hatte ihre Situation lange nicht so ausweglos gesehen. Sie war der Gegenstand einer Auktion für … sie wollte nicht wissen, für was. Die Emronder würden sie bestimmt nicht zum Tanzen ersteigern.

Die Stellen, an denen die Zuschauer sie angefasst hatten, schmerzten.

»Schau, wie schnell er ist!« Lauren hüpfte vor Freude auf der Stelle und Becca lenkte ihre Aufmerksamkeit auf den Kampfplatz. »Wahnsinn!«

Raphael wich mit Leichtigkeit einem Schwerthieb aus und schleuderte in der Bewegung seinem Gegner Sand in die Augen. Der Emronder fluchte, doch sofort setzte der zweite Angreifer nach.

In den letzten Wochen hatte Becca schnell gelernt, wann Raphael ernst machte oder nur mit seiner Überlegenheit spielte. Charlie am Kragen hochzuheben, war ein kindischer Beweis seiner Kraft. Fünf blutrünstige Wölfe zu töten etwas ganz anderes.

Raphael kämpfte nicht. Er trickste seine Gegner aus und Becca kochte wieder vor Wut über. Was tat er da unten? Warum wehrte er sich nicht? Mit seiner Gabe konnte er die Emronder mit Leichtigkeit zu Boden reißen – aber nein, jetzt, da sie in Schwierigkeiten steckten, prahlte Mr. *Ich-kann-meine-Kraft-kontrollieren* nur. Konnte er nicht wenigstens erwachsen genug sein, um die Gefahr schnell und effizient auszuschalten, anstatt mit ihr zu spielen?

Lauren jedoch wechselte in ihren Fangirl-Modus. »Er sieht so heiß aus! Schau mal, was der Wind mit seinem Haar macht, und dieser Mantel!«

Alles in allem übersetzt: Raphael ist so toll.

Laurens Monologe hatten Becca schon in Tougard in den Wahnsinn getrieben und nach den letzten gemeinsamen Wochen mit Raphael konnte sie diese Hirnlosigkeit einfach nicht mehr ertragen. Es gab verdammt noch mal Wichtigeres, als sich Lobreden über dieses Großmaul auszudenken.

»Sein Ego ist groß genug«, murmelte Becca, ohne dass Lauren Notiz davon nahm. Sie musste eingreifen, jetzt sofort.

Mühelos löste Becca die Illusion, die ihren letzten Trumpf verbarg, und lenkte ihre gesamte Konzentration auf ihren spontan gefassten Plan. Die Wächter hinter ihr schienen von dem Spektakel abgelenkt, feuerten die Kämpfer an, endlich Blut fließen zu lassen. Als Raphael dem nächsten Angriff unnötig knapp entkam, nutzte Becca den Moment und sprintete los. Sie erreichte den Ausgang der Loge, bevor die Emronder von ihr Notiz nahmen und zu dritt hinter ihr herstürzten. Während die anderen Mädchen von Raphael schwärmten, stellte sich Vivienne ihren Wächtern in den Weg, wurde jedoch zur Seite gestoßen.

Einen letzten Blick über die Schulter werfend, dankte Becca ihrer Freundin für die zusätzlichen Sekunden, die sie ihr verschafft hatte.

»Bleib sofort stehen!«, brüllte es hinter ihr. »Das wirst du büßen!«

Becca war noch nie eine gute Läuferin gewesen, aber um jetzt zu flüchten, brauchte sie nur ein bisschen Glück.

Hinter der Loge verzweigten sich mehrere Wege und Becca beschwor ihre Gabe. Die erste Illusion von ihr rannte nach links, das nächste Abbild nahm den Umlauf nach rechts, während Becca die Treppe Richtung Kampfplatz herunterstürzte. Zur Sicherheit beschwor sie noch eine dritte Illusion, die die gleiche Treppe hochhastete.

»Raphael!«, rief sie, so laut sie konnte. Sogleich hielt er in der Bewegung inne. Er hatte sie nicht entdeckt, aber durch seine Fähigkeit, auch sein Gehör zu verstärken, sie zumindest wahrgenommen. »Ich bin hier oben!«, schrie sie weiter, um ihm mehr Hinweise zu geben. Daraufhin hob er den Kopf und suchte die Ränge ab.

Schnaufend eilte Becca die Stufen hinab, wagte es jedoch nicht, nach hinten zu sehen. Sie würde nicht spüren, wenn ihre Wächter durch ihre Illusionen hindurchfassten und bei der Lautstärke der grölenden Menge würde Becca auch nicht bemerken, ob jemand hinter ihr her war. Selbst wenn dies der Fall sein sollte, verschwendete sie keine Gedanken daran, da vor ihr die Begrenzung zur Kampffläche aufragte. Leider trieb Raphael auf der anderen Seite wieder seine Spielchen.

Plötzlich krachte eine Hand gegen ihre Schulter. Ihr Wächter musste genauso überrascht gewesen sein, Becca tatsächlich zu fassen und nicht durch sie hindurchzugleiten, dass er seinen Schwung überschätzte und Becca mit sich riss. Mit einem spitzen Schrei stürzte sie die Stufen hinunter und schlug unten auf, mit dem Emronder über ihr.

»Hier ist die Echte!«, brüllte sogleich der Mann und versuchte, Becca zu Boden zu drücken. Die ersten Zuschauer begannen, sich nach ihr umzusehen. »Hierher!«

Becca musste handeln, bevor noch mehr Emronder auf sie aufmerksam wurden. Sie stach mit ihrem Messer wahllos zu, der Griff der Wache lockerte sich und Becca sprang auf die Füße.

Von ihrem Schrei angelockt rannte ihr Raphael auf dem sandigen Platz entgegen.

»Raphael! Fang!«, herrschte sie ihn an, das Messer auf den Kampfplatz schleudernd. Raphael runzelte für einen Moment die Stirn und maß die Entfernung, als wollte er sie für ihren schlechten Wurf ärgern. Doch dann überwältige einer der Wächter Becca und drehte ihr schmerzhaft die Hände auf den Rücken.

»Mitkommen«, knurrte der Emronder, der trotz einer Wunde knapp unter dem Schlüsselbein keine Schwäche zeigte. »Und wag so was nicht noch mal!«

Becca rechnete nicht damit, dass Raphael zu ihrer Rettung eilte, mit all den Emrondern in der Arena würde selbst er es nicht aufnehmen können. Aber er hatte sie gesehen – sie hoffte, dass er sich jetzt nicht mehr zurückhielt.

Zwei weitere Wächter eilten dem Emronder vor ihr zur Hilfe und zerrten Becca mit ihm zurück in die Loge zu den anderen Mädchen aus Tougard. Sie gingen deutlich grober mit ihr um, doch außer ein paar blauen Flecken oder Rissen in ihrem Kleid würde sie ungeschoren davonkommen.

Becca fragte sich, warum. Denn in dieser schrecklichen Stadt hätte sie zumindest mit einer Prügelstrafe gerechnet.

Vivienne kicherte verhalten, als Becca wieder den Platz neben ihr einnahm. »Vielleicht hätte *ich* es werfen sollen. Ich hätte sicher besser getroffen.«

Sie ließ sich davon nicht beeindrucken, auch wenn ihr Viviennes Lachen Angst einjagte. *Immerhin ist es angekommen, oder nicht? Auf zu Phase zwei.*

Denn anstatt seine Gegner mit Leichtigkeit zu überwältigen, hatte Raphael den Abstand zu ihnen auf dem Kampfplatz vergrößert. Beinahe nachdenklich bewegte er sich vor ihnen und betrachtete die blutverschmierte Klinge, die Becca ihm zugeschleudert hatte.

»Du kannst besser kämpfen!«, brüllte sie so laut, dass sich mehrere Emronder erschrocken zu ihr umdrehten. Der Wächter, den sie verwundet hatte, packte sie am Nacken, seine groben Finger jagten Becca eine Gänsehaut ein, dennoch durfte sie nicht aufgeben. »Wieso machst du die Schwächlinge nicht fertig? Hast du etwa Angst?«

»Wie kannst du so mit ihm reden!«, zischte Lauren und wandte sich an Raphael. »Hör nicht auf sie! Du machst das super! Einfach P-E-R-F-E-K-T!« Lauren brauchte nur den Mund zu öffnen und es sprudelten »Ich liebe Raphael«-Herzchen hervor. Becca reagierte ziemlich allergisch auf dieses Mädchengetue.

»Halt dein Maul«, zischte der Wächter hinter ihr und drückte so fest zu, dass es schmerzte. Doch Becca verstand endlich, warum er ihr nur halbherzig zusetzte: Solange sie das Objekt dieser Versteigerung war, durfte ihr der Emronder nichts tun. Schließlich erzielte beschädigte Ware einen geringeren Preis.

»Also ich will nicht mehr von dem da«, sie zeigte auf den Mann hinter ihr, »angetatscht werden! Aber lass dir ruhig Zeit!«

Ihr Wächter drückte Becca ein Messer in den Rücken.

Als Raphael den nächsten Hieben auswich, entging ihr nicht, wie sich seine Schultern anspannten und das Tänzeln in seinen Ausfallschritten verschwand. Bei jedem weiteren Angriff schien er sein Tempo anzuziehen.

»Siehst du, was du angerichtet hast?«, beschwerte sich Lauren. »Jetzt werden diese Emronder ihm vielleicht wehtun.«

Becca und Raphael waren in vielerlei Hinsicht gleich. Pläne bereiteten ihnen Kopfschmerzen, sie handelten impulsiv. Und wenn sie eins konnte, dann Raphael provozieren. Genauso wie er sie. Egal was für ein Dickkopf er war: Er sorgte sich um die Menschen, die ihm etwas bedeuteten. Keine Ahnung, was er von Lauren hielt, hoffentlich lag ihm genug an ihr.

»Warum erzählst du nur solche Lügen?«, keifte Lauren weiter. »Macht dir das Spaß?«

Du wirst mir noch für meinen Plan danken. Becca kniff Vivienne in die Seite, worauf das Mädchen erschrocken aufschrie. Raphaels Ohren hatten das auf jeden Fall gehört, sie schnappten sonst auch alles auf. »Jetzt unternimm endlich was!«, kreischte Becca, obwohl ihr Wächter sie beinahe erwürgte.

Innerhalb eines Blinzelns verwischte Raphaels Gestalt und der Brasilianer kam auf der anderen Seite des Kampfplatzes wieder zum Stehen. Vor Schreck japsten die Mädchen nach Luft, allen voran Lauren. Auch Raphaels Angreifer drehten sich verwirrt nach ihm um. Selbst von ihrem Platz auf den Rängen konnte Becca deutlich das violette Flackern in seinen Augen sehen.

Das Messer in seiner Hand fest umschlossen, stellte Raphael sich seinen Gegnern endlich entgegen.

»Bei unserer verkorksten Gruppe muss man immer alles selbst in die Hand nehmen«, seufzte Becca und ignorierte Laurens schockiertes Gebrabbel.

Endlich gerieten die Dinge ins Rollen. Sie würden die Mädchen befreien und im Handumdrehen Emrond hinter sich lassen. Leider hatte Becca vergessen, wie schnell Dinge auch außer Kontrolle gerieten.

Die Genauigkeit von Osmars Träumen schockierte Avid. Seit Charlies Auftauchen gab es zwar noch kleinere Abweichungen, aber im großen Ganzen arbeitete er seinen Plan Punkt für Punkt ab. Er lag in der Zeit, hatte bisher alles erledigt und würde seinen letzten Auftrag bald abschließen. Bei dem Gedanken versteifte sich Avid. Es gab so viele Wege und Überschneidungen, die er beachten musste, dennoch endeten sie alle in seinem Tod.

Dein Opfer wird nicht umsonst sein, Junge, hallte Osmars Stimme in seinem Kopf. Es war so ungerecht. Erst jetzt hatte Avid einen eindeutigen Beweis für die andere Welt gefunden, dennoch würde sich sein Wunsch nicht erfüllen. Er hatte keinen Ausweg aus seinem Schicksal gefunden und nun war es längst ins Rollen gekommen.

»Warum machst du so ein trauriges Gesicht?«, fragte das kleine Mädchen, das neben ihm lief.

»Ich habe nur an etwas gedacht, Joan«, erwiderte Avid. »Du weißt noch, was du machen musst?«

Sie lächelte fröhlich. »Klar weiß ich das.«

Joan sprang ausgelassen die Stufen zu den Zellen hinab. Sie aus Rufus' persönlichem Kerker zu befreien, hatte sich als leichter herausgestellt als gedacht. Ein Fingerschnippen und die Gabe des Mädchens hatte die Gitterstäbe verbogen. Aber Joan machte vor ihrer Zelle nicht Halt. Alles, was sich ihr in den Weg stellte, Türen, Wände, Emronder, sie wischte sie mit einer Handbewegung zur Seite.

Selten hatte er eine so zerstörerische Gabe bei einem so kleinen Kind gesehen. Joan ging mit ihr um, als wäre es ein Spielzeug. Unter den Assassinen war die Gabe der Psychokinese vor Generationen ausgestorben und Avid hatte kaum gegen ihre Benutzer gekämpft.

»Joan!«, riefen einige der Mädchen, die noch in den Kerkern der Arena eingesperrt waren. »Was machst du hier? Wer ist das?«

»Ich helfe dem Kapuzenmann«, antwortete sie fröhlich und rannte weiter.

Du könntest auch einfach … Avid unterdrückte den Gedanken, die Mädchen hier und jetzt aus ihren Zellen zu befreien. Der Plan kam immer an erster Stelle.

Ihr Weg führte sie tiefer in die Kerker. Vorbei an den Zwingern der Raubtiere, die in der Arena gegeneinandergehetzt wurden, bis in die Bereiche der Kämpfer. Avid gab Joan das Zeichen, hinter ihm zu bleiben, bevor er um die nächste Ecke bog.

Sie befanden sich mitten im Bereich der Gladiatoren, doch die meisten Zellen waren unbesetzt. Gefangene wurden an diesem Ort festgehalten, Kämpfer meldeten sich freiwillig, wenn sie Lust auf ein Gemetzel verspürten.

»Du hast wohl geglaubt, ein Messer würde dir helfen, wie?«

Es gab einen simplen Grund, warum in all den Jahrzehnten der Arenaleiter niemals ausgewechselt worden war: Als Puppenspieler brauchte er keine Waffen, um

Gefangene zu kontrollieren, die gegen seinen Willen aufbegehrten. Unsichtbare Fesseln, stabiler als Stahlseile, wanden sich um einen Kämpfer und ketteten ihn an die Kerkerwände. Sie quetschten seine Glieder, schlossen sich um seinen Hals, aber der Mann starrte nur zornig auf den Arenaleiter herab.

Avid erinnerte sich daran, ihn mit Charlie am blauen Tor gesehen zu haben. *Das ist also Raphael.* Ebenso erkannte er sein Messer in der Hand des Arenaleiters. Osmars Träume hatten genau vorausgesagt, dass die Waffe, die Avid Charlie überreichte, entscheidend für die Befreiung der Mädchen würde. Er hatte es nicht glauben wollen – so viel konnte schief gehen – dennoch war die Vorhersage auf ihre Weise eingetreten.

Weitere abweichende Zukunftsvariationen fielen somit weg und Avids Tod rückte wieder ein Stück näher. Es gab kein Entkommen für ihn, keinen letzten rettenden Ausweg. Er hatte geschworen, den Fortbestand seiner Familie über sein eigenes Wohl zu setzen und wenn Rufus überlebte, hätte Avid alles verspielt.

»Assassine«, der Arenaleiter musterte ihn mit aufgerissenen Augen. »Was suchst du hier unten? Ich wünsche deiner Familie nichts Schlechtes.«

Avid wies mit der Hand auf Raphael. »Er steht unter unserem Schutz. Lass ihn frei.«

Der Arenaleiter kam der Aufforderung nicht nach. Schweißperlen bildeten sich auf seiner Stirn, während er angestrengt nachdachte. Auf welchen Herrn sollte er hören? Die Assassinen oder Rufus? Diese Überlegung besiegelte jedoch sein Schicksal. Wenn ein Untergebener der Familie nicht gehorchte, arbeiteten sie meistens gegen sie.

»Joan!«, kommandierte Avid. Mit ihrer Fähigkeit schleuderte sie einen Steinbrocken, der den Arenaleiter mitten im Gesicht traf. Seine Nase knackte laut und für den Moment brach seine Konzentration ab. Die Puppenspielerfäden lösten sich und Raphael stürzte sich sofort auf den *Gudra*. Er riss ihm das Messer aus der Hand und rammte es dem Mann in die Brust, bevor der Arenaleiter auch nur ein Quäntchen seine Gabe zur Hilfe rufen konnte.

»Deine Gabe ist gut, aber echte Handschellen wären besser gewesen«, sagte Raphael und wischte das Messer an der Kleidung des Arenaleiters ab.

In seiner Verfassung konnte Avid nicht eingreifen, jedoch verstand er jetzt, warum Raphael eine wichtige Rolle spielte. Er kämpfte nicht so geschickt wie die Assassinen, stand ihnen allerdings an Kraft in nichts nach. Obwohl Avid keinem Kämpfer über den Weg traute, gegen Rufus konnte er jede Unterstützung gebrauchen.

»Joan?«, rief Raphael überrascht, als das Mädchen ihm entgegen stürmte und die Arme um ihn schlang. »Was machst du hier?«

»Dafür ist jetzt keine Zeit«, stellte Avid fest. »Ich brauche dich, damit du Charlie und Ann hilfst.«

Raphael beobachtete Avid wachsam. Die Schultern angespannt, bereit, sich auch auf ihn zu stürzen. »Woher weißt du von Charlie?«

»Ich bringe ihn zu Ann. Sie befindet sich in der Gewalt von Rufus. Der Name sagt dir etwas?«

Der Begabte nickte.

»Eine Mechanikerin und ein Seelenseher sind genau das, was Rufus zur Erfüllung seiner Ziele fehlt. Sie werden jedoch nicht mehr die Menschen sein, die du kennst, wenn wir uns nicht beeilen.« Avid verdrängte den Gedanken, was mit ihm passieren würde, wenn Rufus ihn fasste.

»Warum bist du nicht bei Charlie geblieben?«, fragte Raphael jedoch.

»Meine Aufgabe ist es nicht, Charlies Kämpfe auszutragen. Ich kann nur die Richtung zeigen.«

Schweigen breitete zwischen sich zwischen ihnen aus. Die Leiche des Arenaleiters löste sich auf; ein *Gudra* mehr, dem das nächste Leben verwehrt blieb.

Was sollte Avid sagen? Dass er ihm folgen musste, weil der Seher der Familie es ihm aufgetragen hatte? Avid war es verboten, über die Prophezeiungen zu sprechen, denn wer die Zukunft kannte, würde immer versuchen, sie zu verändern, sie nach seinen Wünschen oder Ängsten gestalten. *Er ist kein Gudra,* erinnerte sich Avid. Die Begabten aus der anderen Welt hatten seltsame Angewohnheiten. Sie scherten sich um Kleinigkeiten, die er niemals beachten würde, und ignorierten Regeln, die einem den Hals in Emrond retteten.

»Ich bin Avid.«

Raphael erwiderte nichts und ein ungewohntes Gefühl von Unsicherheit überfiel ihn. »Das macht man doch so? Man nennt seinen Namen, damit man weiß, mit wem man es zu tun hat.«

»Das hat du von Charlie, nicht wahr?« Raphael wandte sich zum Gehen, worauf Joan ihm sofort folgte. »Das klingt so furchtbar nach ihm.«

Erstaunt sah Avid den beiden nach. Irgendwie hatte er es sich schwerer vorgestellt, den Begabten zu überzeugen.

»Kommst du?«, rief Joan ihm hinterher.

Sie waren wirklich seltsam.

Zurück im Trakt der Gefangenen führte Avid die beiden Begabten in Richtung Ausgang. Erneut sahen ihm die Mädchen aus Tougard nach, einige riefen nach Raphael, aber Avid schritt unbeirrt weiter. Doch dann sah er, wie eins der Mädchen gekrümmt vor einer Zelle lag. Sie ächzte vor Schmerzen, während ein Wächter ihr in den Bauch trat, wieder und wieder, als sei sie ein Sack und kein Mensch. Avid spürte, wie Zorn in ihm aufflammte. Dieses Mädchen – Charlie hatte sie Becca genannt – hatte nichts verbrochen, dass diese Strafe gerechtfertigte.

»Dafür wirst du büßen.« Der Emronder beugte sich über sie. »Rufus wird dich als Nächstes löschen.«

»Und?«, zischte sie. »Ich würd's wieder tun!«

Innerhalb eines Blinzelns war Raphael bei ihr. Avid überraschte die Geschwindigkeit, mit der er den *Gudra* zu Boden riss und ihn bewusstlos schlug. Auch er hätte zu gern diesen Schlag selbst ausgeführt, wobei er es nicht dabei belassen hätte. Wenn da nicht die Vernunft gewesen wäre – er durfte sich nicht von Wut und Zorn leiten lassen, diese Gefühle verschleierten nur den klaren Blick auf Osmars Plan.

»Ich wusste, dass du uns retten kommst!«, jubelte ein Mädchen. »Dein Kampf war einmalig! Wirklich klasse! Ich wusste gar nicht, dass du so stark …«

»Halt ein einziges Mal den Mund, Lauren!«, polterte Raphael und half Becca auf die Beine.

Der seltsame Drang, dieser Becca zu helfen, wallte in Avid auf. Nein. Es war sein Auftrag, Charlies Sicherheit zu gewährleisten und seine Freunde durch die Stadt zu führen. Alles Weitere ging über die Pflicht hinaus und sollte ihn nicht interessieren. Aber die Begabten verband etwas, das er nicht verstand. Etwas, das völlig anders war als in der Familie der Assassinen. Raphael wischte Becca den Schmutz von den Wangen, fragte besorgt, ob sie Schmerzen hätte. Wenn Avid sie dabei beobachtete, schlichen sich die ersten Anzeichen von Neid in seine Seele und er fragte sich nach dem Grund. Nach dem Grund, warum sie sich umeinander sorgten, obwohl sie keine Familie waren. Warum er niemanden hatte, der das für ihn tat.

»Wie haben die dich in den Fummel reingezwängt?«

»Idiot.« Beccas Stimme war nur ein Flüstern, umso fester umklammerte sie Raphaels Arme. »Warum hat das so lange gedauert?«

»Mich hat da noch wer aufgehalten«, beschwerte der Begabte sich und warf einen Blick über die Schulter. Avid konnte nicht unterscheiden, ob er das ernst oder scherzhaft meinte. Außer der Verwandtschaft zu seinem Onkel hatte Avid keine menschlichen Bindungen und sein Onkel pflegte nie zu scherzen.

Becca folgte dem Fingerzeig und erkannte ihn sofort wieder. »Was machst du hier? Wo ist Charlie?«

»Wir müssen weiter«, wich Avid aus und trat näher an die Zelle heran. »Joan, du weißt noch, was ich mit dir besprochen habe?«

Unter ihrer Handbewegung verbogen sich die Gitterstäbe und Joan schlüpfte hinein. Raphael hob Becca vorsichtig hoch und setzte sie ebenfalls im Innern ab. Das Mädchen reagierte überrascht, während eine ihrer Mitgefangenen sie mit bösen Blicken durchbohrte. Sobald er zurück im Gang war, verschloss Joan die Zelle wieder, wenn auch die Stangen leicht verkrümmt wirkten.

»Jetzt müssen wir auf das Zeichen warten«, erklärte die Kleine.

»Moment mal«, beschwerte sich Becca. »Habt ihr schon wieder etwas Wichtigeres zu tun?«

Für einen winzigen, unvorsichtigen Moment hatte Avid nicht seinen Sicherheitsabstand bedacht, so dass Becca nach seinem Mantel langte. Eine unsichtbare Kraft riss an seinem Körper, als wollte sie ihn zersplittern, und Avid befand sich wieder im Treppenhaus. Charlie hing schlaff über seiner Schulter, während er die Stufen zu seinem Versteck hochrannte. Er musste sich beeilen, bevor die Emronder seiner Blutspur folgten.

Die Wunde an seiner Brust brannte, aber Avid sammelte alle Konzentration, die er aufbringen konnte. Als er die Augen aufschlug, stand er erneut im Zellengang.

Das jahrelange Training zahlt sich aus, dachte Avid zufrieden. Er war nur wenige Meter an dem Ort aufgetaucht, an dem er sich zuvor aufgelöst hatte.

»Bist du ein berührungsscheuer Teleporter, oder was?«, fragte Becca neugierig. »Kannst du uns nicht einfach rausholen?«

Da rannte ein *Gudra* den Gang hinunter. Avid hatte sich schon gewundert, wo die zweite Wache geblieben war. Gefangene wurden stets von zwei oder mehr eskortiert. Rufus' Besitztümer von deutlich mehr Männern.

Avid zückte einen der roten Zettel, die die Familie für die Übermittlung von Aufträgen verwendete, und hielt ihn in die Luft. Der Zettel war unbeschrieben, trotzdem funktionierte die Warnung. Der *Gudra* blieb wie erstarrt stehen und hob abwehrend die Hände, als wollte er seine Unschuld beweisen. Dann sprintete er davon, so schnell ihn seine Füße trugen.

»Assassine!«, brüllte es in der Ferne.

Jetzt mussten sie sich beeilen. Zwar waren die Assassinen gefürchtet, dennoch würden einige ihn jagen wollen.

Daher zeigte Avid sogleich auf den bewusstlosen Emronder. »Töte ihn.«

Die Mädchen in den Zellen schnappten ungläubig nach Luft. »Sowas würde Raphael nie tun!«, beschwerte sich eins.

»Wenn du willst, dass die Zukunft eintritt, in der deine gefangenen Freunde überleben«, beschwor er ihn, »dann musst du ihn jetzt töten.«

Avid verstand sein Verhalten nicht. Um zu überleben, musste man seine Gegner ausschalten, deswegen hatte Raphael beim Puppenspieler auch nicht gezögert. Jedoch entgingen ihm nicht die erschrockenen Gesichter der Mädchen aus Tougard. Nur Becca kaute auf ihrer Unterlippe, als suchte sie nach der richtigen Entscheidung.

»Er würde sich nur wieder an uns rächen«, sagte sie schließlich.

Raphael umfasste sein Messer, bis seine Knöchel weiß hervortraten, und nickte.

»Schau nicht hin, Becca.«

Das Mädchen wandte als einziges seinen Blick nicht ab, als Raphael zustach.

Ann fuhr sich mit der Hand über die Augen, doch ihre Kopfschmerzen ließen sich nicht vertreiben. Gerade hatte der Büchsenmacher sie noch durch Kellergänge gezerrt und jetzt wachte sie in dieser fensterlosen Zelle auf. Nur das schwache Licht eines Kerzenstummels reflektierte an den modrigen Wänden. Ann zog die raue Decke ihrer Pritsche höher und tastete nach dem versteckten Werkzeug, aber jemand hatte es ihr abgenommen.

Sie seufzte. Dann würde sie eben auf eine neue Chance warten.

»Hast du genug geschlafen, kleine Annabelle?« An ihrem Lager saß ein Mann auf einem Holzstuhl und betrachtete sie eingehend, als könnte er anhand ihres Aussehens ihre Qualität ermitteln. Erschaudernd zog sie die Decke bis zu den Schultern.

»Wer sind Sie?«, fragte Ann zögernd. »Woher kenne ich Sie?«

»Ich weiß, ich sehe eurem Ältesten Protektor verdammt ähnlich.« Ein wahnsinniges, schrilles Lachen erklang. »Oder sollte ich sagen, sah? Schließlich habe ich für den Tod meines Bruders gesorgt.«

»Sie ... sie ... nein«, stammelte Ann.

Der Mann beugte sich vor, in den Schein des Kerzenlichts, damit sie seine Gesichtszüge besser erkennen konnte. »Rufus ist mir persönlich lieber, kleine Annabelle.«

Ann trafen seine Worte wie ein Schlag. Statur und Gesicht stimmten überein, als wären Rufus und Trench Zwillinge. Nur seine langen Haare waren ordentlich zurückgekämmt und glänzten im Licht wie eingeölt. Ein Ziegenbärtchen hob und senkte sich passend zu der eisigen Mimik seines bleichen Gesichtes.

»Erwarte von mir keine Späße und Albernheiten, die mein Bruder so gerne von sich gab«, stellte Rufus fest.

Anns Konzentration schnappte zurück in die Wirklichkeit und sie drängte sich an die Wand. Etwas sagte ihr, so viel Abstand wie möglich zu halten.

»Was wollen Sie von mir?«

»Ich möchte dir einen Vorschlag unterbreiten«, meinte Rufus schmeichelnd.

Vorschlag?, schoss es Ann durch den Kopf. *Warum sollte er mir etwas anbieten? Ich bin eine Gefangene.*

Rufus lächelte zuckersüß, was Ann noch mehr Unbehagen einjagte als das schrille Lachen zuvor. »Werde eine Emronderin.«

Sie glaubte, sich verhört zu haben. Wer würde freiwillig in der Stadt der Verstoßenen leben? »Sind Sie bescheuert?«

»Aber Annabelle.« Ann zuckte zusammen. Woher kannte er eigentlich ihren Namen? Niemand rief sie so. Nicht mehr. »Es ist unhöflich, mich so vor den Kopf zu stoßen. Du hast dir gar nicht angehört, wie mein Vorschlag genau aussieht.«

»Meine Freunde werden mich befreien!«

»Sag, kannst du dich noch an deinen achten Geburtstag erinnern?«

»Warum?«, wich Ann aus.

»Probier es.« Rufus falte die Hände und grinste wie ein Teufel, der sich über seine nächste Seele freut. »Was ist an deinem achten Geburtstag passiert?«

Ann runzelte die Stirn. Doch je länger sie die Erinnerungen einzufangen versuchte, desto schwieriger fiel es ihr. An ihren siebten Geburtstag, ja daran konnte sie sich gut entsinnen. Marc und Tobias hatten sie ununterbrochen geärgert und letzten Endes war ihre Torte auf dem Boden zerschellt, das neue Fahrrad verbeult und der Regen hatte die Gartenparty vorzeitig aufgelöst.

Rufus lächelte hämisch. »Was ist mit deinem neunten? Elften?«

Ihr brach der Schweiß aus. Alles, was ihr einfiel, war Marcs und Tobias' Lachen, weil sie wegen ihrer zerstörten Torte geweint hatte.

»In Emrond würde es dir gut gehen, kleine Annabelle. Du ständest unter meinem persönlichen Schutz und würdest all das Ansehen genießen, das du verdient hast. Du könntest deine Ideen ausleben – alles, was du dir erträumst, könnte hier wahr werden.« Rufus erhob sich von seinem Stuhl. »Warst du denn je glücklich in deiner Welt?«

Wie von selbst durchforstete Ann ihr Gedächtnis. Doch ihre Gedanken galten den zu vielen Schulstunden, in denen sie alleine und lustlos in Büchern geblättert hatte, während die Reihe hinter ihr über sie tuschelte. Sie dachte an den Spott, den Hohn, wenn sie wieder im verschmierten Blaumann aufgetaucht war.

»Ich habe meine Familie«, erwiderte Ann. Ein Zittern schlich sich in ihre Stimme.

»Und?« Rufus langte nach der Kerze und löschte sie. Dunkelheit legte sich über das Kellerloch. »Was hast du sonst?«

Ein innerliches Beben ergriff Ann. Sie hasste es, allein an dunklen Orten zu sein. »Ich …«

Da war Charlie. Er hatte sie nach Tougard gebracht. In diese wundersame Welt, in der sie beachtet, gelobt, wie eine kleine Berühmtheit behandelt wurde. Da waren Becca, Daisuke, Raphael. Ihre Freunde waren unterwegs nach Emrond, um die entführten Mädchen zu retten. Sie würden auch sie suchen, ganz bestimmt.

»Und wie lautet deine Antwort?«

»Niemals.«

»Wie du willst«, flüsterte Rufus. Es klang so nah, als spräche er ihr direkt ins Ohr. »So macht es wenigstens mehr Spaß.«

Ann blinzelte und eine übernatürliche Helligkeit strahlte ihr entgegen. Ihre Augen schmerzten, doch in welche Richtung sie den Kopf auch wandte, überall erstreckte sich weiße Unendlichkeit. Es gab nichts, an dem sie sich hätte orientieren oder mit dem sie die Entfernung hätte abschätzen können. Das eisige Gefühl von Angst kroch ihr über die Arme bis zu den Schultern hinauf und ließ sie frieren.

»Wo bin ich? Was ist hier passiert?«

Ann machte ein paar Schritte nach vorne und gleich wieder zurück. Verwirrt lief sie im Kreis und suchte nach einem Anhaltspunkt. Was war das für eine Gabe? Was konnte einen Menschen von jetzt auf gleich in diese weiße Welt verfrachten?

Eben noch hatte sie Rufus' Angebot abgelehnt und dann das hier. War dies seine Art Spaß?

»Wieso existiert nichts mehr?«, rief Ann, aber nicht einmal ein Echo erklang. Was, wenn sie für immer alleine an diesem unendlichen Ort bleiben müsste? Würde sie verhungern, da für sie Tougards Regeln nicht mehr galten?

»Ich kann dich ins Nichts versetzen.« Rufus' Stimme hallte durch die Unendlichkeit. »An einen Ort, an dem dich niemand findet. Dort wirst du vollkommen allein sein, bis erst dein Körper, dann dein Geist stirbt.«

Ann drehte sich um die eigene Achse und Rufus stand plötzlich vor ihr. Von einem Moment zum nächsten war er wie eine Erscheinung vor ihr materialisiert.

»Ich bestimme, wann du diese Ebene wieder verlässt«, flüsterte Rufus. »Ich bestimme, wie diese Ebene aussehen soll.«

Ann starrte den Emronder entgeistert an, als hätte sie die Worte nicht verstanden. Sie hatte auf dieser Pritsche gesessen, nicht wahr? Wie konnte sie dort und hier sein? Was für eine Gabe war das?

»Ich kann bestimmen, dass du in einer Wüste verweilst«, fuhr Rufus fort und Ann fand sich zwischen Sanddünen wieder.

»Das ist nicht möglich!«, japste sie entsetzt. Ihre Füße gaben im weichen Sand nach. Sie rutschte die Düne hinunter, fiel schmerzhaft auf ihr Gesäß und ein schwarzer Skorpion krabbelte viel zu dicht an ihr vorbei.

»In der die Sonne heiß auf deinen Kopf prallt und nie eine Oase in Reichweite kommt.« Rufus verharrte einige Meter über ihr auf dem heißen Sand. Er hatte nicht einmal mit der Wimper gezuckt.

»Soll mir das Angst einjagen?«, erwiderte Ann, doch sie hörte, dass sich eine erste Panik unter ihre Stimme mischte. Sie durfte nicht so heftig reagieren, sonst bewies sie Rufus nur, wie viel Macht er über sie hatte.

Das ist nur eine Illusion, riet sich Ann. *Nur fühlt es sich viel, viel realer an, als alles, was Becca je hervorgerufen hat.*

»Selbst wenn du nicht daran glaubst, irgendwann wird dein Körper anfangen zu schwitzen und du wirst dich nach einem Schluck Wasser sehnen«, prophezeite Rufus.

Funktionierte das überhaupt? Wie sollte Rufus dieses Nichts verändern? Wieso trocknete ihr Mund nur beim Gedanken an ein Glas Wasser sofort aus? Es konnte sich dabei nur um einen Trick handeln.

»Ich kann dich auch im Meer aussetzen.«

Bevor Ann etwas erwidern konnte, platschte sie in eisigkalten Wogen. Bis zum Hals im Wasser, ruderte

Ann mit den Armen. Doch sie konnte nichts gegen die über sie hinwegschwappenden Wellen ausrichten und ihre Angst vor Wasser erwischte sie mit voller Wucht. Anns Atem raste.

»Ohne Boden unter den Füßen, kein Land in Sicht«, sprach Rufus weiter, der einen halben Meter über den Wellen schwebte. »Wie ich sehe, hat dich die Angst bereits gepackt.«

»Nein! Das ist nicht real!«, erwiderte Ann. Ihre Kleidung, ihre Haare sogen sich mit Wasser voll, sie schmeckte sogar Salz auf der Zunge. *Es ist nicht möglich*, schrie sie in Gedanken, als eine Welle sie unter sich begrub. *Ich war eben noch in einer Zelle! Das ist nur ein Trick!*

»Du wirst schwimmen müssen, um an der Oberfläche zu bleiben. Sonst wirst du jämmerlich in deinem Geist ertrinken.«

Ann prustete und spuckte Wasser aus, das nicht existieren durfte. Ihr Körper strampelte bereits wild, um nicht unterzugehen. »Nein! Nein! Nein!« Ann ruderte und trat, so sehr sie nur konnte. Sie wollte nicht sterben, sie wollte nicht ertrinken. Sie wollte nicht, dass Rufus ihr die schlimmsten Augenblicke ihres Lebens vor Augen hielt.

»Du willst hier raus?«, fragte Rufus.

»Ja.«

»Du willst frei sein?«

»Ja!«

»Dann werde Emronds Mechanikerin.«

Ann zögerte. »Wenn ich zustimme, lassen Sie mich raus?«

Zu ihrer Erleichterung spürte Ann wieder festen Boden unter sich, da sie erneut auf der Pritsche in ihrer Zelle saß. Das Meer hatte Rufus mit sich genommen, dennoch schmeckte Ann weiterhin Salz auf der Zunge.

»Natürlich, kleine Annabelle.« Rufus' Stimme klang nun überzeugend und schmeichelnd. Fast wollte Ann ihm glauben.

»Jedoch nur, wenn du dich an meine Regeln hältst.« Er packte sie am Kinn, so dass sie ihm ins Gesicht sehen musste. »Sonst werde ich dir alles nehmen, das dir lieb ist. Angefangen mit deiner Familie.«

»Was verlangen Sie?«

»Du hast die Maschinen in Büchses Werkstatt gesehen, nicht wahr? Sie sind plump, einfältig. Ich will eine Armee, die wie dein Drache funktioniert.«

Ann biss sich auf die Lippen, während sie überlegte. Wenn sie einwilligte, würde ihr Rufus zwar nicht mehr schaden, doch was würde er mit dieser Armee anstellen?

Andererseits war er auf ihr Können angewiesen. Wenn sie sich geschickt anstellte, konnte sie Tage und Wochen damit verbringen, die Maschinen zu verbessern. Ann hatte so viele Dinge repariert, sie wusste aus erster Hand, wie man Sachen beschädigte. Es jedoch wie Unfälle zu tarnen, das würde ihre Aufgabe komplizierter machen.

Rufus gab sie frei und bot ihr die offene Hand an. »Wie lautet deine Antwort?«

Sie musste sich beugen und das Beste aus ihrer Situation machen, um Zeit zu schinden. Also klammerte Ann sich an den fröhlichsten Gedanken überhaupt: Charlie war auf dem Weg zu ihr.

Dann sah sie Rufus direkt in die kalten, berechnenden Augen. Sie versteifte ihre Finger, damit er das Zittern nicht bemerkte, und schlug in seine Hand ein. »Ich baue Ihnen diese Armee.«

Charlie wusste nicht mehr, wie er an den Ort gekommen war, an dem er erwachte. Er lag auf einem mottenzerfressenen Sofa, aus dem schon das Innenfutter hervorquoll. Sonnenlicht drang durch zerschlitzte Vorhänge und warf seine Strahlen auf eine Ansammlung von Gerümpel. Sonst blieb der Raum von angenehmer Dunkelheit verhüllt, die ihn wie eine Decke umfing. Charlie richtete sich auf und sein Mantel rutschte ihm von den Schultern. Sofort suchte er nach dem Rucksack mit seinen letzten Habseligkeiten, der neben dem Sofa stand. Dabei wirbelte eine Staubwolke auf und brachte ihn zum Husten. *Wo auch immer ich hier bin: Dieser Ort ist schon lange verlassen.*

Langsam kehrten die Erinnerungen zurück. Dieser Fremde hatte sich als sein Bodyguard entpuppt, während Rufus mittlerweile auch Jagd auf ihn machte. Charlies Magen rebellierte, als er an den Kampf unter der Arena dachte und dass er die Mädchen hatte zurücklassen müssen.

»Avid?«, rief er laut. Wo war der Assassine? Charlie kämpfte damit, an jeder Ecke Geister zu sehen, aber Avid hatte er sich nicht eingebildet. Wer sonst hatte ihn hierher gebracht? Bilder eines blutüberströmten Gangs tauchten vor seinem Auge auf, die stumpfen Augen des toten Emronders. Becca, die seinen Namen schrie.

Wie war er nur hierhergekommen?

»Ich bin hier.« Avid trat aus den Schatten ans Sofa heran. »Geht es dir besser?«

Charlie nickte. »Wie lange habe ich geschlafen?«

»Ein paar Stunden. Bald wird es dunkel.«

»Wo bin ich?«

»In einem meiner Verstecke«, erklärte Avid ruhig.

Die Tatsache, dass Emrond ihn so sehr schlauchte, beunruhigte Charlie. Seitdem er einen Fuß in die Stadt gesetzt hatte, befand sich der vermeintliche Seelenseher in ihm auf dem Kriegspfad. Die Stimmen, der ständige Schwindel – als stürzte alles zeitgleich auf ihn ein. Dazu kam die unnatürliche Hitze, die er nicht gewohnt war. *Du hast dir nur einen Sonnenstich zugezogen,* beruhigte er sich. Ein letzter Teil von ihm weigerte sich beharrlich, diese furchteinflößende Gabe zu beherrschen.

»Ich sollte weiter.« Charlie schwang die Beine von der Liege und erhob sich vorsichtig. Nichts drehte sich. Keine Übelkeit streckte ihn nieder. Auch seine Kopfschmerzen waren verschwunden. *Es kann also losgehen.* Da knurrte sein Magen so laut, selbst Avid musste es gehört haben. Etwas lief immer schief.

»Du bist nicht wie die *Gudra*?«, fragte der Assassine ernst.

»Was bedeutet dieses Wort? *Gudra*?« Charlie schlüpfte in den Mantel, schulterte seinen Rucksack und hielt erstaunt inne. Der Stoff war über und über mit roten Flecken bedeckt.

»Die Emronder«, erklärte Avid derweil. »Sie brauchen kein Essen. Wenn es sich nicht um Alkohol handelt, müssen sie nicht einmal trinken. Sogar auf Schlaf verzichten sie, um nicht hinterrücks erstochen zu werden. Und alle haben Fähigkeiten – die eine schlimmer als die andere. Sie sind *Gudra*.«

»Nein. Diese Regeln gelten nicht für mich«, erwiderte Charlie und grübelte über die Flecken nach. »Abgesehen von den Fähigkeiten.«

»Wenn du den Schrank dort zur Seite schiebst, findest du Sachen, die dir weiterhelfen«, bot Avid ihm an, verharrte jedoch an Ort und Stelle.

Charlie tat, wie ihm geheißen. Tatsächlich versteckte sich hinter dem Schrank eine kleine Öffnung in der Lehmwand. Erstaunt begutachtete er die Ansammlung von Messern und Schwertern, aber er erinnerte sich auch an die Videospiele, in denen er immer als Erster gestorben war. Daher bezweifelte er, dass er in dieser Dimension besser damit zurechtkommen würde. Abgesehen davon, dass zwischen einem Schwertknauf und einem Joystick Welten lagen und es in Emrond weder eine Pause-Taste noch Extraleben gab.

»Bedien dich ruhig. Ich werde nichts vermissen.«

Vorsichtig durchsuchte Charlie das kleine Versteck. Zum einem wollte er nichts unabsichtlich zerstören, zum anderen passte er höllisch auf, sich nicht an den vielen Messern zu verletzen. In einem Beutel fand Charlie zwei Laibe Brot, von denen er sich eines nahm. Selbst ein Wasserschlauch lag in einer Ecke. Er zerteilte den altbackenen Laib einmal und packte einen Teil in seine Tasche. Charlie war dankbar für Avids Angebot. Als Erster – und wahrscheinlich auch als Einziger – zeigte der Assassine eine Art Gastfreundschaft zwischen den fluchenden, mürrischen und äußerst kampfeslustigen Emrondern.

»Warum beschützt du mich?«, fragte Charlie ihn, nachdem er seine Tasche und seinen Magen gefüllt hatte.

Avid rührte sich keinen Zentimeter. »Du bist der Junge, von dem unser Seher träumte«, erwiderte er voller Unbehagen. »Dir darf nichts zustoßen.«

Charlie erinnerte sich an seine Worte in der Arena. »Du hast von einer Prophezeiung gesprochen.«

»Du wirst Rufus stürzen.« Immer wieder tauchte dieser Name auf. Die Emronder flüsterten ihn mit angsterfüllter Stimme, doch der Assassine zeigte keine Regung. Er blieb steif wie ein Abbild.

»Weil ich dadurch Ann befreie?«

»Das kann ich nicht sagen.«

»Selbst wenn ich dir sage, dass es mir sehr wichtig wäre, sie zu retten?«

Avid antwortete nicht.

»Wer genau ist dieser Rufus?«

»Du wirst ihn sehr bald kennenlernen, leider.«

Charlie blinzelte, da sein Auge von dem vielen Staub tränte, und Avid verschwand. *Wie ist das passiert?* Er hatte ihn weder fallen, noch fortgehen sehen. Er schritt den Raum ab, stolperte dabei jedoch über Avid, der hinter einer Wand aus Kisten hockte. Der Assassine versuchte, mit einer Hand die Schnittwunde auf seiner Brust zu verbinden. Die andere lag reglos neben ihm, eingewickelt in einen blutgetränkten Verband. *Wie ist er hierhergekommen und wieso habe ich seine Verletzung nicht bemerkt?*, fragte sich Charlie erschrocken, fand jedoch keine Antwort.

Da fiel sein Blick auf die roten Flecken seines Mantels. Das war keine Farbe, sondern Blut. Avids Blut, vergossen, weil er ihn beschützt hatte.

»Kann ich dir helfen?«, fragte Charlie ehrlich besorgt.

Avid antwortete nicht. Er führte hier doch kein Selbstgespräch!

»Ich habe dich was gefragt.«

»Wir müssen weiter«, keuchte Avid. Atmen schien ihm Schmerzen zu bereiten, dennoch versuchte er aufzustehen. »Wir müssen deine Freundin …«

Stattdessen ging Charlie in die Knie. Er wollte nach Avids Kapuze greifen, aber der Assassine schlug ihm die Hand weg.

»Nicht!«, warnte er und rückte von ihm ab. »Wenn Rufus dich zur fassen kriegt, wird er einen Weg finden, an mein Gesicht zu gelangen.«

»Und dann?«

»Dann wird er mich nur noch schneller töten.«

Charlies Augen weiteten sich. Avid war wie ein Krieger, stärker als jeder Mensch, dem Charlie je begegnet war, zumindest, wenn er Raphael außen vor ließ. Wovor hatte er Angst? »Rufus trachtet dir nach dem Leben, weil du mich beschützt?«

Avid nickte. »Tot nützen weder du noch ich den Assassinen.«

Wieso sollte gerade er, ein Fremder, die Assassinen retten? Dieses Vertrauen würde er eher in einen Freund setzen oder in einen unglaublich mutigen Kämpfer, nicht in jemanden wie ihn.

Bevor Charlie überhaupt wusste, was seine Hände taten, legte er die Verletzungen frei. »Ich kann dich heilen, Avid. Zwar kann ich dir nicht garantieren, alles wieder herzustellen, aber ich werde auf jeden Fall deine Schmerzen lindern.«

»Wieso bist du ein Heiler?« Avid verspannte sich unter Charlies Fingern, so, als wäre er überrascht. »In der Prophezeiung wurde das mit keinem Wort erwähnt.«

»Nicht?«, hakte Charlie nach. »Nun, ich habe es mir gewünscht, um endlich von Nutzen zu sein. Leider funktioniert es erst seit ein paar Stunden.«

Er wartete keine Antwort ab, sondern legte seine Hand auf die zerrissenen Muskeln. Konzentrierte sich, stellte sich das intakte Gewebe so genau wie möglich vor, und als Charlie die Augen wieder aufschlug, hatte sich die Wunde geschlossen. *Das geht auf einmal so einfach!*, freute er sich im Stillen.

»Bitte, gern geschehen«, meinte Charlie, während er nach etwas suchte, an dem er sich die Finger abwischen konnte.

Avid öffnete den Mund und überlegte, bevor er murmelte: »Danke für deine Hilfe.«

Mit einem Lächeln erhob sich Charlie und sammelte seine Sachen ein.

»Wolltest du nicht weiter?« Avid deutete auf die Tür.

»Stimmt.« Darauf spähte Charlie neugierig in ein heruntergekommenes Treppenhaus. »Verfolgst du mich wieder?«

»Ich verfolge dich nicht«, meinte Avid ernst. Der Assassine konnte wirklich nichts mit Humor anfangen.

»Warum bin ich nur davon ausgegangen, dass in Emrond Sarkasmus geläufig ist?«, sagte Charlie mehr zu sich selbst als zu Avid, aber er startete einen zweiten Versuch. »Begleitest du mich denn?«

Avid nickte. Die Antwort war kurz und präzise. Im Moment hatte er sowieso keine Zeit für lange Ausflüchte.

»Du solltest die Kapuze aufsetzen«, riet ihm der Assassine. »Sonst fällst du zu sehr auf.«

Und Avid verfolgte Charlie doch. Wie ein zweiter Schatten blieb er direkt hinter ihm. Manchmal gesellte er sich an seine Seite und warnte ihn vor den Gefahren auf den Straßen. Dennoch fühlte Charlie sich nicht eingeschüchtert von seinem Verhalten, viel mehr bestärkt, weil er wusste, dass er auf ihn aufpasste.

Niemand wird mir glauben, dass ich auf einen Assassinen gestoßen bin und er meinetwegen überlebt hat, dachte Charlie halbwegs belustigt. Er wusste nicht, woher dieser Gedanke kam, und sprach ihn besser nicht aus. Trotzdem gab es ihm ein gutes Gefühl. »Wie kommt es, dass du dich so gut auskennst?«, fragte Charlie, als Avid ihn erneut davon abhielt, eine Sackgasse zu betreten.

»Ich bin in Emrond aufgewachsen.«

Charlie stolperte fast über seine eignen Füße. Wie alt mochte Avid sein? Zwanzig? Er hatte zwanzig Jahre in dieser Hölle verbracht? »Dann weißt du bestimmt, wo sich dieser Rufus aufhält?«

»Wenn ich es dir sage, verändere ich den Verlauf der Zukunft.«

Zu Avids augenscheinlicher Erleichterung bohrte Charlie nicht weiter nach. Oft genug hatte seine Protektorin ihm erklärt, wie zerbrechlich das Gefüge der Zukunft war. Eine schlecht gedeutete Vision oder ein Einschreiten zum falschen Zeitpunkt konnte alles zusammenbrechen lassen.

»Geh in Deckung«, hörte er Avid plötzlich sagen. Eine ungewöhnliche Art, das Schweigen zu brechen. Aber der Assassine war über alle Maßen außergewöhnlich.

Zu seiner eigenen Überraschung reagierte Charlie sofort und versteckte sich hinter gestapelten Tonnen, die an einer Hauswand lagerten. Charlie legte eine Hand auf das rostige Metall, das unter seiner Berührung zu bröckeln begann. *Hübsches Muster auf dem Rost, ich sollte es zeichnen*, kam es ihn in den Sinn, aber er schüttelte den Kopf. Das war wirklich nicht der richtige Zeitpunkt dafür.

Vorsichtig spähte er an der Tonne vorbei.

Wie aus dem Nichts erschien ein weiterer Mann, der ebenfalls sein Gesicht unter einer Kapuze versteckt hielt.

»Dein Onkel schickt mich.« Charlie wagte nicht, zu atmen, damit ihn der Mann nicht entdeckte.

Avid nickte zur Begrüßung.

»Er hat eine Nachricht für dich.« Der Mann hielt einen blutroten Zettel hoch, auf dem in weißer Schrift etwas geschrieben stand, und reichte ihn Avid. Daraufhin verschwand der zweite Assassine in das Nichts, aus dem er gekommen war.

Rufus Trench. Innenhof. Mitternacht. Zwar konnte Charlie die Worte lesen, aber ihre Bedeutung entschlüsselte sich ihm nicht.

»Ich sollte von hier an übernehmen«, meinte Avid plötzlich.

Charlie zog die Brauen hoch und kam hinter der Tonne hervor. »Auf einmal?«

»Die Zukunft entwickelt sich in eine falsche Richtung. Mein Onkel würde mir sonst keinen Boten schicken. Wenn wir diesen Weg beibehalten, kann ich nicht mehr sagen, was passiert.«

Seine eigene Suche hatte sie nur ziellos durch die Stadt gejagt, während Avid anscheinend jeden seiner Schritte beobachtete und diese mit einem höheren Plan abglich. Charlie dachte zurück an die kurzen Gesprächsfetzen, die Umwege, die sie wegen seiner Höhenangst nehmen mussten, Avids erschrockene Reaktion, als er ihn heilte. Welche seiner Entscheidungen hatte die Zukunft so verändert, dass die Assassinen einen Boten schickten?

Charlie schüttelte den Kopf. Wenn Raphael sich das nächste Mal über Edwards Pläne beschwerte, würde er nun wissen, was er erwidern konnte. »Ich wette, du würdest Edward sogar beim Schach schlagen«, rutschte es Charlie heraus. »Dabei hat er mindestens drei Spielzüge in der Hinterhand.«

»Was ist …« Doch Avid hielt in seiner Frage inne. Stattdessen nahm er zwei Schritte Anlauf, machte einen Satz auf die Tonnen und kletterte geschmeidig wie eine Katze auf das Dach. »Ich muss dich sofort zum richtigen Ort bringen.«

Charlie sah zu ihm hinauf. »Und wie soll ich da hochkommen?«

Zu Charlies Leidwesen führte Avids Weg nur noch über Dächer, Leitern und Vorsprünge, die wenigstens zwei Meter über dem Boden lagen. Er versuchte, dem Assassinen seine Höhenangst zu erklären, aber Avid sah ihn nur an, als ob er das Wort nicht kannte. Welche Wahl blieb Charlie also? Er hatte sich ihm anvertraut, um Ann aufzuspüren, also musste er diese Herausforderung irgendwie bewältigen. Klettern – okay, das ließ sich machen, solange er nicht nach unten sah.

Balancieren – joah, da wurde es schon schwieriger. Von einem Dach zum anderen springen? Keine Chance.

Nach Charlies erstem Sturz, der glücklicherweise in einem Müllhaufen endete, schien Avid zu begreifen, dass weder Freeclimbing noch Parcours zu Charlies Fähigkeiten gehörte. Von da an zeigte der Assassine ihm ganz genau, welche Vorsprünge er fassen musste und wartete, bis Charlie seinen aufkommenden Schwindel niedergekämpft hatte. Stürzte er, so schnellte Avids Hand stets hervor und zog ihn in Sicherheit.

Sie brauchten viel länger, als wenn sie die staubigen Straßen genommen hätten. Der einzige Vorteil lag darin, dass die Emronder sie nicht bemerkten. Wenn doch einer auf den Dächern auftauchte, stieß Avid Charlie rasch in einen Verschlag oder hinter einen Sandhaufen.

Erst gegen Mittag drang Charlie mit dem Assassinen tiefer und tiefer in das Zentrum Emronds vor. Dort standen die hohen Häuser so dicht, dass kaum Sonnenstrahlen den Boden berührten. Das erleichterte Charlie zwar das Klettern, rette ihn aber nicht vor der sengenden Hitze. Die Luft glühte förmlich und brannte beim Atmen in den Lungen. Charlies Muskeln zitterten und zuckten vor Anstrengung, als er auf einem Flachdach landete und sich ungeschickt abrollte.

»Laut der Prophezeiung soll dir dieser Ort einen wichtigen Hinweis geben«, sagte Avid unvermittelt. Der Assassine hockte wie ein Wasserspeier auf einer Dachkante. Allein der Anblick bereitete Charlie ein mulmiges Gefühl.

Mühsam schleppte er sich zu Avid. Seine Höhenangst schickte ihm einen Schwindel, aber Charlie wusste, dass der Assassine nach ihm greifen würde, falls er fallen sollte. Nach dem Streit zwischen seinen Freunden brauchte er diese Gewissheit mehr denn je.

Obwohl die Emronder vor der Hitze in ihre Keller und Unterschlüpfe flüchteten, war der Platz heillos überfüllt. Es wurde gestohlen, geprügelt und wild schreiend durch die Gegend gejagt. Frauen folgten Männern, die ihnen etwas Wertvolles vor die Nase hielten. Eine Gruppe Emronder trat und stach auf einen wehrlosen Jungen ein.

»Warum sieht hier alles gleich aus? Kennt ihr denn keine Farben?«, fragte Charlie bitter, während er sich die schmerzenden Arme rieb. »Kein kräftiges Tintenblau? Kein sattes Grasgrün? Oder leuchtendes Gelb?«

»Was sind das für Farben?«

»Ihr tut mir leid«, entgegnete Charlie und meinte jedes seiner Worte ernst. Emrond wirkte wie ein Sandhügel, in dem es von Ameisen nur so wimmelte.

Gerade als Charlie die Hoffnung aufgab, etwas zu entdecken, leuchtete vor ihm in der Menge Anns orangefarbenes Haar auf.

»Da ist sie.« Männer und Frauen drängten sich durch die Menschenmassen, doch nichts lenkte seinen Blick von ihr ab. »Dort hinten.«

Ann trug die Kleidung, die in Emrond üblich war. Ein unauffälliges braunes Kopftuch versteckte fast gänzlich ihr leuchtendes Haar. Aber es war definitiv seine Ann. Charlie unterdrückte einen Fluch, als er sah, wie sie von einem älteren Mann durch die Straßen gezogen wurde. Ohne weiter zu überlegen, kletterte er ungeschickt von dem Vorsprung herunter und landete schmerzhaft auf der staubigen Straße. Sein halbes Leben rannte er schon hinter ihr her, dennoch war sie ihm immer einen Schritt voraus gewesen. Dieses Mal musste er sie einholen.

»Falsche Richtung.« Avid wies in eine Gasse zu seiner Linken. »Da geht's lang.«

»Was? Nein, ich muss rechts lang!« Wieder auf dem Erdboden versperrten unzählige Emronder Charlies Sicht und Ann verschwand aus seinem Blickfeld.

»Nein, der Büchsenmacher war bei ihr.«

»Du meinst den alten Mann?«

Avid nickte.

»Büchse wie Dose?«, fragte Charlie. »Was soll …«

»Er ist Emronds Mechaniker.«

Seine erfolglose Suche nach einem Hinweis über Emronds Gefängnis und den entführten Mädchen hätte sich viel einfacher gestalten können. Warum hatte sich Charlie nicht nach einer Werkstatt erkundigt? Immerhin hatte Rufus sogar Tougard angegriffen, um die neue Mechanikerin zu finden.

Andererseits wusste Charlie, warum. Er hätte Ann nur in Gefahr gebracht, wenn er sich plötzlich für eine Werkstatt und den Mechaniker interessierte.

»Ich kann dich hinführen«, meinte Avid.

»Wohin?«

»In seine Werkstatt. Ich kenne eine Abkürzung.«

Charlie stemmte die Hände in die Hüften. Dieser Assassine bestand nur aus vermeintlichen Abkürzungen. »Warum hast du das nicht gleich gesagt?«

»Du hast nicht gefragt.«

Avids Abkürzung stellte sich jedoch als ein gewaltiger Umweg heraus, der sie zurück in die höchste Ebene brachte. Zunächst dachte Charlie, dass ihr Ziel die Hängenden Garten wären, aber der Assassine schlug eine völlig andere Richtung ein. In dieser Höhe standen die Häuser frei auf einem Plateau, eins größer als das andere. Vertrocknete Gartenanlagen schmiegten sich an die größtenteils unbewohnten Bauten.

Charlie nahm die Umgebung fast teilnahmslos wahr. Emrond war auf tausend Arten abstoßend, mitten unter den Sündern stumpfte man leicht ab. Dafür bemerkte Charlie, dass die Geister von ihm abließen. Sie beobachteten ihn zwar aus der Ferne oder huschten vorbei, doch je höher sie gelangten, desto weniger weiße Gestalten schwebten in den Straßen. Als er mit Avid ein weiteres Flachdach erkletterte, traf Charlie keinen mehr an. Er glaubte nicht daran, dass hier niemand gestorben war, sondern fragte sich, warum die Geister diesen Ort mieden.

»Sieh nach unten«, wies Avid ihn an.

Wenn das so weiter geht, muss ich ihn nicht mehr über den Begriff Höhenangst aufklären, dachte Charlie, während er einen Blick riskierte. *Bis dahin bin ich längst geheilt.*

Unter ihm bohrte sich ein weiteres Gebäude in die Felsen, sein Dach keine zwei Meter entfernt. Laut Avid hatte der Büchsenmacher tief in den Kellern des Anbaus seine Werkstatt errichtet. Charlie trennte nur ein Sprung vom Erreichen der Dachluke und einem Wiedersehen mit Ann.

Direkt gegenüber thronte Rufus' Haus, oder besser, seine Festung. Die Fenster waren mit Gittern versperrt und verriegelt. Auf dem Dach und den Balkonen hatte man Panzerfäuste montiert. Diese Waffen kümmerten Charlie jedoch wenig, das eigentlich Problem war, was zwischen den Häusern lag.

Ein Irrgarten.

Aus Beton gegossene Wände kreuzten sich zu einem Wirrwarr aus Gängen, Sackgassen und Hohlräumen. Von seinem Ausguck hatte Charlie zwar einen guten Überblick, aber einmal im Irrgarten fürchtete er, schnell die Orientierung zu verlieren.

Plötzlich löste sich eine Feuersalve in einem der Gänge. Was auch immer durch den Irrgarten jagte, es löste alles an Fallen aus, das ihn erwartete. Gewehre ballerten, Flammenstöße versengten die Luft und dann war es bedrückend still. Zu still für Charlies Geschmack.

»Es verirren sich immer wieder Tiere darin oder waghalsige *Gudra* versuchen ihr Glück«, erklärte Avid.

Charlie blieb nicht die Zeit, etwas zu erwidern, Avid hatte ihn gepackt und mit sich gerissen. Plötzlich rauschte ihm das tieferliegende Flachdach entgegen, viel zu schnell für Charlies Geschmack. *Abrollen,* schoss es ihm durch den Kopf und irgendwie gehorchte sein Körper.

»Wir sollten nicht zu lange an einem Ort verweilen.« Avid eilte bereits zu einer Dachluke. »Nachher entdeckt uns jemand.«

Zügig führte der Assassine Charlie ins Gebäude, endlich hatte ihre Kletterpartie ein Ende. Sie ließen Treppen und Gänge hinter sich, die sich immer tiefer in die Erde bohrten. Wie schon im Irrgarten erwarteten

Fallen jegliche Eindringlinge, doch im Gegensatz zu den Gewehrsalven musste Charlie hier nur primitiven Trittfallen und Stolperdrähten ausweichen. Mit Avids präzisem Plan der Zukunft, der anscheinend selbst das kleinste Detail beinhaltete, war ihr Vordringen fast zu einfach.

Für den Moment beschwerte Charlie sich jedoch nicht.

Die feuchten Gänge rochen modrig und alt; nur Katakomben konnten mit diesem schauerlichen Gestank mithalten. Hin und wieder eilten sie an verschlossenen Türen und Nischen vorbei und der einzige Emronder, der ihnen in den unterirdischen Gängen begegnete, wurde von Avid in Sekundenschnelle niedergestreckt. Charlie starrte emotionslos auf den zusammengesackten Mann. Das waren eindeutig zu viele Todesfälle auf dieser Reise.

»Bewusstlos«, stellte Avid fest, als er Charlies Blick bemerkte. »Ich töte niemanden, der nicht mein Auftrag ist.«

Hinter Avids Rücken fasste Charlie sich an die Kehle. Wie gut, dass der Assassine auf seiner Seite stand …

Als sich die Gänge in ein unterirdisches Netz aufsplitteten, verlor Charlie die Orientierung. Kerzen begehrten schwach gegen die Finsternis auf, doch Avid erklärte Charlie seelenruhig, dass man sie am besten dafür nutzte, um die Entfernung abzuschätzen. Wenn sie nur genug Abstand hielten, lösten sie auch nicht ausversehen die Schalter der Maschinen aus.

Derweil sehnte sich Charlie nach künstlichem Neonröhrenlicht und so simplen Dingen wie Lichtschaltern. Besonders wenn er sah, wie das schmierige, graue Wachs augenblicklich an den Wänden erstarrte und an manchen Stellen den kompletten Halter umschloss.

»Hier ist es.« Avid zeigte auf eine Nische. »Der Schacht ist eine versteckte Kohlenrutsche, die direkt in die Werkstatt mündet. Sie ist die einzige Verbindung zu Rufus' Anwesen, wenn man nicht durch das Labyrinth will.«

»Das ist ein Loch im Boden«, erwiderte Charlie skeptisch.

»Es fällt ungefähr drei Meter in die Tiefe. Die Rutsche ist hin und wieder in Gebrauch. Pass auf, dass du nicht auffällst.«

Charlie begutachtete noch einmal das Loch, das Avid »Rutsche« nannte. Wenn er sich mit den Fingerspitzen an der Kante festhielt, sollte er den Fall ohne Schaden überstehen. Allerdings konnte er in der Dunkelheit nicht viel erkennen, so dass es nur bei einer Vermutung blieb.

»Zeigst du mir irgendwann, was diese Farben sind?«, fragte Avid ohne Vorwarnung. »Sattes Grün und tiefes Blau?«

»Was?« Charlie stutzte. »Ja, klar. Irgendwann.«

Auf einmal lächelte Avid verwegen. Seine strenge Mimik wurde durch Wärme und Freundlichkeit ersetzt, die ihn auf Anhieb viel sympathischer machte. Charlie war sich sicher, dass dieses kleine Wunder nicht viele zu sehen bekamen. Ebenso erinnerte es ihn daran, dass sich unter dem Mantel ein Mensch wie er verbarg.

»Ruf meinen Namen, wenn du Hilfe brauchst.«

»Kommst du nicht mit in die Werkstatt?«

»Noch nicht.«

»Warte.« Schnell kramte er in seinen Sachen und zog sein Skizzenbuch sowie seinen letzten Stift hervor.

»Was ist das?« Avid wies verwundert auf das Stück Plastik.

»Ein wasserfester Filzer. Warum siehst du dir nicht die Bilder an?« Unschlüssig drückte Charlie ihm das Buch und den Filzer in die Hände. »Sie sind nicht besonders, aber sie zeigen Tougard und meine Heimat. Leider habe ich auf unserer Reise fast alle meine Farben verloren.«

Neugierig untersuchte Avid die Kappe des Filzers und umschloss das Skizzenbuch wie einen Schatz, bevor er sich wieder fasste und seine gewohnte Strenge zurückkehrte.

Ehe Charlie etwas erwidern konnte, verschwand der Assassine eilig hinter der nächsten Ecke.

Charlie erschauderte. Avids Worte hatten wie ein Vertrag oder wie ein heiliges Versprechen geklungen.

»Als sei ich der Anführer einer Einmannarmee und er mein ganz persönlicher Beschützer«, scherzte er flüsternd, doch es war niemand in der Nähe, der darüber lachen konnte.

Charlie setzte sich auf den Rand des Loches und stellte seine Beine auf der Rutsche ab. Eine Wolke aus Ruß brandete auf, als er mit den Füßen die Innenwand streifte. Mit dem letzten bisschen Entschlusskraft stieß sich Charlie ab.

Die Fahrt endete so schnell, wie sie begonnen hatte. Kaum eine Sekunde lang, aber Charlie hatte so etwas nie gut abschätzen können. Geräuschlos rutschte er die unebene Schräge hinunter und zog gerade noch rechtzeitig den Kopf ein, bevor er gegen die tiefe Decke krachte. Dann schlug er auch schon in einem kleinen Lagerraum auf.

Charlie rappelte sich auf, rutschte beinahe auf eiergroßen Kohlestücken aus und entdeckte eine Reihe gestapelter Kisten, aus denen Schusswaffen ragten. Er hielt direkt auf den schwachen Lichtschein zu, der in die dunkle Kammer fiel. Vorsichtig spähte er durch den Spalt der Tür.

Das ist eine Werkstatt?, fragte er sich. Ann gehörte zu den unordentlichsten Menschen, die Charlie kannte, dennoch war sie verglichen mit dem Mechaniker Emronds harmlos. Die Werkstatt glich einem Schlachtfeld, in dem mindestens zehn Leute an den unterschiedlichsten Dingen bastelten. Auf und unter den Tischen lagen Kabel und Bleche verstreut. Schubladen quollen vor Werkzeug über, so dass sie offenstehen mussten. Der Boden klebte voller Öl und Farbe.

Aber es brannte elektrisches Licht – Ann musste vor Zorn kochen.

»Streng dich an, verdammt!«, schrie ein Mann, seine Stimme wie das Knallen einer Peitsche.

»Das tue ich.« Charlie erkannte Anns Stimme, bevor sie die erste Silbe ausgesprochen hatte. Am liebsten wäre er aus seinem Versteck gerannt, hätte Ann in die Arme geschlossen und sie erst losgelassen, wenn sie wieder Tougard erreichten. Aber das hier war Emrond und er befand sich in einer Werkstatt, die einem Waffenmuseum glich. Er musste sich zusammenreißen und auf das Wesentliche konzentrieren. Dennoch klopfte sein Herz vor Aufregung wie die Trommel einer Marschkapelle.

»Du hast groß angegeben, so viel besser zu sein als ich! Davon sehe ich hier nichts!« Ann und der Büchsenmacher arbeiteten in einer Ecke der Werkstatt an einem menschlich anmutenden Roboter, wie Charlie sie aus Science-Fiction-Werken kannte. Die Rüstung war poliert und glänzte im Licht, Maschinengewehre bestückten die Arme und die metallenen Stiefel würden alles unter sich zerquetschen. Eigentlich deutete es darauf hin, dass der Roboter betriebsfähig war, doch warum war der Büchsenmacher dann so wütend?

Gleichzeitig fürchtete Charlie sich davor, gegen so etwas anzutreten. Er hatte sich gegen menschliche Kämpfer schon schwer behaupten können.

»Du wirst es noch mal probieren!«, kommandierte der Büchsenmacher.

Charlie warf einen Blick auf die Werkbank. Zwischen Anns Werkzeug lagen silbern glänzende Teile und er brauchte nicht lange, um sie zu erkennen. Jedes Einzelne hatte er Ann reichen müssen, als sie vor nicht allzu langer Zeit an einem zweiten Drachen gebastelt hatte.

»Ich weiß nicht, woran es liegt«, beteuerte Ann und legte ihr Werkzeug beiseite.

»Lüg mich nicht an!«, fluchte der Büchsenmacher und schlug Ann ins Gesicht. In seinem Versteck ballte Charlie die Hände zu Fäusten. Er musste einen kühlen Kopf bewahren, wenn er sie befreien wollte.

»Ich lüge nicht!« Ann wirkte angespannt, fast schon verzweifelt. »Ich habe alles so gemacht wie beim letzten Mal.«

»Du wirst noch genug Zeit haben, deinen Fehler herauszufinden.« Der Büchsenmacher lachte hämisch und wandte sich von ihr ab. »Den Rest deines Lebens, um genau zu sein.« Charlie konnte sich kaum noch in seinem Versteck halten. »Schließlich gehören alle Mechaniker nach Emrond.«

Er wartete angespannt, bis der Mann die Tür der Werkstatt hinter sich verriegelte, bevor er aus den Schatten heraustrat. Ann sah so mutlos aus, Charlie wollte ihr nur noch sagen, dass er einen Ausweg für sie finden würde. In ihre Gedanken vertieft öffnete Ann die Brustklappe des Roboters und prüfte die Kabel. Verzweifelt hieb sie mit der Faust auf das Metall ein und unterdrückte ein Schluchzen.

Charlie hielt es nicht länger aus.

»Eigentlich dachte ich, dass du dich über ein Wiedersehen freust und nicht heulst«, sagte er laut.

Ann zuckte zusammen und wirbelte zu ihm herum. »Charlie!«

Er lächelte sanft. »Hi, Ann.«

»H-hi«, stammelte sie, als müsste sie begreifen, dass er kein Traum war. »Wie bist du hier reingekommen?«

Irgendwie hatte er sich diesen Moment anders vorgestellt, aber Charlie rührte sich nicht vom Fleck. Verlegen stopfte er die Hände in die Manteltaschen und wartete auf eine Reaktion ihrerseits. »Lange Geschichte.«

Da rannte sie ihm entgegen und warf sich ihm um den Hals. »Ich wusste, dass du kommst!«

Charlie unterdrückte den Drang, vor Freude zu jubeln. Obwohl sie sich ständig gestritten hatten, ließ sie seine Umarmung ohne Bedenken zu. Ann mochte etwas für Raphael empfinden, aber Charlie war noch nicht völlig abgeschrieben. Und wer hatte einen Weg zu ihr in die Werkstatt gefunden? Nicht Raphael! Was sollte der Brasilianer ihr schon bedeuten, wenn sie Schutz bei Charlie suchte und vor Freude fast umrannte.

»Es tut mir so unendlich leid«, sprudelte es aus Ann heraus. »Ich bin ein Sturkopf und hab alles noch schlimmer gemacht. Ich hätte dir nicht ständig Vorwürfe machen sollen, ich hätte merken sollen, dass du verletzt warst.«

»Schhh ...«, beruhigte er sie. Einmal in Fahrt gekommen, war Ann nur schwer zu bremsen. »Hat man dir wehgetan?« Unter anderen Umständen hätte ihre Entschuldigung Charlie schweben lassen, aber jetzt überwog seine Sorge um Ann. Sie war mit Kratzern und Schrammen übersät.

»Nein.«

»Sicher?« Mit zwei Fingern hob er Anns Kinn hoch, so dass sie ihm in die Augen sehen musste.

»Ich bin so froh, dass du mich gefunden hast.« Ann lächelte zaghaft. »Ist jetzt wieder alles in Ordnung?«

Charlie seufzte. Die Sache mit Raphael würde ihre Freundschaft von Grund auf ändern, dennoch war das nicht der richtige Moment, um ihr das zu erklären. Auch müsste er sie in die Prophezeiung einweihen, die sich um sie spannte, aber Charlie wollte Ann nur im Arm halten. Wenigstens noch einen Moment. Und noch einen. Stundenlang. »Wieder in Ordnung«, murmelte er.

Ein seltsames Brummen erklang.

»Hast du Hunger?«

Ann schüttelte den Kopf, doch das aufbegehrende Knurren ihres Magens verriet das Gegenteil.

»Ich hätte Schokolade im Angebot.« Charlie kramte eine halb geschmolzene Tafel und die zweite Hälfte von Avids Brot aus seiner Tasche. »Die habe ich für dich mit meinem Leben verteidigt.«

Wenn Ann nur wüsste, wie viel Wahrheit in diesem Satz liegt, dachte er betrübt.

Ann nahm sein Angebot dankend an. Zusammen setzten sie sich auf den verstaubten Boden und Ann aß ohne ein Wort Charlies letzten Vorrat auf. Sie war blass und ihre Augen huschten angsterfüllt zur Tür, aber Charlie konnte seinen Blick nicht von ihr abwenden. Im Schatten dieser Kampfmaschine, mitten unter einem Haufen Waffen, fühlte sich Charlie in die Zeit zurückversetzt, als er noch mit Ann ins Zeltlager gefahren war. Sie hatte sich immer im Wald verlaufen und ihre Tränen unterdrückt, damit ihre großen Brüder sie nicht auslachten. Charlie hatte sie stets gefunden und mit Schokolade aufgemuntert.

»Ich hätte es dir sagen sollen«, murmelte Ann erschöpft, »obwohl wir in Tougard sind, spüre ich Hunger, Durst, Müdigkeit. Alles, was bei den anderen wie abgestellt ist.«

»Geht mir nicht anders«, meinte Charlie. Er hatte gehofft, dass nur er unter den Auswirkungen litt.

»Weißt du einen Weg hinaus?«, fragte Ann.

»Nein. Die Rutsche ist zu steil.«

»Und die Tür ist verriegelt. Ich hab alles versucht, ich krieg das Schloss nicht auf.« Anns Hände zitterten, wie immer, wenn sie Panik ergriff. »Ich will nur noch zurück, Charlie. Wann ist das Ganze endlich vorbei?«

»Wir finden schon einen Weg«, versuchte Charlie sie aufzumuntern.

»Ich bin so ein Idiot«, verurteilte Ann sich trotzdem. »Der Büchsenmacher ist fest davon ausgegangen, dass es nur ein Junge sein konnte. Und ich? Ich habe mich selbst verraten, indem ich meinen Drachen reparierte. Und jetzt will Rufus, dass ich ihm eine Roboterarmee baue, sonst … sonst …«

Ann zog die Knie an und legte ihren viel zu schweren Kopf ab. Charlie streckte seine Hand nach ihr aus, um sie zu trösten, hielt jedoch in der Bewegung inne. Jede weitere Berührung würde seinen Wunsch nach einer Beziehung stärken, die sie niemals eingehen würde. Es gab nur einen Weg, Ann aus ihrer Unglücksspirale zu reißen. Er musste sie ablenken.

»Wie hast du den Roboter überhaupt gebaut? Dachtest du an den T4 aus Terminator, oder was?«

»Das war der T1000, aber von der Ausstattung passt der Name schon«, lachte Ann verhalten und Charlie stimmte mit ein. Er kannte sie so gut – seine von Raketen und Raumschiffen begeisterte Mechanikerin.

»Halt bitte einen Moment still.« Vorsichtig entfernte Charlie das schreckliche, braune Tuch von ihren Haaren und die Nadeln, mit denen es gehalten wurde, und warf es achtlos in eine Ecke.

Ann fuhr sich mit einer Hand durch die Haare. Sie bemerkte nicht, wie Charlie den Atem anhielt und die Fäuste ballte, als er die mit Blut verklebten Strähnen entdeckte, die von einer Platzwunde rührten.

»Wir müssen uns etwas überlegen«, meinte Charlie. »Was würde Edward jetzt tun?«

»Irgendeine Kleinigkeit entdecken, die uns verborgen bleibt«, entgegnete Ann bitter.

Charlie ging mehrere Runden in der Werkstatt herum, ohne einen Hinweis zu finden. Es gab keine Fenster, keine versteckten Ausgänge, und das Schloss an der Tür bereitete ihm schon beim Ansehen Kopfschmerzen. Außer den Waffen, mit denen Charlie nicht im Traum umgehen konnte, fand er nichts Nützliches. Ohnehin fehlten die Patronen.

»Was würde Mac jetzt tun?«, fragte er.

»Mac?«

»Na, MacGyver.«

»Er würde uns freisprengen, aber ich habe weder einen Kaugummi, noch eine Gasflasche, noch einen Stift.«

»Meinen letzten Stift habe ich verschenkt.« Charlie versuchte, zuversichtlich zu klingen, doch Ann ließ die Schultern hängen.

»Ich habe Angst, Charlie. Egal, wie sehr du mich mit deinen Scherzen ablenkst, ich habe schreckliche Angst. Was ist, wenn ich wirklich hierbleiben muss?«

»Du redest immer Blödsinn, wenn du aufgewühlt bist«, neckte er sie und zog auf die Füße. Charlie fischte das silberne Bettelarmband hervor und streifte es Ann über das Handgelenk. »Schau, mit dem Armband trägst du immer das Zeichen von Tougard mit dir. Wenn du es nicht verlierst«, flüsterte er, »stehst du immer unter seinem Schutz.«

»Trench erwähnte so etwas während meiner Einschreibung.« Nachdenklich musterte Ann die Anhänger und spielte mit den Fingern daran.

Charlies Gedanken rasten. Sie musste einfach das filigran geschliffene Herz erkennen. Was würde sie sagen?

Oder sollte er Ann sagen, dass er sie niemals in Emrond zurücklassen würde?

Jedoch vergaß Charlie seine Überlegungen, als Ann ihn schwungvoll umarmte – zum zweiten Mal, seitdem er in der Werkstatt aufgetaucht war.

»Nicht so stürmisch«, entwich es ihm überrascht. Aber Ann dachte nicht im Traum daran, von ihm abzulassen. Das war unüblich, er könnte sich jedoch daran gewöhnen. Ehe Ann sich versah, lauschte sie Charlies rasendem Herzschlag. »Ein einfaches ›Danke für das Geburtstagsgeschenk‹ hätte auch gereicht.«

»Charlie, ich …«

»Nicht reden.«

»Okay, ich …«

»Bitte, Ann«, ging Charlie dazwischen. »Ich wollte dir schon so lange etwas sagen. Jetzt ist nicht der beste Moment, aber ich kann nicht länger warten. Ich würde es am liebsten herausschreien, das Gefühl begleitet mich schon ewig.«

Ann stupste ihn in den Rücken. »Spuck's aus, Charlie. Wir können uns doch alles sagen.«

»Ich …« Wenn Charlie es jetzt sagte, veränderte es alles. Ann konnte ihn ablehnen, ihn mit Raphael vergleichen, ihn auslachen. Aber Charlie wollte mehr sein, als nur eine Mischung aus Bruder und Grundschulfreund. So viel mehr!

»Ich liebe dich, Ann.« *Ich hab's gesagt!* »Ich möchte mit dir zusammen sein und ich … ich möchte ein Date mit dir haben. Ein richtiges!«

Charlie stieß die Luft wieder aus. Er hatte ganz vergessen zu atmen. *Was ist denn ein falsches Dates, ich Idiot!*, schalt er sich in Gedanken.

Ann löste ihre Umarmung, trat einen Schritt zurück und sah ihn an. Sie sah ihn einfach nur an. Das war bei weitem schlimmer, als wenn sie ihn ausgelacht hätte. Charlies Herz überschlug sich vor Ungewissheit. Wie sehr er sich bemühte, er konnte ihren Gesichtsausdruck nicht deuten.

»Was sagst du dazu?«, flüsterte er.

»Lass mich in Ruhe darüber nachdenken.« Anns Worte stachen wie ein Messer in sein Herz. »Es ist so viel passiert. Ich weiß grad nicht, was ich sagen soll.«

Das war nicht die Antwort, die Charlie hören wollte. Aber sie würde darüber nachdenken. Vielleicht würde sie dann endlich einsehen, wie viele Jahre er sie schon liebte. Oder sie wollte ihm nicht wehtun und musste erst überlegen, wie sie ihm einen Korb gab. Ein einzelner Satz und Charlies Welt schien zusammenzubrechen. Allerdings – was sollte er schon groß erwarten, wenn er ihr in ihrem Gefängnis seine Gefühle an den Kopf warf?

Gleichzeitig fühlte er sich befreit. *Endlich habe ich den Mut aufgebracht, es ihr zu sagen*, dachte Charlie.

Ein unangenehmes Schweigen breitete sich zwischen ihnen aus, daher beschloss Charlie, noch ein wenig mutiger zu sein. Mühelos hob er Ann hoch und trug sie durch die Werkstatt. Sie hatte nicht damit gerechnet und klammerte sie sich erneut an ihm. Ja, eindeutig, er könnte sich daran gewöhnen.

»Vielleicht solltest du dich etwas ausruhen.« Nach all den Tagen ohne Ann genoss Charlie jede Berührung. »Bestimmt hast du dich wieder total überarbeitet.«

»Habe ich nicht!«, protestierte sie gespielt.

Er hielt sie fest und sicher und setzte sie auf einem Bett ab. Normalerweise begehrte Ann gegen Vorschriften auf, doch dieses Mal ließ sie sich auf die harte Matratze sinken.

»Ich seh mich währenddessen in der Werkstatt um«, erklärte Charlie und sah verlegen an ihr vorbei. Er musste erst einmal Abstand halten, damit Ann über seinen Ausbruch nachdenken konnte. Nicht dass sie eine falsche Entscheidung traf, weil er sie bedrängte. »Hier muss es doch eine Fluchtmöglichkeit geben.«

Doch Ann griff nach Charlies Ärmel und hielt ihn fest. »Lass mich nicht allein. Seit wir in Tougard sind, warst du immer bei mir.«

Charlie warf einen langen Blick zur Tür. Dennoch setzte er sich neben sie auf das Bett und streckte die Beine aus. Noch nie hatte er sich gleichzeitig so gut und so schlecht gefühlt. Ann wünschte sich seine Nähe – gab es noch etwas Besseres? Trotzdem musste er schleunigst einen Ausweg für sie finden. Denn was brachte es, dass Charlie seine Gefühle offenbart hatte, wenn sie weiterhin in Emrond festsaßen?

Kapitel 24

HABEN WIR DAS WIRKLICH GEGLAUBT?

Während Charlie sich krampfhaft wach hielt, lag Ann zusammengerollt in seinen Armen und genoss den tiefen Schlaf der Erschöpften. Tausendmal hatte er sich vorgestellt, wie er ihr das Bettelarmband überreichte. Er hatte so viele Erwartungen an diesen Moment geknüpft, doch anstelle von Glück fühlte er nur Panik. Was wenn Ann seine Gefühle ablehnte und dies das letzte Mal war, dass sie so unbeschwert neben ihm lag?

Da rührte sich Ann und setzte sich verschlafen auf. Sofort rückte Charlie von ihr ab, noch bevor sie seine Nähe falsch verstehen konnte. Doch Ann beugte sich über ihn, so dass ihre Haarspitzen sein Gesicht streiften. Obwohl er sich keine falsche Hoffnung machen wollte, überschlug sich sein Herz vor Aufregung. Es wäre ganz leicht, sie zu sich herunterzuziehen.

»Hey«, murmelte sie.

»He-hey«, stammelte er. Das war kein Traum, oder?

»Ich fühl mich richtig wach.« Mit einem Lächeln kletterte Ann über ihn hinweg. »Wir sollten uns einen Plan überlegen, wie wir hier rauskommen.«

»Es tut mir ja leid, euer Vorhaben zu durchkreuzen, aber die Mechanikerin hat schon etwas anderes vor.«

Ann schrie auf, als sie von einem alten Mann fortgerissen wurde. Sofort fuhr Charlie hoch.

»Wer bist du? Und wie bist du hier reingekommen?« Emronds alter Mechaniker baute sich über ihm auf, so dass er die Falten mit bloßem Auge zählen konnte und ihm ein übelkeiterregender Atem ins Gesicht schlug. Trotz allem sah Charlie nicht ein, warum er die Frage beantworten sollte.

Es klickte und er sah sich mit der Öffnung einer antiken Pistole konfrontiert. Pistolenläufe waren in Emrond anscheinend so beliebt wie Handys an seiner Schule.

»Ich fragte, wer bist du?« Der Büchsenmacher winkte ihn mit einer Hand zu sich.

Charlie erhob sich vorsichtig, doch mitten in der Bewegung hielt er inne. Entgeistert riss er die Augen auf. Das konnte nicht wahr sein! Sein Blick galt einzig der Tür, unter der sich verstreute Schrauben verkeilt hatten, so dass sie nun in Zeitlupe über den staubigen Boden kratzte.

Das war ihre Chance.

»Lauf weg, Ann! Lauf den Gang runter, bis zu einer Treppe, die ...« Der Büchsenmacher drückte Charlie den kühlen Lauf der Pistole ans Kinn und er verstummte.

»Mach einen Schritt und er stirbt«, erwiderte der Büchsenmacher. Sie war nicht mehr eingesperrt, warum rannte sie nicht davon? Ann drehte lediglich den Kopf zur Tür und dann wieder zurück zur Pistole.

»Jetzt hau endlich ab!« Ann würde auf keinen Fall in dieser Stadt bleiben, sie gehörte nicht nach Emrond, das hatte Charlie sich geschworen. Sie würde nach Tougard zurückreisen, um eines Tages ihre Familie wiederzusehen.

»Sei still«, zischte der Büchsenmacher. »Wenn ich gereizt bin, fängt mein Finger an zu zittern und drückt vielleicht ungewollt ab.«

Ann bewegte sich immer noch nicht.

»Ich kann nicht verschwinden«, entschuldigte sie sich. »Ich kann einfach nicht.«

Am liebsten hätte Charlie laut fluchend irgendwo gegengetreten. Er hatte all diese Schwierigkeiten auf sich genommen, um Ann ausfindig zu machen. Und dennoch konnte sie keine zehn Meter rennen, damit sie in Sicherheit war?

Schließlich fiel die Tür ins Schloss und das mechanische Klicken besiegelte ihre Gefangenschaft.

Der Büchsenmacher stieß Charlie die Pistole in die Seite und er verstand den Wink. Vorsichtig bewegte er sich in Richtung Tür. Seine Augen wanderten über die Werkbänke und die vielen Hämmer, Rohre und Bleche. Wenn er nur eins zu fassen bekommen könnte …

»Unser Herr wartet auf dich, Mädchen«, sagte der Büchsenmacher und fixierte Ann für einen Moment. »Du hättest rennen sollen. Verschwinden, wie der Junge gesagt hat. Ich wäre gerannt und hätte auch diese blödsinnige Maschine nicht repariert, damit jeder meine Gabe erkennt.«

Diese neue Chance ließ Charlie nicht ungenutzt verstreichen. Ständig von Avid gerettet zu werden, hatte auf ihn abgefärbt, außerdem waren sie zu zweit. Charlie wirbelte herum und trat mit voller Kraft gegen das Knie des Büchsenmachers.

»Du!«, fluchte der Alte und schlug nach ihm, doch beim Zurückweichen rutschte sein Fuß über etwas aus. Elendes Chaos! Charlie stolperte rückwärts und der Büchsenmacher setzte ihm nach, trieb ihm die Faust in den Magen. Er keuchte vor Schmerzen und krachte gegen den T4. Die Maschine schwankte, hielt aber seinem Gewicht stand. Allerdings endete sein Sturz nicht, es war, als löste sich der Boden unter ihm auf. Er fiel und fiel, nein, schwebte. Er konnte nicht sagen, wo sein Rücken aufhörte und das Metall des Roboters begann – fast als wären sie verschmolzen.

»Schluss mit den Spielchen«, zischte der Büchsenmacher und visierte ihn erneut mit der Pistole an.

Charlie fasste nach den Roboterarmen, um sich aufzustützen. Für einen Wimpernschlag vergaß er die drohende Gefahr und starrte in die Augen des T4. Die Maschine überschattete ihn, aber ihre Haltungen waren identisch. Bis auf den Unterschied, dass der T4 gute zwei Köpfe größer war als Charlie.

Dann spürte er einen Druck, als würde die Maschine sich gegen ihn stemmen, um ihm aufzuhelfen.

Plötzlich packte Ann einen ihrer Schraubenschlüssel und umschloss ihn wie einen Knüppel. Unbeirrt holte sie aus und traf den Büchsenmacher am Arm. Der alte Mechaniker schrie gequält auf, die Pistole schepperte zu Boden.

»Ich hätte dich sofort töten sollen!«

»Wie wollen Sie das Rufus erklären, ohne dass er Sie tötet?«, spottete Ann. Der Zorn in ihren Augen jagte selbst Charlie Angst ein.

»Du bist dumm, wenn du glaubst, dass er sein Wort hält.«

»Davon bin ich nie ausgegangen«, sagte sie.

Charlie nutze den Moment und packte eins der umherliegenden Bleche. Mit voller Wucht holte er aus und zog es dem Büchsenmacher über den Kopf.

»Guter Schlag«, lobte ihn Ann, die den alten Mann mit ihrem Schraubenschlüssel anstupste. Aber er rührte sich nicht.

»Komm schon.« Charlie ließ das Blech fallen. »Ich will keinen Moment länger hier bleiben.«

Dennoch sah er zu Anns Maschine. Sie hatte sich nicht bewegt, oder? Warum konnte Charlie dann das Gefühl nicht abschütteln, dass etwas nicht stimmte?

Sie fischten die Schlüssel aus den Taschen des Büchsenmachers und flüchteten aus der Werkstatt, ohne dass sie jemand aufhielt. Charlie konnte es kaum glauben, aber sie hatten es geschafft. Sie waren so gut wie frei. Mit einem siegessicheren Grinsen flogen Treppen und Gänge an ihnen vorbei, bis sie ans Tageslicht zurückkehrten.

Ann führte ihn hinaus auf einen Innenhof. Es hätte ihn wundern sollen, woher sie die Umgebung so gut kannte. Doch die Freude, dass sie entkommen waren, dämpfte sein Misstrauen. Eine Mauer umschloss den

Hof, so hoch, dass Charlie kaum den Himmel sehen konnte. Die letzten glühenden Finger des Abendrots streckten sich nach der Dunkelheit aus. Eine Ecke des Hofs diente als Schrottplatz, verbeulte und zerstörte Maschinen lagerten dort auf einem Haufen. Den Rest des Platzes nahmen weitere Maschinen ein. Unendlich viele von ihnen.

Wie konnte man so viele Modelle bauen, ohne eins fertigzustellen?, fragte sich Charlie.

Die Maschinen wirkten auf ihn wie eine Armee, zum Appell angetreten und auf einen Befehl wartend. Aber jede von ihnen war eine andere Version. Mit jedem Schritt wurden die Entwicklungsstufen furchteinflößender und gefährlicher.

»Nicht so schnell, Kinder.«

Ann verkrampfte und ihre schweißnasse Hand klammerte sich an Charlies. »Rufus!«

Alarmglocken schrillten in seinem Kopf. Er war derjenige, den Avid töten musste. Er war derjenige, der ihn hatte jagen lassen, der hinter der Entführung der Mädchen steckte und von Anfang an Ann suchte. Charlie würde nicht zulassen, dass er sie bekam. Niemals. Er griff nach ihrer Hand und ihre Finger umschlangen einander.

Bei Rufus' Anblick stellten sich Charlies Nackenhaare auf. Er bot seinem Gegenüber nur zwei Möglichkeiten, wegrennen oder vor Angst erstarren, während er ihn mit eiskalten Augen abtastete. Angst war keine Option. Weglaufen – Charlie drehte den Kopf herum – ebenso wenig. Dabei saß Rufus nur lässig auf einem Stuhl und begutachtete das Schauspiel vor ihm. Seine Finger spielten mit der Pistole, die in seinem Schoß lag. »Ich wusste, dass ihr hier auftauchen würdet.«

Anns Griff verstärkte sich, bis sie seine Finger quetschten. So hatte Charlie sie noch nie erlebt. »Wo-woher?«, fragte sie mit zitternder Stimme.

»Wahrscheinlich besitzt er einen Seher«, erwiderte Charlie. Wenn der Älteste Protektor und die Assassinen sich auf einen verließen, warum nicht auch der Anführer Emronds?

»Richtig.« Rufus strich über seine Pistole. »Mein Seher hat mir verraten, dass ein Junge meine Mechanikerin befreien würde, aber ich finde es unhöflich, wenn ihr einfach so verschwindet. Zunächst sollte man sich kennenlernen, kleine Annabelle.«

Charlie bereute, Avid nicht über den Verlauf der Zukunft ausgefragt zu haben. Sicher, mit diesem Wissen hätte er alles verändern können, dafür wäre er auf diesen Moment vorbereitet gewesen. Rufus schien ja bestens im Bilde zu sein.

»Es drehen sich definitiv zu viele Prophezeiungen um mich«, rutschte es Charlie heraus.

Rufus hatte ihn nicht überhört. »Ach, vielleicht bist du auch derjenige, den ich suche. Der Junge, den die Assassinen beschützen.« Rufus wartete auf eine Reaktion von Charlie. »Dabei wäre es so dumm von dir, dich auszuliefern, wenn du das alles wüsstest. Nicht wahr?«

Charlie versuchte, Rufus' Blick standzuhalten. Natürlich war es dumm, aber er vertraute auf Avids Worte. Der Assassine hatte ihm erklärt, dass er mit Charlies Hilfe Rufus stürzen würde, selbst wenn es ihn das Leben kostete. Er konnte nur hoffen, dass Avid ihn nicht im Stich ließ.

»Zu dumm, dass ich dein Gesicht längst in den Erinnerungen meiner Männer gesehen habe«, stellte Rufus fest, als Charlie sich ausschwieg.

»Zu dumm, dass die Assassinen Ihnen einen Schritt voraus sind«, konterte er und zwang sich, Ruhe zu bewahren. Das Risiko war hoch, doch Rufus' Männer hätten ihn nicht so hartnäckig gejagt, wenn Charlie keine wichtige Rolle eingenommen hätte.

»Das wird sich zeigen.«

Zwei Emronder packten Charlie, entrissen ihm Anns Griff. Sie waren plötzlich wie aus dem Nichts hinter ihm aufgetaucht, als ob sie sich materialisiert hätten.

»Tun Sie ihm nichts«, flehte Ann. »Sie haben versprochen, Charlie nichts zu tun, falls er hier erscheint.«

Charlie schluckte schwer. Selbst Ann hatte ihn letzten Endes hintergangen, auch wenn sie es nur zu seinem Schutz getan hatte.

»Ich sagte: Ihm wird nichts passieren, wenn du dich an unsere Abmachung hältst.« Rufus zeigte auf weitere Modelle, die nicht so hoch entwickelt waren wie der von ihr gebaute Roboter. Eher wie ein T2 – mit den Gewehren und Messern dennoch gefährlich genug. »Rüste sie jetzt um.«

Ann warf Charlie einen Blick zu, Tränen standen ihr in den Augen, ausgelöst von Reue und Schuldgefühlen. Mit bebenden Fingern packte sie eine Werkzeugkiste und machte sich an ihre Arbeit. Rufus legte die Hände hinter den Kopf und lachte schrill, voller Genugtuung.

Habe ich wirklich geglaubt, so einfach zu entkommen?, fragte sich Charlie. *Wie konnte ich nur so dumm sein?*

Fasziniert betrachtete Avid Charlies Skizzen. Fremde Orte, fremde Menschen, seltsame Sitten. Er konnte seine Augen nicht von den Bildern abwenden. Wie mochten diese Gebäude in Wirklichkeit aussehen? Wie es wohl war, das Meer zu hören?

Wie sehr wollte er herausfinden, was dieses Tougard war.

Avid würde jedes Detail über die andere Welt aufsaugen, auf das er stieß. Bestimmt würde Charlie seine Fragen beantworten. Er würde ihm erklären, was diese von Grund auf verschiedenen Menschen miteinander verband, ohne dass sie sich in Neid und Kämpfen verstrickten.

In der Nähe krachte die Feuersalve eines Maschinengewehrs. Avid blickte alarmiert auf. Doch Raphael war nirgends zu sehen und so richtete er seine Aufmerksamkeit wieder auf das Buch. Ehrfürchtig blätterte er durch die gewellten Seiten. Warum hatte er sich Charlie gegenüber so offen verhalten? Avid hatte mehr von sich preisgegeben, als sein Onkel je erlaubt hätte. Einen Großteil durfte Charlie überhaupt nicht wissen. Eigentlich sollte er nicht einmal etwas von seiner Existenz ahnen. In Osmars Träumen war Avid ein namenloser Schatten gewesen, der schützend über den Begabten schwebte. Zum ersten Mal hatte Avid einen Befehl wiederholt missachtet, indem er sich ihnen zeigte.

Avids Finger stahlen sich wie von selbst in seine Tasche und umschlossen den seltsamen Stift. Dieses schwarze Etwas war das erste Geschenk, das er seit langem erhalten hatte.

»Ein Buch?«, fragte Raphael, als er in Avids Versteck erschien. Ein blutiger Schnitt lief über seine Wange und seine Schulter war von einem Flammenstoß verbrannt worden. Zu Avids Überraschung verheilten die Verletzungen bereits, während Raphael sprach. »Hast du nichts Besseres zu tun?«

Rasch steckte Avid das Skizzenbuch weg. Wie konnte er sich nur so gehen lassen, dass er ihn nicht bemerkt hatte?

Dennoch grinste Raphael selbstgefällig. »Der Kleine malt gut – ohne Zweifel. Aber richtig getroffen hat Charlie mich noch nicht. Weder sehe ich so grimmig aus, noch hab ich so wenig Muskeln.«

Selbst wenn Avid mehr Zeit zur Verfügung stehen würde, so hätte er vermutlich ewig gebraucht, um sich an den lockeren Umgang und die Gesprächigkeit der Begabten zu gewöhnen. Seine Familie tauschte sich nur selten aus, da Worte Macht besaßen. Zu viel Wissen über Gewohnheiten, Vorlieben und Schwächen ergaben ein Risiko. Aber wenn Avid sich nicht völlig täuschte, dann machte es Raphael Spaß, riskant und abenteuerlustig zu leben. So etwas gab es bei den Assassinen nie.

»Hast du alle beseitigt?«

Raphael nickte nur und stürmte weiter voran. Avid folgte ihm auf dem Fuße, rannte den Gang entlang, der ihn zur Rückseite von Rufus' Grundstück brachte. Ein Meer aus zerstörten Maschinen säumte ihren Weg. Leere Patronenhülsen. Verbogene Gewehrläufe. Zertrümmerte Metallhaufen – mehr war von Rufus' Wächtern nicht übriggeblieben, nachdem Raphael sie zerstört hatte. Unauffällig war er dabei nicht, aber Avid war außerstande, die Gefahren auszuschalten, daher konnte er ihm keine Vorwürfe machen. Immer wieder hatten die Assassinen versucht, die Maschinen zu überwinden und waren gescheitert. Außerdem lösten sie bei den kleinsten Bewegungen aus, so dass der Lärm kaum noch einen Emronder störte.

Wenn mein Plan scheitert, wird Rufus zumindest schutzlos sein, dachte Avid bitter.

Osmar hatte ihm geschrieben, dass der entscheidende Zeitpunkt noch vor Mitternacht stattfinden würde. Bis dahin mussten noch einige Stunden vergehen, dennoch beschlich Avid das Gefühl, nicht schnell genug voranzukommen. Wie sehr sie sich auch beeilten, er fürchtete, zu spät anzukommen.

»Ich frage mich immer noch, wie du Charlie über den Weg laufen konntest und uns auch noch rechtzeitig im Kerker abpassen konntest.« Die gesunden Zweifel brachen bei Raphael durch.

»Ich kannte den Ort und die Zeit«, erwiderte Avid.

Sollte Avid scheitern, erwartete ihn der Tod. Sollte Avids Plan gelingen, erwartete ihn das Gleiche. Als Assassine hegten er und seine Familie nur wenig weltlichen Besitz, den er verlieren würde. Charlie und die anderen, die aus der fremden Welt angereist waren, schon. Letzten Endes zahlten sie schon jetzt. In keinem Traum hatte sein Onkel erwähnt, dass Rufus bereits die Vergangenheit der entführten Mädchen gelöscht hatte. Seit Jahrzehnten versuchte die Familie die Entführten zu schützen, denn beim Eintauchen in das Bewusstsein eines Menschen befleckte es Rufus, hinterließ ein schändliches Mal. Die Familie hatte die Mädchen stets in ihre Obhut genommen, selbst wenn sie ein großes Stück ihrer Seele eingebüßt hatten.

Raphael blieb an einer Gabelung stehen. »Wo lang jetzt?«

»Wir müssen nach rech…« Avid hatte nicht mehr die Zeit, seinen Satz auszusprechen. Raphaels Gestalt verwischte und ein paar Meter entfernt, raste ein Flammenstoß heran. Er löste praktisch alles aus, was möglich war. Aber er zerlegte auch alles, was ihnen dabei im Weg stand. Avid folgte mit sicherem Abstand, während Raphael die Wege freiräumte, durch die die Begabten in wenigen Stunden flüchten würden.

Da sackte sein Fuß in die Tiefe, als eine Steinplatte unter seinem Gewicht einsank. Ein Knacken ertönte hinter den Wänden und Maschinengewehre tauchten hinter Klappen auf.

Avid erstarrte.

So hatte er sich seinen Tod nicht vorgestellt.

Die Kugeln donnerten durch den Gang und schlugen in den Wänden ein. Avid sah noch, wie die Läufe in seine Richtung schwenkten, und schon riss Raphael ihn mit sich. Die Kugeln durchsiebten seinen Mantel, Avid spürte, wie sie am Stoff zerrten. Eine streifte seinen Arm.

Kaum stürzten sie in den nächsten Gang, sackte Avid zu Boden. Sein Herz raste wie seit Jahren nicht mehr. Der Striemen an seinem Arm brannte.

»Die hatte ich wohl vergessen.« Raphael hatte sein Grinsen nicht verloren, als wollte er absichtlich Avids Grenzen testen. »Weiter geht's.«

Vergessen. *Vergessen!* Avid unterdrückte einen Fluch. In den vergangenen Jahren hatte er sich auf niemanden verlassen als auf sich selbst. Er lebte allein, kämpfte allein und eines Tages würde er allein sterben. Aber mit Raphael musste er zusammenkämpfen. Irgendwie.

Jeder Assassine, mit dem Avid zusammengearbeitet hatte, stellte ihm diese eine Frage. Er wartete darauf, sie aus Raphaels Mund zu hören, doch sprach er sie nicht aus, so dass Avid dies für ihn übernahm: »Du willst nicht wissen, was meine Gabe ist?«

»Was immer du machst, es ist meistens praktisch. Außerdem besteht ein Mensch aus weit mehr als nur seiner Gabe«, meinte Raphael, als er einen weiteren Maschinenarm abriss und zu Boden schleuderte. »Unsere Fähigkeit sagt nichts über Charakter, Moral oder Aufrichtigkeit aus. Ein Hellseher kann seine Fähigkeit zu seinem Vorteil nutzen oder dafür sorgen, dass niemand in Zukunft zu Schaden kommt. Darauf kommt es an.«

Hatte die andere Welt das bewirkt? »In Emrond entscheidet deine Gabe über Macht, Einfluss und Überleben«, erwiderte Avid.

»In Tougard bekommst du's so lange in den Kopf gehämmert, bis du davon träumst.«

Avid ertappte sich bei einem Schmunzeln. Was war nur los? Normalerweise verzichtete er auf Gefühlsregungen.

Die Strecke bis zur nächsten Weggabelung überstand Avid ohne weitere Zwischenfälle. Doch in jeder Gasse dieses Irrgartens lauerten andere Fallen, mit denen der Assassine nicht rechnete. Wären die Wände nicht so hoch, er wäre am liebsten über sie hinweg geklettert.

Während sie die engen Gänge entlangeilten, wagte Avid einen Blick hinauf in den Himmel. Über dem Irrgarten spannte sich die Nacht wie ein schwarzes Tuch und er blieb wie angewurzelt stehen. Raphael rammte ihn und schickte ihn zu Boden, bevor eine Maschinengewehrsalve ihn erwischte.

Er hörte den Begabten fluchen, aber Avid schwirrte nur eine Frage durch den Kopf: Wie spät war es?

»Da stimmt etwas nicht.« Raphael schloss für einen Moment die Augen, als würde er angestrengt lauschen. »Ich höre Charlie. Er ruft nach dir. Warum ruft er nach dir, Avid?«

»Ich habe die Zeit vergessen«, gab der Assassine geschockt von sich. »Bei all den Umwegen habe ich die Zeit vergessen.«

Darauf zuckte Raphael nur mit den Schultern. »Dann müssen wir uns eben beeilen. Wäre nicht das erste Mal, dass ich Kugeln ausweiche. So schnell sind die hier wirklich nicht.«

Avid spürte, wie seine Lungen vibrierten, als wollte er lachen, etwas, das er seit einer Ewigkeit nicht mehr getan hatte.

Du musst Rufus beseitigen. Avid ballte die Hände zu Fäusten, bis ihm die Fingernägel ins Fleisch schnitten. *Du darfst nur an die Erfüllung deines Auftrags denken.*

Endlich war der Moment gekommen, in dem sich ihr Schicksal entschied. Er durfte sich nicht unnötig ablenken lassen.

Gefasst senkte Avid den Kopf und konzentrierte sich. Ein Assassine folgte immer seinem Ruf.

Drip.

Charlie zerrte an den Fesseln, die ihn an die Maschinen ketteten. Rufus hatte keine Verwendung für sie, aber als Pfosten waren sie noch brauchbar. Wie sehr Charlie sich auch gegen die Seile stemmte, die Maschinen wackelten nicht.

Drip.

Seine Handgelenke brannten an den Stellen, an denen sich die Seile ins Fleisch schnitten. Jeder Muskel schmerzte und Charlie bezweifelte, dass er ohne Seile überhaupt noch stehen konnte. Seine Beine bluteten aus den vielen Schnitten, die der Büchsenmacher ihm zugefügt hatte. Alter, rachsüchtiger Drecksack. Aber Charlie würde es überleben. Büchse suchte sich nur Stellen aus, die nicht lebensbedrohlich waren.

Drip.

Aus seiner Platzwunde an der Stirn sickerte Blut und rann ihm die Nasenspitze entlang. Tropfen für Tropfen platschte sein Blut zu Boden. Der Büchsenmacher hatte ihm seinen Schlag mehrfach zurückgezahlt.

Drip. Drip. Drip.

Längst war die Nacht über sie hereingebrochen, doch auf Avids Zettel hatte gestanden, dass er Rufus bis Mitternacht töten sollte. Charlies Gedanken krallten sich an diesem Hoffnungsschimmer fest.

»Ich weiß nicht, woran es liegt!«, schrie Ann und war den Tränen nahe. »Ich weiß nicht, warum es nicht geht!«

»Fein, wir haben Zeit«, sagte Rufus. »Büchse.«

»Sofort, Herr.« Freude schwang in der Stimme des alten Mechanikers mit. Sein Messer grub sich in Charlies Arm, schlitzte Haut und Fleisch auf. Charlie biss sich auf die Lippen. Er würde nicht schreien. Diese Genugtuung würde er den Emrondern nicht geben. Schließlich benutzten sie ihn nur, um Ann zu quälen. Mit jedem ihrer Fehlschläge folterten sie Charlie mehr.

Die letzten Stunden hatte sie geschraubt, gelötet, die plumpen Modelle von Grund auf verbessert. Ihre Bewegungen waren hastig gewesen und gedankenverloren. Immer wieder hatte sie Teile umgestoßen oder fallengelassen. Dennoch ließ sich Rufus nicht zufriedenstellen. Jedes Mal, wenn Ann von den Maschinen zurücktrat und hoffte, es geschafft zu haben, hatten sie die Roboter nur aus leblosen Sensorenaugen angestarrt. Kalte, leblose Augen, die Anns Versagen straften.

Charlie hatte so etwas noch nie erlebt. Was Anns Gabe betraf, so hatte sie stets jede Aufgabe bewältigt. Was wollte der Emronder nur von ihr?

»Ich möchte, dass du dir etwas ansiehst, Annabelle«, meinte Rufus schmeichelnd und Charlie hob den Kopf. Die Hand des Emronders lag fest auf ihrem Rücken, als würde er sie in den hinteren Teil des Innenhofes schieben. Dort hockte Anns metallener Drache auf einer Stange; flügellos. Verängstigt klammerte er sich an seinen Sitz, wie eine Katze, die nicht wusste, wie sie von einem Baum springen sollte.

Rufus legte eine Hand auf den Kopf des Drachen, tätschelte ihn. Charlie war überrascht, dass der Emronder überhaupt zu einer so sanften Berührung fähig war. Da schwoll ein schrilles Pfeifen in seinem Kopf an. Lauter und lauter, bis es seine eigenen Gedanken übertönte.

»Darf ich endlich abdrücken, Herr?«, fragte der Büchsenmacher, mit der Pistole zwischen den Fingern spielend.

»Nein, Büchse«, erwiderte Rufus. »Du kannst unser Druckmittel nicht jetzt schon umbringen.«

Charlie schluckte. Anns Gesicht hatte alle Farbe verloren. Plötzlich brüllte der Miniaturdrache wie rasend und schlug wild mit den Überresten seiner Flügel. Eine gewaltige Stichflamme schoss in die Nacht.

»So«, Rufus wies auf den Drachen im Berserkermodus, »sollten deine Maschinen funktionieren, Annabelle.«

»Aufhören!«, schrie Charlie. Dieser Pfeifton würde ihn sonst den Kopf bersten. Instinktiv wusste er, dass Rufus hinter dem schrillen Geräusch steckte.

Vorsichtig näherte sich Ann dem Drachen, der nach ihrer Hand schnappte und wild fauchte. Doch sie griff nach dem Maul und drückte es zu, während sie mit der anderen Hand die Schrauben löste. Der Drache erschlaffte und fiel in seinen Einzelteilen von seiner Stange. Die silbernen Metallstücke wirbelten Staub auf, bis sich ein weißer Schimmer aus den Überresten erhob.

Das Pfeifen verschwand.

»Ich lasse nicht zu, dass Sie meinem Drachen etwas antun«, sagte Ann bitter. »Lieber erlöse ich ihn.«

»Das hättest du nicht wagen sollen«, sagte Rufus.

Auf einmal kippte die Welt zur Seite, wie wenn bei einem Unfall das Auto durch die Luft schleudert, drehte und überschlug sich alles vor Charlies Augen. Er fürchtete sich vor dem Aufprall, erhaschte jedoch nur einen kurzen Ausblick auf eine unendliche weiße Landschaft. Dann machte die Gegenwart eine weitere Drehung und

Ann und Rufus standen wieder vor ihm. Beide wirkten wie erstarrt.

»Hast du Angst im Dunkeln, Ann?«, fragte Rufus, ohne seine Lippen zu bewegen. Charlie hörte lediglich seine Stimme.

Ein stechender Schmerz breitete sich über seinem rechten Lid aus. Er wollte die Augen zusammenkneifen, aber das Bild kehrte sich erneut um, so dass Rufus in dieser weißen Unendlichkeit auf Ann einredete. Ihre Stimme wurden mal leiser, mal lauter, Charlie konnte sie nur halb verstehen. Aber Ann hob die Hand vor ihr Gesicht und winkte panisch – sie konnte nichts sehen.

»Hör nicht auf ihn, Ann!«, rief er.

Ihr Kopf schnellte in seine Richtung. »Charlie?«

»Niemand ist hier«, entgegnete Rufus, so klar, als stände er direkt neben ihm. »Niemand kann dich hören. Du bist allein. Völlig allein.«

Doch Ann straffte die Schultern und schritt in die Richtung, in der sie seine Stimme vermutete.

Charlie keuchte und die Wirklichkeit kehrte wieder zurück. Keine weiße Welt, nur der Innenhof. Er hing schlaff in den Seilen, Übelkeit stieg brennend seine Kehle hinauf.

Diese weiße Ebene, dachte Charlie. *Wie damals.* Das letzte Mal hatte es ihm beim Wolfsangriff hineingezogen. Nur wie? Wie hatte er das vollbracht? Egal wie! Er musste dorthin zurück, um Ann vor Rufus zu schützen.

Charlie starrte auf seine Freundin und versuchte sich zu konzentrieren. Wie bei dem Fokus einer Kamera probierte er instinktiv, seine Augen auf ein Bild auszurichten. Aber die Welten drehten sich derart schnell, dass ihm schwindelig wurde.

»Es ist vollkommen egal, wohin du gehst, kleine Annabelle.« Rufus' Stimme klang fern, wie aus einem verrauschten Radio. »Wenn deine Seele hier verweilt, ist dein Körper nur noch eine leere Hülle und wird unwiderruflich sterben. Vielleicht heute, vielleicht morgen. Auf jeden Fall sehr bald.«

»Ann, du bist nicht allein. Ich werde dich immer suchen und finden«, rief Charlie und hoffte, dass seine Freundin ihn hörte. Zuversicht und Selbstvertrauen schwangen in seinen Worten mit.

»Wo bist du, Charlie?«, fragte Ann verzweifelt. »Ich kann dich nicht sehen! Ich kann gar nichts sehen!«

»Ich habe schon einige Male erlebt, dass man sich Freunde ausdenkt«, meinte Rufus ungestört. »Nach einigen Minuten ist das jedoch ein trauriger Rekord, kleine Annabelle.«

Charlie blieb die Luft weg. Seine Sicht wechselte immer schneller hin und her, bis die flüchtigen Betrachtungen sich zu einem ruckeligen Film entwickelten. Die weiße Welt schien ihn zu erdrücken. Dann – ganz plötzlich – brach er keuchend auf die Knie. Keine Fesseln. Keine Wunden. Nur diese unendliche, weiße Ebene, die sich wie sein Zuhause anfühlte.

Charlie richtete sich auf und sah Ann direkt in die Augen. Seine Freundin starrte ihn ungläubig an. Selbst Rufus wirkte überrascht über sein Erscheinen.

»Du bist nicht real«, stöhnte Ann und tastete über Charlies Arm, der sich viel zu wirklich anfühlte, um eine Halluzination zu sein. »Das ist nur ein Trick.«

»Wie sollte er auch in dieses Nichts kommen?«, höhnte Rufus, ließ Charlie aber nicht aus den Augen. »Ann, du bist allein. Daran kannst und wirst du nichts ändern können. Auch nicht mit deiner Vorstellungskraft.«

Ann wandte sich von ihm ab und wollte davonlaufen, brach jedoch nach dem ersten Schritt zusammen. Schützend legte sie die Hände über die Ohren, um Rufus' Stimme auszusperren, doch hatte sie offenbar keinen Erfolg damit.

Wie ein Beschützer kniete sich Charlie neben sie und legte seinen Kopf auf den ihren, versuchte Ann mit seiner Wärme abzuschirmen. Einen Moment lang kümmerte es sie nicht, ob Charlie nur eine Einbildung war. Sie klammerte sich an ihn, als wäre er ihr persönlicher Schutzengel, der sie stets auffing, wenn sie wankte.

»Egal, was ich mache, ich bin ihm ausgeliefert«, jammerte Ann. »Du bist nur ein weiterer Trick, um mich zu quälen.«

»Niemand kann dir helfen. Niemand ist bei dir.«

Charlie starrte Rufus wütend an. »Jetzt halten Sie endlich den Mund! Sie sind wie ich in dieser weißen Welt! Ich sehe Sie, ich sehe Ann und hörbar bin ich doch wohl auch!«

»Eine Einbildung des Mädchens«, beharrte Rufus. Wen wollte er damit täuschen? »Nur ich kann diese Dimension nach meinem Willen formen.«

»Nein, verdammt, ich bin keine Einbildung!«, regte sich Charlie auf. »Eben waren wir noch alle auf diesem Hof und plötzlich sind wir hier!«

Da explodierte ein beißender Schmerz an seiner Schläfe und die weiße Welt verlor an Kontur, verwischte förmlich. Charlie rang nach seiner Fassung, als er plötzlich den stinkenden Atem des Büchsenmachers wahrnahm. Die Welt kippte wieder zurück in die Realität und sein Kopf begann dumpf zu pochen, als hätte man ihn geschlagen.

Der Innenhof drehte sich, obwohl Charlie nur dem Ein- und Ausatmen des Büchsenmachers lauschte. Er versuchte, sein rasendes Herz zu beruhigen, sonst würde er noch umkippen. Keine halsbrecherische Achterbahn mit Dreifachlooping und Vierfachschraube hätte seine Knie so weich werden lassen. Selbst wenn, seine Fesseln würden ihn halten, wie eine Schweinehälfte im Schlachthof.

»Charlie?«, rief Ann. »Warst du auch dort?«

Er atmete tief durch, um seine zitternden Muskeln wieder unter Kontrolle zu bekommen.

»Ja.«

Ohne Vorwarnung zerschnitt Rufus die Seile und Charlie stürzte zu Boden. Bevor er überhaupt reagieren konnte, befand sich der Emronder über ihm und drückte ihm den Ellbogen an die Kehle. Ann schrie auf, aber Charlie konnte ihr nicht die Furcht nehmen.

»Wie bist du in die Ebene der Seelen eingedrungen?« Rufus versetzte ganz Emrond Angst und Schrecken, doch in seinem Gesicht entdeckte Charlie Unsicherheit.

»Die Ebene der was?«, wiederholte er irritiert.

»Was erlaubst du dir?«, polterte Rufus. Charlie fühlte sich dem Zorn und der Mordlust des Emronders hilflos ausgeliefert. »Das ginge nur, wenn du ein Seelenseher wärst.«

»Und wenn ich einer wäre?«

»Dann bist du wie ich.« Die Mordlust in Rufus' Augen verschwand, aber das verbesserte Charlies Situation nicht im Geringsten. Rufus starrte ihn wie ein Versuchskaninchen an. »Genau wie ich.«

Ein Seelenseher wird die Mechanikerin für sich beanspruchen, verlieren und dann töten. Perikles' Worte. Perikles' verfluchte Worte. Ann hatte mit Rufus eine Abmachung, sie baute seine Armee. Charlie wollte Ann zurück nach Tougard bringen, Rufus dies natürlich verhindern. Doch wer war der Seelenseher, der für ihren Tod verantwortlich sein würde? Charlie fluchte und die Welt vor seinen Augen war eine Sekunde vor Wut in tiefes Rot getaucht.

»Deswegen ließ sich der Drache so schwer kontrollieren. Du hast in die Mechanik ein Stück deiner Seele eingepflanzt. Wahrscheinlich kannst du noch viel mehr«, zischte Rufus. »Lass dir eins sagen, Junge: Ich hasse Konkurrenz.«

Anstatt etwas zu erwidern, überlegte Charlie, wie er ihn ablenken konnte. Schließlich richtete sich die gesamte Aufmerksamkeit gerade auf ihn.

Endlich kam ihm ein erlösender Gedanke, der Ann und ihn aus dieser ausweglosen Situation herausholte.

»Avid!«, wisperte Charlie verzweifelt, als er sich an die Worte des Assassinen erinnerte. »Avid!« Sein Flüstern steigerte sich zu einem Schrei. »Avid!«

»Niemand kann dich hier oben hören.«

Aber der Assassine erschien. Innerhalb eines Blinzelns tauchte das vertraute Rotbraun seines

Mantels in Charlies Gesichtsfeld auf. Avid erfasste die Situation, zog seine Ringmesser und hielt Rufus eines an die Kehle.

»Der Junge ohne Gabe!«, polterte Rufus ungehalten und zielte mit seiner Pistole auf den Neuankömmling. Ohne den Assassinen aus den Augen zu lassen, ließ Rufus von Charlie ab. »Was führt dich hierher? Meine Geschäfte gehen dich nichts an.«

»Ich folge dem Ruf des Schicksals«, stellte Avid fest. Sein Blick huschte zu Charlie und wieder zurück. Was spiegelte sich darin wider? Reue? Schuldgefühle? Er konnte es nicht deuten. »Das Gesetz der Unschuldigen gilt selbst für dich, *Gudra*.«

»Pah!«, stieß Rufus aus. »Dieses Gesetz ist ein verstaubtes Relikt aus der Vorzeit!«

»Die Worte der Ahnen gelten noch heute.«

Charlie nutzte die Chance und rutschte in sichere Entfernung. Avid plante den Emronder zu töten, da konnte kein Abstand weit genug sein.

»Diese beiden sind längst keine Unschuldigen mehr«, sagte Rufus gedehnt, als genoss er den Klang seiner Worte. »Oder glaubt ihr Assassinen, ich würde eine Mechanikerin und einen Seelenseher nicht an mich binden? Es war ganz leicht ihren Willen zu brechen.«

Avid zuckte. Sein Blick huschte erneut zu Charlie, als wartete er auf ein Zeichen, das das Gegenteil bewies.

»Ich lasse mich nicht brechen! Oder was auch immer!«, wütete Ann. Sie war noch immer im Griff des Büchsenmachers gefangen. »Sie sind einfach nur ein Irrer! Sie würden uns töten, wenn wir nicht so tun, als wären wir Ihrer Meinung!«

»Sei verdammt noch mal still«, fluchte der Büchsenmacher und bedeckte ihren Mund mit seiner blutenden Hand. Wie Charlie Ann kannte, würde sie niemals stillhalten. Sie würde um sich schlagen, beißen, alles tun, was in ihrer Macht lag.

Avid setzte zum Wurf an und Rufus brach der Schweiß aus. »Ohne Zettel ist dein Auftrag nicht rechtens!«

»Willst du das wirklich ausprobieren?« Spott mischte sich in Avids Stimme.

»Ich trachte niemandem der Familie nach dem Leben«, verteidigte sich Rufus hämisch, dennoch zeigte seine Pistole auf Avids Brust.

Jede Reaktion könnte den Startschuss geben, aber die beiden Kontrahenten belauerten sich nur wachsam.

»Worauf wartest du noch?«, rief Charlie. In Emronds Straßen hatte Avid keine Sekunde gezögert.

Plötzlich feuerte die Pistole. Die Kugel musste Avid voll erwischt haben, doch sein Abbild flackerte nur und verschwand. Charlie konnte seinen Blick nicht von Rufus abwenden, der eine neue Kugel in den Lauf stopfte.

»Ich bin der Herrscher Emronds. Niemand stellt sich mir ungestraft in den Weg«, warnte ihn Rufus. »Sag, wer wird dir jetzt helfen, Junge? Wer? Die Assassinen?«

Ohne Avid, der ihm den Rücken frei hielt, musste Charlie allein klarkommen. Er kämpfte gegen einen übermächtigen Gegner, trotzdem musste er einen Weg finden, Ann in Sicherheit zu bringen.

Ein weiterer Schuss gellte durch den Innenhof und glühende Schmerzen durchzuckten seinen linken Arm. Am liebsten hätte Charlie geschrien, aber er biss sich auf die Lippen. Sein gebrochener Arm zusammen mit dem Brennen der Quallennesseln war mit diesen Schmerzen nicht vergleichbar.

Allerdings stellte Rufus nicht die größte Bedrohung dar – die wahre Gefahr lauerte in seinem Innern. Impressionen, flüchtige Eindrücke und Gefühle rauschten wie aufleuchtende Blitze über ihn hinweg. Angst kroch über seine Arme, bis in sein Herz. Wut schwelte in ihm wie das heiße Glimmen kurz vor einem Brand.

»Was ist das?«, keuchte Charlie. Er tastete mit den Fingern durch Luft.

»Du kannst es fühlen? Jetzt schon?« Rufus' Entsetzen traf ihn wie ein eisiger Schlag.

Da ist so viel auf einmal! Charlie konnte nicht mehr unterscheiden, ob er es gesprochen oder gedacht hatte.

Das alles waren nicht seine eigenen Gefühle. Er sollte nur seinen Schmerz wahrnehmen, aber Charlie teilte die Empfindungen der anderen, als wären es seine eigenen. An allen Ecken und Enden des Hofs stieß er auf neue Eindrücke. Als beständen seine Sinne aus unsichtbaren Fingern, die seinen Kopf mit Informationen fütterten.

Plötzlich hämmerte jemand gegen das Hoftor.

»Charlie! Ann!« Das war Raphaels Stimme! Jedoch spürte Charlie auch die Verzweiflung, als das Holz unter Raphaels Kraft nicht nachgab und Anns Zorn, sich nicht aus den Fängen des Büchsenmachers befreien zu können.

»Raphael!« Sie fand ihre Stimme wieder, eher als Charlie. »Hol uns hier raus!«

»Wenn du reinkommst, erschieße ich beide«, drohte Rufus und lud erneut nach.

Ein tiefes Grollen erklang, als ob ein Raubtier vor Wut brüllte. Rage und Verachtung schwappten wie eine Welle über Charlie hinweg und schlugen über seinem Kopf zusammen. In dieser Verfassung rührte er sich keinen Zentimeter mehr. Er wusste nicht einmal, ob er seine Beine überhaupt gebrauchen konnte. Sie waren da, weiterhin an der richtigen Stelle und Charlie sah sie klar und deutlich, aber sein Kopf war so aufgewühlt, dass er nichts mehr steuern konnte.

Und da war noch etwas. Eine Präsenz. Eine Präsenz, mit der Charlie sich so verbunden fühlte, als wäre sie ein Teil von ihm. Aber warum war sie dann so weit weg? Dieses Stück, etwas – Charlie konnte nicht sagen, was es war – warum war es nicht bei ihm?

»Komm her«, wisperte Charlie. Egal, was es war, vielleicht würde es ihm helfen, Rufus zu besiegen.

Ann war die Erste, die das Stampfen hörte. Erschrocken japste sie nach Luft, als die Maschine durch die unzähligen Reihen seiner Vorgänger schritt. Charlie hätte nicht gedacht, dass der T4 sich so geschmeidig bewegen konnte. Moment mal! *Ann hat noch kein Modell fertiggestellt. Wieso bewegt sich der T4 plötzlich?*, schoss es ihm durch den Kopf.

»Du hast mich angelogen, kleine Anna…« Rufus blieben die Worte im Hals stecken. Der T4 hielt neben Charlie und ging in die Knie, als erwartete er einen Befehl.

Ungläubig starrte Charlie auf den Roboter. Hatte der Seelenseher in ihm das vollbracht?

Rufus schoss auf den T4, aber die Kugel prallte ab und bohrte sich in den Boden des Innenhofs. Sand spritzte auf. An seiner Hand. Neben seinen Füßen. Rufus feuerte eine Kugel nach der anderen ab, bis Charlie hinter einer schwerfälligen Maschine, die an ein Fass mit Armen erinnerte, in Deckung ging.

»Du entkommst mir nicht, Junge!«, rief Rufus.

Charlie hörte, wie Raphael das Tor rammte. Er sah, wie Ann gegen den Büchsenmacher rang, und sich zu befreien versuchte. Vor allem spürte er, wie Rufus näher kam, als würden Warnlichter immer schneller in seinem Bewusstsein aufblinken. Weiße Flecken tauchten am Rand seiner Sicht auf wie bei seinen Panikattacken. Wie, wenn Rufus versuchte, ihn die weiße Ebene zu ziehen. Charlie wollte sich nicht ausmalen, was der Emronder mit seiner Erfahrung in der Ebene alles anstellte.

Ich muss Rufus aufhalten. Sofort hob der T4 seine Maschinengewehrarme – bereit zu feuern. Rufus starrte ihn skeptisch an, als wäre sein Traum in Erfüllung gegangen, jedoch nicht in der Form, wie er sie sich vorgestellt hatte. Wie sehr wollte der Emronder den T4 kontrollieren, allerdings hatte Charlie es geschafft, sich mit ihm zu verbinden.

Die unbeschreibliche Macht, nach der Rufus sich sehnte, gehörte Charlie bereits. Er musste nur daran denken und Anns Maschine würde seinen Befehl ausführen. Ein Gedanke und Rufus wäre Geschichte – Ann in Sicherheit. Das war so einfach, so berauschend. So falsch. Wenn er Rufus mit seiner Gabe tötete, war er keinen Deut besser als der Emronder. Seine Entscheidungen hatten ihn an diesen Ort geführt. Sie hatten dieses Schicksal eintreten lassen, weil er daran geglaubt hatte, Emrond zu erreichen, und jede seiner Entschlüsse nur dazu diente, Ann zu retten. Konnte Rufus' Tod da die richtige Entscheidung sein?

Nein.

Ich bin ich, dachte Charlie und spähte hinter seiner Deckung hervor. *Seelenseher hin oder her und allen Prophezeiungen zum Trotz bin ich nur ein Junge, der es gerade mal so schafft, sich in dieser Dimension zu behaupten. Keine Gabe der Welt gibt mir das Recht, über Leben und Tod zu entscheiden. Das liegt weit außerhalb meiner Fähigkeiten.*

Irgendwo schlug eine Glocke Mitternacht. Charlie lauschte den Schlägen, um ganz sicher zu gehen. Aber es waren zwölf. Keiner mehr, keiner weniger. Avids Plan hatte sich nicht erfüllt.

Dann geschah alles auf einmal.

Nicht wie Charlies es schon unzählige Male gelesen oder im Fernsehen gesehen hatte. Das Adrenalin lässt einen nicht in Zeitlupe handeln oder sich bewegen. Es beschleunigt ungemein und immer zum Nachteil des Betroffenen.

Der Riegel des Tors brach. Raphael stürmte in den Hof. Mit dunkelviolett glühenden Augen erfasste er die Szenerie blitzschnell. Ann in den Fängen des Büchsenmachers, Charlie zerschunden am Boden und der T4, der Rufus bedrohte. Ein weiterer Avid folgte Raphael auf dem Fuß.

»Rufus Trench!«, hallte Avids Stimme gebieterisch, sein Wurfmesser in der Hand. Da war kein Zögern mehr, keine Zweifel in seinem Blick. Der Assassine war mit der Absicht erschienen, Rufus zu töten.

Abgesehen von dem emotionalen Chaos, das durch seinen Kopf schwirrte, dachte Charlie nur an eins: Er musste Ann beschützen.

Der T4 drehte sich langsam und setzte einen Fuß vor den anderen.

»Wie oft muss ich dich denn noch erschießen, Assassine?« Rufus zielte erneut auf Avid.

Nein!

Raphael und Avid hatten ihm sooft das Leben gerettet. Aber Ann – Charlie wusste nicht, für was er sich entscheiden sollte. Er konnte nicht alle seine Freunde gleichzeitig beschützen – konnte er?

Rufus' Pistole knallte. Zur Charlies Erleichterung riss Raphael den Assassinen zu Boden, dadurch wurde ihm jedoch bewusst, dass es nur einen Weg gab. Der T4 stellte sich halb vor Raphael und Avid und hob die Maschinengewehre. Die Gewehrsalve dröhnte Charlie in den Ohren, als der Roboter auf Rufus feuerte. Der Emronder sprang zur Seite und eröffnete ebenfalls das Feuer, seine Geschosse durchschlugen den T4.

Plötzlich sackte Ann in sich zusammen. Der Büchsenmacher ließ sie zu Boden gleiten und flüchtete, während die Maschinengewehre des T4 ballerten, bis die Magazine leergeschossen waren. Stille drückte sich auf Charlies Ohren, aber er registrierte sie kaum. Entsetzt starrte er auf Anns zusammengesunkene Gestalt. Blut sickerte durch den Stoff ihres Hemdes.

»Das ist deine Schuld!«, fluchte Rufus, dabei war es sein eigener Querschläger gewesen, der Ann verletzt hatte.

Avid nutzte den Moment und stürzte sich auf den Emronder. Zeitgleich krabbelte Charlie auf allen vieren zu Ann. Der T4 schritt wie ein metallener Schatten neben ihm her.

Der Assassine und Rufus rangen miteinander, sie wälzten über den Boden, bis der Emronder auf dem Rücken liegen blieb. Avid thronte über ihm und hob die Faust, aber Rufus setzte ihm die Pistole an die Brust. Bevor er abdrücken konnte, rammte Avid ihm sein Ringmesser in den Kehlkopf. Die Pistole entglitt Rufus' Fingern, als er panisch nach seinem Hals tastete – als ob Emronds Anführer nicht begreifen konnte, was gerade passiert war.

»Als Mitglied der fünfunddreißigsten Generation der Assassinen …«, Rufus röchelte noch einmal, bevor er endgültig erschlaffte. Avid zog das Ringmesser heraus, während er sich über den Emronder beugte. Wie ein Rachegeist, der endlich seine Bestrafung nach all den Jahren der Verfolgung und Vernichtung seiner Angehörigen forderte. »... vollstrecke ich dein Urteil.«

Bevor Rufus' Leiche sich vollständig auflöste, spürte Charlie erneut den Büchsenmacher. Er konnte ihn nicht sehen, aber seine Wut entbrannte gegen ihn wie eine Rakete.

»Kümmer dich um Ann«, rief Raphael und einen Moment später erloschen die Gefühle des alten Emronders. Erleichterung durchflutete die Begabten, wie ein erlösender Regen nach einer langen Dürre.

Charlie hievte sich die letzten Meter zu Ann und drehte sie auf den Rücken. Für einen Moment vergaß er alles um sich herum, denn eine Kugel hatte sie in den Bauch getroffen.

»Es funktioniert«, keuchte Ann und krallte sich in Charlies Mantel. Der T4 ahmte seine Sorge nach und beugte sich ebenfalls über sie.

»Nicht reden.«

Sie zog die Luft scharf ein, während Charlie ihren Bauch abtastete. Ihr Blut rann ihm schneller durch die Finger, als er die Wunde finden konnte. Mit einem Ruck trennte Charlie einen Streifen von seinem Mantel; augenblicklich sog sich der Stoff voll.

»Wir sind ein gutes Team, oder?«

»Schhh.« Anns Leben versickerte in Emronds Staub und Charlie wusste nicht, wie er es verhindern sollte. Mit zitternden Fingern strich er über Anns Wunde. Er musste einen Weg finden, um ihren Schmerz zu lindern, solange Charlie all das noch ertragen konnte. Er fühlte das Pochen und Brennen ihrer Verletzung und ihn trieb es fast in den Wahnsinn. Wie konnte sie da noch mit ihm sprechen?

Da kniete sich Raphael zu ihnen. Selbst Avid stellte sich dazu, auch wenn er argwöhnisch den T4 im Blick behielt.

Die Gefühle seiner Freunde spukten durch Charlies Sinne. Erleichterung, Verwirrung. Furcht, entsetzliche Schmerzen. Alles drehte und vermischte sich zu einem Strudel, der Charlie mit sich riss.

»Warum musst du dich in eine Kugel werfen, Ann?«, flüsterte Raphael. Behutsam zog er sie in seine Arme und legte ihren Kopf gegen seine Schulter. »Du bist doch schon schusselig genug.«

»Tz«, hauchte Ann zurück und versuchte ein tapferes Lächeln.

Charlie kämpfte seine Eifersucht nieder, als er Ann und Raphael sah. Was sollte er tun? Seinen angeschossenen Arm konnte er kaum rühren, geschweige denn etwas mit ihm halten. Den gesunden brauchte er, um Anns Blutung zu stillen.

Die Millionen Schatten menschlicher Emotionen verloren an Intensität und eine beängstigende Stille kehrte im Innenhof ein. Trauer. Avid und Raphael fühlten auf einmal exakt das Gleiche, sie wussten, dass es für Ann keine Rettung gab.

Zähe, niederschmetternde Trauer verklebte Charlies Gedanken, raubte ihm den Atem und stumpfte sämtliche Gefühle ab. In ihrem unnachgiebigen Griff war für nichts anderes Platz.

Charlie musste sich anstrengen, um die wenigen Worte überhaupt zu formulieren. »Ich fühle es. Alles. Emrond. Euch«, würgte er hervor und glaubte, sein Kopf würde platzen. »Hört auf damit.«

»Es ist wie damals bei Maria«, meinte Raphael.

Charlie fühlte sich betäubt. »Du hast vielleicht noch ein paar Minuten.« Maria. Charlie stiegen Tränen in die Augen. Es war genauso wie bei Raphaels toter Schwester. Hatte er die Prophezeiung doch nicht verhindern können? Wieso hatte er dann diese Reise auf sich genommen? Hatte er überhaupt eine Chance gehabt? Es erschien ihm alles so ungerecht!

Charlie versuchte, das Ausmaß zu begreifen. Wo hatte er einen Fehler begangen? Wo war er im Plan falsch abgebogen, so dass seine Entscheidung zu diesem Unglück führte? Hätte er sie an der Hand nehmen und von der Brücke springen sollen? Hätte er Ann davon abbringen sollen, nach Emrond zu reisen? Hätte er sie von Anfang an nicht in diese Dimension mitnehmen sollen?

Nein. Charlie musste sich um das Jetzt kümmern und diese Gedanken abschütteln. Wo und wann er einen Fehler begangen hatte, konnte er sich fragen, wenn es Ann wieder besser ging.

»Wieso versuchst du nicht, sie zu heilen?«, fragte Avid und betrachtete den T4 weiterhin argwöhnisch. »So wie du es bei mir getan hast.«

»Seit wann kannst du richtig heilen?«, fragte Raphael erstaunt. »Wieso hast du dann nicht Ed … vergiss es, das bringt dich nur noch mehr durcheinander. Kannst du Ann helfen?«

Er wollte ja! Er würde dieses Seelensehen sofort aufgeben, wenn Ann dafür wieder gesund wäre. »Ich muss mich beruhigen.«

Zu Charlies Überraschung legte Avid eine Hand auf seine Schulter und drückte sanft zu. Er schätzte diese Geste, auch wenn sie ihm nicht weiterhalf.

»Das ist überhaupt nicht mein Ding.« Raphael gab sich Mühe, ruhig zu klingen. »Was würde Ed sagen? Probier einfach alles Störende auszublenden?«

Charlie schüttelte den Kopf. Es ging nicht. Er fühlte diese Dinge. Die Begabten um ihn herum fühlten diese Dinge. Tausend Nuancen menschlicher Emotionen stürzten in der Stadt der Sünder auf ihn ein, während Ann nur noch schwer die Augen aufhalten konnte.

»Keine … Angst«, murmelte sie.

Wie immer wusste sie ganz genau, was in Charlie vor sich ging.

»Denk an Ann, Charlie«, riet Raphael ihm. Ein leuchtender Streifen zog sich durch seine trüben Gedanken. »Denk daran, dass sie stirbt, wenn du dich nicht zusammenreißen kannst.«

»A-ann.« Fassungslosigkeit, Angst und schiere Wut lähmten Charlie. Doch bei einem war er sich hundertprozentig sicher: Diese Gefühle gehörten zu ihm und alles andere war plötzlich verschwunden. Ann füllte sein Bewusstsein voll und ganz aus.

»So heiße ich immer noch«, scherzte sie mit schwacher Stimme, doch ihr Atem wurde bereits flacher.

Charlie rang mit seiner Verzweiflung. Es war vielleicht einen Monat her, seitdem er aus den Anatomiebüchern von Ms. Flemyng gelernt hatte. Er hatte so viel gelesen, gelernt und doch konnte er sich an nichts erinnern. Wie, wenn ein großer Staubsauger das Wissen aus ihm rausgesaugt hätte.

»Musst du nicht die Hand auflegen?«, fragte Raphael. »Kommt da kein Leuchten?«

»Halt … die Klappe.«

»Beeil dich einfach.«

Handauflegen – das war es! Joy hatte bei ihren Heilungen stets Kontakt zur Wunde gehabt, als würde es ihr durch die Berührung leichter fallen. Charlie blickte auf seine blutverschmierten Finger. Das Wichtigste hatte er also bedacht. Die Schusswunde hatte sich tief in sein Gedächtnis eingebrannt, so dass Charlie es nicht schwerfiel, sie sich vorzustellen. Jedoch konnte er nicht sagen, worauf die Kugel getroffen war. Muskeln? Organe? Eine Arterie, ja. Das erklärte das viele Blut.

Ich muss die Blutung stillen, schoss es ihm durch den Kopf. Danach würde er weitersehen.

Charlie atmete tief ein und konzentrierte sich auf seine Gabe. Sooft hatte er das Heilen verflucht, jetzt war er lediglich froh, über diese Fähigkeit zu verfügen. Dennoch war seine Angst zu versagen niemals größer gewesen. Anns Leben hing allein von ihm ab. Keiner der Begabten konnte diesmal helfen.

Charlie wollte schreien oder vor Hilflosigkeit auf etwas einhämmern, aber er hielt seine Konzentration. Erst als Avids Hand auf seiner Schulter mehr Druck ausübte, stieß er die Luft aus und blickte auf. Er hatte vergessen zu atmen.

»Ann?«, rief Charlie. Keine Reaktion. Er schüttelte sie sanft, doch Ann blieb stumm. Sie hatte die Augen geschlossen.

Auf halben Weg in die Lungen blieb Charlies Atem stecken. Er drückte Anns Hand, sie war so warm und weich, jedoch regungslos.

Hatte er es geschafft? Oder hatte er versagt?

Charlie schüttelte seine Freundin erneut, die jedoch wie fest schlief. Ungeachtet seiner eigenen Schmerzen beugte er sich über sie und lauschte. Anns sanfter Atemzug klang wie die schönste Musik, die er je gehört hatte.

»Sie ist nicht bei Bewusstsein«, schlussfolgerte Raphael für ihn, »aber sie lebt.«

»Charlie«, begann Avid auf einmal und ihm graute vor dem Ende des Satzes, »ihr müsst von hier fliehen. Sofort.«

»Nein.«

Auch Raphael schaltete sich ein. »Wir befinden uns im Herzen von Emrond und haben gerade ihr Oberhaupt und den Mechaniker der Stadt getötet. Glaubst du nicht, dass Rufus' Wachen nach ihm suchen?«

»Sollen sie doch kommen«, erwiderte Charlie kraftlos. »Es ist mir egal.« Die Folter, Wunden und das Gefühlschaos hatten seine letzte Energie aufgebraucht. Anns Worte hätten ihn überzeugt, weiterzumachen. Aber so? Solange sie nicht reagierte, würde Charlie nicht von ihrer Seite weichen. Er würde darauf warten, dass sie die Augen aufschlug und ihn mit diesem Lächeln ansah, das ihn immer ganz nervös werden ließ.

Irgendwie stellten die beiden ihn auf die Füße. Wahrscheinlich war es Avid, der ihn mühelos hochzog – er wusste es nicht. Charlie wehrte sich nicht, er ließ es einfach mit sich geschehen. Der Innenhof und das Labyrinth verschwammen ineinander, denn sein Blick galt nur Ann, wie sie bewusstlos von Raphael getragen wurde.

Zurück blieb der T4. Charlie hatte längst vergessen, dass noch ein Stück seiner Seele in der Mechanik lebte.

Kapitel 25

DIE ENTSCHEIDUNGEN SIND GEFALLEN

Becca blickte auf den dunklen Gang zu ihrer Linken. Fackeln flackerten im kühlen Luftzug, der durch die Nischen pfiff, doch erhellte das Licht die Mauern gerade stark genug, um die anderen Mädchen in den Zellen weiter hinten auszumachen. Es war ein kleiner Trost, den Großteil der Verschwundenen wohlauf zu wissen, jedoch wog das nicht die Angst auf, die in ihrem Innern tobte. Nachdem der Fremde und Raphael verschwunden waren, hatte man sie in Rufus' privaten Kerker verlegt, falls eventuelle Käufer sie noch in Ruhe besichtigen wollten.

Becca machte sich nichts vor, es konnte nicht mehr lange dauern, bis das Bieten beginnen würde.

»Vivienne, woher kommst du?«, fragte sie angespannt.

Die Angesprochene zupfte einen Strohhalm aus dem Ballen, auf dem sie saß. »Was soll die Frage? Natürlich aus Tougard.«

»Nein, davor«, hakte Becca nach. »Was war vor Tougard?«

Vivienne sah sie fragend an. »Was soll davor gewesen sein?«

Sie schaffte es gerade noch, Vivienne nicht zu schütteln. »Was soll dieser Streich? Du erinnerst dich nicht, Vivienne?«

»An was denn?«

»Australien? Deine Heimat? Was du uns vom Surfen erzählt hast? Und von der Oper in Sydney?«

»Was ist Sydney?«

Becca drehte ihre schwarzen Locken um einen Finger, als sie nachdachte. Wie war das möglich? Vivienne war für einige Stunden fort gewesen und kehrte daraufhin mit einer völlig anderen Persönlichkeit zurück.

»Was ist mit Vivi passiert?«, regte sich Sam auf. Sie stand in der Zelle gegenüber, ihre Finger krampften sich um die Gitterstäbe. Keine zwei Meter trennten das Pärchen und doch waren sie viel weiter voneinander entfernt als vor der Entführung.

»Ich weiß es nicht.«

Becca wagte nicht, ihr in die Augen zu blicken. Zum einen fühlte sie sich schuldig für das, was die Emronder Vivienne angetan hatten. Zum anderen saß in Sams Zelle auch Himiko, Daisukes Schwester. Sie hatte es nicht über das Herz gebracht, ihr von Daisukes Tod zu erzählen und zermarterte sich gleichzeitig den Kopf, wie sie es ihr beibringen sollte. Himiko, dein Bruder war auf dem Weg, dich zu retten, wurde aber von einem maschinenartigen Sandwurm fortgerissen? Nicht nur, dass es unglaubwürdig wäre, es würde auch in diesem Moment niemandem helfen. Also schwieg Becca und fraß ihre Sorgen weiter in sich hinein.

»Kannst du uns hier nicht rausbringen, Joan?«, fragte sie und merkte, dass sie ihre Haare zu einem Knoten gedreht hatte. Überhaupt: Die ganze Situation war ein fürchterlich verworrener Knoten.

Joan ließ den Gang nicht aus den Augen. »Nein.«

»Warum nicht?«

Das Mädchen verschränkte trotzig die Arme. »Der Kapuzenmann hat gesagt, ich soll auf mein Zeichen warten.«

Überall tauchte dieser »Kapuzenmann« auf. Becca wusste nicht, was sie von dem Emronder halten sollte. Aber was sollte sie groß dagegen unternehmen? Immerhin saß sie in dieser Zelle fest.

»Auf was sollst du warten?«

»Keine Ahnung, er sagte, ich würde es erkennen.«

Fast zeitgleich stießen Becca und Sam einen tiefen Seufzer aus. Zwar hatte sie Raphael geholfen, sich zu befreien, doch die Mädchen steckten weiterhin in ihren Zellen. Bei all dem Abschaum, den sie in Emronds Arena gesehen hatte, hoffte sie, dass keinem ihrer Freunde etwas Schlimmes zugestoßen war. Ihr Streit in den Gärten war überflüssig gewesen. Gereizt, müde und ihrer nächsten Schritte unsicher hatten die Begabten sich Dinge an den Kopf geworfen, die sie so nicht gemeint hatten. Anschuldigungen, Vorwürfe. In Tougard hätten die Begabten sie mit einem Lachen oder Sarkasmus abgewehrt, wenige Stunden in Emrond hatten ausgereicht, sie alle zu verändern. Becca erging es nicht anders, sie hasste den kalten Schweißausbruch, der sie zu übermannen drohte, wenn sie an den Überfall am blauen Tor zurückdachte.

Ein Schrei zerriss die Stille. Quälend ebbte er durch die Gänge und Becca stellten sich die Nackenhaare auf. Welche Folter musste man anwenden, damit ein Mensch so brüllte?

»Was war das?«, flüsterte Sam.

Solltest du nicht fragen, wieso es näherkommt?, fügten ihre Gedanken hinzu.

Die Mädchen sahen in Richtung Gang. Selbst Lauren, die bisher nur glückselig Raphaels Erscheinen erwartet hatte.

Ein weiterer Schrei kreischte, dieses Mal näher.

Becca warf einen Blick über die Schulter. Lauren und Venja war die Farbe aus den Gesichtern gewichen. Auch Vivienne, die vorher so distanziert gewirkt hatte, spannte an, was zumindest bewies, dass sie ihre Reflexe behalten hatte.

Die Luft wurde schwer, Becca bekam Probleme zu atmen. Normalerweise waren die Kellergewölbe zugig und Kälte kroch einem in die Knochen, wenn sie nicht auf und ablief. Aber Becca spürte deutlich, wie es wärmer wurde. Ihr Atem beschlug nicht mehr, sie musste sich nicht mehr über die Arme reiben. Die Luft heizte sich auf, breitete sich wellenartig im Kerker aus.

Dann sah Becca ein Art Licht. Es zuckte nicht wie die Fackeln, es schien heller und heller, als bewegte es sich auf sie zu, doch ihr Verstand weigerte sich noch, das Geschehen zu begreifen.

Becca trat von der Zellentür zurück, das glühende Metall hatte ihr die Finger verbrannt. Die Luft flimmerte wie damals im Wüstenkessel und sie wischte sich den Schweiß von der Stirn. Ein Wesen, umhüllt von Flammen, schritt durch den Gang. Seine Augen leuchteten bedrohlich.

»Gwen!«, rief Sam dem Wesen hinterher. »Gwen!«

Gwen wie Edwards Gwen?

Gwens Feuerschein wurde schwächer und die Kälte griff erneut nach Becca. Es war wie bei einem Aufprall, man fiel, schlug auf, und obwohl man wusste, dass einem alle Knochen wehtun sollten, tauchten die Schmerzen nicht auf. Erst wenn man sich in Sicherheit wähnte, schlug der Schmerz mitten ins Gesicht und knockte einen aus: Was auch immer Gwen zugestoßen war, ihr Zorn hatte sie in eine lebende Fackel verwandelt.

Doch mit einigen Metern Sicherheitsabstand folgte Gwen jemand, von dem Becca nicht geglaubt hatte, ihn an diesem Ort wiederzusehen.

»Edward!«, rief Becca aus. Überrascht blieb er stehen, als hätte er ebenfalls nicht mit ihr gerechnet. Becca tastete ihn mit den Augen ab, obwohl sie ihn am liebsten in die Arme geschlossen hätte. Seinen Stumpf hielt er in den Aufschlägen des Mantels versteckt, jedoch sah er nicht mehr so bleich aus wie noch in den Hängenden Gärten.

»Siehst du, Becca«, sagte Joan plötzlich. »Der Kapuzenmann hat's gesagt. Es kommt ein Zeichen.«

Mit einem Handwischen bog sie die Gitterstäbe auseinander und hüpfte ins Freie. Auch Sams Zelle gegenüber öffnete sich. Die Mädchen drängelten in Freie, jede wollte die Zelle zuerst verlassen. Ihre Schritte waren wackelig, ihre Hände und Gesichter verschmutzt, aber Becca erkannte in ihren Augen etwas, das sie jeden Schritt aus Emrond würde gehen lassen: Hoffnung.

»Sam!« Aus den Augenwinkeln nahm sie wahr, wie Vivienne und ihre Freundin sich in die Arme fielen. Sie selbst stürzte Edward entgegen, doch er betrachtete die Szenerie stumm. Sein Blick ruhte auf Gwen, die ihre Pyrokinese abschwächte, bis die Flammen nur noch um ihre Hand loderten.

Becca streckte die Hand nach ihm aus, öffnete und schloss den Mund wie ein Fisch. Was sollte sie sagen? Edward begegnete ihr noch viel distanzierter als in Tougard, was die folgenden Worte umso wichtiger, entscheidender machte. Sie könnte den Streit übergehen, Edward würde es ihr bestimmt nachtragen. Sie könnte ohne Punkt und Komma eine Entschuldigung hervorsprudeln, aber hatten sie dafür Zeit? Wie lange würde es noch dauern, bis die Emronder auf Gwens Flammenspuren aufmerksam würden? Je länger sie darüber nachdachte, desto bohrender wurde die Ungewissheit.

»Es tut mir leid, dass wir einfach verschwunden sind«, sagte Becca rasch, während Lauren und Venja aus der Zelle traten. »Dir muss ich wohl nicht sagen, dass Raphael erst spricht und dann denkt?«

»Wir sollten endlich das tun, wofür wir hergekommen sind.« Edward sah sie nicht an, er blickte ernst in die Ferne.

»So schnell wie möglich.«

Edward antwortete nicht.

Die Folgen ihres Streits saßen wohl tiefer, als Becca zuerst vermutet hatte, dennoch war er da, oder nicht? Er war mit Gwen zurückgekommen, um ihnen zu helfen. Becca klammerte sich an diesen Gedanken und hoffte, alle Missverständnisse noch klären zu können.

»Was für einen Mist redest du?«, zischte Lauren, während sie den Gang hinuntereilten. »Was hast du bitte mit Edward und Raphael zu tun? Die sind eine ganz andere Liga! Die ...«

Laurens beginnende Schimpftirade wurde unterbrochen, da Edward Becca wortlos mit sich zog. Die Zellen flogen an ihr vorbei, als sie versuchte, bei Edwards und Joans Tempo mitzuhalten. Das kleine Mädchen verbog in Sekundenbruchteilen Gitterstäbe und die Begabten eilten die Gänge hinab. Becca konnte kaum glauben, dass ihr Abenteuer so plötzlich zu Ende sein sollte.

Vor der letzten Zelle vergaß Becca auf ihre Schritte zu achten und stolperte über einen Stein. Geistesgegenwärtig packte Edward nach ihr, bevor sie zu Boden ging.

»Becca, wieso gibt es dich zweimal?«, fragte Joan, während sie die Zelle aufbrach.

Nein. Wie sollte das gehen? Das war absurd.

Sie sah sich selbst. Wie eine Kopie ihres Ich von dem Abend, als die Emronder Tougard angriffen, sie trug sogar noch die gleiche Kleidung. Als hätte sich die Zeit in zwei Pfade aufgeteilt. Ihr eigener, der sie mit den Begabten durch die Dimension reisen ließ, und ein zweiter, in dem sie eine Gefangene der Emronder war. Bis auf einen entscheidenden Unterschied: Die Becca, die sie anstarrte, trug das goldene Medaillon mit dem letzten Foto ihrer Mutter.

Ich hab's dir längst zurückgegeben, erinnerte Becca sich an Laurens Worte, jetzt verstand sie sie auch. Sie hatte wirklich die Wahrheit gesagt.

Edward war der Erste, der reagierte. Grob stieß er die zweite Becca gegen eine Wand. Die Zelleninsassen kreischten überrascht auf, als er mit der Faust direkt neben ihr Gesicht schlug. »Wer bist du?«

Die andere Becca hob abwehrend die Hände, doch Edward riss ihr das Medaillon vom Hals und warf es Becca zu. Der Anhänger glitt ihr durch die schweißnassen Finger, fiel herunter und sie bückte sich, um ihn aufzuheben. Endlich hatte sie das Foto ihrer Mutter zurück.

Warum fühlte sich dieser Moment dann so schal an? Vor wenigen Wochen hatten all ihre Gedanken ihrem Medaillon gegolten und dem Weg, es zurückzuerlangen. Aber jetzt?

»Danke«, murmelte Becca dennoch aus vollem Herzen und hoffte, Edward hatte es gehört.

»Was soll das, Edward?«, fragte eins der Mädchen empört. »Becca hat die ganze Zeit auf uns aufgepasst! Wer ist die da?«

»Ich wurde nicht entführt.«

»Doch wurdest du!«, erwiderte das Mädchen zornig. »Du also nicht du, sondern sie – Becca hat uns geholfen und auf uns achtgegeben. Aus dieser Zelle wurde niemand verkauft! Im Gegensatz zu den anderen.«

»Das kann niemals Becca sein«, stellte Edward fest. Die Blicke der Mädchen richteten sich auf ihn. »Sie hat noch nicht eine Frage gestellt.«

Das entlockte Becca zumindest ein kleines Lachen, selbst wenn Edward weithin kalt und unnahbar wirkte.

Da lächelte die zweite Becca verschmitzt.

»Merde.« Sie kannte dieses Lächeln. In Tougard hatte sie es fast täglich gesehen. »Lass den Protektor los, Edward.«

Schalk blitzte in den Augen der falschen Becca auf, dann verwischte die Luft um sie herum und wurde milchig. Für einen Moment konnten die Begabten nichts als wabernden Nebel erkennen, bis das Bild sich klärte und Frederick Trench vor ihnen stand. Vor Schreck schrien einige der Mädchen auf.

»Trench?« Vivienne rang um ihre Fassung. »Ich dachte, Sie sind tot.«

»Einer musste sich doch um unsere Mädchen kümmern«, erwiderte Trench.

Trench, ihr persönlicher Protektor, hatte sich immer einen Spaß daraus gemacht, sie zu ärgern. Seine Scherze waren nicht böswillig, aber sie hatten Becca immer angespornt, besser zu werden. Becca wischte die Tränen fort, die ihr über die Wangen liefen. Trench hatte sie wochenlang imitiert, ohne dass es einem der Mädchen aufgefallen war. Dennoch hatte Edward ihn mit einem Blick entlarvt.

Edward drückte den Protektor mit dem Arm gegen die Wand. »Wir haben Sie für tot gehalten, Trench, und all Ihre Tipps und Ratschläge beherzigt, die Sie uns gaben. Wir haben Ihr Andenken in Ehren gehalten, dabei gibt es für diese Situation nur eine Erklärung: Sie haben das alles vorhergesehen, nicht wahr?«

Becca biss sich auf die Lippen. Sie wollte die Antwort nicht hören, obwohl der Rest der Begabten gespannt lauschte.

»Sie haben mich gebeten, auf Charlie aufzupassen und mehr auf meine Mitmenschen zu achten. Charlie sollte lernen, an sich zu glauben, damit ihn seine verfluchte Gabe nicht umbringt. Raphael, dass er sich auf andere verlassen sollte. Sie haben Becca diese Spiegelillusion beigebracht, die weitaus komplizierter ist, als alle ihrer anderen Techniken. Ist das ein krankes Spiel von Ihnen? Uns so viele Informationen zu geben, dass wir gerade so überleben?«

»Bitte, Edward«, mahnte Becca. »Lass den Protektor los.«

Er rührte sich nicht, sondern drückte noch fester zu. »Ich verlange Antworten.«

»Dank Joys Vorhersage wusste ich, was passieren würde. Nun ja, fast«, erwiderte Trench ruhig. »Eigentlich hätten sowohl Becca als auch Ann zu den entführten Mädchen gehören sollen. Das war meine Chance, Beccas Platz einzunehmen und meinen Teil dazu beizutragen.«

Becca klappte vor Überraschung der Mund auf, ihr Protektor hatte sie lediglich beschützen wollen.

»Ich wusste, dass Becca und Charlie aufbrechen würden, um Ann zu retten. Dieser Umstand war in allen Varianten der Zukunft nicht veränderbar.«

Und sogleich zog es ihr den Boden unter den Füßen fort.

»Wie viel haben Sie gewusst?«, regte Edward sich auf. »Die Schatten? Die Wölfe? Die Geschehnisse in Emrond?« Mit jedem Wort wurde seine Stimme schneidender, sein Tonfall härter. »Auch Daisukes Tod?«

»Mein Bruder ist tot?« Himiko brach zitternd zusammen und landete auf den Knien. Becca wollte sie trösten, aber auf halbem Wege hielt sie inne. Sie hatte nicht das Recht dazu. Nicht, nachdem sie Daisuke nicht hatte retten können.

»Mehr oder weniger konnte Joy sehen, was vorfallen würde, aber die Variationen unterschieden gewaltig«, fuhr Trench fort. »Es ist schwer zu erklären.«

Becca kam sich klein und schäbig vor. Bisher hatte sie immer daran geglaubt, dass ihr Leben sich nach ihren Entscheidungen richtete. Dass jeder Streit, den sie mit ihrem Vater geführt hatte, eingetroffen war, weil sie es provoziert hatte. Nicht weil irgendein Schicksal es vorherbestimmt hatte. Was nutzte es, gegen das Schicksal aufzubegehren? Wie sehr man sich auch abmühte, es wartete auf die nächste Gelegenheit und schlug erbarmungslos zu. Letzten Endes war sie wie jeder andere nicht mehr als eine Spielfigur des Schicksals, deren Bewegungen längst feststanden.

»So musst du nicht denken, Becca«, berichtigte sie Trench. »Joys Vorhersage war vage. Einmal ist Edward mit euch aufgebrochen, in einer weiteren Version nicht. So veränderte sich das gesamte Bild, bis jeder seine Entscheidungen getroffen hatte. Es hätte weitaus schlimmer ausgehen können.« Trenchs Lächeln war bitter.

»Weitaus schlimmer?«, echote Edward und hielt Trench seinen Stumpf vor das Gesicht. »Schlimmer als das?«

Heiße Tränen liefen Becca über die Wangen. Edwards Arm war vollständig genesen, was bedeutete, dass er einen Heiler aufgesucht hatte. Doch seine abgetrennte Hand war offenbar nicht mehr zu retten gewesen.

»Nur weil man weiß, was geschehen könnte, trifft es noch lange nicht ein.« Falls Trench schockiert über Edwards Stumpf war, verhüllte er es meisterlich. Der Protektor wirkte so gelassen wie immer. »Weitaus schlimmer ist es, wenn man Tage, Wochen oder auch Jahre wartet, immer mit der Gewissheit, dass es passieren kann. Kann, nicht muss. Man empfängt die Begabten in Tougard, unterrichtet sie und hat doch stets im Hinterkopf, dass es passieren kann.«

»Wie egoistisch von Ihnen!«, brach es aus Gwen heraus, Funken tanzten um ihren Körper, als würde sie sich jeden Moment erneut entzünden. »Haben Sie je darüber nachgedacht, was diese Entscheidungen, wie Sie es nennen, für unsere Leben bedeuten?«

»Natürlich habe ich das.«

»Warum haben Sie uns nicht gewarnt?«, fragte Becca. »Wir hätten den Angriff verhindern können. Wir hätten …«

»Ich hätte die Zukunft verändert, indem ich sie offenbarte«, gab Trench zu bedenken. »Auf diese Art habe ich zumindest dafür gesorgt, dass ihr eure Fähigkeiten gut genug beherrscht, um euch selbst zu helfen. Ich habe versucht, die Zukunft in eine Richtung zu lenken, die für euch alle die beste ist.«

»Die beste?«, echote Becca und dachte an die vergangenen Wochen. Wieso mussten sie sich an das Schicksal halten, wenn sie die Möglichkeit hatten, es zu verändern? *Daisuke könnte noch leben,* dachte sie traurig.

»Unsere Fähigkeiten bieten uns eine Menge Vorteile und Freiheiten, dennoch müssen wir uns an gewisse Regeln halten. Der unantastbare Verlauf der Zukunft gehört dazu«, sagte Trench leise. »Vielleicht verflucht ihr jetzt die Geschehnisse, aber auf lange Sicht werdet ihr erkennen, dass sie einem höheren Zweck dienten, dass alles einen Sinn ergibt.«

Endlich ließ Edward den Protektor los. »Ich habe genug gehört«, sagte er kalt. Emotionslos.

Wer konnte es ihm verübeln? Trench hatte mit ihnen und ihren Leben gespielt. Edward vergaß nur eins: Die letzten Wochen hatten sie zusammengeschweißt, ganz gleich, was das Schicksal noch bringen würde. Sie, Edward, der Rest ihrer Gruppe. Edward würde es sicherlich abstreiten, aber Becca würde ihm widersprechen. Sie erinnerte sich an genügend falsche Freunde, um zu wissen, wann sie echte gefunden hatte. Letztendlich würde sie Edward dies jedoch nur beweisen, wenn sie weiterhin an ihrer Freundschaft festhielt.

Becca warf einen Blick zu Vivienne. Dennoch sollten die Begabten keinen Moment länger in Rufus' Kerker verweilen.

»Protektor, ich habe Sie immer geschätzt, Sie immer für meinen Ziehvater gehalten.« Becca hob die Hand, zögerte und versetzte dem alten Mann eine schallende Ohrfeige. »Für das, was Sie getan – oder besser nicht getan – haben, verabscheue ich Sie jedoch.« Auf dem Absatz kehrtmachend hatte sie ihre Entscheidung getroffen. Von welch höherem Sinn Trench auch sprach, Becca würde sich auf die Seite ihrer Freunde stellen. Wenn das gegen irgendein Schicksal sprach, dann hatte es verdammt noch mal Pech gehabt.

Hoffentlich sehen die anderen das auch so, schoss es Becca durch den Kopf.

Edward hatte bereits die Zelle verlassen, so dass sie ihm nacheilen musste. »Was ist mit den anderen?«, rief sie laut. Er und Gwen würden nicht einfach verschwinden. Oder?

»Hast du Trench nicht gehört?« Ohne innezuhalten, strebte er weiter den Gang entlang.

»Wie kannst du einfach abhauen?«, regte sich Becca auf. »Selbst wenn wir es nicht sind, Raphael ist dir wichtig. Oder nicht? Was ist mit ihm?«

»Er findet immer einen Weg nach Hause.«

»Charlie versucht, Ann zu retten!«

»Eine törichte Entscheidung in dieser Stadt.«

»Edward!«, herrschte Becca ihn an. Sie hatte es satt, ständig mit seinem Rücken zu sprechen.

Er schickte ihr lediglich einen wütenden Blick über die Schulter, so dass Becca in sich zusammenschrumpfte. »Ist es so falsch, dass ich zunächst meinen eignen Hals retten möchte?«

»Vielleicht will ich meinen auch retten?«, blaffte Becca und die anderen Mädchen schnappten ungläubig nach

Luft. In Tougard traute sich niemand, so mit Edward zu sprechen. Und wenn schon! »Wir haben den gleichen Weg und das gleiche Ziel. Wir wollen hier raus und zurück nach Tougard!«

»Das sehe ich anders. Und wenn du auf meine Pläne hoffst, dann muss ich dich enttäuschen.«

»Ja, ich habe mich auf deine Pläne verlassen, weil sie nun mal besser sind, als das, was ich zusammengedacht bekomme – ist es das, was du hören willst?«, gestand Becca beim Laufen. Nur aus dem Augenwinkel sah sie, dass die anderen Begabten ihnen folgten. »Ja, es war dumm, nicht auf dich zu hören und es hätte den Schlamassel nicht hervorgerufen. Aber lass diese ganze Scheiße von wegen *das-diente-einem-höheren-Zweck* nicht über uns bestimmen, so dass wir jetzt auseinanderbrechen. Vielleicht ist dein Part unserer Gruppe sogar der schwierigste, da wir andern ständig unseren eigenen Kopf durchsetzen wollen, aber ohne dich sind wir aufgeschmissen, Edward.«

Bitte, glaube mir.

Zwar erwiderte Edward nichts, dafür blieb er aber endlich stehen und ließ Becca zu sich aufschließen. Tausend Entschuldigungen würden nicht reichen, um den Verlust seiner Hand wiedergutzumachen, Becca würde es dennoch versuchen.

»Dieses Mal habe ich einen Plan«, warf Gwen ein, Seite an Seite mit Edward. Sie ballte ihre Hand zur Faust, bis ein Feuerball erschien. Einen nach dem anderen schickte sie durch die Gänge und ließ die Zellen in Flammen aufgehen. Ihr Feuer leckte über die Gitterstäbe. Rufe … nein Schreie gellten. Vor Angst, vor Panik. Becca drehte sich der Magen und würgte beim unerträglichen Gestank, der ihr entgegenschlug. Gwen verbrannte die Insassen bei lebendigem Leib, ohne dass sie mit der Wimper zuckte. Edward bedachte sie mit einem besorgten Blick, schritt aber nicht ein.

Der Eiskönig und die lebende Fackel, dachte Becca grimmig an ihre alten Spitzennamen in Tougard. *Das wird noch lustig werden.*

Ohne Vorwarnung trat Trench zu ihnen, so dass Edward sich sofort verspannte.

»Was ist mit dem jungen Mann dort hinten?« Der Protektor wies in die Schatten. Eine rotbraune Kapuze stach aus der Dunkelheit heraus, die Becca sehr bekannt vorkam.

»Kapuzenmann!«, jauchzte Joan und lief auf ihn zu. Rasch wich der Emronder ihr aus.

»Du schon wieder!«, rief auch Becca erstaunt. »Ich dachte, du bist bei Charlie und Raphael.« Wie er an zwei, drei – zu vielen – Orten gleichzeitig auftauchte, konnte sie sich nicht erklären, aber dieser Gedanke war zunächst nichtig.

Edward warf Becca einen fragenden Blick zu und sie gab rasch Entwarnung, was den Emronder betraf.

»Kommt.« Der Fremde nickte ihnen zu. »Die Assassinen erwarten euch bereits.«

Charlie konnte nicht mehr sagen, ob zehn Minuten oder zehn Stunden vergangen waren, seitdem Avid die Begabten in die Hängenden Gärten geführt hatte. Er hatte nicht damit gerechnet, diesen Ort noch einmal wiederzusehen; zu viele schlechte Erinnerungen knüpfte er daran. Noch weniger hatte er damit gerechnet, dass sich inmitten der Gärten Avids Familie versteckte. Die Assassinen nahmen sie in Empfang, verarzteten und versorgten sie, Charlie jedoch lehnte jegliche Hilfe ab. Solange Ann nicht aufwachte, würde er nicht von ihrer Seite weichen. Lediglich Raphael hatte ihn dazu gezwungen, seine Schulter verbinden zu lassen. Sonst – so hatte er gedroht – würde er ihn wieder von den Füßen heben und gegen die nächste Wand schmettern. Schließlich geschah es zu seinem Besten.

Wie zu Beginn ihres Aufenthalts nutzten die Begabten die Gärten als ihr Lager. Nur Charlie saß weit abseits von den anderen auf einer Bank. Die Stimmen der entführten Mädchen hallten von den oberen Terrassen zu ihm herunter, die alle gleichzeitig von ihrer Gefangenschaft berichteten. Die Stimmung war laut, unbändig, um nicht zu sagen fröhlich.

Die Gärten lagen so friedlich vor Charlie wie schon bei seinem ersten Besuch. Die Bäume rauschten im Wind. In der Ferne hörte er sogar die seltene Stimme eines Vogels. Wie gerne hätte er Ann die Parkanlage gezeigt. Er hätte einfach mit ihr den Nachthimmel über Emrond betrachtet. Aber Ann lag bewusstlos in Charlies Armen, ihre Beine auf der Bank ausgestreckt.

Seine Freunde – Charlie konnte nicht glauben, dass er je an ihnen zweifelte – hatten bestürzt auf Anns Zustand reagiert und vor allem Becca hatte ihn mit Fragen bombardiert. Genauso schnell hatten sie ihn wieder in Ruhe gelassen, damit er sich in Ruhe von Ann verabschieden konnte.

Charlie wollte den Gedanken, dass die Zeit mit ihr auf Minuten begrenzt sein sollte, am liebsten von sich stoßen. Er wollte ihn zerstören, dem Arzt der Assassinen verbieten, dass er diese Vermutung aussprach. Doch war es längst geschehen und Charlie musste mit der Tatsache ringen, dass seine Heilung Ann lediglich ein wenig mehr Zeit verschafft hatte.

Behutsam fuhr er durch Anns weiches Haar, entlockte ihr jedoch keine Reaktion. Ihr Atem ging flach, aber gleichmäßig. Dennoch beunruhigte Charlie ihre bleiche Gesichtsfarbe. Er schob sie dem Schock der Schussverletzung zu und versuchte sich zu überzeugen, dass Ann sich nur gesund schlief. In ein paar Stunden würde sie ihre Energiereserven wieder aufgeladen haben und dann nonstop über den T4 reden. Ganz bestimmt.

Du hast getan, was in deiner Macht lag, Junge, er hasste die Worte des Arztes, *gib ihr ihren Frieden und schließ ab.*

»Wach auf, Ann«, flüsterte Charlie, nicht gewillt, Ann aufzugeben. Ein Kloß bildete sich in seinem Hals, der ihn am Sprechen hinderte. »Wir müssen doch wieder zurück nach Tougard, um Tyrdon zu ärgern und unsere Abschlussprüfung machen.« Er wischte mit dem Ärmel Staub von Anns Gesicht und ignorierte die Schmerzen, die dabei durch seinen Arm zuckten. »Wir müssen doch nach Hause, damit deine Geschwister dich nerven und du die Deppen bei uns in der Schule vorführst. Du darfst mich nicht alleine lassen.«

Charlie tastete nach Anns Puls, nur um sicherzugehen. In seiner Welt wäre sie längst in ein Krankenhaus eingeliefert und tausendfach durchgecheckt worden, aber hier konnte Charlie nur auf sein mageres Wissen als Heiler zurückgreifen.

Charlies Hand suchte nach einer anderen Stelle, aber er spürte nichts. Kein Pochen. Er starrte auf seine Finger, als würden sie ihn Lügen strafen, und wartete darauf, dass unendliche Traurigkeit und noch größerer Kummer ihn hinterrücks überfielen. Ein stechender Schmerz, bittere Tränen – irgendetwas. Aber sein Herz schlug weiter, als sei nichts geschehen. In den letzten Stunden war er so vielen extremen Stimmungen ausgesetzt gewesen, Charlie fühlte sich nur noch müde, erschöpft und seltsam leer.

Ann lag tot in seinen Armen und das Einzige, das er empfand, war eine schwarze Leere, die sich in seinem Innern ausbreitete. Sie tötete seine Freude ab, seine Neugier, seine in den Hintergrund gerückte Sorge um seine Freunde und lähmte seine Gedanken, während er tiefer und tiefer ins Nichts der Bedeutungslosigkeit versank.

»Avid!«, rief Charlie verzweifelt.

Sofort trat der Assassine aus den Schatten heraus. »Hier.«

»Sag, hat dein Onkel auch Anns …« Wenn er es aussprach, erlangte es eine nicht mehr zu ändernde Endgültigkeit.

»Nein, das hatte er nicht vorausgesehen. Nicht jede Einzelheit enthüllt sich.« Avid kniete vor ihm, wie ein Soldat vor seinem Herrn. Durch die tief ins Gesicht gezogene Kapuze konnte er kaum seine Mimik ausmachen.

Die Erkenntnis traf Charlie wie ein Schlag. Ann würde nie mehr mit ihm lachen, nie mehr mit ihm reden oder zusammen, nein, von jetzt an gab es kein »zusammen« mehr. Von jetzt an war Charlie allein. Egal, ob in Tougard oder in einer anderen Realität.

Charlie zog Ann dichter heran, als müsste er ihre Wärme einsaugen, bevor ihr Körper sie verlor. Er konnte nicht glauben, dass Ann unbemerkt in seinen Armen gestorben war. Welchen Sinn machte es, ohne Ann weiterzuziehen?

»Schlag meine Kapuze zurück«, sagte Avid plötzlich und riss Charlie aus seinen Gedanken. Der Assassine hatte sich nicht vom Fleck gerührt.

»Wieso? Was ändert es?«

»Es ist mir verboten, es zu tun, aber du kannst es. Du kannst Dinge verändern, Charlie.«

Zögernd schob er den dichten Stoff zurück und erstarrte. Emronds Hitze hatte Avids Hände und sein Gesicht so braun gebrannt wie bei einem Sonnenanbeter in Charlies Welt. Alleine wegen Avids Haut war er davon ausgegangen, einen Perser vor sich zu haben. Doch sein Gesicht – er hätte Europäer sein können. Oder Amerikaner. Die blauen Augen und das kurzgeschnittene, schwarze Haar konnten überall ihren Ursprung gefunden haben, nur nicht im Mittleren Osten. Als wären durch die Generationen, die seine Vorfahren in Emrond gelebt hatten, alle Merkmale verwischt und ineinander übergegangen.

»Nicht, Becca«, rief Raphaels Stimme plötzlich im Zorn. »Kannst du ihn nicht mal Ruhe lassen, wenn er sich von ihr verabschiedet!«

»Wie kannst du ihn in so einer Situation alleine lassen wollen?«, keifte Becca zurück. Charlie hörte, wie ihre Schritte näher kamen. »Seine Welt bricht gerade zusammen und wir sind nicht bei ihm, um ihm beizustehen.«

Stimmt ja. Charlie musste den Begabten gegenübertreten und von Anns Tod berichten. Aber wie? Er konnte es selbst kaum beschreiben. Charlie erstarrte, als er den Gedanken weiterführte. Irgendwann würde er es auch Anns Familie erklären müssen.

»Mein zweites Ich hat sie von ihrem Tod unterrichtet«, erklärte der Assassine, doch Charlie verstand immer noch nichts. Avid berührte ihn zögernd an der Hand und zog sich sogleich wieder zurück. »Nur wenn ich etwas Festes berühren kann, bin ich keine meiner Astralprojektionen.«

Tief versteckt in seinem Bewusstsein freute sich Charlie über Avids Offenheit, aber er war zutiefst verwirrt. Wie konnte Avid einfach weitermachen? Ann lag leblos in Charlies Armen und er unterrichtete die Begabten einfach.

Er hatte die letzten Tage ohne Ann überstanden, doch ihm würde ihre Begeisterung für die Mechanik und Fröhlichkeit fehlen. Was versuchte er sich einzureden? Ihm würde alles fehlen! Sein Tag begann mit der Vorfreude, Ann zu sehen und endete damit, dass er über Skizzen von ihr einschlief. Ein Leben ohne Ann war kein Leben. Nur eine sinnlose Abfolge von Tagen und Nächten.

»Du kannst jetzt gehen«, sagte Charlie tonlos. »Ich brauche deinen Schutz nicht mehr.« Er brauchte nichts mehr.

Avid starrte weiter zu Boden.

»Verzeih mir«, flüsterte er und ballte die Hände zu Fäusten. »Es ist meine Schuld, ich habe zugelassen, dass mich etwas ablenkt. Ich musste an so vielen Orten zeitgleich sein und doch habe ich nur nach einem Ausweg für mich gesucht, einen Ausweg in die andere Welt. Ich war selbstsüchtig. Ich sollte tot sein und nicht sie. Du hast mich beschützt, obwohl es doch anders herum sein sollte – und so nahm Ann meinen Platz ein.«

Charlie hatte Avid noch nie so viele Worte an einem Stück sprechen gehört, dennoch behielt der Assassine recht. Er hatte den T4 angewiesen, seine Freunde zu beschützen, und ein Querschläger hatte dadurch Ann getroffen. Das Schicksal wich manchmal von seinem ursprünglichen Weg ab, forderte dennoch die Toten ein.

»Aber du kannst Dinge verändern, Charlie, du hast mich schon verändert, mehr als ich mir erlaube einzugestehen. Ich weiß nicht wie, vielleicht, weil du ein Seelenseher bist.« Avid blickte auf. Charlie hatte mit seinem ernsten Gesichtsausdruck gerechnet, aber er schenkte ihm ein aufmunterndes Lächeln. Zumindest etwas, das einem Lächeln nahekam. »Deswegen besteht für dich die Chance, Ann zu retten. Es ist deine Entscheidung.«

Charlie klappte der Mund auf. »Tatsächlich?«

»Deine Gabe wird dir helfen.« Avid schien wirklich überzeugt davon zu sein. »Nach dem Tod verschwindet die Seele eines Menschen nicht direkt. Du darfst Ann nur nicht loslassen.«

Warum sagte er das erst jetzt? Anstatt sich über diese Möglichkeit zu freuen, packte ihn erneut die Angst. Wie viel Zeit blieb ihm noch? Minuten? Sekunden?

»Wenn sie das Wichtigste für dich ist, halt sie fest, Charlie.« Demütig senkte Avid den Kopf, als erwartete er eine Strafe für seine Verfehlungen.

»Meine bescheuerte Gabe ist der Ausweg?«, flüsterte Charlie jedoch. Er hatte nicht die geringste Idee, wie er diese Fähigkeit einsetzen sollte. Sie tauchte immer nur auf, wenn er in Schwierigkeiten steckte, und machte dann die Situation noch schlimmer.

Aber wenn er dadurch Ann zurückbekommen konnte? Wenn er dadurch Perikles' Prophezeiung ungeschehen machte? Obwohl es bedeutete, erneut gegen die Ordnung der Welt anzukämpfen, gegen das Schicksal selbst, glaubte er Avids Worten. Nach den letzten Tagen würde er ihm immer glauben.

»Wie soll das funktionieren?«

»Horch in dich hinein. Höre nur auf dein eigenes Gefühl.«

»Ich höre, aber da ist nichts. Ohne Ann ist da nichts mehr.«

»Horch in dich hinein«, wiederholte Avid. »Wie berührst du eine Seele?«

Und Charlie kam eine Idee. Er fixierte die leblose Ann in seinen Armen. *Wie hat es sich angefühlt, als Rufus mich in die Seelenebene zog?* Er dachte an das Stechen über seinem rechten Auge, das Kribbeln seiner Haut. Selbst die heiße Übelkeit rief sich Charlie ins Gedächtnis. Für einen Augenblick flackerte diese weiße Welt vor seinen Augen auf und Charlie erhaschte einen Blick auf Ann.

»Charlie? Wie bist du …«, rief sie überrascht. Im nächsten Moment sah er wieder ihren leblosen Körper und das klebrige Blut an seinen Fingern. Aber er hatte ihre Stimme gehört, klar und deutlich.

Noch war ihre Seele nicht verschwunden.

Wieder und wieder kippte das Bild in die weiße Wirklichkeit und zurück. Ein weiterer Gedanke durchdrang Charlies Hilflosigkeit: Immer wenn er emotional überfordert gewesen war, hatte der Seelenseher in ihm reagiert. Die Geister, die Gefühle, die nicht seine eigenen waren, intuitiv die anderen Begabten zu verstehen. Wenn er es recht bedachte, schlummerte der Seelenseher schon sehr lange in ihm. Für Ann würde er seine letzten Zweifel verscheuchen, sich eingestehen, wer er wirklich war.

Ich bin ein Seelenseher. Rufus' Worte kamen ihm in den Sinn. *Ich kann die Ebene der Seele nach meinem Willen formen und deswegen gehe ich jetzt zu Ann.*

»… du hergekommen?«

Charlie zuckte zusammen. Die weiße Welt. Ann. Ein Jubelschrei löste sich in seiner Kehle.

»Du siehst schon wieder anders aus.« Ann legte den Kopf schief und lächelte über seinen Ausbruch.

Er sah an sich herunter, konnte aber keine Veränderung ausmachen. Außer dass er seine Lieblingskleidung trug und die Luft um ihn herum zu vibrieren schien.

Doch Ann wandte sich von ihm ab und ihre Gestalt begann zu verblassen, so dass Charlie hinter ihr herrannte. In der dünnen Luft begehrten seinen Lungen auf, aber er konnte nicht zulassen, dass Ann sich auflöste. »Geh nicht!«

Sie drehte sich nicht einmal um. »Daran kannst du nichts ändern.«

»Doch kann ich!«, herrschte Charlie sie an. Wenn er Ann nicht stoppte, würde sie für immer verschwinden. »Ich weiß, ich bin das absolute Gegenteil von Raphael, aber ich bin nicht …« Charlies Gedanken rasten, auf einmal sprudelten Worte aus seinem Mund, die für sie wahrscheinlich keinen Sinn ergaben.

»Was hat das mit Raphael zu tun?« Ann funkelte ihn böse an.

»Du magst ihn doch?«

»Er ist ein Freund?«

»Ja, aber«, Charlie rang um Worte, »ich dachte … du und Raphael?«

»Raphael ist nett, sonst nichts.« Ann verschränkte die Arme, wie immer, wenn Charlie etwas Falsches ansprach. »Das war wohl kaum, was du mir sagen wolltest. Oder?«

»Nein. Ich will nicht, dass du gehst. Ich will dir noch so viele Dinge erzählen, wir müssen noch so vieles …«

»Ich weiß.« Ann lächelte milde, als hätte sie ein Treffen zum Lernen oder Pizzaessen mit ihm abgesagt. »Aber das ist jetzt egal.«

»Mir bist du aber nicht egal!«, schrie Charlie. Er folgte einer letzten, aussichtslosen Eingebung, zog Ann zu sich heran und küsste sie. Oft hatte er sich vorgestellt, wie es wäre, dass sie ihn überrascht wegstieß oder vor Schreck erstarrte. Doch Ann schmiegte sich dicht an ihn, schlang die Finger um seinen Nacken und erwiderte den Kuss mit einer Heftigkeit, als wollte sie die körperlichen Grenzen zwischen ihnen schmelzen lassen. Charlie spürte nicht nur Anns Lippen auf seinen eigenen und ihren Atem an seiner Wange, sondern er riskierte auch einen Blick tief in ihre Seele.

Eine Berührung zwischen zwei Seelen verläuft intensiv, erzeugt Licht und Energie. So eine Berührung war nicht mehr mit der körperlichen Ebene vergleichbar, zwischen Liebenden war sie die reinste und mächtigste Form überhaupt.

Der Wunsch Ann ins Leben zurückzuholen, verstieß gegen die natürliche Ordnung, in der der Tod etwas

Unwiderrufliches war. Aber das störte Charlie nicht, er ahnte auch nicht, welche Konsequenzen das haben würde. Für ihn zählte nur, den liebsten Menschen in seinem Leben nicht zu verlieren.

Charlie blinzelte und die Welt kippte zurück in die Realität. Die Schmerzen seiner Verletzungen kehrten mit voller Wucht zurück, dennoch hielt er Ann umklammert und zwang sich zum Innehalten, um diesen Moment der Ungewissheit zu ertragen. Hatte er Ann zurückgeholt? War er gescheitert?

Da holte Ann tief Luft und Charlie drückte sie fest an sich.

Genau in diesem Moment fuhr ein Riss durch das Gefüge der Dimension, ein Riss und das Gleichgewicht zwischen Leben und Tod begann zusammenzubrechen.

»Du hast es geschafft«, meinte Avid leise, doch Charlie registrierte es nur beiläufig – umso mehr spürte er, wie Anns Herzschlag wieder einsetzte. Ein schöneres Gefühl konnte Charlie sich nicht vorstellen.

Geräuschlos zog Avid sich in die Schatten zurück.

»Es ist alles in Ordnung.« Anns Stimme klang spröde, als wäre sie unendlich erschöpft, aber der Seelenseher in ihm nahm auch ihre Verlegenheit wahr. »Ich habe nicht vor, irgendwo hinzugehen.«

»Versprich es mir«, flüsterte Charlie. Ann sollte ihn so nicht sehen. Sie sollte nicht sehen, dass er jeden Moment vor Glück und Fassungslosigkeit in Tränen ausbrechen würde. »Versprich mir, dass wir zusammen zurückkehren. Dass wir weiter deinen Eltern verheimlichen, wenn man dir den Reifen aufschlitzt. Dass ich dir Englisch übersetzen darf und wir Claire und Caro aus deinem Zimmer schmeißen, diesen Sommer wieder zelten gehen und …«

»Wovon sprichst du? Wir haben sowas nie gemacht.«

Charlie blieben die Worte im Hals stecken. »Wir haben doch immer …«

»Nein, Charlie.« Sie maß ihn mit einem verwunderten Blick.

»Du erinnerst dich nicht?«, zweifelte er.

»Woran sollte ich mich erinnern?« Ann wand sich aus seiner Umarmung. »Du hast mich nach Tougard gebracht. Du hast mir diese Welt gezeigt.«

Als wäre sie nie verletzt gewesen, stand Ann mühelos auf und sah sich erstaunt in den Gärten um. Dann hielt sie ihm die Hand hin, an deren Fingern noch ihr Blut klebte.

»Und vor Tougard?«, fragte Charlie mit bleierner Stimme. Er brauchte erst Gewissheit, bevor er danach greifen konnte.

»Wieso davor? Ich hab dich doch erst kennengelernt, als du in meinem Zimmer gelandet bist. Du hast die ganze Zeit von etwas viel Besserem als meinem Leben gesprochen«, sie lächelte, »da bin ich mitgekommen.«

Ungläubig starrte Charlie sie an. Seine Freundin hatte das verloren, was sie bisher immer miteinander verband: sieben Jahre voller Lachen, Tränen und einzigartigen Erinnerungen. Charlie war wie gelähmt. Würde Rufus noch leben, jetzt hätte er ihn liebend gern getötet. Langsam und qualvoll. Wer sonst sollte das Gedächtnis seiner Freundin verändert haben?

Auf Charlies Reaktionslosigkeit hin zuckte Ann lediglich mit den Schultern. »Ich werd mal Becca und Lauren suchen und ihnen erzählen, was in der Zwischenzeit passiert ist.«

»J-ja, klar«, würgte er hervor.

Kaum hatte Ann sich von ihm abgewandt, stellte sich Charlie auf seine wackeligen Füße und schleppte sich in die Richtung, in der er Avid vermutete. Der Assassine eilte ihm entgegen.

»Wie ist das möglich?«, fragte Charlie bitter.

Bisher hatte Avid stets eine Antwort gewusst. Jetzt warf er sich in den Staub, bis seine Stirn nur noch knapp über dem Boden schwebte.

»Ich bin niemand, vor dem du dich verbeugen musst«, fuhr Charlie fort. Den Kopf hängen zu lassen, brachte ihn nicht weiter. »Verrat mir lieber, wie Rufus sowas vollbracht hat und wie wir es rückgängig machen können.«

»Ich weiß es nicht. Wenn, dann hätte ich längst …«

»Schon gut. Aber bitte steh endlich auf. Ich glaub nämlich nicht, dass ich mich noch lange aufrecht halten kann.«

Avid stützte ihn, als seine Verletzungen letztendlich ihren Tribut zollten und Charlie bedrohlich schwankte. Gemeinsam gingen sie zurück zu den Begabten, stießen jedoch auf der nächstliegenden Terrasse auf Raphael und Becca. Die Französin drückte Ann an sich, die Wangen tränennass. Raphael starrte Charlie perplex an, ihm fehlten die Worte.

»Das ist nicht möglich!«, schluchzte Becca.

Ann bedachte Avid mit einem neugierigen Blick. »Wir haben sicher alle eine Menge Fragen an Charlie.«

Müde zwang er sich zu einem aufmunternden Lächeln. Ihm selbst brannten genug Fragen auf der Seele.

Schon immer hatte Charlie Dinge gesehen, die anderen verborgen blieben. Nun sah er die Veränderungen im Gesicht jedes Einzelnen und der Seelenseher in ihm bestätigte ihre Gefühle. Emrond hatte ihnen viel abverlangt, doch er spürte etwas an Ann, woran er schon nicht mehr geglaubt hatte. Ihr Kuss verlieh Charlie Hoffnung, dass Ann an seiner Seite sein würde. Somit konnten sie an jedem kommenden Tag neue Erinnerungen schaffen.

Und irgendwann werde ich auf alle meine Fragen eine Antwort finden, dachte Charlie halbwegs zuversichtlich.

»Ich muss sagen«, flüsterte eine Stimme in sein Ohr, die verdächtig nach Sarah klang, »das hast du gut gemacht.«

Charlie blickte über die Schulter, entdeckte jedoch nur ein weißes Flackern, das in der Dunkelheit verschwand.

Noch ahnte er nicht, dass Ann von den Toten zurückzuholen, Mächte aufgerüttelt hatte, gegenüber denen Emrond harmlos wirkte.

Epilog

Zum ersten Mal war Avid des Laufens müde. Seit Tagen klatschten Regentropfen aus graublauen Wolken und durchnässten ihn. Sie rannen ihm eiskalt den Nacken herunter, durchweichten seine Kleider, landeten immer im falschen Moment auf seiner Nasenspitze und kitzelten ein Niesen hervor. Das hatte nicht einmal Emronds Staub geschafft. Dafür kannte Avid nun die Bedeutung von Worten wie »nass« und »kalt« und deren Kombinationen. In Emrond hatte er nie gefroren. Nicht einmal nachts, wenn die Temperaturen in den Keller sackten und die *Gudra* sich aus ihren Kellern und Löchern wagten. Und Regen? Regen war im Höchstfall dreimal im Jahr im Dreck der Stadt versickert.

Obwohl es nicht sein erster Tag im Wald war, erkundete Avid seine Umgebung mit allen Sinnen. Er sah aufgescheuchten Hasen hinterher – einem echten, lebendigen Hasen! Er tastete über weiche Blätter, hörte den Geräuschen des Windes zu und hatte nach gutem Zureden selbst Stachelbeeren gekostet.

Aber die größte Veränderung der letzten Tage war nicht das Wetter, nicht die Umgebung und auch nicht der Umstand, dass Avid es satthatte, weiterzulaufen. Nein, er hatte Menschen gefunden, die ihn bei sich aufnahmen. Nicht, weil es ihre Pflicht war, eigentlich hatten sie keinen besonderen Grund dafür.

Charlie warf einen Blick über die Schulter. »Du verfolgst mich schon wieder.«

Avid runzelte die Stirn.

»Wir sind alle gleich, schon vergessen?«, scherzte Charlie und wartete darauf, dass er zu ihm aufschloss.

Doch rührte Avid sich nicht. »Ich habe es nicht verhindern können.«

»Dich trifft keine Schuld.«

»Aber ich …«

Charlie lächelte milde. »Keine weitere Diskussion.«

Die Begabten waren in der gleichen Nacht aufgebrochen, in der er Rufus getötet hatte. Avid und die Assassinen hatten sie sicher aus der Stadt geführt, während die Nachricht von Rufus' Sturz die Runde machte. Einige der älteren Assassinen hatten sich ihnen angeschlossen. Fünfzig Jahre waren vergangen, seitdem sie aus Tougard entführt worden waren. Dennoch gehörten sie zu den ersten, die die Flammenwerfer hinter sich ließen; Hoffnung beflügelte ihre Schritte.

Bis zum Schluss war Avid an Charlies Seite geblieben. Durch Schmerzen und Blutverlust halb bewusstlos, hatte Raphael ihn auf dem Rücken getragen, seine Freunde hatten schon nach ihnen gerufen. Nie hatte Avid sich in so einem Zwiespalt gefunden. Sein Auftrag, Rufus zu beseitigen war erfüllt, er lebte, dennoch fühlte er sich für Charlies Leid verantwortlich. Wenn Avid einfach gehen würde, so wusste er, hätte er versagt. Er konnte nicht einfach verschwinden, noch weniger wollte er einen Abschied.

Das alles hatte ihn zutiefst verunsichert. Und dann hatte Charlie noch das Unmögliche erfragt:

»Warum kommst du nicht mit uns?«

Ja, warum ging er nicht einfach mit ihnen?

Die Welt lag plötzlich offen vor Avid, dennoch hatte er keine Antwort gewusst. Bis sein Onkel ihm eine Tasche mit seiner Habe und den Köcher mit seinem Gebetsteppich in die Hände drückte. Osmar hatte ihm einen neuen Auftrag erteilt: Den Seelenseher vor allem zu beschützen, was das Schicksal für ihn bereithielt.

Avid lief neben Charlie her, der direkt auf eine kleine Siedlung zusteuerte. Ihr Weg konnte nicht mehr weit sein, die meisten Begabten sprachen über nichts anderes als weiche Betten und Türmännchen. Dennoch zögerte Avid, bevor er die unsichtbare Grenze des Waldes überschritt.

Instinktiv zählte er die Häuser und prägte sich die Eingänge sowie Schlupfwinkel des Dorfes ein, noch bevor ein Bewohner sein Haus verließ oder aus dem Fenster schaute. Seine Finger umspielten das Messer, das in seinem Ärmel versteckt lag. Doch die Menschen winkten den Begabten zu und riefen durcheinander, wie froh sie waren, dass man gesund zurückkehrte.

»Hallo, Gladys«, grüßte Trench eine Anwohnerin lächelnd. »Ich komme die Tage wieder zu einer Tasse Beitee vorbei.«

»Ich freue mich schon, Frederick!«

»Das ist Mrs. Peel. Sie könnte eine Beschafferin sein, betreibt aber viel lieber ein Café.« Charlie zeigte in alle Richtungen und erzählte von den Menschen und Geschäften des Dorfs, das die Begabten »Taun« nannten. Avid merkte sich so viel wie möglich, obwohl nichts seine Achtsamkeit hervorrief. Eine friedlichere Siedlung hatte er noch nie gesehen. Allein die vielen Verzierungen und bunten Schilder faszinierten ihn maßlos.

»Warum mussten wir noch mal den Umweg durch Taun nehmen?«, murrte eins der Mädchen.

»Venja, wir haben es dir erklärt«, erwiderte Vivienne, die Avid nicht geheuer war. Rufus hatte fast alle ihre Erinnerungen gelöscht und es gab immer wieder Momente, in denen sie sich eher wie eine willenlose Puppe aufführte. »Der Weg ist nicht bedeutend länger.«

»Wir hätten schon vor einer Woche ankommen können«, beschwerte sich Edward, Hand in Hand mit seiner Freundin. »Wenn Raphael sich nur getraut hätte, unsere Picknicktratschtanten zu scheuchen. Dann wären wir schon lange da.«

»Ich nenne sie immer Kreischfraktion, aber deins ist auch nicht schlecht«, warf Becca lachend ein. »Auf dem

Weg nach Emrond war es ihm herzlich egal, ob wir mit seinem Tempo mithalten konnten.«

Raphael war es natürlich nicht entgangen, dass sie über ihn gesprochen hatten, obwohl er wieder einmal von einer schnatternden Traube Mädchen umringt war. Die Wahrnehmung des Mannes war erschreckend gut. »Ihr habt es überlebt, oder nicht?«, rief er.

Vivienne lächelte zufrieden. »Was einen nicht umbringt, macht einen stärker.«

»Du warst nicht viel besser, Vivi. Du …«

Avid hörte nur noch mit halbem Ohr zu. Gebannt starrte er auf die Burg, die sich aus einem wogenden Grasmeer in den Himmel erhob.

»Tougard«, flüsterte Avid. »Die andere Welt.«

»Haben wir auch so überwältigt reagiert, als wir zum ersten Mal Tougard sahen?«, fragte Ann, die mit Becca ein paar Schritte vorlief.

»Ich glaub nicht«, entgegnete die Französin. »Emrond ist um einiges gewaltiger als unser bescheidenes Tougard.«

In angemessener Entfernung blieb Avid stehen und starrte ehrfürchtig hinauf. Er bemerkte nicht das Zögern, das sich in Charlies Schritte schlich. Für den Moment gab es nur noch Tougard.

Sofort versuchte er seine Heimat und die andere Welt miteinander zu vergleichen, aber Avid fehlten dazu die richtigen Maßstäbe. Wörter wie »größer«, »besser« oder »schöner« waren nicht angebracht, dazu übertraf sein erster Eindruck die Realität um einiges. Wie jeder Mensch, dessen lange gehegter Wunsch sich erfüllte, entgingen auch Avid die kleinen Makel. Er sah nicht die rostigen Stellen am Tor oder die Rußflecken an den Gebäuden. Er sah nur seinen wahr gewordenen Traum. Seit Generationen war er der Erste aus seiner Familie, der die andere Welt gefunden hatte.

»Charlie!« Eine Frau stürmte den Begabten entgegen, die sich alle am liebsten gleichzeitig durch das Eisentor gequetscht hätten. »Geht es dir gut?« Noch bevor Charlie etwas erwidern konnte, herzte sie ihn. Avid wusste nicht, wie er sie beschreiben sollte. *Bunt*, dachte er, *sie ist von oben bis unten bunt.*

»Alles in Ordnung, Joy.«

»Gott sei Dank!« Sie wischte sich mit einem Schal über das Gesicht und verteilte dabei die Pailletten über sich. »Ich hatte so viele schreckliche Visionen, dass ich kein Auge zubekam.«

Avid schlussfolgerte, dass sie die Frau sein musste, bei der Charlie lernte. Denn sie tastete ihn gekonnt ab, als suchte sie nach einer Verletzung.

»Zunächst haben wir das Schlimmste überstanden«, sagte Trench.

»Frederick?« Die Protektorin wirkte überrascht. »Du?«

Trench schmunzelte. »Soll ich wieder gehen?«

»NEIN!«, riefen einige Begabte wie aus einem Munde. »Ohne Sie wird Protektor Peel die Leitung Tougards übernehmen!«

Avid beschlich weiterhin ein mulmiges Gefühl, wenn er den Mann erblickte, der Rufus' Bruder war. Aber die unerschütterliche Freundlichkeit von Trench hatte ihn davon überzeugt, wie unterschiedlich die beiden sein konnten.

»Und wer ist das?«, fragte Joy und deutete zum Tor. Wie immer hatte er die Kapuze seines rotbraunen Mantels tief ins Gesicht gezogen. Nicht, weil er sich verbergen musste, sondern weil der von Charlie heiß vermisste Nieselregen auf sie herabfiel.

»Avid«, stellte Charlie ihn leichthin vor, dennoch zuckte er vor Schreck zusammen. Dem Begabten rutschte sein Name einfach so heraus. Er würde noch lange brauchen, um sich daran zu gewöhnen.

»Tyrdon!«, rief Ann plötzlich und zappelte ungeduldig herum. »Ich muss ihm von dem T4 erzählen!«

»Sag ihm bitte auch von mir ›Hallo‹«, fügte Charlie hinzu, doch Ann sprintete bereits davon.

Die Begabten, die Edward aus Emronds Gefängnis befreit hatte, verschwanden rascher, als Avid es erwartet hatte. Sie sprengten regelrecht auseinander und verteilten sich über das Gelände. Sie lachten, schrien vor Freude und umarmten die ihnen entgegeneilenden Kameraden. Trench tröstete die völlig aufgelöste Joy und lud sie auf einen Tee ein. Edward und Gwen entkamen im ersten günstigen Moment und verschwanden über die Rasenfläche. Avid blickte ihnen noch eine Weile nach, da das Mädchen trotz der Kälte dampfte. Während Raphael von seinen Bewunderinnen bedrängt wurde – was genau die Mädchen von ihm wollten, hatte Avid nicht verstanden. Anscheinend war es einfacher für Raphael, ihren Bitten Folge zu leisten, anstatt sich ihnen zu widersetzen.

Letztendlich standen nur noch Charlie und Becca bei ihm. Die fröhliche Stimmung fiel von ihnen ab, als hätten sie einen Mantel abgestreift. Während ihrer Reise waren sie stets von Begabten umringt gewesen, die froh waren, wieder heimzukehren. Jetzt waren sie zum ersten Mal unter sich.

»Ist den anderen etwas aufgefallen?«, fragte Becca und wandte sich von Tougard ab.

Charlie schloss für einen Moment die Augen. »Nein, ich habe nichts dergleichen gefühlt.«

Insgeheim konnte Avid es kaum abwarten, Tougard zu betreten. Aber er fasste sich in Geduld, wie es sich für einen Gast gehörte.

»Es wird ohne Daisuke anders sein«, stellte Becca fest.

»Und ohne Sarah.«

»Ich fühle mich so klein und unbedeutend, wie erstickt.« Becca legte die Arme um ihren Körper und rubbelte die Kälte fort. »Wieso schmerzt es, Raphael mit den Mädchen zu sehen? Ich habe so etwas noch nie gefühlt.«

Charlie lehnte sich gegen die Außenmauer und starrte hinauf zu den Regenwolken. »Du liebst ihn.«

»Das ist wohl das Schlimmste, was mir passieren konnte.« Becca fuhr sich über die Augen, als wische sie

Tränen fort. »Nachher ende ich noch wie die Kreischfraktion.«

Charlie schnaubte, nahm sie jedoch in den Arm, um ihr Trost zu spenden. »Darüber musst du dir wirklich keine Sorgen machen.«

Stille erstreckte sich zwischen ihnen, aber Avid wartete geduldig. Charlie hatte ihn eingeladen und er würde seinem Tempo folgen.

»Du wolltest mir die andere Welt zeigen«, sagte er nach einer Weile. Er war nicht enttäuscht oder sauer. Er wusste nur nicht, was er tun sollte. Als Assassine war es seine Pflicht gewesen, seine Emotionen unter Kontrolle zu halten, doch die Begabten waren voll von so vielen unbekannten Gefühlen, sie liefen fast über.

Da hieb Charlie mit der Faust gegen die Mauer. »Sicher wollte ich das! Aber Ann …« Charlie biss sich auf die Lippen, bevor er flüsternd fortfuhr. »Sie hat vergessen, dass wir unser halbes Leben gemeinsam verbracht haben. Sie hat mich vergessen!«

Avid war immer nur ein Untergebener gewesen, dem man Aufträge erteilte. Er war für Charlies Schutz verantwortlich, dennoch war ihm nicht aufgefallen, dass ihn etwas anderes quälte. Etwas, gegen das Avid nichts ausrichten konnte.

Er hatte noch so viel zu lernen.

»Ich glaube nicht, dass man Erinnerungen einfach löschen kann«, sagte er langsam.

»Die Protektoren können Ann bestimmt helfen oder wir fragen die Statuen«, schlug Becca vor. »Solange müssen wir allen eine heile Welt vorspielen.«

»Ich kann sie doch nicht weiter anlügen. Das ist ihr gegenüber nicht fair.«

Becca griff nach Charlies Hand, als könnte ihm eine Berührung allein Zuversicht spenden. »Die Entscheidung liegt bei dir. Wenn es zu schlimm wird, kannst du jedoch mit mir darüber reden. So wie ich mit dir, wenn ich wieder Lauren würgen möchte?«

»Immer.« Charlie setzte ein warmes Lächeln auf.

»In Tougard ist alles möglich – wahrscheinlich dürfen wir das nie vergessen.« Becca zog Charlie zum Tor, sie stoppten jedoch auf der Schwelle. »Kommst du, Avid?«

Die beiden Begabten warteten, bis er zu ihnen aufgeschlossen war, und schritten gemeinsam in ein neues Abenteuer.

Eiskalter Atem
(Das Vermächtnis der Lovegroves)

Emma, Gretchen und Penelope, junge Debütantinnen der Londoner Gesellschaft des 19. Jahrhunderts, steht eine Zeit mit langweiligen Bällen, lästigen Knicksen und höflichen Konversationen bevor. Doch dann wird ein Mädchen unter mysteriösen Umständen ermordet und alle Hinweise deuten auf Emma hin. Als sie versucht, der Sache selbst auf den Grund zu gehen, findet sie mehr über sich und die gefährliche Wahrheit ihres Familienvermächtnisses heraus – das Vermächtnis der Lovegrove-Hexen. Zudem bietet der attraktive und geheimnisvolle Cormac Fairfax an, ihr bei den Ermittlungen zu helfen. Aber kann sie ihm trauen?

Eiskalter Atem

von
Alyxandra Harvey

ISBN: 978-3-944544-26-7

und unter
www.papierverzierer.de

Sunnie & Polli im Land der Monate

Die Monate sind ganz durcheinander: Juni ist verschwunden und niemand weiß, wo er ist. Höchste Zeit, dass Sunnie und Polli ermitteln. Die Kater haben doch bisher noch jeden Fall lösen können. Zumindest in Gedanken. Schließlich diktieren sie Autor Joachim Sohn ihre Geschichten und angeblichen Erlebnisse. Und was vielleicht äußerlich wie eine Kindergeschichte wirkt, ist in Wahrheit eine höchst anspruchsvolle Persiflage über Heldenreisen, Wortfindungen, Gedankenketten, Buchsatz und nicht zuletzt eine gewisse Selbstironie an die Geschichte über die beiden Kater selbst, die ein reiner Tatsachenbericht ist.

Sunnie & Polli
im Land der Monate

von
Joachim Sohn

ISBN: 978-3-944544-55-7

und unter
www.papierverzierer.de